中国政法大学同步实践教学
立 体 化 系 列 教 材

立体现场勘查学

郭金霞　李小恺◎著

中国政法大学出版社

2021·北京

图书在版编目（ＣＩＰ）数据

立体现场勘查学/郭金霞，李小恺著.—北京：中国政法大学出版社，2021.7
ISBN 978-7-5620-9251-3

Ⅰ．①立⋯ Ⅱ．①郭⋯ ②李⋯ Ⅲ．①刑事犯罪－现场勘查－研究 Ⅳ．①D918.4

中国版本图书馆CIP数据核字(2019)第230434号

出 版 者	中国政法大学出版社
地　　址	北京市海淀区西土城路 25 号
邮　　箱	fadapress@163.com
网　　址	http://www.cuplpress.com (网络实名：中国政法大学出版社)
电　　话	010-58908435(第一编辑部) 58908334(邮购部)
承　　印	固安华明印业有限公司
开　　本	720mm×960mm　1/16
印　　张	22.5
字　　数	390 千字
版　　次	2021 年 7 月第 1 版
印　　次	2021 年 7 月第 1 次印刷
印　　数	1~5000 册
定　　价	69.00 元

总序
Total Order

  2017 年 5 月 3 日，习近平总书记考察中国政法大学并发表重要讲话，在讲话中指出："法学学科是实践性很强的学科。法学教育要处理好法学知识教学和法学实践教学的关系。要打破高校和社会之间的体制壁垒，将实际工作部门的优质实践教学资源引进高校。从事法学教育、法学研究工作的同志和法治实际工作部门的同志，要相互交流，取长补短，把法学理论和司法实践更好结合起来。"为进一步贯彻习近平总书记重要讲话精神，全面升级中国政法大学"同步实践教学"模式，展现学校在"同步实践教学"方面的最新、最优成果，学校启动了中国政法大学同步实践教学立体化系列教材的建设。

  中国政法大学于 2005 年率先在全国法学院校中推出"同步实践教学"模式，将法治实务部门的大量优质司法资源"引进来"，让原始卷宗、同步直播的庭审实况及录像进入课堂，融"实践教学"和"理论知识教学"为一体，将"实践教学"贯穿于整个法学人才培养的全过程，同步完成"知识学习"和"职业技能"的培养，同步完成法律"职业意识"和"职业素养"的培养，同步完成"国际视野"和"国情意识"的培养。同步实践教学资源为学校师生了解和观摩实务部门整个运作流程、运用法律知识解决现实问题、实现法学人才培养过程中"学训一体"提供了良好的支撑。学校基于"同步实践教学"模式十几年的探索和实践，积累了丰富的教学资源，梳理这些教学资源并体系化编写教材的时机已经成熟。学校选取了与实务密切相关的四门课程《刑法学》《刑事现场勘查学》《刑事法律诊所》《模拟法庭》，建设首批立体化教材，旨在以立体教材的方式体现"同步实践教学"的相关理念，反映"同步实践教学"最新的教学改革成果。

  中国政法大学同步实践教学立体化系列教材在建设理念上，依托现代信息技术和智慧教学成果，立足于学校卷宗阅览室、庭审录像等已有实践教学资源，以增强法科学生的问题意识、实践意识和国情意识为目标，以纸质教材为基础，以多媒介、多形态、多用途以及多层次的教学资源和多种教学服务为手段，最大限度地实现"知识教学与实践教学"的同步、"知识学习与司法实践、法治发展"的同步、"规范学习与规范应用"的同步、"实体法学习与程序法学习"的同步，以及实务部门对法学教学的全过程参与，而这些同步性、实时性，辅以现代信息技术和智慧教学等手段，又恰恰诠释了这一系列教材中所谓"立体"的含义。四门课程系列教材在此基础上各具自身特点，同时也具有以下共同特色：

一、依托现代信息技术，重构教材体例和内容

2018 年 4 月 13 日教育部发布了《教育信息化 2.0 行动计划》，要求积极推进"互联网+教育"，坚持信息技术与教育教学深度融合的核心理念，建立健全教育信息化可持续发展机制，促进教育改革。随着新技术与教师教学课程全方位融合，课堂教学改革的深入，教材编写也应做出相应的改变。

在课堂改革背景下，如何编写与之匹配的现代化教材？信息和网络技术可以帮助我们形成和实现以纸质教材为基础，以多媒介、多形态、多用途及多层次的教学资源和多种教学服务为内容的结构性配套教学出版物的集合。但这种集合不仅仅是各种教学资源的简单堆积，而是需要系统、整体的设计，利用立体教材重塑教学形态或者说重建素材、重塑方法、重组结构：教师要从内容、结构、呈现方式等多方面对教材进行重构，四门课程系列教材在设计上坚持新课程理念，使教学资源的使用更具有教师的个性特点，教师的教学行为更具创新性，教学活动更具有趣味性和启发性，让学生获得更多的体验，使教材成为激发学生学习潜能、引导学生自主探索的有效素材。

比如《立体刑法学》，就以实际判例、庭审录像、司法实务人员与专业教师的同步解析作为训练学生基本技能的基础。通过判例分析、判例比较、控辩审流程等内容使理论教学与实践教学紧密结合，将知识学习融汇于实践学习之中。同时，围绕实际司法过程的需要，引导学生进行判例学习，引导学生解决司法实践中的难题和热点问题，使学生在知识学习的同时可以"随时""随地"获得实践检验知识学习效果的机会，实现将教材和课堂"装进口袋"的效果。

二、立足智慧课堂教学，将课程与教材紧密联系起来

过去课程与教材建设基本上同向并行，现今课程与教材建设迈入相向而行的新阶段，这个新阶段的起点就是大规模在线课程。在四门课程的课堂讲授及资源建设中，教师有意识地将教学内容、教学计划、教学资源与数字化教学支持服务相结合，积累了丰富的智慧教学的实战经验。立体化教材建设同智慧教学、网络教学相衔接，在改革网络教学环境建设的基础上，丰富实践教学和案例教材的网站资源，推动教学手段、教材建设由单一媒体向多媒体化、网络化、现代教育技术先进化转变，全面实现智慧教学在教材建设中的价值体现。

编写教师以开放、动态、立体的教材观为指引，将包含设计、章节、视频、动画、课件、图文、测验、作业、考试、活动等多种资源进行开发整合，融入系列教材编写中，注重课堂内外沟通、学科间联系、知识点融合，在重视知识的传授的同时，更注重过程与方法、情感态度与价值观目标的实现，切实有效地开发并弹性处理教材，引导和促进学生学习方式的转变。让学生能够在教材学习的同时，真实感受司法全过程，让教材"由死变活""由静变动"，让教材变成"活"的、可以"说话"的"魔法"教材。

三、通过互联网技术平台，打造灵活开放的立体化教材体系

教材编写中引入以"超星"为代表的互联网技术平台，依托虚拟教学平台，以课程教学为中心，借助网络技术、多媒体技术等现代信息技术，满足教学教材的多种需求，最大程度促进学生能力全方面发展。具体来讲，就是由专业技术服务团队帮助学校建设专题教材服务系统，并生成教材章节二维码。课程用户利用微信或超星学习通扫描章节二维码后，会显示当前章节内容和多媒体教材，并可以对学习流程进行控制，进行互动的教学和管理。立体化教材纸质版部分通过二维码拓展内容，而校内资源部分将营造课内与课外、线上与线下、教学与辅学的信息化学习环境，做到通过教学服务平台，利用电脑、手机或平板电脑，为上课的教师和学生提供交流研讨的机会，实现教与学、线上与线下互动，实现由以教师为中心的学习模式向以学生为中心的学习模式的转变。

此外，本套系列教材还定制了访问量统计功能，管理人员可通过此功能查询图书资源中二维码的访问数量，并通过系统记录的访问者的 IP 地址信息，统计全国各省的访问分布情况。

四、突出教材育人功能，践行"一本教材，两种职责"理念

传统教材编写以知识讲解为主，或多或少忽略了教材的引导作用。现今教材作为解决"培养什么人"和"怎样培养人"这一根本问题的重要载体，要求既要传授知识，又要实现价值引领，传递向上、向善的正能量和展现改革创新的时代风采，为法治人才的培养立德铸魂。本着这样的初衷，本系列教材的编写教师

3

在章节设计、案例选择、试题作业及课堂活动等环节适时适宜地体现社会主义核心价值观，润物细无声地传递崇德向善、德法兼修的理念，以充满正能量的鲜活案例鼓舞和激励学生，努力用中国话语表达中国经验，讲好中国故事。让学习者在获得知识及技能的同时，感受到什么是真善美；体会到实体与程序、公平与正义、法律与秩序；学会尊重与平等，增强惩恶扬善、捍卫正义的社会责任感；在大是大非问题上坚守初心，坚定正确的方向，牢固树立"四个自信"。

本系列教材的编写人员均为相关课程优秀的主讲教师，他们耕耘讲台多年，具有丰富的一线教学经验，扎实的学术功底，丰硕的学术成果，教学特点鲜明，深受学生们喜爱。同时，他们深知网络及多媒体技术对课程教学方法、教学模式、教学手段及教学效果的影响，进而对教材编写观的影响。所以，对于建设这样一套开放、动态、立体的新形态教材，他们投入了极大的热忱和精力，进行了细致的设计、推敲和打磨，用智慧心血编著教材。

中国政法大学同步实践教学立体化系列教材根植于法大"同步实践教学"资源，切实、真正地发挥了我校实践教学资源的优势和价值，实现"人无我有""人有我精"的开创性改革和建设，全面落实了同步实践教学理念在教材建设上的要求。它们基于课程教学实践，是中国政法大学法学教学模式的代表性成果之一。教材在取材方面不限于校内资源，当现有的校内资源不能满足教材编写和开发的全部需要时，编写教师会根据教材内容和体例需要，安排现场展示并录制视频资料，从而极大地丰富课程教材资源并提升课程教材资源建设的水平。

中国政法大学同步实践教学立体化系列教材为法学立体教材建设模式和标准做了有益的探索和尝试。本系列教材虽冠以立体化教材之名，但随着信息技术发展与法学各学科教材融合的加强，本系列教材立体化的形式、内容体例等仍处在不断摸索中，有待进一步发展。希望系列教材在当今大数据、人工智能等主导的新技术时代，不断改进完善，发挥教材作为教育教学根本依据的真正立体化功能。

中国政法大学校长　马怀德

2021 年 5 月

前言
Preface

　　教材建设是教学基本建设的重要内容。2018 年 4 月 13 日教育部发布了《教育信息化 2.0 行动计划》，要求在教育过程中较全面地运用以计算机、多媒体、大数据、人工智能和网络通信为基础的现代信息技术，促进教育改革。为此，教育部数字化学习支撑技术工程研究中心提出了"立体化教材"的概念。"立体化教材"是教材在教育信息化环境下的一种新形态，是现代信息技术手段、数字教育资源与教学内容有机融合的集合体。为了适应信息化社会下培养具有创新精神和实践能力的新型高级专门人才的需要，学校教务处及教材编审委员会决定规划出版一套具有政法特色，体现我校教学、科研最新成果及教材编写水平的高质量同步实践教学立体化教材。

　　《立体现场勘查学》是学校首批同步实践教学立体化教材规划之一。按照对立体化教材的理解，我们尝试以基于教学实践，在互联网+时代背景下以立体化教材概念为基础，通过有效植入多媒体资源将现场勘查教学的重点难点立体呈现，通过动画、全景现场的交互操作等形式为学生提供理论与实践相结合的学习体验，通过 AR、VR、互联网、多媒体技术建立以纸质教材与移动终端互动的多维立体可视化的现代教学模式。

　　本教材是在充分吸纳教学科研成果和实践成功经验的基础上编写而成。在内容上，主要突出现场勘查理论的基础性和现场勘查工作的实践性，在阐述现场勘查基本理论的同时，注重实践运用能力的培养，既兼顾了学科专业的系统性，又强调了现场勘查实战的特殊性。

　　本教材的内容主要包括现场勘查学基础理论、现场勘查行为和几类刑事案件现场勘查重点。其中，现场勘查学基础理论部分重点梳理了犯罪现场勘查学的学科属性、基础理论、犯罪现场及犯罪现场勘查的基本概念，为现场勘查工作搭建了一个相对完整的理论框架；现场勘查行为，即现场勘查的核心工作。基于侦查实践，重点梳理了现场勘查工作的主要环节，为学生呈现了一个较为完整的实际工作框架；几类刑事案件现场勘查重点，较为详细地介绍了一些典型案件现场勘查的重点内容，对提高具体案件的现场勘查水平具有针对性的指导作用。

　　本教材在编写过程中本着学理、法理并重和理论联系实际的原则，在注重介绍本学科的基本理论、基础知识、基本技能的同时，力求比较全面地反映我国在勘查现场方面的实践经验。本书除作教材使用外，还可供从事侦查实际工作的同志参考。

　　由于水平所限，本教材在编写过程中疏漏、缺憾在所难免，恳请专家、学者及广大读者不吝指教！

郭金霞

2021 年 5 月

本书总码

目录
Contents

第一编　现场勘查学基础理论

▶ **第一章　现场及犯罪现场** ································ 3

　第一节　现场与现场勘查 ······························ 3

　第二节　犯罪现场的概念 ······························ 7

　第三节　犯罪现场的特点和特性 ···················· 13

　第四节　犯罪现场的分类 ···························· 16

▶ **第二章　犯罪现场勘查概述** ························ 22

　第一节　犯罪现场勘查的概念及意义 ··············· 22

　第二节　犯罪现场勘查的任务、要求及体系 ········· 25

　第三节　犯罪现场勘查中的证据 ···················· 31

　第四节　现场勘查学及其研究对象 ·················· 39

▶ **第三章　现场勘查的基本原理** ···················· 44

　第一节　物质交换原理 ······························ 44

　第二节　同一认定原理 ······························ 49

▶ **第四章　现场保护** ································ 54

　第一节　现场保护的概念、意义和原则 ············· 54

第二节　现场保护的任务 ………………………………………… 59

第三节　现场保护的方法 ………………………………………… 63

▶第五章　现场勘查的组织与指挥 ………………………………… 72

第一节　现场勘查的组织 ………………………………………… 72

第二节　现场勘查的指挥 ………………………………………… 78

第三节　现场勘查中紧急情况的处置 …………………………… 84

▶第六章　犯罪现场勘查程序 ……………………………………… 88

第一节　受理报案 ………………………………………………… 88

第二节　出现场后的常规处置 …………………………………… 90

第三节　实施现场勘查活动 ……………………………………… 93

第四节　结束勘查 ………………………………………………… 96

第二编　现场勘查行为

▶第七章　现场访问 ………………………………………………… 101

第一节　现场访问的概念和意义 ………………………………… 101

第二节　现场访问的对象和内容 ………………………………… 105

第三节　现场访问的原则及证人陈述的心理特点 ……………… 109

第四节　现场访问的步骤、方法 ………………………………… 113

第五节　现场访问笔录和录音、录像 …………………………… 122

第六节　现场访问结果真实性的审查判断 ……………………… 127

▶第八章　犯罪现场勘验检查 ……………………………………… 130

第一节　现场实地勘验检查的概念、对象 ……………………… 130

第二节　现场实地勘验检查的原则 ……………………………… 134

第三节　现场实地勘验的步骤 …………………………………… 135

第四节　现场实地勘验的方法 …………………………………… 144

第五节　现场的复验、复查 ……………………………………… 151

▶ **第九章 现场搜索** ·· 154

第一节 现场搜索的任务和要求 ···························· 154

第二节 现场搜索的目标、范围和重点 ···················· 156

第三节 现场搜索的实施过程和具体形式 ·················· 158

第四节 现场搜索中的查缉措施 ···························· 160

▶ **第十章 现场痕迹物证的发现与提取** ·················· 164

第一节 现场手印的发现和提取 ···························· 164

第二节 足迹的发现和提取 ································ 190

第三节 工具痕迹的发现和提取 ···························· 194

第四节 枪弹痕迹的发现和提取 ···························· 199

第五节 其他痕迹物证的发现和提取 ······················ 204

第六节 电子数据的发现与提取 ···························· 214

▶ **第十一章 现场勘查记录** ···························· 220

第一节 现场勘查记录概述 ································ 220

第二节 现场勘验笔录 ···································· 223

第三节 现场绘图 ·· 231

第四节 现场照相 ·· 238

第五节 现场摄像 ·· 247

▶ **第十二章 现场分析** ································ 253

第一节 现场分析概述 ···································· 253

第二节 现场分析的相关理论 ······························ 257

第三节 现场分析的内容 ·································· 263

第三编 个案现场勘查

▶ **第十三章 杀人案件现场勘查的重点** ·················· 279

第一节 杀人案件现场勘查的任务 ·························· 279

第二节　杀人案件现场勘查的重点 ·················· 283

第三节　几种常见杀人案件现场的勘查要点 ·········· 289

▶第十四章　爆炸案件现场勘查的重点 ················ 300

第一节　爆炸现场的形成及特点 ···················· 300

第二节　爆炸案件现场勘查的任务及勘查方法 ········ 306

第三节　爆炸案件现场勘查的重点 ·················· 310

▶第十五章　抢劫案件现场勘查的重点 ················ 317

第一节　抢劫案件现场勘查的任务 ·················· 317

第二节　拦路抢劫案件现场勘查的重点 ·············· 319

第三节　入室抢劫现场的勘查 ······················ 323

▶第十六章　盗窃案件现场勘查的重点 ················ 325

第一节　勘查盗窃现场的任务 ······················ 325

第二节　入室盗窃案件现场勘查的重点 ·············· 326

第三节　扒窃案件现场勘查的重点 ·················· 332

第四节　盗窃交通工具现场的勘查 ·················· 335

▶第十七章　强奸案件的现场勘查 ···················· 338

第一节　强奸案件现场勘查的任务 ·················· 338

第二节　强奸案件现场勘查的重点 ·················· 340

▶参考书目 ·· 346

第一编

现场勘查学基础理论

第一章

现场及犯罪现场

第一节　现场与现场勘查

一、现场的概念

任何一门学科都具备自身的基本概念。它是一门学科构成的基本内容，是学科构成的基本理论框架和支柱，一门学科必须具备自身的较为完备的概念范畴。概念范畴是学科研究或认识的起点，在勘查实践中，勘查人员勘查的现场是一个怎样的现场，既涉及理论问题，也涉及实践问题，而理论是对实践的概括和总结并指导实践。现场是现场勘查学研究的起点。

"现场"是一个时空概念。"现"具有时间的含意，"场"具有空间的含意，或者说是一定时间范围内的空间概念。按照一般的理解，现场是指人们从事某种活动或者发生某种事件的地方。根据《现代汉语词典》的解释，"现场"有两个义项：一是发生案件或事故的场所，以及该场所在发生案件或事故时的状况；二是直接从事生产、演出、试验等的场所。在现实生活中，存在着多种多样的现场，有人为因素形成的现场，也有自然因素形成的现场。前者如生产现场、实验现场、交通肇事现场、交战现场、演出现场、建筑现场、电视拍摄现场等；后者如地震现场、洪灾现场、泥石流现场、雷击现场等。

从"现场"的内涵中，我们可以看出，现场是某一案件、事故或某种活动的载体，如果现场成为案件或事故的载体，那么该现场就会成为调查该案件或事故的对象。一个事件的发生总会引起客观世界的某种变化，变化的结果与事件的发生存在某种必然的联系，能够成为证明该事件存在的依据。特定的事件总是要发生在一定的场所内，并引起该场所内的物体发生变化，该场所内就留存有反映该事件发生的信息，留下具有反映该事件发生特征的物质客体。例如，一起交通事故发生后，现场可能留下车辆的轮胎痕迹、碰撞引起的客体外形变化、来自车体的脱落物或来自车辆装载货物的散落物等，可以用于确认发生事故的车辆、事故的过程和原因等情况。由于事件发生的场所留有大量的有证明作用的物质材料，所以该场所成为该事件的主要信息来源。

就现场而言，按照现场所承载的内容不同，可分为案件现场、事故现场和其他现场。

案件即为有关诉讼和违法的事件，因此，按照诉讼性质的不同，案件现场又可分为刑事案件现场、民事案件现场和行政案件现场。对不同诉讼中的现场，按发生事件的性质还可进一步划分，例如，刑事案件的现场又可分为命案现场、盗窃现场、爆炸现场等；民事案件现场又可分为房屋纠纷现场、土地确权争议案件现场等；行政案件现场又可分为侵犯公民及法人权益的各种产品质量问题引起的人身、财产损害案件现场，以及各种保险索赔纠纷案件现场等。

事故，即在生产或工作中发生的意外损失或灾祸。根据事故性质的不同，也存在不同的事故现场，如航空事故现场、交通事故现场、火灾事故现场、矿山事故现场、电气事故现场、建筑工程事故现场等。

其他现场是指除案件现场、事故现场以外的承载某种活动的现场，如演出现场、建筑施工现场等。

二、现场勘查的概念和特点

就三类现场而言，其他现场与案件现场、事故现场不同，其所承载的事件内容是确定明了的，演出现场所承载的事件就是演出，建筑施工现场所承载的事件就是建筑施工，而案件现场与事故现场则不同：案件现场所承载的是什么性质的违法或犯罪事件，事故现场承载的是什么样的事故，该事故是如何形成的，则是不确定的，需要通过现场所反映的与该案件或事故有关的信息的关联性来确定。而获取现场中所蕴含的与事件发生、发展有关信息的手段就是现场勘查。在此意义上，需要进行现场勘查的只关乎案件现场和事故现场。现场勘查是基于专司国家和法律赋予其依法查办各类案件的职权活动而提出的，我国《刑事诉讼法》

《民事诉讼法》《行政诉讼法》[1] 均将现场勘验检查笔录作为法定的证据形式之一。基于此，现场勘查是指国家司法机关，包括公安机关、国家安全机关、人民检察院、人民法院、监察委员会，依法对其管辖范围内的需要勘查取证的案件现场、事故现场，利用现代科学技术方法、手段，进行现场勘验、检查和现场调查访问，以获取查明案情所需要的证据材料和信息的专门调查活动，包括刑事案件现场勘查、民事案件现场勘查和行政管理活动中的行政案件现场勘查，以及纪检监察机关办理案件的现场勘查。从"现场勘查"的概念界定，我们可以看出，现场勘查具有以下特点：

1. 现场勘查的主体是法定的有权主体。根据我国法律规定，对不同性质、不同种类的案件，分别由不同法律调整，由不同的司法机关管辖。对于刑事案件，现场勘查发生于侦查、调查阶段，享有侦查权和调查权的机关分别是公安机关、国家安全机关、检察机关、监狱、军队保卫部门和监察委员会，因而其勘查的主体分别是对该案享有侦查、调查管辖权的办案人员，在必要时可依法聘请具有专门知识的人员在法定办案人员主持下参加现场勘查。我国《刑事诉讼法》第 128 条规定："侦查人员对于与犯罪有关的场所、物品、人身、尸体应当进行勘验或者检查。在必要的时候，可以指派或者聘请具有专门知识的人，在侦查人员的主持下进行勘验、检查。"《监察法》第 26 条规定："监察机关在调查过程中，可以直接或者指派、聘请具有专门知识、资格的人员在调查人员主持下进行勘验检查。勘验检查情况应当制作笔录，由参加勘验检查的人员和见证人签名或者盖章。"对于民事、经济、行政案件，其勘查主体应是法院的审判人员，或依法聘请的专门机构的专门工作人员。《民事诉讼法》第 80 条第 1 款规定："勘验物证或者现场，勘验人必须出示人民法院的证件，并邀请当地基层组织或者当事人所在单位派人参加。当事人或者当事人的成年家属应当到场，拒不到场的，不影响勘验的进行。"

2. 现场勘查的客体是广泛和有条件的。从科学与实践的意义上说，有案件的发生就有案件现场。各种不同类型的案件现场，只要是法定机关管辖的案件，都可以成为现场勘查的客体，从这个意义上讲，现场勘查的客体存在的范围是比较广泛的，但是能够成为需要进行勘查的案件现场，是有条件的。

[1]　为表述方便，本书中涉及的我国法律直接使用简称，省去"中华人民共和国"字样，全书统一，不再赘述。

（1）必须有我国法律调整的社会关系受到侵犯或针对法律所保护的权益发生争讼的案件。即应当具有一定行为针对某种客体具体指向的人身、财产等事物，具有使一定人身财产等事物和所在地及有关场所受到侵犯或发生变化的事实，即存在具体案件发生的事实。

（2）查明案件事实获取证据有进行现场勘查的必要。一般而言，大量刑事案件现场是需要勘查的，而对于民事案件和行政案件，则只有涉及或者存在案件现场时才需要进行现场勘查。因此，现场勘查要求必须具有需要和可供勘查的案件现场的存在，才具有施行的条件。

3. 现场勘查是依法进行的专门调查活动。现场勘查是不同的法定机关依不同的诉讼要求，对不同性质的案件现场采用的勘验、检查和现场调查访问等专门调查活动。它是充分利用和依靠勘查人员的主观能动性，广泛采用现代科学原理和现代科学技术、仪器设备，依法对不同性质案件现场分别进行勘验、检查等专门调查的途径。因此，要求现场勘查人员必须依据不同法规，针对不同案件情况，及时采用先进科学技术、仪器设备和各种不同的方法、手段，进行现场勘验、检查和现场调查访问，才能保障现场勘查的客观性、真实性与科学性。

4. 现场勘查的目的是获取相关证据材料与信息。案件现场与事故现场是案件与事故发生、发展过程的"记录仪"或"见证人"，是承载案件和事故发生、发展过程中所产生的各种证据材料与信息的场所，对于办案人员来说，只要有现场存在，为了查明案情、获取证据材料与信息，就要千方百计地通过勘查获取更多的证据材料和信息。为此，要求勘查人员对于需要勘查的现场，必须迅速及时、客观全面、认真细致、准确无误地进行现场勘查，排除各种干扰和不利因素，坚持实事求是，力求寻找、发现、固定和提取到与案件有关和能够证明案件真实情况的各种痕迹、物品，及各种微量物、气味，包括留在知情人头脑中的记忆痕迹印象，以及遗留在各种物体上的多种信息，从而为查明案情服务。

尽管现场勘查是查明各种不同类型的案件事实和事故调查的重要手段，但是对其运用率最高和技术性最强的当属刑事案件，因此，现场勘查学的研究内容应当以刑事案件的现场勘查为主，其勘查的科学方法、手段应当通用于民事案件、行政案件和事故调查，本教材以下所撰写的现场勘查学的内容将立足于刑事案件中的犯罪现场勘查，以下所涉及的"现场勘查"，如无特别说明，均指刑事案件的犯罪现场勘查。

犯罪现场与事故现场

第二节 犯罪现场的概念

一、有关犯罪现场的概念界说

"犯罪现场"这一基本概念在现场勘查学中占有重要的位置,在实践中又是勘查行为的物质基础,侦查学术界特别重视对"犯罪现场"概念的研究。国内外学者和专家对这一概念的研究各有所长。在侦查学产生和发展的早期,一般认为,犯罪现场是犯罪分子[1]作案的地点和场所。具有代表性的专家学者对"犯罪现场"概念的界定有以下几种:

1. 场所说。在侦查学产生和发展的早期,一般认为,犯罪现场是犯罪分子作案的地点和场所,也是关于"犯罪现场"概念界定的主流观点。最早的侦查学讲义均将犯罪现场界定为"刑事犯罪现场,是指犯罪分子实施犯罪的地点和遗留有与犯罪有关的痕迹、物证的一切场所"。[2]有学者认为,"从现场勘查的观点来看,无论是事故现场还是犯罪现场,都不能仅仅理解为发生事故或实施犯罪的那个地点本身,而应理解为发生事故或实施犯罪的地点和可能留有痕迹物证的周围关联场所"。[3]"刑事犯罪现场,是指刑事犯罪分子实施犯罪活动的地点和遗留有与犯罪有关的痕迹和物证的一切场所。"[4]"犯罪现场是指犯罪分子进行

---

[1] 本教材所称的"犯罪分子"是沿袭早期侦查学理论研究中的原称谓,自1996年修订的《刑事诉讼法》明确了刑事被追诉人审前"犯罪嫌疑人"的称谓,侦查学的教材中对刑事被追诉人一般都称为"犯罪分子"。

[2] 邢金祥、阎长庆、韩志人:《刑事侦查》,公安部人民警察干部学校刑事侦查教研室1982年讲义,第26~27页;刘泽贵、邹明理:《刑事侦查学讲义》,西南政法学院刑事侦查教研室1981年讲义,第5~6页。

[3] 徐立根主编:《侦查学》,中国人民大学出版社1991年版,第51页。

[4] 解衡主编:《刑事犯罪现场勘查》,中国人民公安大学出版社1987年版,第5页。

犯罪的地点和留有犯罪痕迹物证的有关场所。"[1] 苏联学者 A. И. 温别尔格、C. П. 米特尔采夫在《犯罪对策学》中认为，"犯罪现场是发生犯罪事件的特定地段或场所"。[2] 瑞典侦查学家阿恩·斯文森等人在他们的现场勘查著作《犯罪现场勘查技术》一书中将"犯罪现场"的概念定义为："犯罪现场是指能够获得许多物证的场所。"[3] 加拿大的克里希南博士认为，"刑事犯罪现场，是指周围被事物环绕和包括一个可能发生犯罪的特定地点及遗留有同犯罪有关的痕迹、物证的区域"。[4] 克里希南博士已经注意到犯罪现场是一个"可能"发生犯罪行为的地点和区域。场所说的观点至今仍被沿用，"犯罪现场，是指犯罪嫌疑人进行犯罪和留有与犯罪有关证据的地点或者场所"。[5]

2. 构成要素说。在后来的刑事侦查理论发展和研究过程中，研究侦查学的学者们又将犯罪现场的构成要素（如时间、空间、被侵害对象和物质环境的变化、犯罪嫌疑人的犯罪行为）纳入犯罪现场的定义之中，对犯罪现场的概念进行了重新界定。有学者认为，"犯罪现场是指犯罪嫌疑人为了实现其犯罪意图，在一定的时间、空间侵犯一定对象，从而引起特定物质环境发生一系列变化的场所"[6]，"犯罪现场，是指由犯罪行为所引起的变化了的有关客观环境的总称，它包括犯罪分子作案的地点和其他遗留有同犯罪有关的痕迹、物体的一切场所和地点"。[7]

3. 犯罪信息说。此后又有学者将犯罪信息加入犯罪现场的涵义之中，认为"犯罪现场，是指犯罪行为发生的地点和其他遗留、承载有犯罪信息的场所"。[8]

随着刑事侦查学术界对侦查学理论研究的不断深入和加强，逐渐有学者开始对"犯罪现场"概念的合理性、科学性不断产生怀疑，认为公安机关在接到报警报案后即将出动警力勘查的"现场"不应当简单、直接地被称为"犯罪现

〔1〕 欧焕章主编：《犯罪现场勘查学教程》，警官教育出版社 1999 年版，第 19 页。

〔2〕 ［苏］A. И. 温别尔格、C. П. 米特尔采夫主编：《犯罪对策学》，中国人民大学出版社 1955 年版，第 20 页。

〔3〕 ［瑞典］阿恩·斯文森、奥托·温德尔，［美］巴里·A. J. 费希尔：《犯罪现场勘查技术》，冯真华等译，法律出版社 1987 年版，第 10 页。

〔4〕 ［加］S. S. 克里希南：《现代犯罪侦查导论》，眉生译，群众出版社 1986 年版，第 75 页。

〔5〕 沙贵君主编：《犯罪现场勘查实务》，中国人民公安大学出版社 2016 年版，第 1 页。

〔6〕 王国民、任克勤：《现代犯罪现场勘查》，警官教育出版社 1997 年版，第 1 页。

〔7〕 张玉洁主编：《犯罪现场勘查》，群众出版社 1988 年版，第 2 页。

〔8〕 公安部教育局编：《刑事侦查》，群众出版社 1998 年版，第 88 页。

场"，并且提出应当采用"可疑犯罪现场""出事地点""刑事案件现场"等类似概念的看法。[1]综观关于"犯罪现场"概念的界说，经过比较分析发现，这些概念主要存在以下问题和缺陷：

（1）未勘现场不能称为犯罪现场。首先，将"现场"的概念先入为主地称之为"犯罪现场"，违背人类社会基本的理性、常识和认识规律。公安机关在接到报警、报案、举报、自首或控告后，能够得到相关的一些情况和信息。但是，在组织勘查力量赶赴现场并进行深入细致的勘验检查之前，侦查人员对现场的情况还是知之甚少，在这种情况下，将一个有待勘查、性质待定的现场直接称为"犯罪现场"，有违客观实际和思维规律。因此，我们不能违背认识规律而先入为主地将还未进行勘查的现场直接定义为"犯罪现场"。

（2）"犯罪现场"概念仅局限于实体物质空间，没有涵盖网络虚拟空间。将"犯罪现场"概念的含义仅仅局限于发生和存在犯罪行为的地点和场所，与当前侦查学理论研究的发展以及犯罪手段不断翻新的形势极不适应。传统的"犯罪现场"概念所涵盖的是以直接接触的实体侵害为主要手段的犯罪活动，其主要的犯罪行为可以在有限的空间、时间内完成，那么犯罪现场勘查就是勘查主要犯罪活动发生的有限时间、空间。但是，按照传统的"犯罪现场"概念，计算机犯罪等一系列以非直接接触的侵害手段在网络虚拟空间实施的犯罪，网络虚拟空间未能体现在"犯罪现场"的概念之中。传统的"犯罪现场"概念仅仅局限于肉眼可见的、实体有形的"物质现场"，将导致很多问题无法得到合理的解释。

关于"犯罪现场"概念的界定，在我国侦查理论界与实务部门已沿用多年。对"犯罪现场"概念的理解与界定，我们认为，犯罪现场首先是一个理论范畴，研究"犯罪现场"概念界定的目的是指导现场勘查实践中如何确定所勘查的现场是否为犯罪现场，以及作为勘查对象的犯罪现场的范围即犯罪现场的外延，以便更好地找到所有的犯罪现场。同时也是为了确定该场所中是否存在或发生过犯罪行为，即是否有犯罪事实发生，为现场勘查结束后是否需要立案侦查提供衡量标准。国内外学者都重视对"犯罪现场"概念的研究，但对这一概念的研究应注意以下几点：①应注意运用逻辑学下定义的方法即抽象法，不可使用列举法；②应注意犯罪现场属于法学范畴的概念，应注意遵循法学理论的现实等；③应注意犯罪手段的日新月异和侦查实践对概念的影响。犯罪现场是以犯罪行为的存在

---

〔1〕 公安部教育局编：《刑事侦查》，群众出版社1998年版，第88页。

为前提的，只有发生或存在犯罪行为的空间才能称之为犯罪现场。

鉴于以上分析，确定"犯罪现场"的概念，首先应对"现场"二字正确理解。在一般用语中，"场"是指场所、活动地、区域，这是一个空间用词。"场"的物理学定义是指物体在空间中的分布情况，"场"是用空间位置函数来表征的。"场"是一种特殊物质，看不见、摸不着，但它确实存在。在物理学里，"场"是一个以时空为变量的物理量。"场"被认为是延伸至整个空间的，是物质存在的空间，它表现为物质时空环境中各种因素的相互作用。"场"的实际内容是一定范围内的物理作用。实物和场是不可分割地相互联系而存在的。爱因斯坦认为，"一无所有的空间，即没有场的空间，是不存在的"，揭示了时间和空间与"场"这种物质形态的密切联系。后来，迪尔凯姆首先在社会科学研究领域使用"场"的概念，格式塔心理学用"场"概念解释心理现象，考夫卡首次提出了"心理场"这个概念。场是相互作用的物质形态，就犯罪而言，场就是犯罪主体与对象、客体、周围环境相互作用的物质形态。场的一个重要属性是它占有一个空间，它把物理状态作为空间和时间的函数来描述。从此层面上，"场"所占有的空间也包括虚拟空间。因此，犯罪现场是指发生和存在犯罪行为以及遗留有与犯罪事件有关的人身、痕迹[1]和物品的一切场所。这里的场所既包括物理空间，也包括虚拟空间。依照我国刑法学关于犯罪构成理论的阐述，犯罪行为人实施的犯罪行为一般分为三个阶段，即犯罪预备阶段、犯罪实施阶段和犯罪实施后阶段。可见，行为人实施犯罪不仅仅指实施阶段，还有预备阶段、实施后阶段（主要是指逃跑、焚尸、藏赃等）。因此，从犯罪实施过程看，犯罪现场的外延包括：预备犯罪的空间场所、实施犯罪的空间场所和犯罪实施后的空间场所。三个外延体系中，共同具有的内容或本质是具有犯罪行为的发生和存在，既包括物理空间，也包括虚拟空间。

二、犯罪现场的构成要素

犯罪活动是犯罪行为人在一定犯罪动机的驱使下，在一定的时间内，借助一定的空间条件，侵犯一定的客体（人或物）来完成的。刑事犯罪活动的实施，势必要引起一定的物质环境变化，这种变化，给侦查人员认识犯罪活动的规律和特点提供了条件。因此，犯罪现场的存在，同其他任何事物一样，时间、空间条件是最基本的条件。除此之外，成为犯罪现场还应具备三个基本的要素，即犯罪

---

[1] 既包括形象痕迹，也包括电子痕迹和意识痕迹。

行为的实施者（主体）、犯罪行为侵害的人或物（客体）和犯罪的手段、方法（包括犯罪工具、杀人凶器）等。因此，构成犯罪现场，必须具备如下要素：

（一）时间、空间要素

任何犯罪嫌疑人在进行犯罪活动时，都离不开一定的时间和空间条件。换句话说，凡是犯罪现场，都有自己特定的时间和空间。离开时间和空间，犯罪行为就无从依附、无从表现，犯罪现场就不可能存在。

犯罪现场存在的时间，通常是指形成犯罪现场的犯罪活动从起始到终止的时间，即作案时间。有的案件，犯罪嫌疑人的活动是在不同的时间、不同的地点分阶段进行的，现场存在的时间应按不同的地点逐段分别计算。有的犯罪嫌疑人的犯罪行为与犯罪后果不是连续发生，比如，从嫌疑人投毒到被害人中毒死亡，从安置爆炸物到爆炸发生，中间都要经过一段或长或短的时间。在遇到类似情况时，犯罪现场存在的时间，除了应当计算犯罪嫌疑人在现场活动的一段时间外，还应当计算因犯罪活动而引起被侵害对象及其物质环境发生变化的那一段时间，尽管此时犯罪嫌疑人可能已逃离现场。

犯罪现场存在的空间，通常是指犯罪嫌疑人实施犯罪活动时所涉及的处所。多数刑事案件，犯罪活动是在同一个地点、处所内连续进行的，只涉及一个空间范围，即通常所说的只有一个现场。有些刑事案件，犯罪活动是在不同时间、不同场所、分阶段进行的，如甲地盗枪、乙地行抢、丙地杀人，犯罪活动与几个空间范围相联系，这样就可能有多个现场。而涉及网络犯罪的案件，现场的空间除了现实的实体空间外，还要延伸到网络空间，同时又存在犯罪嫌疑人自体存在的空间和网络身份，以及网络行为存在的空间。

时间和空间是犯罪现场存在的形式，也是犯罪事实的组成要素。时间具有不可停顿性和不可逆转性，一个人在同一单位时间内，只能在一个处所活动，而不可能既在甲地活动又在乙地活动，即不能同时占用两个空间。因此，确定犯罪现场存在的时间、空间，对于查明犯罪活动情况、收集犯罪证据、确定侦查方向和范围，具有非常重要的作用。

（二）被侵犯对象及周围物质环境变化要素

被侵犯对象及其周围物质环境变化是犯罪行为的必然结果。刑事犯罪是一种直接的破坏行为，犯罪嫌疑人的意图一旦实施，必然引起现场中被侵犯对象及其周围物质环境（包括人、事、物）的变化。犯罪现场中这种环境变化或危害后果是不可避免的，如果没有这种变化，就没有因"犯罪活动"所导致的任何结果，也就不存在犯罪现场。当然，在现场中应注意有无伪装掩盖的情况。认识犯罪行为引起的变化和结果，对确定是否为犯罪现场很重要。有些现场由于犯罪嫌疑人的伪装、毁坏或自然条件（风、霜、雨、雾、露、冰雹、雷击等）的破坏，掩盖了这种变化，犯罪事实反映不明显。因此，侦查人员必须全面细致地勘查现场，寻找各种事物的变化，发现各种矛盾并加以全面分析研究，然后再确定现场是否有伪装或破坏。但是，无论犯罪嫌疑人怎样伪装和掩盖自己的犯罪行为，怎样故意毁坏某种犯罪痕迹或其他物质，都不可能做到彻底毁坏现场，不可能一点痕迹也不留下。从另一方面看，犯罪嫌疑人的伪装、掩盖和破坏行为又引起了现场客体的新的变化。

应当注意到：有的犯罪现场，或者因为犯罪嫌疑人的作案手段简单，或者因为案件性质所致的犯罪行为的内敛性，被侵犯对象及其周围环境变化不明显。例如，扒窃案件现场，被害人的钱夹被犯罪嫌疑人窃走，这当然是重要变化，但这种变化不明显，或者说引起的现场变化不明显，甚至有时连被害人也不清楚钱夹是在什么地方被扒窃的。再如，贪污贿赂、金融诈骗、破坏金融管理秩序等案件，其犯罪行为的实施与杀人、纵火、爆炸等普通刑事案件相比具有内敛性，并没有表现出宏观上的物质变化，使得被侵犯对象及其周围环境变化不明显，但是，不明显并不意味着没有变化，不意味着没有勘查价值。比如，贪污贿赂、金融诈骗、破坏金融管理秩序等案件现场的变化往往隐藏于财会账册的记录或实际的资金往来中，仍然应当按照犯罪现场勘查的要求认真仔细地进行勘查。

（三）犯罪嫌疑人的犯罪行为要素

犯罪嫌疑人的犯罪行为是构成犯罪现场的核心。从犯罪现场的结构看，仅有时空要素、现场环境和物质变化要素是不够的，犯罪现场必须具有犯罪嫌疑人的犯罪行为这一要素，这是区别犯罪现场和其他现场（如建筑施工现场、灾害事故现场）最核心的要素。离开犯罪嫌疑人的犯罪行为要素，犯罪现场的其他两个要素就无从谈起。因此，勘查现场必须首先查明事件性质，确定是否为刑事犯罪案件。而犯罪事件的成立，又依赖于犯罪行为的发生。不存在犯罪行为的地点或场所，不是犯罪现场。在侦查实践中，案件情况往往复杂多变，在没有对现场进行勘查前，较难分辨是否为犯罪现场。例如，某地发现一具尸体悬挂于房梁上，可能是自杀，也可能是他杀伪装自杀。要甄别清楚是自杀还是他杀，必须进行勘查。侦查人员必须仔细观察现场的环境，桌椅的位置和状态，检验尸体颈部索沟，查看脚底是否干净、袖口有无灰尘、手上有无抵抗伤，查看有无遗书，检验胃内有无毒物，同时确定死亡原因和死亡时间，还要进行调查走访，最后经过综合分析，才能确定现场的真伪、事件的性质以及案件的性质。如确定属于他杀，才能认定发现尸体的场所为犯罪现场——因为这里有犯罪行为发生。

上述犯罪现场三要素相互关联、彼此依存，缺一不可。犯罪嫌疑人的犯罪行为必然与时间、空间和现场变化同时存在，这是犯罪现场的重要内容和基本要件；空间、时间要素是犯罪现场的基本条件；被侵犯对象及其周围物质环境变化是犯罪现场的必然结果。

第三节　犯罪现场的特点和特性

一、犯罪现场的特点

构成犯罪现场的三个基本要素，是犯罪现场区别于任何非犯罪现场的客观依据，同时也反映了犯罪现场的特点。

（一）犯罪现场储存着有关犯罪和犯罪嫌疑人的信息

储存着有关犯罪和犯罪嫌疑人的信息这一特点是由犯罪现场有犯罪嫌疑人犯罪行为这一要素决定的。任何事件都不能离开具体的时间和空间以及相关的条件而存在，人们的任何行为必然要受时间、空间以及相关条件的制约。犯罪嫌疑人的行为也必然要作用于犯罪对象和现场的其他客体物，这就不可避免地会使犯罪对象和现场的其他客体物发生各种各样的变化。正是这些变化给我们提供了犯罪和犯罪嫌疑人的信息。无论怎样狡猾的犯罪嫌疑人，只要进行犯罪，就一定会在现场留下犯罪活动的形迹和其他物证。现场遭到犯罪行为侵害的人或物以及其他客体物，都是犯罪和犯罪嫌疑人信息的载体，其中储存着犯罪和犯罪嫌疑人的相关信息。由于犯罪事件大多是在不为局外人知晓的情况下发生的，人们常常不能直接耳闻目睹有关犯罪嫌疑人及其犯罪活动的情况。但是，由于犯罪现场在绝大多数情况下是由犯罪嫌疑人的犯罪活动造成的，或者说是犯罪嫌疑人实施犯罪活动的"遗址"，侦查人员通过勘查现场，研究各种现场现象和信息，以信息为依据，分析犯罪的动机、目的、手段、方法、因果关系和犯罪嫌疑人的条件等，就能正确认识犯罪，为揭露犯罪和查找犯罪嫌疑人打下基础。任何现场都存在着信息，唯有犯罪信息只存在于犯罪现场。

（二）犯罪现场保留着犯罪证据

所谓犯罪证据，就是能够证明犯罪事实的一切材料。犯罪活动在一定的场所发生，作用于一定的犯罪对象，从而形成一定的案件现场。这种案件现场呈现出的现象、态势以及犯罪活动引起的物的变化或遗留的痕迹、物品等，都是证明犯罪事实存在的证据。例如，杀人现场的尸体、血迹，盗窃现场的财物短少、破坏痕迹，强奸现场被害人被奸污所反映出来的草木倒伏或床单、被褥散乱以及毛发、精斑、血迹，等等。犯罪现场有时还存在着证明某个或几个特定的人就是犯罪嫌疑人的犯罪证据，如犯罪嫌疑人作案时在现场留下的手印、脚印以及随身携带的物品等。上述种种犯罪证据，无论是否被人们发现或获取，它们都客观地存在于案件现场之中，起着证明犯罪事实客观存在和揭露与认定犯罪嫌疑人的重要作用。我国《刑事诉讼法》第50条第2款规定的八种证据形式，都与犯罪现场有着直接或间接的联系，而且这八种证据中的大部分一般均需通过现场勘查这一措施去发现与收集。

（三）现场状态容易发生变化或遭到破坏

犯罪现场形成以后到实施勘查以前，总或多或少要经历一个时间段。在这个时间段内，现场状态极易受到人为的或自然因素的影响而发生变化。例如，事主发现失盗后急于清点财物，群众对现场的围观，刮风、下雨、下雪等气候的变化，都可能导致现场痕迹、物证的变形、变性、混杂、污染、毁损和消失，引起现场各种物体、物品之间位置关系的变动等。

现场状态的变化，首先是由现场物品、物质自身运动变化规律决定的，但同时也离不开一定的外在原因。例如，血迹随着时间的推移，在一定温度和湿度条件下会变色、变态、变味、变质等。其次，影响现场状态发生变化的外部原因或外部条件是多方面的。有被害人、事主和无关群众等出于种种原因，无意中对现场造成的变动、破坏；有现场保护人员因保护现场的措施失当，对现场造成的变动和破坏；也有风、雪、雨、霜等自然力作用以及动物的啄食、践踏对现场造成的变动和破坏。最后，由于采取紧急措施、抢救人命、排除险情等原因，也会引起现场的变动；犯罪嫌疑人作案后，为了毁证灭迹或为转移侦查视线，也要对现场进行破坏。

总之，现场的变动、变化是必然的，但这种变化又是循着一定的规律进行的。例如，现场中被害人的尸体，随着时间的推移，必然会出现尸冷、尸斑、尸僵、腐败等尸体现象。不同的尸体现象，表明尸体变化的不同阶段和死亡时间。

掌握现场具有易变性这一特点，能够促使侦查人员及时勘查现场，收集更全面的现场痕迹、物品，为侦查破案提供有利条件。

二、犯罪现场的特性

刑事犯罪现场的特性，是犯罪现场各方面特点的抽象和综合。具体可概括为：

（一）客观性

犯罪现场的客观性表现为：现场的形成是客观的；现场对犯罪行为的反映是客观的；现场的存在也是客观的。

犯罪现场形成的客观性，是指犯罪现场是由犯罪行为造成的，是犯罪行为人实施犯罪活动时必须依赖的物质条件。作案过程中，现场是犯罪活动得以实施的客观基础，离开犯罪现场这一空间环境，犯罪活动就无法实施。

犯罪现场对犯罪行为反映的客观性，是指犯罪现场是犯罪行为造成的，它从各个侧面，以不同方式记录和反映着犯罪的行为方式、规律和特点，因此，犯罪现场是犯罪活动的客观反映。

犯罪现场存在的客观性，是指犯罪行为人作案后，犯罪现场成了犯罪嫌疑人想摆脱而又无法摆脱的沉重枷锁，犯罪嫌疑人想将犯罪现场消灭掉是不可能的，毁掉旧的又留下新的，即使进行巧妙伪装，也无法做得严丝合缝，反而会露出新的迹象，同样会给侦查人员认识案情提供信息。犯罪现场的客观性是不以人的主观意志为转移的，只要有犯罪事实存在，就会留下犯罪现场，只要从现场实际出发，就可以发现犯罪活动的踪迹。

（二）可知性

犯罪现场是由犯罪行为造成的，现场中蕴含着丰富的犯罪信息，它能够从各个侧面、以不同形式反映犯罪活动的发展变化状态，既能够反映犯罪活动的整体性，又可以反映犯罪活动的阶段性和发展变化的先后顺序性。通过现场勘查，可以收集到大量的犯罪信息，通过对现场信息的识别和筛选，能够认识犯罪活动的规律和特点，进而获取侦查线索，寻找到开展侦查的途径。

（三）特殊性和稳定性

犯罪现场的特殊性，是指各个犯罪现场相互之间的绝对差别性。严格地说，世界上没有两个完全相同的犯罪案件，也没有两个完全相同的犯罪现场。各个犯罪现场都有其自身的特殊性。这种特殊性是由犯罪行为人的心理结构、心理状态、生理结构、病态、犯罪动机、生活习惯、犯罪经验、职业特征以及使用的工具等因素决定的。同时，也受现场所处的环境、地理位置和防范措施等因素的影响。犯罪现场的特殊性，反映出各个具体案件的特殊规律和特点。把握犯罪现场的特殊性，对确定侦查方向、缩小侦查范围有重要意义。

犯罪现场的稳定性，是指在一定的时间内和一定的条件下，保持其基本特征不变的属性。犯罪现场和其他事物一样，都处在不断地变化中，但在变化中又有相对稳定性。这种相对稳定性，受发现现场的迟早，现场所处的环境、位置，案件的性质，遗留痕迹、物品及其他物证的情况，现场保护的好坏，以及勘验是否及时等因素的影响。要掌握现场的变化性和相对稳定性，要充分利用其稳定性，减弱或延缓其可变性。所以，要求侦查部门接到报案后，应当及时赶赴现场进行勘验，在勘查过程中，根据现场变化的规律，从变化中寻求稳定的痕迹、物品及其他物证，抓住本质，正确认识犯罪现场，得出符合实际的结论。

第四节　犯罪现场的分类

对刑事犯罪现场进行分类的目的，在于把握不同类型现场的不同特点，根据各类现场的特点，采取不同的勘查和处置方法。

一、主体现场和关联现场

犯罪是一个过程。任何一起刑事案件，犯罪嫌疑人都有一系列的活动。这些活动一般可分为预谋、实施侵害行为和处理赃物、罪证三个阶段，每一个阶段都可能形成一个或几个现场。按照现场在犯罪过程中的地位及其相互关系，犯罪现场可分为主体现场和关联现场。

（一）主体现场

主体现场，是指犯罪嫌疑人针对犯罪对象实施主要犯罪行为的处所。例如，杀人案件实施杀人行为的场所，抢劫案件实施中暴力行抢的地点，爆炸案件爆炸发生的处所等。这类现场在案件形成过程中起着关键性的作用。由于主体现场比较集中地反映了犯罪嫌疑人的活动，暴露了犯罪后果，因此，人们认识犯罪往往是从主体现场开始的。但是，在杀人案件中，有的犯罪嫌疑人由于与杀人地点具有直接的利害关系（如杀人地点在犯罪嫌疑人家中或其时常出没的场所），犯罪嫌疑人为了割断杀人地点与其自身的联系，杀人后常常会产生移尸、碎尸、埋尸等行为。在这种情况下，人们最先发现尸体或尸体残肢的场所，常常不是杀人的主体现场。这类案件的侦查工作，往往不是从主体现场开始的。

在主体现场中，犯罪嫌疑人停留的时间较长，犯罪行为表现得较充分，是犯罪信息密集的地方。主体现场能比较集中地反映被侵害的人或物的具体状况。一般而言，犯罪嫌疑人在主体现场遗留的痕迹和其他物证也比较多，犯罪嫌疑人的人身形象和其他个人特点，在主体现场也会有不同程度的暴露。因而，主体现场大多能较充分地反映犯罪嫌疑人的犯罪行为，如犯罪的动机、目的、手段、方法以及实施犯罪的过程等，能为侦查人员提供认识犯罪和揭露犯罪的主要情况。这对于判明案件的形成，分析案件的性质，刻画犯罪嫌疑人的条件，发现侦查线索，收集破案证据，确定侦查工作的方向和范围，都具有十分重要的作用。因此主体现场应当作为勘查的重点。

（二）关联现场

关联现场，是指主体现场以外同犯罪行为相关联的处所。例如，犯罪行为人作案之前窥视、踩点、逗留的地方，作案后隐藏赃物、抛掷尸块、毁坏和丢弃犯罪工具、凶器或其他物证的处所。犯罪嫌疑人在实施侵害行为之前，一般都有一定的预谋活动，例如，对犯罪地点、时机进行选择，对犯罪目标进行窥探，准备作案工具，等等。在实施侵害行为以后，一般都有处理赃物、销毁罪证、设法逃避打击的活动，例如，隐藏赃物和罪证，转移、隐匿尸体或尸体残肢碎块等。所有这些活动，都是与犯罪嫌疑人实施侵害行为的活动密切联系着的。预谋是实施侵害行为的准备，处理赃物、破坏罪证、逃避打击等活动则是实施侵害行为的继续和发展。

关联现场有一个重要的特点，即不容易全部被发现，有的关联现场还容易被忽视。由于所有的关联现场都与犯罪嫌疑人实施侵害行为有着直接的因果联系，通过对关联现场的寻找、发现与勘验，可以获得更多的侦查线索和破案证据，有利于及时揭露犯罪和揭发犯罪嫌疑人。但是，在侦查实践中，有时由于侦查人员对关联现场的重要性认识不足，在发现了主体现场以后，常常忽视了对关联现场的寻找与勘查，以致失去了许多本来可能获得的侦查线索和证据。为了及时揭露和揭发犯罪嫌疑人，必须重视对关联现场的查找。一旦发现了关联现场，均应认真勘验，即使是破案以后对犯罪嫌疑人供述的关联现场，也应及时前往勘验。这样既可以印证犯罪嫌疑人的口供，也可以进一步充实犯罪证据，使案件办得更有质量，同时还可以完备侦查人员对犯罪过程的认识，有利于侦查业务水平的提高。

关联现场可以从不同角度和不同方面反映刑事案件发展的过程，它与主体现场互相关联、互相补充，完整地反映案件的整体状况，是犯罪现场的有机组成部分。加强对关联现场的寻找和勘验，对于收取证据、查明案情，同样有重要作用，对于关联现场，亦不可忽视。在实践中，有些重大案件的侦查活动是从关联现场的发现与勘查开始的。如杀人案件中的移尸、碎尸等情况，侦查工作是从最先发现移匿尸体或尸体残肢的关联现场开始，经过勘验、检查，并以此为出发点，循迹追索主体现场的。主体现场一旦被发现，侦查工作便取得了突破性进展，甚至有可能一举破获全案，捕获杀人疑犯。

主体现场与关联现场

二、原始现场和变动现场

以刑事犯罪现场形成以后有无遭到破坏为依据，可将犯罪现场分为原始现场和变动现场。

（一）原始现场

原始现场，是指犯罪现场形成之后，没有遭到人为和自然因素的破坏，基本保持了其原始状态不变的现场。这类现场保持着案件发生时的本来面貌（即原始状态），因此称之为原始现场。这类现场的特点是：能客观、真实地反映犯罪嫌疑人在现场上的行为方式和作案过程，有关犯罪的痕迹、物品比较齐整有序，能为侦查破案提供丰富的线索和重要的证据。因此，这类现场对侦查工作具有重要作用。

由于原始现场中蕴含的犯罪信息量较大，能够客观、完整地反映犯罪行为人实施犯罪活动的情况，而且原始现场遗留的痕迹、物证也比较完整，能为正确地分析案情提供客观依据，为侦查提供较多的线索，为揭露、证实犯罪行为人提供更多的证据。因此，案件发生后及时组织力量，采取妥善措施，保护好犯罪现场不受人为和其他外来因素的破坏，其意义是非常重大的。我国《刑事诉讼法》第 129 条特别规定："任何单位和个人，都有义务保护犯罪现场，并且立即通知公安机关派员勘验。"法律之所以特别强调保护现场，正是为了尽量减少某些人为的或自然因素对现场引起的改变和破坏，尽可能地使现场保持其原始状态，为现场勘查提供更多的有利条件。

（二）变动现场

变动现场，是指犯罪现场形成之后，由于人为或外来因素使现场的原始面貌遭到局部或全部破坏的现场。变动现场包括人为因素变动现场和自然因素变动现场。人为因素变动现场，是指案件发生后，由于其他人无意或有意的活动改变了现场的原始面貌。例如，受害人、事主和周围其他人员不了解保护现场的重要性，随便进出现场，移动、触摸现场上的物品，致使现场受到严重破坏；或者与犯罪有利害关系的人，乘机对现场上的痕迹、物品进行破坏等。自然因素变动现场，是指因气候或自然灾害使犯罪现场的原始面貌发生变化。如刮风、下雪、曝晒、房屋倒塌、河水泛滥、雷击起火以及动物的破坏等，这些自然因素的作用使现场遭到严重破坏。

变动现场由于部分地或全部地改变了犯罪行为所造成的被侵害对象和物质环境的变化的原始状态，因而也形成了自己的特点。即犯罪嫌疑人遗留的痕迹和其他物证受到了某种程度的破坏或散失，不能客观、全面反映犯罪嫌疑人在现场上的行为方式与作案过程。这给发现侦查线索、收集证据，分析判断案情等带来一定的困难，有时还会导致在分析判断案情上发生错误。但是在侦查实践中，变动现场是较多存在的，原始现场的比例很小。因此，要完全避免变动现场的出现是不可能的。有的案件现场，为了紧急抢救或制止险情，必然会使现场原始状态部分发生变化；有的案件现场，在被发现之前就已被风、霜、雨、雪等自然因素破坏了；有的案件现场，或者由于保护的方法不当，或者由于事主清点财物，或者由于死者亲属抚尸痛哭等，而改变和破坏了现场的原始状态。

这就要求侦查人员必须面对现实，用正确的态度对待变动现场。必须从实际出发，采取科学的态度，认真、细致、全面地进行勘验、检查，做好对与犯罪无关的痕迹、物品及其他物证的排除工作，善于从变动现场中发现未变动的部分，从破坏中发现未被破坏的痕迹、物品及其他物证，结合现场访问，仔细地进行分析判断，从中获取对侦查有价值的线索和证据。

三、真实现场、伪造现场和变造现场

一般按照现场的真伪，可将犯罪现场分为真实现场和伪造现场。

关于真实现场与伪造现场的界定，学者们有不同的观点。有学者认为，真实现场是指由犯罪行为人实施犯罪行为时形成的现场，如杀人、纵火、盗窃现场等，包括犯罪行为人为了掩盖犯罪事实，转移侦查视线，故布疑阵，用以逃避惩罚，在犯罪过程中或者犯罪之后，故意对现场进行破坏或伪装。例如，将他杀伪装成自杀现场；把外盗伪装成内盗，或将监守自盗伪装成外盗；把一人作案伪装成多人作案；把男人作案伪装成女人作案等。犯罪嫌疑人采取各种办法进行伪装的犯罪现场都属于真实现场。[1] 另一种观点认为，真实现场是犯罪嫌疑人作案以后对于自己反映在现场的犯罪行为未加任何掩饰的现场。[2]

对于真实现场的分歧，第一种观点认为，真实现场涵盖着对犯罪行为形成的破坏、掩饰；第二种观点则认为，真实现场就是犯罪行为形成的未加任何掩饰的现场，比如犯罪嫌疑人实施犯罪行为之后立即逃离留下的现场。

而伪造现场，一般认为是指行为人出于某种目的，故意虚构犯罪事实而设置的虚假犯罪现场。

我们认为，对犯罪现场的这种划分应当根据犯罪现场反映犯罪行为的真实程度，可以划分真实现场、变造现场、伪造现场。

（一）真实现场

真实现场，是犯罪嫌疑人作案后对于自己反映在现场的犯罪行为未加任何掩饰的现场。这类现场直接反映了犯罪嫌疑人实施侵害行为的情况，现场现象无虚假成分。这对于分析判断案情、发现采集犯罪痕迹和其他物证有着重要意义。

（二）变造现场

侦查实践中遇到真实现场的情况较少，更多的是由真实现场派生出来的经过犯罪嫌疑人在现场伪装、掩盖其犯罪行为后留下的变造现场。

变造现场，是指犯罪嫌疑人作案后，为了掩盖其犯罪行为、转移侦查视线或嫁祸于人而故意将现场加以伪装，这种故意地将现场上的某种原始状况加以伪装、掩盖的现场就是伪造现场。例如，犯罪嫌疑人将人勒死后，用绳子把尸体悬吊起来，伪装成自杀；内盗案件中，行为人实施盗窃后，把其他地区或单位的工具、物品丢在现场，伪装成外盗；或把放火伪装成失火；等等。随着犯罪嫌疑人作案手段的日趋狡猾，伪装现场的情况将会越来越多，他们既可能在主体现场上伪装，也可能在关联现场上伪装；原始现场可能有犯罪嫌疑人伪装的部分，变动

---

〔1〕 王传道主编：《刑事侦查学》，中国政法大学出版社 2017 年版，第 70 页。

〔2〕 管光承主编：《现场勘查》，法律出版社 2005 年版，第 65 页。

现场中也可能有犯罪嫌疑人伪装的部分。这类现场的特点是真相与假象并存，真相往往被假象所掩盖。但是，无论犯罪嫌疑人怎样伪装，伪装的程度怎样，案件的发生总是真实的，犯罪现场总是客观存在的。对这类案件现场的勘查，主要应解决一个"去伪存真"的问题。要善于从现场上发现种种反常情况，只要认真观察推究这些反常情况及矛盾现象，就不难识破犯罪嫌疑人的阴谋。

（三）伪造现场

伪造现场，又称假现场，是指行为人出于某种目的，故意虚构犯罪事实而设置的假犯罪现场。这类现场不能反映案件的存在，当事人陈述的"案情"纯属虚构，现场是为了印证虚构的案情布置出来的。例如，行为人故意伪造被抢或被盗的现场，掩盖自己的贪污罪行；为骗取政治荣誉故意将自伤伪造成与犯罪嫌疑人搏斗或被他人伤害；还有的为掩盖不正当的两性关系，而谎报被人强奸并制造假现场；等等。不论行为人出于何种动机，采取哪种方法设置假现场，客观上都没有犯罪行为的发生，这种没有犯罪事实的现场即属于伪造的犯罪现场。假现场必然假象甚多，在现场勘查中要注意鉴别真伪，揭露制造假现场的真相。

此外，在理论界与实践中，对犯罪现场还有不同的分类方法。例如，根据现场所处的空间位置不同，分为室外现场、野外现场、室内现场；根据案件性质的不同，分为杀人现场、盗窃现场、抢劫现场、爆炸现场、重大责任事故现场、制假现场、交通肇事现场等；按照犯罪活动的先后顺序或发现的先后顺序，分为第一现场、第二现场、第三现场……按照犯罪阶段的不同，分为预谋准备现场、实施作案现场、逃避侦查打击现场等。以上各种分类，有助于侦查人员在进行现场勘查时开阔视野，全面考虑，充分估计到可能出现的各种情况，以便针对现场的不同特点，采取相应的勘验方法。

第一章　课后拓展

第二章

犯罪现场勘查概述

第一节 犯罪现场勘查的概念及意义

一、犯罪现场勘查的概念及含义

犯罪现场勘查是一项法定的侦查措施。犯罪现场勘查，是在刑事案件发生以后，侦查人员为了发现侦查线索，搜集犯罪证据，查明犯罪事实，依照法律规定，运用一定的策略方法和技术手段，对与犯罪有关的场所、物品、人身、尸体等进行勘验、检查，对事主、被害人、知情群众进行调查访问，并对案情作出分析判断的一项侦查措施。现场勘查的概念具有四个方面的含义：

（一）现场勘查的主体是侦查人员

侦查破案是侦查部门的职责所在，现场勘查既然是法定的侦查措施，当然就应由侦查机关的侦查人员行使。我国《刑事诉讼法》第 128 条规定："侦查人员对于与犯罪有关的场所、物品、人身、尸体应当进行勘验或者检查。在必要的时候，可以指派或者聘请具有专门知识的人，在侦查人员的主持下进行勘验、检查。"《刑事诉讼法》的这一规定不仅十分明确地赋予了侦查人员的现场勘查权，同时也指出，对于某些情况复杂的案件，"在必要的时候"可以根据需要指派或者聘请具有专门知识的人员参加，但必须在侦查人员的主持下进行勘查。由此可见，现场勘查的主体是一种法定的特殊主体。除侦查机关的侦查人员外，其他任何机关、团体或公民个人，都无权进行现场勘查。同时，勘查现场也是侦查人员的义务和职责所在，如果发生案件，有了现场而不去勘查则是侦查人员的失职。

（二）现场勘查客体的特定性

从现场勘查的概念可以明确，现场勘查的客体仅限于与犯罪有关的场所、物品、人身（包括被害人、被告人）、尸体，即使是现场访问，也是围绕着与犯罪有关的情况及其后果进行的。凡与犯罪无关的人、事、物，均不在勘查之列。而对上述客体勘查，也必须严格依照法律规定进行。我国《刑事诉讼法》第 130 条规定："侦查人员执行勘验、检查，必须持有人民检察院或者公安机关的证明文件。"第 131 条规定："对于死因不明的尸体，公安机关有权决定解剖，并且通知死者家属到场。"第 132 条第 1 款规定："为了确定被害人、犯罪嫌疑人的某些特征、伤害情况或者生理状态，可以对人身进行检查……"第 135 条第 1 款规定："为了查明案情，在必要的时候，经公安机关负责人批准，可以进行侦查实验。"最高人民检察院颁布的《人民检察院刑事诉讼规则》，公安部颁布的《公安机关办理刑事案件程序规定》和《公安机关刑事案件现场勘验检查规则》都对现场勘查的任务、方法、内容作了具体规定，因此，应严格依法执行。

（三）现场勘查方法的特殊性

现场勘查方法是一定的策略方法和技术手段。所谓一定的策略方法，主要是指现场调查询问要根据与犯罪有关的不同人员及其心理状态，有针对性地运用询问策略，决定问话的方法。当然，也包括现场搜查、采取紧急措施的策略方法。技术手段包括发现、提取与犯罪有关的痕迹、物品所使用的各种物理方法、化学方法，对尸体外表检验和解剖检验以及对被害人、犯罪嫌疑人、被告人进行人身检查所使用的法医技术，记录固定与犯罪有关的场所、物品、尸体、痕迹的位置、形状、大小、特征所使用的照相、录像、绘图等技术，使用警犬、排爆、消防等技术，解决某些复杂疑难问题的专门技术（这主要是指聘请的其他科学技术部门的专业人员所使用的技术）。

（四）现场勘查的目的性

现场勘查的目的即通过勘查要解决的问题。勘查的目的，是要查明犯罪事实造成了何种后果；搜集犯罪证据，证实犯罪行为；发现侦查线索，为揭发犯罪嫌疑人打下基础。

二、犯罪现场勘查的意义

现场勘查是侦破刑事案件的一个重要环节，在刑事侦查工作中具有特别重要的作用。任何一起刑事案件都有现场，没有现场的刑事案件是不存在的。凡是有勘查条件的现场，都必须进行勘查。因此，现场勘查是刑事侦查中使用最多、最普遍的一项侦查措施，其主要意义在于：

（一）现场勘查是刑事案件侦查工作的起点和基础

刑事案件的侦查工作在多数情况下是由事到人的侦查过程，而侦查工作的客观依据往往是呈现在现场的犯罪事件。从现场的客观情况出发，通过一系列的侦查活动，找出与犯罪相联系的人、事、物，直至揭露犯罪和揭发犯罪嫌疑人，这就是侦查破案的全过程。从这一过程看，侦查破案是从现场勘查开始的。

现场勘查的目的在于充分地揭露现场现象，并在此基础上研究现场各种现象与犯罪行为之间的因果联系，分析犯罪的动机、目的、手段、方法，推断犯罪嫌疑人的作案条件和可能的动向，从而准确地确定侦查方向和侦查范围，推动侦查工作的顺利进行。因此，现场勘查这一作为侦查起点的基础工作做得好与坏，即现场现象的揭露是否彻底，直接关系到侦查工作的成败。

实践证明，凡是重视现场勘查，现场勘查工作扎实、深入的，破案率就高；凡是不重视现场勘查，现场勘查工作敷衍了事、走马观花的，侦查工作则难以顺利开展，常常陷入僵局，有的案件甚至长期无法侦破。

（二）现场勘查获取的情况是侦查工作自始至终的客观依据

刑事案件的侦查，首先必须对案情有充分的认识，即在现场勘查的基础上，对案情作出比较全面和比较准确的分析判断，才能指导侦查工作顺利展开。勘查现场获取的情况越多，越客观全面，对案情的分析判断就会越准确，对犯罪嫌疑人的人身形象和其他个人特征的刻画就越具体，确定的侦查方向和侦查范围就有了坚实可靠的基础。

在侦查的各个环节中，诸如制订侦查计划，选择侦查途径，犯罪嫌疑人的确定和查证，案情分析判断的肯定与否定，也都是以现场勘查所获取的情况为依据的。对重点嫌疑对象的侦查，无论是查赃物、查作案工具、查遗留的物品、查毒物、查凶器、查血衣，还是查尚未发现的主体现场或关联现场，都必须从已经勘查的现场所掌握的情况出发。如果不通过现场勘查把赃物的种类、数量和特征查清，把现场遗留的各种与犯罪有关的痕迹和物品收集起来，就不能有目的地采取侦查措施。对于破案后查获的物品，哪些是赃物，哪些不是赃物，哪些可以作为犯罪证据，哪些不可以作为犯罪证据，都需要根据现场勘查情况来加以鉴别。现场勘查情况还是破案后印证犯罪嫌疑人口供真伪的重要依据。因此，勘查现场时收集、占有勘查情况的多少，掌握材料质量的高低，不仅直接关系着侦查工作的顺利开展，而且常常预示着侦查工作的结局。

（三）现场勘查是发现侦查线索和收集破案证据的重要手段

犯罪现场是证据的"宝库"。犯罪行为一旦发生，依据物质交换原理，犯罪嫌疑人必然会在现场遗留或带走某些痕迹、物品，引起现场客观事物发生变化，这是不以犯罪嫌疑人的主观意志为转移的客观规律。现场的变动情况以及与犯罪有关的人、事、物，都可以作为侦查工作的线索，有的是揭露与证实犯罪的重要证据。这些线索和证据客观地存在于案件现场。因此，犯罪现场是侦查线索和破案证据的主要来源。但是，这些线索和证据，必须通过现场勘查才能发现与收集。通过现场勘查，可以获取物证、书证，可以获取证人证言，可以听取事主与被害人的陈述，可以获取一定的视听资料；送请鉴定的痕迹、物品，有相当一部分是通过现场勘查取得的，现场勘查记录也是印证犯罪嫌疑人供述真伪的重要证据。我国《刑事诉讼法》规定的八种证据形式，虽不能说全部都可以通过现场勘查获取，但可以说这些证据中的多数都可以通过现场勘查获取，或者说获取这些证据都与现场勘查有着密切的联系。

第二节　犯罪现场勘查的任务、要求及体系

一、犯罪现场勘查的任务

有专家学者将"现场勘查"称为"初动侦查"，意思是指现场勘查是侦查初期的一项侦查活动，它所要完成的任务也是为确定立案、开展侦查服务的，主要体现在如下诸方面：

（一）查明事件性质

事件性质是指已发生的事件的属性，即犯罪事件或是非犯罪事件。查明事件的性质是现场勘查的首要任务。侦查工作的开展是以犯罪事件为前提的，对于非犯罪事件则不适用侦查。在实践中，无论是机关单位、人民团体还是公民个人，向侦查机关所作出的发生某种事件的报告，往往是以他们所看见的表象作为认识判断的依据的。基于这种原因，认识判断难免出现差错。比如，某个地方发现一具尸体，死者实际上是事故死亡，但他们报告说：某个地方发生了杀人案。究竟是不是杀人案件，侦查机关是不能凭这种报告作出判断结论的，更不可以此决定立案侦查。

在侦查实践中，常常有一些狡猾的犯罪嫌疑人，在实施犯罪的过程中，使用

各种欺诈手段，制造假象，伪装现场，掩盖犯罪。还有的犯罪嫌疑人为了隐匿自己的不法行为或阴谋陷害他人，谎报假案。种种情况决定了现场勘查的首要任务是查明事件性质。只有通过现场勘查，才能明确是自杀、他杀、意外死亡、病理死亡还是自然死亡；是失火、放火还是自然起火；是投毒、误食中毒还是服毒自杀；是盗窃、谎报盗窃还是误报盗窃；等等。只有确认了是因犯罪行为引起的事件，并且达到了立案标准的规定，才能立案侦查。

（二）查明与犯罪有关的情况

犯罪活动是在一定的时间，一定的地点，由一定的人采取一定的方式完成的。不同的案件，其犯罪活动各异，就其规律性的问题而言，查明犯罪活动情况主要有以下内容：

1. 作案时间。作案时间即犯罪嫌疑人实施侵害行为所经历的时间，即何时侵入现场，在现场活动的时间，直至逃离现场的时间。

2. 犯罪地点。犯罪地点即犯罪嫌疑人实施侵害行为的场所及其在周围的环境中的位置。有的案件有几个现场，已经发现并进行勘查的，是主体现场或关联现场。如有未发现的现场，应尽量查明。

3. 犯罪嫌疑人的情况。犯罪嫌疑人的情况包括犯罪嫌疑人的人数、犯罪嫌疑人的条件，如姓名、性别、年龄、身形体貌、生理特征、语言特征、文化程度、社会职业、动作习惯，犯罪手法是否熟练，使用何种工具、凶器等。

4. 犯罪行为及后果。犯罪嫌疑人实施了何种犯罪行为，造成了什么后果。如果侵害行为指向人身，应当查明被害人的情况；如果侵害的对象是财物，则应查明遭受了多大损失，损失财物的种类、数量、特征等。

5. 实施侵害行为的过程。包括犯罪嫌疑人在现场上的进出路线、侵入现场的部位、现场活动的先后顺序、逃离现场的方向等情况。

6. 现场上的反常情况。如果是伪造现场、伪装现场，往往会有许多反常情况，这些反常情况就是与犯罪的发生发展规律不符的情况。比如，现场本来应该出现的东西没有出现，不应该出现的东西反而出现了，这就是反常。

当然，以上几个方面的内容并不是勘查所有案件的现场都能全面查清的，也不是任何一起案件的现场勘查都一定要查清这些问题，而是要根据具体案件的现场情况，对于应当查明的问题尽量查明，不可疏漏。

（三）发现、提取与犯罪有关的痕迹、物品及其他证据

现场勘查的过程，也是发现证据和收集证据的过程。把犯罪嫌疑人在现场留

下的各种各样的证据，尽可能毫无遗漏地收集起来，是现场勘查的一项重要任务。在实施勘查时，不仅要注意发现、收集能够据以确认犯罪嫌疑人、揭露与证实犯罪的相关证据，也要注意发现、收集证明某一犯罪事实存在的证据；不仅要注意对有罪证据的收集，也要对无罪证据进行收集；犯罪嫌疑人遗留的物品、痕迹要收集，被害人遗留的痕迹、物品同样也要收集。例如，现场因犯罪活动而遗留的手印、脚印、杀人凶器、毒药残渣、烟头、纸片、血迹、毛发、精斑，在搏斗中扯掉的纽扣、布片以及各种各样的随身物品等。所有这些痕迹、物品，都可以成为揭露犯罪和揭发犯罪嫌疑人的重要证据。但这些痕迹、物品，有的容易发现，有的不容易发现，在勘查现场时必须仔细搜寻。对于发现的痕迹、物品，要采取适当的方法提取，否则便会失去证据效力。

（四）记录现场情况

现场情况对查明事件性质、分析判断案情、确定侦查方向和范围都具有极为重要的意义。同时，现场所获得的各种情况和材料，又都是重要的证据来源，如果不及时对现场情况加以固定，不及时对有关痕迹、物品提取固定，就会随着时间的推移而变化、消失。因此，应用现场勘查记录的方法加以固定。现场勘查记录是法定的证据之一。在实施勘查的过程中，运用文字笔录、绘图、照相、摄像等方法，将现场客观情况以及勘查所见、勘查工作过程，如实客观地记载下来，形成完备的现场勘查记录，这是现场勘查的重要任务。

（五）确定侦查方向和侦查范围

确定侦查方向和侦查范围是现场勘查的终极任务。根据现场勘验和现场访问中查明的案件发生时间、地点、过程、方法、手段、动机、目的，以及犯罪嫌疑人的人数和个性特征等情况，初步确定侦查方向，划定侦查范围，为后续侦查提供线索和证据。

二、犯罪现场勘查的要求

（一）迅速及时、全面、细致、客观

公安部 2015 年 10 月颁布的《公安机关刑事案件现场勘验检查规则》第 8 条第 1 款规定："刑事案件现场勘验、检查工作应当遵循依法、安全、及时、客观、全面、细致的原则。"现场勘查是一种侦查行为，必须依法进行。

及时的意义在于不失时机。这就要求侦查部门常备不懈，侦查人员要有雷厉风行、闻风而动的思想作风，一旦接到报案，要以最快的速度赶赴现场。做到赶赴现场快，紧急部署快，现场勘查快，临场分析快。只有如此，才能抓住案发不久、犯罪痕迹比较明显、证据未遭破坏、群众记忆犹新、犯罪嫌疑人未及远逃、赃物尚未脱手等有利时机，进而取得证据，了解案情，或采取紧急措施，将犯罪嫌疑人查缉归案。在实践中，有的案件由于赶赴现场及时，一举击中犯罪嫌疑人的要害，取得当场缉捕犯罪嫌疑人的战果。多数案件虽不能当场缉捕犯罪嫌疑人，但由于及时勘查现场，及时觅取痕迹和其他物证，及时搜索、追缉，及时调查、控制犯罪嫌疑人，也就是在极短的时间内迅速展开一系列的侦查活动，就能为最终破案、缉捕犯罪嫌疑人打下坚实的基础。反之，未及时勘查现场，以致人为因素或自然因素使现场遭到改变或破坏，随着时间的推移，现场知情人记忆逐渐淡漠，致使应该发现、获取到手的痕迹和物证未能被及时发现、获取，应该收集的线索未能及时收集，这就势必给侦查工作的开展带来困难，甚至造成案件无法侦破的局面。可见现场勘查及时与否，不仅关系到侦查工作能否顺利开展，甚至决定着侦查工作的成败。成败所系，不可不予重视。要做到及时，就必须做到有处警力量、交通工具和勘查器材设备的保证，以便以最快的速度赶赴现场，尽可能地缩短从接警到赶到现场的"第一反应时间"。

所谓全面，就是要求勘查人员在勘查现场时，对凡是与犯罪有关的场所都必须仔细勘验；凡是与犯罪有关的人和事都应一一调查；凡是能够认定和证实犯罪及对侦查工作有价值的材料，都要全面搜集；凡是与犯罪案件有关的事实都要全面分析。为了达到全面的要求，有的现场须反复勘查，有的现场要请各方面专家"集体会诊"。对现场的认识必须经过实践、认识、再实践、再认识的循环往复的过程，以逐步得到正确的认识。犯罪现场的复杂性、犯罪本质的隐蔽性，会给现场勘查带来认识上的困难。因此，要全面认识现场，必须坚持反复勘查、认真研究的原则，尤其是大案要案和疑难复杂案件现场的勘查，更是如此。

所谓细致，就是指在现场勘查的过程中，要精心、仔细、认真，不仅要注意那些明显的痕迹、物品和情况，更要注意发现那些与案件有关的只字片纸或细枝末节。勘验中，不但要注意易接触、易破坏的部位，还要注意易忽视的边角部位；不仅要注意发现那些清晰、完整的痕迹物品，还要注意发现模糊的、不完整的痕迹物品，尤其是微量物质、物品。在现场访问中，要耐心、详细地查明被询问人所知晓的与案件有关的所有情况。细致与全面密不可分，细致是全面的基础，全面是细致的保障，没有全面就谈不上细致，没有细致就无所谓全面，二者是辩证统一的关系，不可偏废。

所谓客观，就是要按照事物的本来面目去认识现场。现场勘查一定要有实事求是的科学态度，无论是发现、提取痕迹、物品，还是进行现场访问、制作勘查记录，均要持客观的态度，不能先入为主，不能任意添加或删减。在现场勘查后期，进行现场分析也应持客观的态度。一旦由于某种主客观原因出现分析失误，也要采取客观的态度重新认识现场，重新分析判断案情，以求作出正确的结论。

现场勘查工作只有认真贯彻"及时""全面""细致""客观"八个字的基本要求，才能切实保证现场勘查的质量，全面实现现场勘查的任务。在后续侦查分析判断案情时就会有比较充分的材料作为依据；在组织侦查活动时，才不致感到线索缺乏；在破案时，才会有比较完备的证据去揭露和认定犯罪嫌疑人。

（二）充分依靠群众

现场勘查是刑事侦查部门同刑事犯罪作斗争的一项专门措施。专门工作只有与群众路线紧密地结合起来，才能充分发挥作用。我国《刑事诉讼法》第6条规定："人民法院、人民检察院和公安机关进行刑事诉讼，必须依靠群众……"为此，现场勘查必须切实建立在可靠的群众工作基础之上。这是因为刑事犯罪嫌疑人的破坏活动牵涉面广，直接危害国家和群众的切身利益，群众很关心，乐于给侦查部门提供帮助。而且刑事犯罪活动在群众中暴露得比较充分，案件发生以后，往往是群众首先发现和接触案件现场，对案件现场的原始状态最为了解，甚至有的案件，犯罪嫌疑人在作案的时候，就被群众所看见。因此，群众能为侦查部门提供大量的有关犯罪的情况。现场勘查的含义从一定的意义上讲包括两个方面的内容：一是对物的勘验，二是对人的访问。有些案件对物的勘验不具备条件（如盗窃案、诈骗案），此种情况下的现场勘查只能是对人的访问（对事主、被害人、知情群众的访问），这也决定了现场勘查必须依靠群众。总之，现场勘查工作，从报案、保护现场、现场见证、现场访问、实地勘验、现场搜索、对现场情况的分析研究，直至采取追缉堵截、控制销赃等紧急措施，各个环节都必须依靠群众。否则，现场勘查的任务便难以完成。

（三）严格遵守国家的法律和制度

现场勘查活动是依照一定的程序进行的，其活动本身依赖一系列程序展开。侦查机关或侦查人员必须严格依照法律规定的步骤顺序来实施，否则勘查行为无效，如果严重违背程序，除需要纠正外，侦查机关或侦查人员应当受到责任追究，而且以非法勘查方式获取的证据也可能因为取证行为的非法性而被排除。因此，现场勘查程序具有法定性。现场勘查工作自始至终都要按照国家法律和现场勘查规则进行。勘验现场时，必须首先出示《现场勘查证》，同时要邀请2名为人公正、与案件无关的见证人参加；解剖尸体应按卫生部《解剖尸体规则》执行；提取痕迹、物品，进行现场检验，组织现场实验，以及采取紧急措施等，都必须严格按照法定程序和技术规范进行。

三、犯罪现场勘查的体系

（一）犯罪现场勘查体系的构成

犯罪现场勘查体系，是指由各类勘查行为组成的有机整体。这是一个复杂的综合体，其中的各种勘查行为是构成现场勘查体系的基本要素，各要素构成了现场勘查体系的统一体。犯罪现场勘查体系是由多种勘查行为组合而成的。

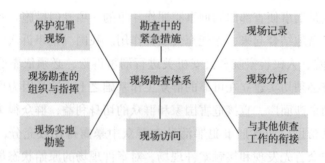

图 2-1　现场勘查体系构成图

（二）犯罪现场勘查体系的特征

犯罪现场勘查是一个有机整体，其特征主要表现为：

1. 勘查系统的整体性特征。勘查系统的整体性特征是指勘查系统的完整性及不可分割性。其具体表现为：

第一，各种勘查行为作为勘查系统的子系统，都有着自身的不同于其他勘查行为的内容或本质，同时，又不能离开勘查系统孤立存在或运行，必须服从每一个案件的特定勘查体系的要求，并与其他子系统紧密配合，在相互配合中，发挥自身的能动作用。

第二，各子系统必须及时将自己在勘查行为中遇到的问题及时反馈于勘查系统。首先是指挥系统，由指挥员发出指令，或调整结构，或改变某些勘查措施，或采取新的勘查措施等。

第三，及时将勘查中获取的信息传递给侦查系统。现场勘查中获取的信息，无论是对后期侦查有利的信息还是不利的信息，都要传递给侦查系统。

2. 现场勘查系统的相关性特征。相关性特征，主要是指勘查系统各行为要素的相关性。主要表现为现场勘查系统与各子系统之间、现场勘查各子系统之间、现场勘查系统与环境之间彼此的相互制约和相互影响。

第三节　犯罪现场勘查中的证据

一、现场勘查中的证据范围

我国《刑事诉讼法》第50条规定："可以用于证明案件事实的材料，都是证据。证据包括：①物证；②书证；③证人证言；④被害人陈述；⑤犯罪嫌疑人、被告人供述和辩解；⑥鉴定意见；⑦勘验、检查、辨认、侦查实验等笔录；⑧视听资料、电子数据。证据必须经过查证属实，才能作为定案的根据。"

在现场勘查中获取的适格证据应当具备以下条件：①获取证据的主体必须是侦查人员；②获取证据必须依法进行；③必须用以确定或否定犯罪事实，证明犯罪嫌疑人有罪或者无罪以及是否追究刑事责任的一切客观事实；④所获取的证据必须经查证属实才能用于证明案件事实；⑤间接证据必须排除任何合理怀疑，各证据间没有矛盾。

现场勘查中的证据包括三个方面：

1. 证明有关案件事实方面的证据。主要有：

（1）核心事实证据。核心事实是指构成犯罪现场的核心要素的犯罪行为事实。这在证据学上被称为主要犯罪事实，即犯罪行为的内容，也就是在这个地方是否发生了犯罪事实，这一犯罪事实是否应追究刑事责任。

（2）非核心事实证据。非核心事实在证据学上被称为次要事实，在现场勘查学上称为非核心要素。主要包括犯罪时间、犯罪空间、犯罪目的、犯罪动机、犯罪工具、犯罪结果、作案对象等。

（3）关于犯罪嫌疑人自身方面的证据。主要包括：犯罪嫌疑人的姓名、性别、年龄、文化程度、工作单位、职业、工作经历、原籍、住址、个人表现等；也包括个人人身特征，如身高、体态、衣着特征、面部特征；还包括其行为特征，如行走习惯及书写习惯方面的特征等。

2. 证明证据事实的证据。证明证据事实的证据主要是指证明证据本身的内容是否真实的证据。如证明物证、书证、证人证言、被害人陈述、被告人供述和辩解、鉴定意见、勘验检查笔录、视听资料等是否真实的证据。这些证据是由其他证据证明的。例如，现场勘查时提取的可疑犯罪血迹是否为犯罪嫌疑人所遗留，证实它的证据应当是鉴定意见。

3. 证明程序方面事实的证据。证明程序方面事实的证据主要是指证明对解决刑事诉讼程序是否有法可依的事实。在现场勘查中，主要是关于侦查人员申请回避的事实及其他勘查程序是否符合《刑事诉讼法》的规定。有人认为这并不属于现场勘查的证据，这显然是忘记了现场勘查是刑事诉讼的一个重要组成部分及重要程序，凡是与诉讼程序不符而又与案件有关的，都应该运用证据证实，都属于刑事证据的范畴。

二、现场勘查中的证据种类

（一）物 证

物证是指能够证明案件真实情况的物品和痕迹等。物证主要有犯罪工具、犯罪痕迹、侵害对象以及其他可以证实犯罪的痕迹或物品。物证收集的方法主要有现场勘验活体，检查、搜查、讯问犯罪嫌疑人，询问证人和被害人，现场访问等。物证种类很多，特别是对人身的认定的物证，更是其他种类的证据不可比拟的，因此，有人将物证称为"证据之王"。物证在现场勘查中的作用或意义主要包括：

1. 现场勘查中的物证是查明案情的重要依据。现场的许多痕迹物品是犯罪行为人遗留在现场的。现场勘查人员在现场发现提取并对这些可疑物证进行检验，以此为依据，寻找犯罪工具、犯罪行为人等。特别是指纹、血迹等具有认定人身的可疑犯罪物证，其作用更加重要，因为一旦能够认定人身，犯罪就被证实，案件就可能破获。

2. 证据的线索作用。由于证据的种类不同，决定了证据在现场勘查中的作用也不同。有的证据能够直接证明案情，有的则只能是连接证据与案情，它是一种中介，是一种桥梁。例如，在某地发生一起盗窃案，在现场勘查时提取到几枚成趟鞋印，根据对鞋印的步法特征检验，判断留下鞋印人的身高、体态等信息，该鞋印物证所起的作用只是提供一种侦查线索。

（二）书 证

书证是以书面材料的内容证实证明案件的真实情况的证据。书证的种类包括文字材料，如信件、传单、电报、文件、文书、账册等；符号如活动信号、图画、数据等。书证在现场勘查中有着不同于物证的价值，这主要体现在：

1. 可提供物证难以提供的更深层的事实。书证是以其内容证明案件事实的，它可以提供更多的证据或线索，如犯罪行为人的情况与犯罪行为人的关系人的情况，有的提供犯罪的其他事实情况，这些证据或线索有利于侦查人员找到犯罪行为人或者其他证据。

2. 书证可为侦查人员认定案件性质提供依据，如犯罪行为人遗留在现场的遗书可以帮助侦查人员判明现场是不是犯罪现场，判明其作案动机，进而认定案件性质。

3. 书证在经济案件中是更直接的证据，许多账册是记录犯罪行为人实施犯罪的真实的证明，这在经济案件中是查实其犯罪的有力证据。

（三）证人证言

在现场勘查中，证人证言是证人就其了解的有关案件事实和现场的情况向侦查人员所作的陈述。作陈述的人即为证人，是指除被害人、当事人之外的了解现场情况的并向侦查人员进行陈述的人。可见，证人不包括案件的当事人及被害人。证人证言的形式有两种，即口头与书面形式。证人证言一般具有以下特点：

1. 证人证言在客观性上具有双重性特点。证人证言是一种言词证据，因而一方面具有客观性、真实性的特点：首先，证人所知道的案件的现场情况是他亲自感知的；其次，证人与案件没有直接的利害关系，因而其陈述比较客观真实。但是由于证人证言来自于证人的陈述，它受证人自身记忆力、智力、心理、表达能力等多方面因素的影响，也受其与被害人或与犯罪行为人的关系及其他社会关系、环境条件等因素的影响，因此，另一方面，有的证人证言不可避免地带有主观性，因而也使侦查人员在利用证人证言时必须十分谨慎。

2. 证人证言是帮助侦查人员再现犯罪现场的重要依据。有的证人能够将案件现场的犯罪行为人的犯罪行为过程具体逼真地表述出来，这对侦查人员研究、分析案情、再现犯罪行为的过程有重要价值，这是其他刑事证据所不能相比的。

3. 证人证言证明的范围广泛。这和证人对案件的感知有关，这也是其他证据不可比拟的。证人可能感知案件发生的全过程，如案前、案中、案后，证人对这些事实的陈述是案件极为重要的证据。证人证言还可能反映对案件有其他证明作用的事实，如证人提出对侦查人员或者其他现场勘查人员在犯罪现场提取的痕迹或物品的肯定或否定的事实等。可见，证人证言能够证明的范围比其他证据都广泛。

4. 证人证言在现场勘查中几乎是必需的证据。现场勘查中的证据很多，但在个案中，有的以这样或者那样的证据证实，有的又有另外的证据证实，但不管什么样的案件、什么样的犯罪现场，在现场勘查中有一种证据是不能少的，这就是证人证言。这也决定了获取证人证言的手段——现场访问是不可缺少的。

在刑事诉讼中，收集证人证言的方法主要是询问证人。现场勘查中，证人证言的收集方法主要发生在现场访问阶段。如前所述，证人证言的特点决定其收集方法的普遍性，即某案如果没有其他某个证据，也就没有收集该证据的方法，但证人证言的收集方法却是必须有的。

现场访问必须由负责本案的侦查人员进行。现场访问的方式、方法、规定等问题将在本书第七章"现场访问"中阐述。

（四）被害人陈述

被害人陈述，是指被犯罪行为直接侵害的人，就其了解的犯罪事实、犯罪嫌疑人的情况及犯罪现场的其他情况向侦查人员作的陈述。

被害人陈述有两种形式，即书面形式与口述形式。在现场勘查中，被害人的存在有多种状况，有的已经死亡，有的处于生命垂危之际。由于被害人在案件中所处的特殊地位，只要生命尚有一息，侦查人员都要进行抢救，这在现场勘查中被称为"紧急措施"，并且是现场勘查首先应当实施的。被害人的陈述对侦查十分重要，有时甚至一个字都可能成为破案的关键。因此，被害人的陈述在现场勘查中有着特别重要的意义，主要体现在以下几个方面：

1. 被害人陈述能够帮助侦查人员迅速破案。被害人是犯罪行为的直接侵害者，他们迫切希望侦查人员能够迅速将犯罪嫌疑人缉获，将犯罪嫌疑人绳之以法。因而，一般情况下，被害人能够尽量将犯罪行为人的各种情况向侦查人员反映清楚。特别是在抢劫、强奸等案件中，被害人与犯罪行为人之间有正面接触，他们对犯罪行为人的情况有较真实和详细的了解，能为侦查人员提供犯罪行为人的较为真实的情况，如其人身特征、行为特征等，有的甚至能够指认犯罪行为人。这是其他证据无法相比的。

2. 被害人的陈述有时可以帮助侦查人员在现场勘查中发现可疑犯罪痕迹与其他物证。由于被害人在犯罪现场中的特殊地位，他对犯罪的发生行为过程、行为结束等现场的情况较为熟悉，有时犯罪现场中存在的物品或犯罪行为人接触的物品等，侦查人员并不了解，或者很难发现，被害人却能将其说明，这对侦查人员勘查现场、发现犯罪可疑痕迹、物品等是关键。被害人的陈述在现场勘查中和侦查中都很重要，侦查人员应尽一切可能获取被害人陈述。

（五）鉴定意见

在现场勘查中的鉴定意见，是指被公安机关的侦查部门指派或聘请的具有专门知识的人就案件中的某些专门性问题进行的科学判断。

鉴定的主体是具有专门知识的人。鉴定中的具有专门知识的人来自两个方面：一是被公安机关的侦查部门指派的具有专门知识的人，这主要是指公安机关侦查部门的鉴定人员；二是由公安机关侦查部门聘请的具有专门知识的人，这主要是指社会鉴定机构中对案件的某个专门性问题能够作出鉴定意见的具有专门知识的鉴定人。

鉴定意见的内容是有关案件中的专门性问题，这些专门性问题涉及的范围十分广泛，在犯罪现场和现场勘查中表现得也十分广泛。这主要包括：可疑犯罪痕迹，如指纹、足迹、工具痕迹、枪弹痕迹、车轮痕迹、整体分离痕迹等；可疑犯罪物品，如犯罪行为人利用犯罪现场的工具作为作案工具；可疑犯罪遗留物，如犯罪行为人带来的遗留在犯罪现场的可疑犯罪工具、爆炸物的残留物、引燃物以及其他可疑遗留物等；犯罪行为人的自身物质，如尸体、血迹、精斑、毛发、汗液以及其他人体物质等；金属、土壤、纤维、油漆等微量物质。

这些专门性问题的解决涉及法医鉴定、痕迹鉴定、文书鉴定、毒物、毒品等物质成分鉴定，需要通过专门的鉴定手段予以解决。鉴定意见在刑事诉讼中具有重要意义，但在现场勘查中具有特殊的价值，主要有：

1. 某些鉴定意见可以直接证实某案是否为某人所为，是破案的有力证据。有的鉴定意见能够直接确认某人是否实施了某一犯罪行为。例如，一般情况下，指纹鉴定证实的是现场的指纹是某人遗留在现场的，而在特定的时刻，其他人未进过现场，在这特定的时间发生了盗窃案件，他又与此处毫无关系。又如，某一被害人被杀害，从被害人口腔内提取了一枚断指，当找到某犯罪行为人时，不仅发现其新的断指头，且与现场提取的手指的断离指头能够作出整体分离痕迹的同一认定的鉴定意见，且对二者的血型特别是对 DNA 作出同一认定的结论，从而证实了上述犯罪行为人是此案的犯罪行为人。

2. 鉴定意见可证实被害人的陈述及证人的证词是否真实可靠。有的陈述人为了报复犯罪行为人，夸大或做假证，但鉴定意见与其产生很大的差异，侦查人员就可以通过被害人的陈述以及证人的证言与鉴定意见的矛盾，判断其陈述的真实性。因此，鉴定意见以其科学性、可靠性的特点，具有证实其他证据可靠性的证据价值功用。

（六）勘验、检查、辨认、侦查实验等笔录

我国刑事诉讼法中所称的"勘验、检查笔录"，就其内涵而言，我们认为应当称为"勘验、检查记录"较为科学。勘验、检查记录，是指侦查人员在现场勘查中以文字、绘图、照相、录音、录像技术等形式对现场予以固定的记载及记录。

勘验是对犯罪现场及相关场所、物品、尸体等的勘验及检验。

检查是对犯罪行为人、被害人、证人的某些特征及伤害情况、生理情况等进行的人身检验与查验。

勘验、检查记录有现场勘验笔录、物证检验笔录、现场实验笔录、人身检查笔录、现场绘图、现场照相、现场访问笔录、现场录像等。勘验、检查记录具有以下特点：

第一，它是侦查人员对现场情况的固定。这种固定的形式很多。有了这种固定，侦查人员对案情的分析才有了物质基础。勘验及检查记录的多种形式又互相印证、互相补充，使证据相互联系，证据更加可靠。

第二，随着科学的发展，这种记录的科学水平和质量也愈来愈高、愈来愈多，促进了勘验、检查的不断发展。

勘验、检查记录在现场勘查中的作用不同于其他证据，主要表现为：

1. 现场勘验检查笔录是重要的法律文书，也是法律规定的必备的法律文书之一。也就是说，侦查人员在现场勘查中必须将在现场勘查中所见及勘验、检查行为作出详细的记录。这种记录在现场勘查中就是一种特定的证据，它既是对犯罪行为的记录，也是对勘查行为的记录，一方面是对犯罪是一种证据，另一方面也是证实勘查行为是否合法的重要工作。

2. 现场勘验、检查记录对侦查人员确定侦查范围及侦查方向有重要价值。犯罪现场是犯罪行为人遗留各种物证的地方，如遗留的各种痕迹、各种物品、犯罪工具、犯罪行为人的自身遗留物、尸体等，通常都是案件中的证据，这些证据的记录与固定对查找犯罪嫌疑人具有重要价值。实际上，其他许多证据都是通过现场勘查予以记录固定才能起到证据的作用。

3. 现场勘验、检查记录是现场勘查中进行现场实验再现的重要依据。现场勘查中，侦查员为了研究犯罪行为、确定犯罪行为人，往往要进行现场实验，以便对犯罪行为实现再现研究。而现场记录则能通过文字的、图像的、声音的、信息系统的多种记录方式帮助侦查人员进行犯罪现场再现研究。例如，侦查员可能根据现场记录中对犯罪行为人在现场中的足迹的记录，研究犯罪行为人在犯罪现场的活动过程，这对研究犯罪行为人的犯罪动机、目的等提供了重要依据。

4. 现场勘验、检查记录为研究犯罪嫌疑人的个人特征，确定、辨认犯罪行为人提供重要依据。虽然其他证据也可以直接作为指认或辨认犯罪行为人的证据，但是所有这一切都必须通过现场记录来实现。有了记录就有实证。特别是在现场访问中得到的关于犯罪行为人的特征及秘密拍摄下的犯罪行为人的清晰的照片等，对于追查逃犯、辨认犯罪行为人有着举足轻重的意义。

5. 勘验、检查记录也是刑事技术人员进行同一认定，得出鉴定意见的重要依据。刑事技术人员在实施技术鉴定时，常常需要两种记录：一是侦查人员在现场勘查中得到的可疑犯罪痕迹等物证的记录，如指纹、足迹等的记录；二是照片和在侦查中获取的有关犯罪行为人的指纹等痕迹的实物或照片记录。通过对二者特征对比的同一认定，而得出鉴定意见。所有鉴定的全过程，都是以勘验、检查的记录为条件，也可以说，有了勘验、检查记录，才有了鉴定的物质基础。

除此之外，我国2018年修订的《刑事诉讼法》还增加了辨认和侦查实验笔录，这是对侦查实践中辨认和侦查实验结果的证据性认可。在现场勘查中，对于现场中存在的尸体、工具等物证的固定，是后续侦查中辨认的基础，也是辨认结果成为证据的前提条件。同样，在现场勘查中，根据勘查的需要，也可进行侦查实验。辨认笔录和侦查实验笔录是对辨认结果和侦查实验结果的固定。

（七）视听资料、电子数据

视听资料，是指在其他附着物内的多种存储形式如录音、录像或计算机等现代科技手段反映的声音和形象及其他信息资料以证明案件真实情况的证据。

1. 现场勘查中的视听资料种类。

（1）由侦查人员收集提取的视听资料。这主要是指侦查人员在现场勘查过程中在现场周围获取的视频监控设施中摄录的有关犯罪的视听资料。

（2）由社会有关人员无意或有意制作的与犯罪有关的视听资料。例如，偶遇一正在发生的刑事犯罪案件，将其录制的视听资料；有的是无意录制的，如在拍摄其他场景时拍摄到的有关犯罪行为的过程等资料。

（3）犯罪行为人制作的视听资料。如犯罪行为人有意或无意录制的录像、录音资料等。

2. 视听资料的特点。

（1）证据的潜在性。视听资料作为证据，一方面以其存储的内容证实案件的事实是否存在，即它不以视听资料的形象特征证实案件的事实；另一方面，它存储在如计算机的磁盘内、录影带内、录音带内等。

（2）视听资料在现场勘查以多种形式出现：①往往以现场勘查记录的多种形式出现。如现场勘查中的现场录像、现场录音等。②从现场勘查中获取的与犯罪有关的录像带、录音带、计算机的磁盘等。③在现场访问中由知情人提供的与犯罪有关的上述视听资料等。

（3）视听资料具有直观性。它能以声音的特点、逼真的图像或其他信息，向他人传递犯罪行为人的犯罪行为过程及其可听、可视的声音图像，以及其他有关犯罪的信息，而且能够连续地反复观看和耳听。这对侦查人员研究案情十分重要。

我国 2012 年修订的《刑事诉讼法》赋予了"电子数据"独立的法律地位，但并未对其概念予以明晰的法律界定。在国内外的相关立法以及理论研究中，出现了"计算机证据""电子数据""数字证据"等多种称谓。2016 年最高人民法院、最高人民检察院、公安部联合颁布的《关于办理刑事案件收集提取和审查判断电子数据若干问题的规定》第 1 条第 1 款明确规定："电子数据是案件发生过程中形成的，以数字化形式存储、处理、传输的，能够证明案件事实的数据。"第 1 条第 2 款又以列举的方式规定："电子数据包括但不限于下列信息、电子文件：①网页、博客、微博客、朋友圈、贴吧、网盘等网络平台发布的信息；②手机短信、电子邮件、即时通信、通讯群组等网络应用服务的通信信息；③用户注册信息、身份认证信息、电子交易记录、通信记录、登录日志等信息；④文档、图片、音视频、数字证书、计算机程序等电子文件。"同时第 1 条第 3 款又明确规定："以数字化形式记载的证人证言、被害人陈述以及犯罪嫌疑人、被告人供述和辩解等证据，不属于电子数据……"

因此，现场勘查中的电子数据是在案件发生过程中形成的，以数字化形式存储、处理、传输的，能够证明案件事实的数据。现场勘查中的电子数据主要有网页、博客、微博、朋友圈、贴吧、网盘等网络平台发布的信息；手机短信、电子邮件、即时通信、通讯群组等网络应用服务的通信信息；用户注册信息、身份认证信息、电子交易记录、通信记录、登录日志等信息；文档、图片、音视频、数字证书、计算机程序等电子文件。

2019 年 2 月公安部颁布实施的《公安机关办理刑事案件电子数据取证规则》第 2、3 条规定，公安机关办理刑事案件应当遵守法定程序，遵循有关技术标准，全面、客观、及时地收集、提取涉案电子数据，确保电子数据的真实、完整。电子数据取证包括但不限于：①收集、提取电子数据；②电子数据检查和侦查实验；③电子数据检验与鉴定。

犯罪现场中的证据

第四节　现场勘查学及其研究对象

一、现场勘查学的概念

现场勘查学，是指专门从事现场勘查的部门或人员利用现代科学原理、现代科技知识和方法，依法对需要勘查取证的犯罪现场进行现场勘验、检查与现场调查访问、寻找、发现、固定和提取与案件有关的痕迹、物品等证据材料和信息，为科技鉴定、综合分析判断、查明案情服务的科学。现场勘查学，是在总结古今现场勘查实践经验，借鉴国外现场勘查理论与实践的基础上，应用现代科学原理和运用现代科技知识、方法手段而建立起来的一门新兴学科。

从这一概念中可以看出，现场勘查学是一门知识面宽、涉及面广、文理结合的交叉型学科。它把现代哲学、社会科学知识与现代科学技术知识紧密结合起来，应用于司法实践，办理各类案件。同时，它向人们揭示出，对那些复杂多样并需要勘查取证的案件现场，必须运用现代科学原理和现代科技知识、方法、手段进行现场勘验、检查与现场调查访问等专门调查研究的方法；现场勘查人员必须深入实践，根据各类犯罪现场形成的规律、特性和具体案件现场的实际情况，依照法律规定的程序、要求，及时迅速、客观全面、深入细致地进行现场勘查，以便有效地寻找、发现、固定和提取有关案件的痕迹、物品等证据材料和信息，为查明案件真实情况、提高办案质量服务。

二、现场勘查学的研究对象

现场勘查学研究的对象，是以实现现场勘查为目的，围绕案件现场与勘查取证两大问题和二者的关系为内容展开的。其他任何具体内容的研究均以此为出发点和归宿。对各类案件现场发生、发展规律特点以及进行现场勘查的基本原理、基本素质、基本知识和基本技能的研究，贯穿于现场勘查学的始终，并决定着现场勘查学的发展。现场勘查学的具体研究对象包括以下四个方面：

（一）研究各类犯罪现场形成的规律、特点

从宏观上深入研究各类犯罪现场发生、形成的客观事实及其规律、特点，这是现场勘查学研究的基础。离开对各种不同类型案件现场的研究，将使得现场勘查的研究脱离实际，成为无的放矢的空谈，失去其存在的意义。

（二）研究现场勘查的基本原理

在辩证唯物主义的指导下，运用现代科学原理和现代科学技术研究如何进行勘查取证，是现场勘查学研究的核心内容之一。如果没有先进思想做指导，没有科学原理、科学技术知识的支持和具体应用，现场勘查学就不能适应社会的发展。

（三）研究现场勘查主体应具备的素质和能力

现场勘查人员的素质、科学思维和能力水平的高低直接关系到对案件现场认识的深刻与否，以及随机应变和逻辑推理能力的强弱；关系到是否能够采用现代科技成果和相应的方法、手段获取证据的问题。因此，研究勘查人员应具有的素质、科学思维和业务能力水平，就成为现场勘查学研究的重要内容。

（四）研究勘查取证中现代科技方法、手段的应用

为勘查获取有关案件证据材料和信息，必须依法采用有针对性的现代科技成果和方法、手段。能否做到这点，是能否实现现场勘查目的的关键。案件现场是客观存在，在案件现场中含有大量珍贵情报、信息和证据材料，有待勘查人员不失时机地选择恰当的方法、手段去寻找、发现、固定和提取。如果不能从具体案件现场的实际出发，不能依法选用恰当的现代科技成果和方法、手段进行勘查取证，无论什么样的案件现场，不管具有多么丰富的信息和证据材料，都不过是客观存在的自在之物，难以成为进行科技鉴定或查证核实的证据材料，更不能成为诉讼中的证据。因此，司法现场勘查学必须着力研究、借鉴和引进现代科学技术成果，依法采用相应的方法、手段获取证据。

三、现场勘查学的历史沿革

（一）现场勘查学的由来

古代没有现场勘查学，也没有司法鉴定学。然而作为其中的某些内容，早在

远古时期就已存在。古代一些文明古国的法官在参与诉讼活动和评断是非时，已经注意发现和利用所谓证据的作用，比如，公元前 18 世纪的汉穆拉比法典，就明确规定怀疑并非为定罪的依据，法庭应仔细调查犯罪地点及周围环境等内容。可见当时已经出现对案件现场的勘查取证工作。从我国有关著作中可知，我国早在公元前二千多年的夏、商、周时期，就已经有在鞠狱断讼中请懂医术的人协助识别死亡原因或伤残程度的事例。到了公元前 3 世纪，已经发展为有鉴定尸伤的"令史"和"理"的官吏。例如，我国 1975 年在湖北睡虎地出土的竹简中，就记述有秦王朝时期"令史"查明死因的司法程序和案例。竹简《爰书》篇中还详细地叙述了一名妇女吊死的现场情况和勘验吊死现场的法医方面的知识及注意事项。在先秦时期就有了损伤检验，在《礼记·月令》中记述了法官负责案件现场勘查内容的诉讼活动，有"孟秋之月，……命理瞻伤、察创、视折、审断、决狱讼，必端平"的叙述。对于查验盗窃案件，还专门记述了现场勘查的情况。例如，秦简《封诊式》"穴盗"篇中，详细地介绍了一个挖洞入室盗窃案件的现场勘查内容。其中记录了发现"膝、手迹""履迹"以及挖洞的工具、种类和被盗衣服的数目、样式、长宽、做工、新旧程度等。

到唐宋时期，我国在现场勘查、鉴定方面已进入比较发达的阶段。公元 3 世纪，三国时期，在李惠任雍州刺史时，曾以拷打羊皮、发现少量盐粒的方法，顺利地查清了背盐者与背柴者双方关于羊皮所有权的争讼。公元 7 世纪，唐高宗时，太学博士贾公彦在编撰《周礼义疏》时，着重指出了人的手指纹对断案的作用，并将秦汉以来的"手迹六所""下手书"注称为"画指券"。元代姚燧所著的《牧庵集》中卷 22《浙西廉访副使潘公神道碑》记载："转金山北辽东道提刑按察使，事治有田民杀其主者，狱已结矣……又有讼其豪室，奴其一家十七人，有司观故数年不能正。公以凡今鬐人皆画男女左右食指横理于券为信，以其疏密判人短长壮少，与狱词同。其索券视，中有年十三儿，指理如成人。公曰：'伪败在此！'为召郡儿年十三十人，与符其指，皆密不合。豪室遂屈毁券。"公元 10 世纪的五代时期，后晋高祖时和凝与其子嶸出版了《疑狱集》。公元 13 世纪的南宋淳祐七年，宋慈集历代法医检验之大成，编撰了享誉世界的《洗冤集录》。上述史实，表明我国在古代已经有了关于实行现场勘查的规定和论著。但是，长期以来，在封建专制统治和生产力发展水平较低的情况下，现场勘查学并未得到应有的发展，而是一直处于停滞状态，徘徊不前。

（二）现场勘查学的发展

16 世纪以后，随着生产的日异社会化，资产阶级革命的深化，商品经济飞速发展，生产力及科学技术都有了很大发展。人们逐渐将某些生物学、物理学、化学、毒物学、精密的光学等科技知识引入查获犯罪证据的诉讼活动中。在欧洲，1879 年，法国的阿方斯·贝蒂隆（Alphonse Bertillon）利用人体测量法用于侦查破案。1892 年出现了利用检测指纹代替人体测量查破案件的方法，并且在英国出版了弗朗西斯·高尔顿的专著《指纹》一书，全面系统地论述了指纹的特性以及人身识别和基本分类方法。后来爱德华·亨利又于 1897 年研究出实用性的十指指纹分析法，还出版了被后人高度评价的奥地利司法检验官汉斯·格罗斯（Hans Gross）的《司法检验官手册》（亦称《诉讼知识手册》），格罗斯把法医学、毒物学、显微学、指纹学、笔迹鉴定学和枪弹检验学等学科融为一体，应用于诉讼活动，为现场勘查学与鉴定学开了先河。

进入 20 世纪以后，世界各国在刑事科学技术及司法鉴定学方面更有新的发展，并相继传入我国。中华人民共和国成立前，我国已出版了介绍西方法医学、指纹学、足迹学、笔迹学、现场勘查学等方面的翻译著作。中华人民共和国成立后，在公安部和司法部的主持领导下，积极引进国外经验，请苏联专家讲学，翻译了不少教材和讲稿。在北京大学、中国人民大学、原公安学院和原北京政法学院等院系先后开设了犯罪对策学、司法鉴定学、法医学、司法精神病鉴定学等课程。此外，在苏联顾问的帮助下，我国先后建立起司法鉴定研究所和刑事科学技术研究所。1956 年，公安部制定了十指指纹分析法；1957 年，卫生部发布了《解剖尸体规则》；1979 年，公安部修订并颁布了《犯罪现场勘查规则》，这些为我国建立与完善刑事科学技术和司法鉴定学，乃至建立现场勘查学打下了良好的基础。

中共十一届三中全会以后，作为包括现场勘查在内的司法鉴定学与刑事科学技术得到了较全面的发展。继刑事科学技术研究所恢复之后，司法鉴定研究所也得到了恢复。同时，在公安与政法院系中开设了刑事现场勘查学、刑事科学技术、司法鉴定学、物证技术、法医学、摄影学、痕迹检验学、化验学、文检学等课程，并且招收了一些专门学科的本科生和司法鉴定研究生。在检察院与法院系统也重视和开展了现场勘查与司法鉴定等科技工作，从而为司法鉴定学、刑事科学技术诸学科的深入发展及现场勘查学的建立开创了广阔的发展前景。

第二章　课后拓展

第三章

现场勘查的基本原理

第一节 物质交换原理

一、物质交换原理的产生

物质交换原理，又称为"洛卡德物质交换原理"（Locard Exchange Principle），这一理论是 20 世纪初由法国侦查学家、法庭科学家埃德蒙·洛卡德（1877~1966）在其编著的《犯罪侦查学教程》中提出的。

物质交换原理的问世同 19 世纪自然科学技术的迅猛发展及其在侦查实践中的应用密切相关。当时，欧美各国相继完成了工业革命，科学技术长足发展，物理学、化学、医学等领域出现了惊人的突破，这些都给沿袭落后方式且错案百出的侦查活动带来了巨大的冲击。

首先将现代科学方法、科学精神引入侦查实践的，当推法国人阿方斯·贝蒂隆（Alphones Benillion）。他于 1882 年发明了人体测量法，用骨骼长度对罪犯进行个体化。在贝蒂隆将科学应用于侦查的理念的影响下，随后柯南·道尔（Conan Doyle）、汉斯·格罗斯（Hans Gross）、亚历山大·拉卡桑（Alexandre Lacassagne）等人也先后作出了自己的努力。他们注意到了自然界普遍存在着物质交换现象，即两种物质客体在外力的作用下若发生相互接触、摩擦、撞击，都会引起接触面上物质成分的相互交流和变化，并认为这些交换现象与证据可用于侦查破案。柯南·道尔用他那支生花的妙笔，塑造了一个名扬世界的大侦探福尔摩斯。借助福尔摩斯这一小说人物，柯南·道尔曾不止一次地提到可利用泥土等物质转移证据。汉斯·格罗斯是奥地利著名的侦查学、法庭科学家，他和柯南·道尔几乎同时提出了收集和研究衣服上和罪犯凶器上的尘土的想法，他强调将科学知识、科学方法应用于侦查及物证的分析、解释中，例如，他已把显微镜等科学仪器用于检验、鉴定之中。亚历山大·拉卡桑则是法国法医学的奠基人，但同时实际上也是最早几个研究衣物和身体上的灰尘的法庭科学家之一，他研究过灰尘在判断罪犯职业、居住地区方面的作用。

　　所有这些革新的思想与成功的实践，为物质交换原理的产生做了充分的酝酿。但直到 20 世纪，初供职于法国里昂警察局的法国人埃德蒙·洛卡德，才第一次明晰物质交换原理。洛卡德主要从事物证分析工作，他特别强调尘土在侦查中的应用价值，他发现任何罪犯都可以通过从犯罪现场提取的和罪犯带走的灰尘颗粒与所实施的犯罪行为联系起来。这一思想正是物质交换原理的雏形，但最初这一思想并不为警方所重视。后来，他成功地运用物质交换原理为很多案件的破获提供了有力的证据，从而引起了警方的注意，并得到资助和支持。例如，在一起伪造金属货币的案件中，洛卡德用自己制造的吸尘器对嫌疑人的衣服进行了细致的检查，在衣服上发现的尘土里含有锡、锑、铅（全世界伪造货币者最常用的金属）的混合物金属颗粒，通过化学分析证明，金属颗粒与货币在成分上相同。当洛卡德指出，嫌疑犯衣服上的这三种金属的比例同怀疑是他制造的假币中所含金属的比例完全一样时，面对这样的证据，嫌疑人承认了所犯的罪行。

　　从一定意义上讲，洛卡德在物质交换原理上的成功有自己的卓越贡献，柯南·道尔、汉斯·格罗斯和亚历山大·拉卡桑也功不可没。洛卡德本人就曾经将该理论归功于上述三个人。这一时期的洛卡德物质交换原理一般表述为："无论何时，只要两个客体接触，在接触面就会产生物质的交换现象。"

二、物质交换原理的内涵与发展

（一）洛卡德物质交换原理的内涵

　　由于"exchange"一词有"交换、互换、交流、调换"的意思[1]，人们常用"交换"或"转移"来翻译该词。因此，洛卡德物质交换原理又被称为"洛卡德物质转移原理"。物质交换原理是指客体在力的作用下发生接触时，二者之间会产生物质的转移。即一物体会从另一物体上带走某些物质，同时也会将本身

---

　　[1]　参见［英］霍恩比:《牛津高阶英汉双解词典（第 7 版）》，王玉章等译，商务印书馆 2009 年版，第 691 页。

的一些物质遗留在另一物体上。物质是由具有静止质量的基本粒子所组成的，组成该物质的各粒子占有一定的空间位置，可以在这一空间位置上保持静止，也可以转移到其他的空间位置上。实质上是指在力的作用下，物体间接触而引起的位置变化。这也是洛卡德时代物质交换原理的本质所在，即两客体在接触以后，可能会带走彼此客体上的物质微粒，也可能会在彼此身上留下属于自己的物质微粒。

学术界一般认为，洛卡德物质交换原理表明犯罪的过程实际上是一个物质交换的过程，嫌疑人作为一个物质实体，在实施犯罪的过程中总是跟各种各样的物质实体发生接触和互换关系，因此，犯罪案件中的物质交换是广泛存在的，是犯罪行为的共生体，这是不以人的意志为转移的规律。

具体来说，洛卡德物质交换理论涉及的物质交换转移是广义上的，可分为两种类型：①痕迹性物质交换转移，即人体与物体接触后发生的表面形态的转移。如犯罪现场留下的指纹、足迹、作案工具痕迹以及因搏斗造成的咬痕、抓痕等。②实物性物质交换转移，又可分为有形物体的物质转移和无形物体的物质转移。其中，有形物体的物质转移包括微观物体的互换和宏观物体的互换：微观物体的互换是指在犯罪过程中出现的微粒脱落、微粒粘走，如纤维、生物细胞的转移；宏观物体的互换是指嫌疑人遗留物品于现场或者从现场带走物品等。无形物体的物质转移指不同气体的互换，如有毒气体与无毒气体的互换、刺激性气味的遗留等。

（二）物质交换原理的发展

一百多年来，物质交换原理在其发展演变过程中，既修补了原有认识的不足，又填补了以前缺乏细致分析与置疑的缺憾，进而巩固了其在刑事侦查学尤其是在现场勘查中的基础理论地位。

总的来看，物质交换原理有着深厚的科学基础，它反映了客观事物的因果制约规律，体现了能量转换和物质不灭的定律。物质转移原理后来逐渐受到各国侦查专家的认可，并在侦查和司法鉴定工作中发挥了巨大作用。但是，任何理论都有其时代的局限性。随着时代和科技的发展，物质转移原理的不足和缺陷也渐渐显露，有研究者提出了"犯罪过程中的信息转移原理"，从"物质转移原理"中发展出"信息转移原理"[1]，可谓一个进步，对于我们进一步认识犯罪，进一

---

[1] 刘品新："论犯罪过程中的信息转移原理"，载《福建警察学院学报》2003年第1期。

步将信息论的思维方法引入侦查工作，起到了重要的推动作用。但是仔细研究会发现，将物质转移当作信息转移的一种具体形式，抹杀了物质与信息的本质区别。按照物质、信息、能量三分法的观点，信息既不是物质，也不是能量，而是事物的属性、内在联系及含义的表征。[1] 信息与物质的关系是内容与载体的关系。

在洛卡德物质交换原理的表述中，其核心要素是物质、作用力、交换。学术界一般认为，物质是自然科学和社会科学领域一个常用概念，是指独立存在于人的意识之外的客观存在。现实世界中的物质分为实物和场两种基本形态。实物包括有形的物质与无形的物质，除这些实物之外，还有场态物质。光、电磁场等也是物质，电磁场与引力场就是场态物质，它们是以场的形式出现的物质。一切客观存在都属于物质的范围，实物和场都是物质。物质间的作用力包括机械外力、化学力、电磁力等。物质间在这些作用力的作用下发生的转移或交换的结果是发生了物质变化，这些物质变化表现为实体物形态的交换、位置的变移和内在属性的变化等。

在力的作用下，除了会引起实体物的外部特征、内在属性、存在状态等发生变化外，往往也会伴随着以场的形式存在的物质发生变化。在这种物质变化的过程中，常会出现物质实体变化转化为电磁场变化的情况，如通过麦克风将物体机械振动转化为电磁场；也常出现由电磁场的变化转化为物质实体状态变化情况，如通过扬声器将电磁场的变化的情况转化为物体的振动。由于以场的形式出现的物质及其变化的情况不易观察保存，难以像传统的物证、书证等作为证据被加以利用，所以，以场的形式出现的物质及其变化的情况所形成的物证在记录和保存时常常需要借助于物质实体，如磁卡、光盘、硬盘等。

与特定的物质实体在空间和时间的存在具有唯一性的情况不同，电磁场的存在和变化是可以分布在整个空间的，其变化情况的传播可以借助物质实体进行（如通过电缆传播），也可以不借助物质实体进行（如无线传播）。正是由于场的这一特征，场在传播变化的过程中是可以被获取和改变的，这并不会影响之后的传播变化。因此，在侦查中，可以在犯罪行为发生时发现和收集有价值的与电磁场变化情况有关的信息。与电磁场的变化有关的物质变化大多需要经历电磁信号（电磁场及电磁波的改变）的生成、电磁信号（电磁波）的传播、电磁信号的记

---

〔1〕 郝宏奎："侦查学原理研究30年探要"，载《山东警察学院学报》2009年第1期。

录（接收到电磁信号后实体物质状态发生改变）的过程。

因此，随着现代科学技术的发展，"物质交换原理"中"物质"的范围也在不断拓展。可以归纳为三种类型：

1. 实物型物质。实物型物质是有形的、可以用肉眼和科学仪器观察到的物质实体。例如，毒物、毒品、爆炸物、金属微粒、泥土、粉尘、纤维、油渍、人体微细物质等，是司法鉴定最常见的对象。

2. 痕迹型物质。痕迹型物质是实物型物质（含物品、物体）的外表形态结构或其组成部分，由于机械作用、理化作用或自然变化，形成于载体物上的痕迹。例如，手印、足迹、工具痕迹、牙齿痕迹、碎裂痕迹、笔迹、图像、印刷字迹等，是现场勘查中鉴定最为常见的对象。鉴定这类物质时，主要不是确定其成分和理化结构特点、生物特性，而是寻找其形成痕迹的"物"或"人"，或者判明痕迹形成的原因。

3. 电磁型物质。电磁型物质是随着电子技术的发展而出现的新的物质类型，如声频与视频录音带和录像带、光碟、软盘等储存的电磁物，计算机系统和网络系统有关部位留存的电磁痕迹。这类物质与前两类物质有许多不同，它是由光电转化、声电转化、光化学转化、电磁转化形成的转化物质痕迹，其中许多物质痕迹在一定条件下还可"复原"。这种转化物质痕迹是逐渐增多的新兴物质。

上述三类物质都与物质转移原理有密切关系，明确其转移的条件、过程及转移后的特点，对于现代现场勘查具有重要意义。

三、物质交换原理的意义

物质交换原理有着深厚的科学基础，它反映了客观事物的因果制约规律，体现了能量转换和物质不灭的定律。这一原理对现场勘查学的理论与实践有十分重要的指导作用，它不仅是研究微量物证、细致取证的基础，也是研究现场勘查科学性的依据。

在案件中，证据材料都是客观存在的，是不可能完全被自然因素或人为因素消灭、掩盖、隐藏、破坏的。现场勘查人员应当根据这一原理，坚信案件中有关证据材料存在的必然性，要千方百计地采取措施寻找、发现、提取。案件中的证据材料，多半不是原封不动地保存于相关场所和当事人处，而是分散、零星地落散或分布在多个地方，这就需要现场勘查人员根据物质转移原理的相关规律，运用相应的科学技术手段和方法，对有关处所、物体、人体进行反复勘验、检查、发现、固定、提取。尤其是刑事诉讼中的证据材料，现场勘查人员如不掌握物质转移原理的种种规律，就很难有效地获取证据材料。这一原理对于民事、行政诉讼中相关人员收集证据材料的工作也有同样的指导意义。

第二节 同一认定原理

人的行为从偶然到必然，从随机到有序，逐渐形成一种稳定的行为反应模式。犯罪人的犯罪行为实际上是在其面临刺激时的一种行为模式，这种行为反应具有个性化与稳定性的特征。因此，根据犯罪行为的外部反应现象特征，就可能刻画犯罪人的个人条件。司法鉴定科学是在 20 世纪 60 年代后期出现的将物理学、化学、医学、生物学等自然科学原理和方法运用到刑事司法活动之中的交叉学科。司法鉴定科学技术在物证的收集和检验方面，具有常规调查无法取代的地位。在现场勘查活动中，侦查人员可以充分地运用自己的阅历和所掌握的多种知识结构，对证据的真伪及其与案件的关系证明作用等作出判断，当遇到涉及某种专门知识的证据时，例如，物证中的微观联系，书证签名的真伪，音像资料中语音的频谱，被害人死因，嫌疑人的行为能力以及证人的精神状态等，必须委托聘请相关专家进行司法鉴定。同一认定是司法鉴定的一种，以同一认定为目的的任何鉴定，其实质都是确定客体自身的同一。就刑事案件而言，案件侦查有两种途径，即"从事到人"和"从人到事"。无论以何种途径，都是侦查人员运用逆向思维根据已经发生的事实和与事实相关联的痕迹、物品等进行回溯推理，去寻找案件中曾经遗留痕迹物品的人或物的自身。在一定意义上，侦查的过程就是发现客体自身的过程。因此，同一认定理论也成为现场勘查的指导性理论。

一、同一认定理论的创立和发展

在 19 世纪中叶，犯罪侦查学界提出了同一认定理论的一些基本观点。例如，特征与特征组合、特征分类、鉴定比较法、客体的特定性与稳定性等问题。它们主要出现在指纹学、笔迹学、人体测量技术之中。到 20 世纪初，由于自然科学的迅速发展，许多新的科学成就不断引入侦查学领域，促进了鉴定实践的发展，由人身同一认定发展到对物的同一认定，为同一认定理论体系的建立提供了物质基础。到 20 世纪 20 年代至 30 年代，系统的同一认定理论首先在苏联形成。

20 世纪 50 年代中期，同一认定理论引入我国，在近七十年的发展历程中，已经建立和完善了具有我国特色的同一认定理论体系，并在同一与同一认定概念、同一认定的科学基础、同一认定客体的特征与特性、同一认定与种属认定、同一认定理论的地位等方面有了较大的发展。

二、同一认定的内涵

同一认定，是指由具有专门知识和经验的鉴定人，运用科学技术手段，通过对客体特征的比较分析，对客体是否出自一个或者是否原属于同一个整体所作出的科学判断。因为，同一认定的本质特征是认定，是对客体作出同一与不同一的认定；而认定是一项认识活动，属于判断的范畴。

同一认定的原理和方法构成了同一认定理论，从而进一步指导现场勘查中有关鉴定活动以及鉴定意见的作出。同一认定的原理是以唯物辩证法为理论基础而创立的具体的、专门的方法论。鉴定人必须以同一认定理论指导鉴定活动，在此基础上作出鉴定意见。

三、同一认定理论的科学基础

同一认定理论的科学基础，是指同一认定理论中具有普遍性和本质性的，决定同一认定的科学性和鉴定意见正确性问题的理论。同一认定之所以能解决与案件事实相关的各种专门性问题，是因为鉴定客体自身所具有的本质属性，而这种属性能够被鉴定人运用专门手段和方法予以认识。同一认定的科学基础，必须回答司法鉴定客体的特殊性、稳定性及反映性问题。司法鉴定客体是与诉讼活动有关，且受现实的认识能力所限制的客观存在物。

（一）鉴定客体的特定性

客体的特定性，是指一个客体区别于其他任何客体的特殊性。自然界和人类社会的事物千差万别，都具有其特殊性。事物的特殊性包含两方面的含义：①任何事物都不同于他事物；②任何事物都只能与其自身同一。自然界和人类社会绝对没有两个完全一样、互相同一的事物。即便是孪生兄弟，他们的皮肤乳突花纹、人体外貌、书写习惯、语音习惯都各有其特殊性；同一模型铸造、同一刀具加工制作的产品，都不可避免地存在着一定的差异，绝不可能互相同一。

客观事物的特定性，是由事物内部条件的多样性和外部条件的多样性决定的，这两种多样性的无数次随机组合，就形成了事物自身的特定性，其形成因素包括：

1. 客体本身固有的属性不同。即客体在其自身形成过程中，由于内部种种原因，构成了自己的特殊本质。有的由于客体的生理、生物属性不同，在其外表或内部形成了特殊的形态和结构。例如，如人体皮肤乳突花纹、DNA、毛发等，生来就具有自己的特殊本质。有的是由于生理属性和病理因素的影响，形成了特殊的外貌形象，如人体外貌。有的由于客体的物理、化学属性不同，在物质结构方面形成了特殊的排列组合状态。

2. 客体在生产加工过程中形成特殊的外表形态。作为鉴定客体的许多产品，由于机器性能、机械磨损、工艺过程、原材料质量、工人技术特点与工艺习惯不同，即便是同一台车床、同一个模型、同一个生产加工制作的同种、同类、同批次产品，在细节特征方面也存在重大差别，各自的特定性是明显的。例如，新工具、新印章、新鞋底形成的痕迹，都能与它自身以外的客体形成的痕迹相区别，具备较好的鉴定条件。

3. 客体在使用过程中逐步增加附加特征使其更加特定化。许多工具和物品在使用过程中，由于受到自然因素和人文因素的影响，使其不断产生变化，因而在其本来就很特殊的表面上又增加了许多极为特殊的"个别标记"。例如，新工具、新鞋形成的痕迹，已经能够较好地反映其外表形态特征具备鉴定条件，但若经过一段时间的使用，由于接触客体、使用方法、磨砺修理等一系列不同因素的影响，又在其表面出现一些附加特征，成为更有价值的鉴定依据。

4. 人在生长、学习、生活、劳动等过程中形成独特的技能与习惯。这种技能与习惯，与其他物体不同，它是由于人的生理心理因素，以及学习训练方法兴趣爱好、生活环境、职业特点等的不同，通过条件反射的作用，形成的自动化锁链动作系统并从中反映出各自的习惯体系。例如，书写动作习惯（表现为笔迹）、语音习惯（表现为声纹）、行走运动习惯（表现为步法痕迹），都是人各有异的。

（二）鉴定客体的相对稳定性

稳定性是事物处于质变以前的相对静止状态。鉴定客体的相对稳定性，是指客体的重要特性在一定条件下、一定时间内保持不变的属性。客体物在其发展的一定阶段和一定时期内具有质的稳定性，在这个阶段和时期内，其性质保持基本不变。事物的稳定性是其基本属性之一，也是认识事物的必要条件。如果客体物不具备相对稳定的特殊属性，就不能把握其具体形态，更不能区别具体客体。

作为鉴定客体，其外表形态和物质结构特性之所以能够保持相对稳定，是有其具体内在原因的。有的是由于生理学、组织学的特性为其提供了稳定的条件，如人体皮肤乳突花纹；有的是受生物学、遗传学关于遗传与变异规律的支配而使其特性保持稳定；有的是受生理学、心理学方面关于条件反射与动力定型规律的制约与影响而具有稳定性，如书写习惯等；有的客体由于物理学方面的特性而使其外表形态与组织结构的特征保持稳定，如各种工具、物品等；有的是借助化学方面的特性而使其组成成分保持稳定；等等。总之，不同种类的客体都有保持自己特性稳定的具体原因。

不同客体的稳定程度是有区别的，有的较高，有的较低。对于同一认定来说，客体的稳定程度越高，鉴定条件越好；客体的稳定程度越低，鉴定条件越差。鉴定客体的稳定程度有三种情况：①客体的特性长期稳定。如人体皮肤乳突花纹、遗传物质 DNA 等，终生不变。②客体的特性在较长时期内稳定。例如，书写习惯，人体外貌，比较精细的工具如枪支、印章等。③客体的特性在较短时期内稳定。如鞋底、质量较差的工具等。

（三）客体特征的反映性

反映性是物质的基本属性之一。客体的特征借助一定的条件，以不同形式表现出来的能被人们感知的这种属性就是反映性。客体的反映性既是遗留痕迹、微量物质的必要条件，又是同一认定依据这种痕迹、物质去发现与确定被鉴定客体自身的必要条件。在同一认定时，客体仅仅具有特定性和相对稳定性是不够的，还必须具备反映性条件。客体的特定性和稳定性只有通过一定的形式反映出来，才能为我们认识它提供物质基础。不同客体的反映能力存在着一定的差异，包括客体特征的反映难易程度、清晰程度和准确程度。有的客体不易受其他因素干扰，有着较强的反映能力，能清晰、完整、如实地反映出客体的细微特征。对这种客体进行同一认定时效果较好，结果较准确。反之，则不利于同一认定。

综上所述，客体的特定性、稳定性、反映性是鉴定客体的三大基本属性，是同一认定的科学基础。其中，客体的特定性是同一认定的科学依据，指明了鉴定的范围，客体的稳定性和反映性是同一认定的客观条件。这三个属性在鉴定中是互相联系、互相制约的。只有三个条件同时较好的客体，才是符合科学要求与法律要求的鉴定客体。同一认定的科学基础表现为客体的特定性、相对稳定性和反映性，三者缺一不可。

四、同一认定的条件

从理论上讲，同一认定的客体必须在人们的认识过程中出现两次以上，如果只出现一次，就不会产生认定是否同一的问题，认定的第一次一般都是在客观世界或现实世界中，即曾经发生过的案件，第二次出现则是在人们的主观世界或虚拟世界中。除此之外，对一个先后出现的客体进行同一认定，还必须具备以下条件：

（一）客体的特定性必须明显突出

任何一个人或者物从总体上来说都是特定的，但是，人或者物能留下特征的部位并非都具有明显突出的特定性。客体特定性的明显突出，是进行同一认定的一个重要条件。

（二）客体特征在先后出现的相隔时间内必须保持稳定性

任何客体都有相对的稳定性，但稳定程度有差异。一个客体先后出现两次，两次间隔的时间如果较长，而客体特征的稳定性比较差，进行同一认定的可能性就比较小。因此，客体特征必须在较长时间内保持稳定不变也是同一认定的条件之一。

（三）客体的特征必须在特征反映体中得到良好的反映

客体特征得到良好反映，应当符合质和量两方面的要求。首先，必须清楚地反映客体特征；其次，必须充分反映足够数量的特征。例如，指印的纹线模糊不清，或者虽然清楚但只有很少一部分，这样就很难进行同一认定。

（四）客体的特征必须能被人们所认识

当一种客体的特征还没有被人类认识时，人类就不可能利用这种特征对客体进行同一认定。例如，人们还没有意识到细微的书写动作习惯的时候，就不能利用笔迹来对人的书写技能进行同一认定。不断发展的科学技术，使人们认识客体及其特征的能力不断提高，从而为同一认定创造了更大的可能性。

第三章 课后拓展

第四章

现场保护

第一节 现场保护的概念、意义和原则

一、现场保护的概念

（一）现场保护的概念

现场保护，是指侦查人员依法对现场实施警戒、封锁，以保护事件或案件发生、发现时状态及勘查状态的法律行为。从现场保护的内涵，可以揭示出现场保护具有以下几方面的特点：

1. 现场保护是一种法律行为，源自国家法律的规定。现场保护是保障现场勘查顺利进行的基础。现场保护既是公民、单位的法定义务，又是公安机关的法定职责。我国《刑事诉讼法》第129条规定："任何单位和个人，都有义务保护犯罪现场，并且立即通知公安机关派员勘验。"因此，现场保护是一种法律行为，必须高度重视对现场的保护工作。

2. 现场保护具有明显的层次性。从保护主体、法律法规以及保护的内容和过程看，现场保护具有明显的层次性：①任何社会单位和个人都负有对现场保护的义务，而且是法定的义务。②派出所民警和单位保卫人员对现场的保护出于工作职责，一般在现场的外围，时间上侧重于勘查前。③侦查人员对现场的保护也是工作职责，但是现场保护的专业性更强。在现场的外围和内部，在时间上强调在犯罪现场勘查中、勘查后的现场复勘，并且一直到整个犯罪现场完全勘查结束。

3. 现场保护的目的。现场保护的目的在于为侦查人员进行现场勘查，收集犯罪痕迹、物品和研究犯罪活动，揭露、证实犯罪创造有利的条件。

4. 现场保护的时间。现场保护的时间通常是从犯罪案件发生或现场被发现时开始到现场勘查工作结束为止。重大复杂案件的现场或一时不能全部查明的现场，可以对整个现场或现场的某一部分延长保护时间，到现场复验结束、作出对现场的善后处理为止。

（二）现场保护必要性

犯罪活动，从其本质上看是一种物质运动，它必然与时间、地点、与地点及其周围的物质环境发生各种联系，并以某种状况表现出来。法国犯罪学家埃德蒙·洛卡德提出的物质转移原理认为："任何的触摸必然留下痕迹。"这里的"痕迹"既指有形的，也指无形的，这种"痕迹"是客观存在，不以犯罪行为人和侦查人员的意志为转移。物质转移原理表明犯罪的过程实际上是一个物质转移的过程，犯罪行为人作为一个物质实体，在实施犯罪的过程中总是跟各种各样的物质实体发生接触和互换关系，因此，犯罪现场中，物质转移是广泛存在的，是犯罪行为的共生体，这是不以人的意志为转移的规律。就每一个具体的现场而言，它表现为具体的时间、场所和犯罪的结果、具体的物质痕迹以及相互之间的关系。这些"痕迹"的存在，既表明犯罪的存在，也表明认识犯罪、揭露和证实犯罪行为人的证据和线索之所在。实践表明，现场虽不是诉讼证据的全部来源之地，但用于诉讼的各种证据，特别是物证、证人证言等都有可能在现场找到，勘查笔录则更不用多言。同时，许多案件之所以久侦不破，很大程度上是由于在现场勘查阶段对现场存在的侦查线索认识不够。从这个意义上讲，保护现场意义重大。

另外，现场是一个动态的、瞬息多变的场所。现场本身作为一个客观存在的事物，不变是相对的，变是绝对的。通常情况下，犯罪发生以后，侦查人员对现场进行勘查与现场的存在之间，存在一个或长或短的时间间隔，短则几小时，几天，长则几个月，甚至几年。在这个或长或短的间隔期间，来自于大自然、人和其他的因素，无时无刻不对现场本身以及现场的各种状态进行着改变和破坏，导致现场原始状态被改变，现场痕迹物证被毁损，侦查线索消失。例如，来自自然因素的风、霜、雨、雪，可能使露天现场的脚印、车轮痕迹等被改变或消除；来自人为因素的救人、救险，会使现场状态本身发生改变；事主清点被盗财物，可使被盗地点物品之间的位置关系发生改变，可使手印、脚印被抹掉或重叠，附加其他无关痕迹等。同时，现场许多痕迹、物证本身由于各种因素的影响，也会发生改变，从而增加发现的难度。例如，血迹颜色的改变，现场动物对尸体伤痕形态的破坏，等等。因此，现场形成以后，各种因素对现场的改变或破坏是客观存在的。这种改变或破坏，必然使现场现象真假难辨，严重妨碍侦查人员对证据或侦查线索的发现。因此，案件发生后，及时保护现场，将各种因素对现场的改变或破坏降低到最低程度，就成为保证勘查质量、完成勘查任务的重要条件。

二、现场保护的意义

现场不仅需要保护，而且必须得到切实的保护。现场保护的意义，主要体现在以下方面：

（一）保护现场有利于查明犯罪活动的情况

一般而言，侦查是一个逆向认识的过程，侦查中的假设、推理和判断以及侦查计划的制订，均建立在对已发事件所留下的各种事实、现象的掌握和分析的基础上。现场则是蕴藏这些事实和现象的最重要的场所。现场本身也是最忠实地反映和证实犯罪事实的地方。因此，案件发生后，没有遭受各种因素改变和破坏的现场现象最能客观地记录犯罪活动，基于此而开展的勘查和侦查认识活动，能从客观的存在较真实地反映犯罪活动本身的各种现场现象之间的相互联系入手，能够获得对既发案件的完整认识。现场保护得越好，现场的原始程度越高，现场现象就越能客观真实地反映犯罪活动，依此所建立的侦查推论和侦查计划就越能接近客观事实本身，进而有力地推动侦查人员查明犯罪活动的进一步开展。相反，现场保护如果不及时，或质量不高，导致现场原始状态遭到破坏，痕迹形态发生改变，现场现象之间的各种联系发生了与客观事实不相吻合的改变，甚至介入一些与犯罪无关的痕迹、物品以及与犯罪无关的各种联系，则不仅会增加勘查人员甄别现场现象真伪的难度，而且会导致建立侦查推论、设想的依据不充分、不客观、不真实，导致侦查人员在认识、判断上出现错误，或者作出一些或然性判断，而不能正确地认识现场发生的犯罪活动过程，最严重的可能导致侦查工作误入歧途。

总之，有效、及时地保护好现场，是勘查人员认识现场，有效开展侦查活动、查明犯罪活动本身真实情况的客观保障。

（二）保护现场有利于收集犯罪证据

勘查的过程与案件侦查过程一样，其实质是一个证明的过程。对现场已发事件的性质的判断，对案件性质的判断，对犯罪过程的判断等，无不是一个证明的过程，而证明则必有证据。证据作为一种客观存在的物质现象，其形态或性质也不是绝对不变的，在其形成以后的改变是绝对的。有的本身会随时间的推移而改变其表现形态，有的则容易因外界因素的介入而发生根本性改变。因此，及时、有效地开展现场保护，会极大地降低其改变的程度，使之以原始的形态展现于勘查人员眼前，这无疑有利于勘查人员及时、全面地发现证据，有助于侦查过程的推进。反之，则会导致证据缺乏，这无疑会给侦查工作造成极大的困难。实践表明，勘查能否顺利进行，案件侦查是否及时有效，在很大程度上取决于现场保护质量的高低。

总之，有效地保护现场，是勘查人员发现和收集充分证据的基础，是证实犯罪的重要保障。

（三）保护现场有利于发现侦查线索

任何一个现场现象的本身，都具有双重性。一方面，作为因犯罪活动而产生的各种现场的痕迹、物证、犯罪遗留物等，当然是我们揭露和证实犯罪的证据；另一方面，这些现象不仅表现犯罪的结果，也包含着现场现象与犯罪活动及与犯罪行为人之间的各种客观联系，而这种联系正是侦查人员侦查案件必须找寻和依据的侦查线索。因此，现场勘查中，收集证据的过程，也就是发现侦查线索的过程，现场现象是侦查线索的重要来源。侦查线索的多寡，将决定案件侦查的进程。由此可见，能否使现场现象保持原始状态，将直接决定侦查线索能否及时发现，能发现多少对开展侦查有利的线索，将直接关系到侦查的成败。实践证明，许多案件的侦查之所以无从下手或形成疑难案件，久侦不破，从某种意义上可以认为是由于现场勘查中未能有效地发掘侦查线索，而导致这一结果产生的直接原因之一则是现场保护未能及时、有效地进行，导致现场现象被改变、破坏，勘查人员无法真正地把握现场现象中所蕴含的侦查线索。

综上所述，保护好现场，就能保持现场在案发以后的原始状态，现场现象遭受破坏的程度越低，勘查中就越能发现越多的侦查线索，这对于提高侦查工作的效率，无疑是十分重要的。

（四）保护现场有利于提高现场勘查的工作效率

现场勘查的效率，主要包含证据的采取率和侦查线索的收集率。发现证据和侦查线索的多寡，取决于现场是否处于原始状态。原始现场犹如一张调焦清晰的照片，让人一目了然。而遭受过改变和破坏的现场则会使人有雾里看花之感，由于与犯罪有关和无关的各种现象交织在一起，必然导致勘查人员在进行现场勘查时，要花大量的时间、精力去恢复现场的原始状态，去甄别哪些现场现象与犯罪有关，哪些与犯罪无关，去研究形成某一现场现象的真实原因。如果在此过程中认识方法不对，则可能误导勘查和侦查，这无疑会大大降低勘查工作的效率。反之，如果在案件发生后，能及时、有效地保护好现场，则可以帮助侦查人员把有限的时间、精力集中在那些真正与犯罪有关的勘查对象上，就可以从现场本身，从现场存在的痕迹、物品、尸体、人身上有效地发现、收集证据和侦查线索，从而大大地提高勘查工作的效率。

总而言之，保护好现场，就能保护现场的原始状态，就能有效地提高勘查工作的效率。

此外，保护现场还有利于现场的正确处置和勘查工作秘密的保守。

三、犯罪现场保护的原则

（一）迅速及时的原则

保护现场要做到迅速及时。犯罪现场是犯罪活动的遗址，现场既有犯罪的后果，也有犯罪的其他证据，还有反映犯罪过程以及犯罪行为人的各种信息。犯罪发生以后，实施勘查以前，一般都有一段或长或短的时间间隔。在这段时间里，现场极易受外界影响，改变其原始状态，导致痕迹物证的毁损、侦查线索的消失。现场的改变和破坏，必然给现场勘查工作造成许多困难，有时甚至使现场现象真伪难辨。因此，犯罪发生以后，及时把现场保护起来，尽量减少人为因素和自然因素的改变和破坏，这对于保证现场勘查质量、完成现场勘查任务是极为重要的。实践证明，凡是现场保护得及时的，侦查人员勘查时往往都能顺利地查明案情，获得较多的痕迹物证和侦查线索，给侦查工作的开展直至案件的侦破创造良好的条件。

（二）紧急情况优先处置原则

一些重大、特别重大案件的现场，尤其是严重暴力犯罪的案件现场，常常会遇到各种紧急情况，在保护现场时要采取相应的措施优先进行处置。例如，杀人、放火、爆炸、投毒、交通肇事、重大责任事故等案件，如果造成人员伤亡，要及时通知医疗、消防、安全、交通等部门派出人员和车辆迅速赶赴现场对受伤者进行抢救。对放火、爆炸、投毒等案件，如果险情尚在，治安民警在保护现场的同时，应快速组织有关人员排除险情，以免造成更大的危害后果。

（三）尽量保持现场原始状态的原则

在进行现场保护时，虽然要求遇有紧急情况时应当优先处置，但是不论是一般的保护现场，还是紧急处置险情，都应当遵循尽量保持现场原始状态的原则，以免对现场造成破坏，影响勘查取证的进行。

第二节　现场保护的任务

现场保护是现场勘查的基础。现场保护所担负的任务，与现场勘查的目的密不可分。现场勘查的目的主要包括两个方面：一是通过勘查，全面了解犯罪后果，了解作案方法、手段、作案动机、目的以及犯罪行为人可能已实施的与犯罪有关的其他行为，从而完整地再现犯罪情况；二是通过勘查，找到可以作为认定犯罪的证据和侦查线索。现场保护无论采取何种方法，其根本任务都是围绕现场勘查的目的，采取相应的手段，以保证现场勘查目的的实现。根据我国《刑事诉讼法》和《治安管理处罚法》的有关规定，现场保护不仅是一项群众性的工作，也是基层公安组织、企事业单位保卫部门、治安保卫委员会的重要职责。由于这些组织及所属成员最接近群众，往往能最早获悉案件发生的情况，因此，它们是现场保护的参与者和组织者；普通群众参与现场保护，是在这些组织及成员的领导和指挥下进行的。

由于现场形成后，自然因素、人为因素及其他不可预见的因素无时无刻不在对现场进行改变和破坏。因此，一旦接到报案，应及时赶赴现场，了解情况，并根据现场发生事件的性质，根据现场的具体情况，采取一切可以采取的措施，保护现场，同时报告上级公安机关或刑事侦查部门立即派员勘查现场。现场保护的任务，具体表现为以下四个方面：

一、划定保护范围、封锁现场

保护现场，首先是根据现场所处的地理位置、现场的环境状况和报案情况等，结合现场已发生事件的情况，划定保护范围，并加以封锁，以防止围观者和其他别有用心的人进入现场，改变或破坏现场。

划定现场保护的范围应坚持宁大勿小的原则。在宁大勿小的原则下，还必须充分考虑在具体划界时，既不能严重影响人民群众的生活之需，又要最大限度地满足现场保护和勘查需要，要采取一种平衡的原则。这就要求一方面参与现场保护的人员要具备现场的知识，在充分了解事件发生经过的基础上，根据现场勘查的原理，合理划定界限；另一方面，参与现场保护的人员，特别是派出所的民警、企事业单位的内保人员，要坚信犯罪嫌疑人在现场留下了痕迹物证，他们的责任就是要保护这些可以揭露和证实犯罪的证据不遭受改变和破坏，唯有如此，才可能使现场保护的划界合情合理，使划界后的封锁和保护卓有成效。

保护范围一旦划定后，应采用一切可以采用的手段，根据现场处于室内或露天等具体情况，严密封锁现场，防止一切可能对现场形成破坏的情况的发生。

在保护的过程中，对于现场中的受害人，事主或其家属清理现场的情况，保护人员应对其行为加以制止，如已被清理，应设法搞清楚清理前后的状况，以供勘查时恢复现场的原始状态。对留在现场的各种人员，应进行劝离。对于现场存在的家禽、家畜、宠物等，应将其隔离在保护范围以外。

现场封锁以后，参与保护现场的人员不得擅自进入已封锁的现场，不得在现场周围随意走动，更不能擅自勘查现场。在保护现场的同时，应及时通知侦查部门派员勘查。

在封锁现场的过程中，除了防止其他人员随意接近或进入现场外，可根据具体情况，采取妥当的措施，对可能遭受其他因素破坏的痕迹、物品，进行必要的保护。如遇下雨、刮风等情形，应对现场的痕迹、物品或尸体进行遮盖。原则上，现场封锁后，任何人（包括保护者）均不能进入现场和搬动现场的任何物品。在迫不得已、必须进入现场时，应选择不致破坏现场的适当路线进出现场，进出过程中，不能随意触摸现场物品，并做好相关记录，以备勘查之需。

二、了解现场情况初步调查访问

现场封锁后，参与现场保护的民警，应尽快了解现场情况，对现场进行判断，以便及时修正保护范围；记录下现场细小的特别是可能转瞬即逝的情况，如门、窗的开启状态等；同时，应围绕现场发生的情况，及时开展对事主、被害人以及报案人等的初步调查、了解。做好这些工作，不仅有利于现场保护，并将为现场勘查工作的开展提供条件，如为现场访问提供访问对象等。在现场保护阶段的初步调查访问，重点在于：一是要进一步查清发现现场的过程及现场的变动情况；二是要将与犯罪现场有关的证人的基本情况固定下来。在现场保护阶段的调查、了解，具体有以下几个方面：

1. 了解和记录发现现场的时间，详细地址；案发当时的情况，发现犯罪或现场的人的人数、姓名、职业、住址等。记录一定要准确。

2. 了解和记录已知的进出过现场的其他人员的人数、姓名、职业、住址及其在现场的活动情况。

3. 初步了解、判断和记录犯罪时间、地点及犯罪的后果。如果案件涉及人身伤害，要了解和记录受伤害的人数、受伤害的程度，如果涉及财产损失，要了解财产损失的数量、名称、种类、特征、价值等。这种确定基本事实的工作，现场保护者（特别是参与现场保护的民警）不能做长时间过细的盘问，否则将影响现场的保护工作，也可能会对后期的勘查工作造成不良影响。

4. 了解和记录事主、被害人的姓名、性别、年龄、职业、住址等。

5. 了解和记录犯罪行为人的人数、姓名、性别、年龄、口音、衣着、身体形态、相貌特征，使用何种犯罪工具、凶器，逃跑的路线、方向等。

6. 了解和记录目击者和其他知情人的情况，包括姓名、职业、工作地址、住址等。同时注意倾听周围群众对现场发生的事件的议论和反映，特别是对周围群众谈论的案情和疑人疑事应认真记录。

为此，参与现场保护的警察和单位内保部门人员，应养成凡事做笔录的良好习惯，这样有利于不断总结经验，提高对各类现场的保护技能；有利于在勘查人员到达现场后，及时、详细地向其汇报有关情况；从而保证现场勘查及时且有针对性地展开。

三、针对紧急情况采取紧急措施

现场保护阶段常见的紧急情况主要是排险、救护，防止犯罪后果的继续扩大。紧急情况优先是一个原则，无论保护现场、防止现场的改变和破坏，对于现场勘查多么重要，现场一旦出现了伤员需要救护等紧急情况，保护工作必须让位于救急。此时的保护工作让位不意味着停止，而只意味着保护人员如何有针对性地采取相应的紧急措施，在有效地排除紧急情况的同时，尽量地不破坏现场，或者为勘查阶段尽量恢复现场提供条件。

对于出现了人身伤害的现场，现场若有受伤的人，既包括被害人，也包括犯罪嫌疑人，只要没有明显的死亡症状出现，就必须开展急救保护。现场保护人员应请求医院派人救护，或送附近医院展开急救。为此不得不进入现场时，一方面，应防止所有进入现场开展急救的人员（当然也包括保护人员自己）随意搬动和触摸现场各种物品而破坏现场；另一方面，应认真记录和固定好由此而可能遭受破坏的现场部分在变动前的各种状态，包括受伤者的姿势、位置，受伤者周围的痕迹、物品与受伤者的相对位置和状态；同时，应选择不会对现场造成破坏的路线进入现场并设法从伤者口中了解有关犯罪的情况，特别是有关犯罪嫌疑人的情况。对于现场受伤的犯罪嫌疑人进行急救时，要布置专人进行全程监视，以防止其行凶、自杀或毁灭痕迹物证。

对于火灾、爆炸现场，除对现场受伤的人员应及时开展救护外，应及时组织现场周围的群众或通知、配合消防人员、专业排险人员，及时扑灭火险，抢救财物，排除爆炸隐患。在紧急救护、灭火以及排险过程中，应尽可能地用笔录、绘图、使用标记等方法，记明采取紧急措施前后现场的状态。

对于发生在交通要道或闹市区、居民集中地段的事件，则要注意解决保护与方便人民群众工作、生活之间的平衡问题。既要有效地保护现场，防止围观群众破坏现场、堵塞交通，又要迅速地记明变动前后的状况，对一些不得不搬动的现场物品，必须注意搬动的方式并记明其搬动前的状态、位置等。在保护过程中，应坚守岗位，注意维护好秩序，以最大限度地保证现场处于原始状态。

四、监控犯罪嫌疑人

在进行现场保护时，有时会出现对犯罪嫌疑人进行控制的紧急情况。这种情况的出现主要是群众扭送现行犯罪嫌疑人；或者现场发现得早，犯罪嫌疑人尚未脱逃，在保护现场的过程中，发现了重大的嫌疑人。在这种情况下，必须遵循紧急情况优先处理的原则，保护现场与监管犯罪嫌疑人并重。在进行监控时，如果人手不够，应立即在现场寻找可靠的人帮助保护现场，并对其进行指导，或迅速通知相关部门，派人增援。

对于现场存在的已确认的犯罪嫌疑人，应选择现场外的某一专门场所，由专人看管；对于已发现而尚未确证的犯罪嫌疑人，应布置专人，在对方没有察觉的情况下，进行暗中监视，但必须采用合适的方法，将其调离现场，防止其制造新的痕迹和观察现场的详细情况；对于已逃离现场的犯罪嫌疑人，如果知其姓名、外貌特征、随身携带物品的特征、逃跑方向等，且逃离现场的时间不久，应立即报告上级公安机关，采取追缉、堵截等紧急措施，缉捕犯罪嫌疑人；对于尚未逃离现场而又负隅顽抗的犯罪嫌疑人，应组织警力、基层保卫组织等，就地包围，并及时报告上级公安机关派员处理。

在现场保护的过程中，对于已进行监控的犯罪嫌疑人，应专人负责，提高警惕，防止意外情况的发生和防止其继续犯罪或毁灭证据。

现场保护既是公安机关的一项重要职责，是现场勘查工作的基础，更是一项需要广大人民群众参与、支持和配合的群众性工作，人民群众能给现场保护以各方面的支持。因此，在现场保护中，必须贯彻依靠群众、专门工作与群众工作相结合的原则。为此，为了更好地发挥群众参与对现场保护的作用，必须注重对群众进行现场保护知识的宣传、教育，使广大人民群众懂得现场保护的重要性和一些具体的现场保护方法。做好这项工作，能使群众在犯罪发生后，不仅能及时地向公安机关报案，而且能有效地协助公安机关保护好现场。这种宣传、教育工作，应是基层公安保卫组织和治安保卫委员会的一项日常的重要职责。

我们强调现场保护的群众性，并非指可以忽视现场保护的专门性。现场保护与现场勘查和案件侦查工作联系紧密，决定了现场保护的专门性。因此，在进行日常的宣传、教育中，仍应注意内外有别，防止侦查工作秘密被泄露，不给隐藏在群众中的犯罪行为人以任何窥探侦查方法、手段，提高其反侦查技能的可乘之机。在具体的宣传、教育中，对于现场保护的重要性，只谈原则，不宜过细、过于具体；对于现场保护的方法，一般只涉及在勘查之前的现场保护。

此外，现场保护还有一项任务，就是向侦查人员介绍发现案件及保护现场的情况，内容包括案件发生、发现的经过，现场的原始状态及变动情况，相关证人的情况等。

第三节　现场保护的方法

现场保护，不仅意味着对现场进行保护，从保护的对象上讲，它更指现场所记载的与发生的事件有关的各种状况。因此，由于各种现场所处的环境、所发生的事件的不同，保护的对象是多种多样的。就方法而言，并无定规。根据不同现场的不同特点，采取一切可能的方法对现场进行保护都是允许的。本节所谓现场保护的方法，只不过是根据实践的需要而提出的一些指导性的原则，它不仅适用于重特大案件，也适用于一般案件。这些指导性原则，均围绕着一个要求而提出，即所有的现场保护都必须划定一定的保护范围，并动用一切可能的手段将其封锁，以防止一切可能的因素对现场进行改变或破坏，从而尽量保持现场的原始状态，为现场勘查创造条件。

一、犯罪现场保护的多层次性

犯罪现场的保护应当具有多层次性。

1. 第一层次的现场保护范围是犯罪现场最外围或者犯罪现场一般区域的外围。这一层次通常是指整体犯罪现场保护，应当在这一层次的关键位置设置现场警戒人员，现场警戒人员的职责就是限制车辆通过犯罪现场，阻止不必要的人员进入犯罪现场，并在此设立相应的检查点，限制通过现场的车辆和阻止无关群众进入现场。在有需要的情况下，可以在此设立新闻中心，以接待新闻媒体记者。

2. 第二层次的现场保护即区域性保护区。第二层次的现场保护范围应当设置在靠近犯罪现场的一定区域，只有到达现场的相关领导、公安民警、参加现场急救的人员和警用车辆（如现场勘查车）才允许进入。在第二层次区域之内，可以为侦查人员和其他工作人员划定一定的区域，这一区域可以使他们更靠近现场，而又不会造成物证的污染或丢失。在该区域可以设立现场指挥部，负责协调指挥现场勘查的各项工作。例如，精简现场勘查人员和后勤保障人员，缩小现场勘查人员休息区域的面积，并且减少其他相关活动。

3. 第三层次的现场保护是犯罪现场目标区域的保护。这一区域的控制应该最为严格，严禁随便进入。这一层次的保护区域只能允许犯罪现场勘查人员进入。

在这一总的保护原则的指导下，不同的犯罪现场还应适用不同的保护方法，下面我们对室外现场、室内现场、现场痕迹、物品和尸体的保护方法分别进行阐述。

二、室外现场的保护方法

室外现场在一般情况下具有范围较大，无出入口，有出入路径，属于开放型的空间，不易控制，容易受气候、环境因素影响等特点。因此，室外现场的保护应首先确定保护范围，封锁现场设岗警戒，遇有气候条件变化时，应对明显痕迹进行适当保护。

室外现场由于涉及的区域大、情况复杂或现场中心部位和外围部分不明显，因此，对室外现场而言，通常在划界时应坚持宁大勿小的原则，即现场范围应划得大一些，不仅包括可能的现场中心部位，而且应将所有能进出现场的路线和一切可能会留有与现场发生的事件有关的痕迹、物证的部位都划入保护范围。由于保护者并不勘查现场，对现场情况的了解不明确，划大一点保护范围，可以避免一些有勘查价值的场所被划定在保护范围之外而得不到保护，从而使在这些范围内存在的有价值的痕迹、物证遭受破坏。在实践中，现场的保护范围通常划得不够大，这一点应引起保护者的重视。

强调保护范围的划定应尽量大，不意味着可以不考虑现场所处的位置和环境条件。实践中，对于野外或过往人员不多的场所，现场保护的范围可以尽量划大一点；对处于人员活动频繁的市区或交通要道、居民区，则应考虑划界与维护人们正常的生活和工作秩序之间的需求，在划界时，应尽量在满足勘查需要的前提下，把现场范围划小一点，留出必要的通道。但无论怎样考虑，都必须把现场的中心部位和相关的重要部位划入保护界。

现场保护范围一旦划定以后，就应采取一切可行的措施，对现场进行封锁。对于保护范围较小的现场，可以使用警戒带、结实的绳索或铁丝等划出明确的保护界。在保护范围外，根据需要可在进出现场的必经道口，或可能进入现场的其他部位，设立固定哨位进行警戒。对于保护范围较大的室外现场，可根据情况，设置必要的路障和设立固定的哨位，在保护界外派专人警戒。应注意的是，岗哨的设立不应彼此间距离太大，各哨位间应以相互能够照应为度。如果范围太大，可在设立固定岗的同时，加派流动哨；对于参与站岗封锁现场的人员，应提醒他们坚守岗位，不得随意走动或进入现场，并随时注意各种意外情况的发生。

室外现场的类型很多，现场的环境条件复杂，在具体保护室外现场时，应因地因案采取适当的保护方法，具体而言，不同的室外现场的具体保护方法如下：

1. 院内现场的保护。可以将院门关闭，或用白灰、绳索划出或拦出一条通道，院内外派人警戒，封锁现场，不准无关人员入内，有围观者劝其离去。

2. 野外现场的保护。可将中心现场及留有痕迹、物证的场所组织人员看管、警戒，禁止行人通行。遇到刮风、下雨、下雪等情况，应立即用干净的塑料布等将痕迹、物证、尸体加以遮盖。

3. 街道、居民区等现场的保护。可以在街道两头或居民区内派人警戒或设置护栏，依据实际情况，可以临时中断交通或派人指挥车辆、行人绕道而行。在繁华街道、行人、车辆较多的地方，应尽量将警戒、护栏的范围适当缩小，以免影响交通。

现场一旦进行保护后，参与保护的民警不得随便离开现场而将现场交给非警察人员或企事业单位的内保人员等进行保护。对于报案等工作，可交由其他人员进行。

室外现场保护

三、室内现场的保护方法

相比室外现场，室内现场具有范围较小，有明显出入口，属于封闭型的空间，易控制，不受气候、环境因素影响等特点。

室内现场的保护方法首先应当划定保护范围封锁出入口，禁止无关人员进入，然后在外围划出一定的范围，禁止无关人员接近现场。

室内现场划定保护和封锁现场的范围要容易一些，因为房间的外墙能明确地显示现场的中心部位，相应的，现场的外围也容易判明。就室内现场而言，在划定保护范围时，同样应考虑保护现场与不影响群众生活两方面需求的平衡。一般而言，在具体划定保护范围时，首先应将围墙以内的部分作为现场中心，划入保护范围。除此以外，重点是考虑围墙以外哪些部位是犯罪嫌疑人可能经过或可能留下潜在的痕迹的部位，如相邻的房间，必经的楼道或大门，将这些部位一并划入保护范围，就能满足保护和勘查的需要。在划定这些范围时，如果这些部位对同楼居住的人员的生活、工作影响不大，其范围可以适当扩大；如果有影响，则应考虑缩小。如果必须封锁进出现场必经的要道、大门或楼道而又可能会影响人们的生活需要时，可在必要的封锁范围外留置通道。

划定保护范围后，就封锁现场而言，用现场的门封锁现场的中心部位是非常容易的，关键在于对现场的外围如何进行封锁，如何有效地阻止好奇的围观者进入现场外围地带。在具体操作时，可考虑用绳子、木板、划石灰线或从现场外找来其他物品设置于保护范围之外，隔离现场。在采用这些措施时，应考虑使用的手段必须可靠，否则不能起到保护现场的作用。对现场中心部位，要及时采取保护措施，禁止无关人员进入；对现场周围或者门窗外的可疑痕迹、物品，要组织专人看守，做标记或用其他方法加以保护；对于楼房居室或办公室，应在居室或办公室门、窗外派人看护，禁止无关人员出入，居室、办公室外可能留有痕迹物证的地方要做好标记，防止破坏；对于发生在影剧院、礼堂、食堂、会议室、商场的室内现场，要及时有序疏散人群，尽量减少对现场的破坏，同时注意发现可疑人员。对现场可能留有痕迹物证的地方，要组织专人看守，防止被他人拿走、翻动和破坏。

为了更好地封锁现场，可在保护界外设置相应的岗哨，岗哨的设置主要考虑门窗、进入现场的孔洞、必经道口等部位，岗哨的位置应与相关的门窗、孔洞、道口之间相距一定的距离，而不能过于靠近，目的在于防止这些部位与相邻的地面或墙面的潜在痕迹遭受破坏。对室内现场，除在以上部位设岗以外，还可在房屋周围设置流动岗哨，负责隔离与现场勘查无关人员，维护现场秩序，对处于楼房中的现场，应重点考虑在现场所涉及的房间外设置警戒。

室内现场

四、现场痕迹、物品和尸体的保护方法

对现场的痕迹、物品和尸体的保护，是现场保护的重要内容，警察参与现场保护的职责不仅仅是有效地封锁现场，还包括如何尽力使现场的痕迹、物品及尸体保持原始状态。

（一）现场的痕迹物品的保护方法

一般而言，参与现场保护的警察和其他人员，不得随意进出现场和触摸现场的一切痕迹、物品，更不能随意查看尸体。但在特殊情况下，当参与现场保护的警察或其他人员不得不进入现场时，必须三思而后行，避免做出疏忽和鲁莽的举动，并做好各种相关的记录、固定工作。进入现场时，除了认真考虑进入的路线外，还必须对可能出现的最坏的情况有所估计，从而采取一些在当时看来可能过于谨慎的预防措施，以免造成重大损失。在紧急情况下，进入现场后，对于在行走路线上发现的痕迹、物品，要设置明显的标志，以防踩踏，在必须要搬动现场物品时，首要要对该物品在现场的位置进行记录和标识，搬动前应认真观察物品的表面，是否有痕迹或其他附着物，并选择适当的拿取部位，以防止毁损物品上的痕迹或使附着物移位，同时要避免留下搬动者自己的痕迹。在该过程中，凡与处置紧急情况无关部位的物品，一律禁止触动，并不得随意使用现场的卫生、盥洗设施和物品。

保护痕迹、物证是现场保护的核心工作。在不同的勘查阶段，痕迹、物证的保护的重点也不同，具体可分为勘查前的保护和勘查中的保护。勘查前的痕迹物证的具体保护方法如下：

1. 警戒法。警戒法是指不进入现场内部，而在现场周围设岗看守痕迹、物品的保护方法。这种方法适用于一般的室内犯罪现场，只要在现场的出入口外派

人警戒看守，现场及其痕迹、物品即可得到保护。另外，某些室外现场，如地处偏僻地方的犯罪现场，或者不具备用其他方法进行保护的条件的现场，也可以用警戒法进行保护。运用警戒法时要注意，在看守时，不仅要防止人为因素的变动、破坏，还要注意防止和避免非人为因素对现场的变动，防止发生意外事件。

2. 标示保护法。标示保护法是指在犯罪痕迹、物品周围用一些醒目的物品做标记，以提醒或告诫人们注意保护的一种方法。标示法主要适用于以下两种现场：

（1）遇有某种紧急情况的室内外现场。如需急救人命、抢救财物、排除险情等，必须进入现场或必须移动现场的某些物品时，对于在行走路线上已发现的痕迹、物品，可用粉笔等物品在痕迹、物品周围做标记进行保护，避免有人不注意进入现场而被变动。

（2）范围较大，痕迹、物品较分散，保护人员已经发现而随时有被人为因素变动的室外现场。遇到这种现场情况时，除了应以警戒法保护外，还必须对已发现的犯罪痕迹、物品设法进行标记，以便引起他人注意。

3. 遮盖保护法。遮盖保护法是指在犯罪痕迹、物品上用一定的物品进行遮盖保护的方法。遮盖保护法主要适用于室外现场痕迹、物品的保护。特别是遇到刮风、下雨等情况时，则要设法用盆、塑料布等不透风雨的物品进行遮盖保护。在运用遮盖法时应当注意：

（1）忌用带有浓烈气味的器物遮盖，以免污染嗅源，妨碍使用警犬追踪鉴别。

（2）如遇下雨且雨水较大时，还应当在痕迹、物品周围挖一道排水沟，让积水顺沟流走，以免损坏痕迹、物品。

4. 转移保护法。转移保护法是指转移现场带有物证的物体，以适当方式保存保护的一种方法。这种方法主要适用于以下两种现场：

（1）现场存在某种特殊紧急情况的室内现场。如纵火案现场，为了避免犯罪痕迹、物品被烧毁、破坏，或避免因房屋倒塌等而毁坏，必须及时转移保护。

（2）地处特殊位置的室外现场。如案发在铁路或公路干线上的犯罪现场，在过往车辆频繁，附近又无岔道可绕，侦查人员又不能及时赶赴现场时，为了避免造成大规模的交通堵塞，则应将影响车辆通行的有关物体从道轨或路面上搬走，并妥善保存起来。运用转移法时应当注意：在搬动或转移有关物体时应当选择适当的部位和动作，以免改变、损坏原有的痕迹，或者留下保护人员自己的痕迹。

5. 记录提取保护法。记录提取保护法是指在保护现场的过程中，用适当的方法将特定的痕迹物品进行记录提取的一种方法。这种方法适用于现场存在细小物品和贵重物品，如不提取就可能使其遭受变动、破坏的情况。运用记录提取法时应注意：一是提取痕迹物品前必须先固定记录；二是此法应尽量少用，只有在特定的情况下，即现场存在细小物品、贵重物品，如不提取就会使痕迹物品遭受变动、破坏时才使用。

在对室内现场的保护中，除了应关注现场的室内部分外，还应对处于室外，暴露在露天部分的痕迹、物品等给予高度关注，但不得随意进入这些部分进行勘查。如果这些部分存在有明显的痕迹或物品，应采用相应的方法对这些部分进行标注。为防止雨、雪、风等自然因素的破坏，应对这些痕迹或物品进行遮盖，应注意的是：遮盖的方法不得破坏痕迹本身，另外，应禁止使用带有强烈气味的遮盖物。如遇下雨、下雪，应在遮盖物的四周挖掘小沟，以方便排水。对于遗留在室外某些物品上的痕迹，如不得不对该物进行移动时，应注意移动的方式，做好记录，同时应根据痕迹本身的特点，考虑对该物应该使用何种保存条件。对该物的保存，应由专人负责。

在现场勘查过程中，同样也涉及痕迹物证的保护问题。在勘查过程中，由于勘查人员对痕迹、物品的破坏也时有发生，因此，现场勘查中对痕迹、物品的保护同样要引起重视。勘查中的痕迹、物品的保护应当侧重于防止痕迹、物品被污染和损毁。

（1）勘查人员在进入现场前应当戴上"三套一罩"，即手套、鞋套、头套和口罩。在进入现场进行勘查时，由于现场可能存在某些微量物证，如毛发、微量DNA等，为了防止勘查人员对现场的痕迹、物品产生污染而留下自己的痕迹或人体物质，在进入现场前，必须要做好防护工作。勘查人员不得在现场内吸烟、进食、吐痰、梳头和使用现场内的盥洗室。

（2）勘查人员不得使用现场内的任何物品和交通、通信工具。

（3）非法医不得随意触动尸体和改变尸体的姿势。

（4）移动或触动现场内的物品应首先进行观察和研究，尽量选择一些非常规的着力点，如杯子的边沿、物体的棱角处、门的上缘等。

（5）每种痕迹物证必须单独收集和包装，以免痕迹物证之间发生任何交叉污染。

（6）为了查明提取的现场痕迹是否在现场勘验中受到污染，应对曾直接接触过痕迹物证的人员进行登记、形成名册。

（二）现场的尸体的保护方法

对于现场的尸体，应根据勘查的需要和法医学的要求，做好对尸体的保护。

对于暴露在露天条件下的尸体，为防止自然因素或动物、昆虫对尸体的损坏，防止其加速腐败或使尸体身上的附着物的流失，应采用适当的遮盖物对尸体进行遮盖，如竹席，塑料薄膜等。对于在森林、野外等地发现的尸体，应派专人看护，以防禽兽啄食；对于火场中的尸体，如火已被扑灭且无损坏可能的，可就地保护，不要移动；如火未扑灭，且有被烧毁或压坏的可能，应将尸体移出火场；对于水中的尸体，没有特殊情况发生，一般应保存在水中，不进行打捞；如有漂走的可能，可采取措施固定；如无固定可能，则可移上岸。对于枪杀、投毒或用其他暴力手段致死的尸体，应保留在现场，以备检验。对于可看到明显死亡征象的勒死或缢死的尸体，对尸体不要做任何触动，如发现绳子可能崩断，应相应地对尸体进行支撑。对于尚未死亡的，如需急救，可在未打结处剪断绳索，以便完整地保存绳结。总之，对于现场那些死亡征象明显（如有明显的严重坏疽、气味、尸斑、尸体腐败现象等）的尸体，在进行勘查前，不要触碰或搬动尸体，并通知法医等检验人员到场勘查。

对于不得不搬动的现场的尸体，应用笔录、绘图、在尸体躺卧的位置划定标识等方法，全面地记录和固定尸体的姿势、位置、血迹的分布，血迹在尸体上的流向，尸体周围的各种痕迹，物品与尸体之间的位置关系，尸体的衣着状态等，对尸体处于某种姿势的强直状态，搬动中不得强行扳直，如不得不打开尸僵，应对打开前的尸僵状态进行记录和固定。

对于现场无明显死亡征象而必须进行急救的被害人，保护者应迅速记录和固定被害人在抢救前的各种姿势和衣着状态等；抢救过程中，保护者除应提醒救护人员不能破坏现场外，还应对抢救人员在现场的行为进行如实的记载，并注意按要求保存好从被害人身上脱下的衣物等，对被害人的手、指甲等部位也要给予高度关注。对于已送往医院的被害人，也应派人跟随，并注意保存好医院抢救过程中脱下的衣物等。

现场保护是一个过程，在勘查人员未赶到现场之前，保护者应保持高度的戒备状态，密切注意现场内外的各种动向和疑人疑事，防止各种意外的发生，同时，还应注意自身的行为，防止因自身行为失当而给现场"添枝加叶"，并准备好相关材料，以便勘查人员到达时能及时地向勘查人员汇报，帮助勘查人员及时、全面地勘查现场。

第四章 课后拓展

第五章

现场勘查的组织与指挥

现场勘查是一项综合性的侦查措施，由于其指向的对象情况复杂，进行现场勘查往往涉及多个部门，而且时间紧、专业性强，因此，为了切实保证现场勘查的顺利进行，需要对现场勘查进行有效的组织和指挥。

第一节　现场勘查的组织

现场勘查的组织，是指对现场勘查工作所需人力、物力的调配、准备和安排使现场勘查工作具有一定的系统性并保证其有条不紊地进行。

由于刑事案件自身的复杂性，案发的时间、地点，侵害的对象等无一定之规，且突发性强。因此，现场勘查前的组织和准备工作显得尤为重要，加强案件发生前对现场勘查准备工作的组织领导，将有利于及时、全面、细致、客观地勘查现场。

现场勘查的组织主要体现在的现场勘查准备工作之中。对现场勘查准备工作的组织领导主要是抓好三个方面的工作：一是案件未发生时的勘查人员的思想、人员配备和勘查物资器材的准备；二是案件发生后，出动警力勘查现场前的准备和对各种情况的处置；三是临场准备。

一、无案件发生时的常规准备组织

一般而言，侦查是一个由被动转向主动的过程，而推动这一过程实现的重要因素之一是抓好现场勘查，快速、准确、全面地掌握现场的犯罪状况，将会帮助侦查工作获得宝贵的战机。我们知道，案件发生后形成的现场的变化是绝对的，不变只是相对的，因此，只有在现场勘查的各个环节上都具有快速反应的能力，才能保证勘查的成效，才能以此为基础，迅速地推动整个侦查情势由被动走向主动。而快的根本在于充分做好无案件发生时的常规准备，并常备不懈。

（一）思想准备

刑事案件的发生是经常的和长期的，与之相关的现场又往往出现在环境条件较差的地区。因此，现场勘查往往是在环境恶劣、条件艰苦的情况下的连续而紧张的工作。对于这样一项艰苦而长期的工作，无论是指挥人员还是勘查人员，如果缺乏足够的思想准备，是难以完成勘查任务的。因此，常规准备的重要内容之一是做好思想准备。

思想准备主要依靠指挥人员自身的带头作用和注重平时对勘查人员的教育来完成，其主要内容包括几个方面：①注重培养勘查人员树立对现场必然存在并能找到和发现相关证据和侦查线索的坚定信念，只有这样的信念存在，才能发挥每一个勘查人员工作的主动性和促使每一个勘查人员认真对待自身的每一个勘查行为。②无论是指挥人员还是勘查人员，都必须注重培养自己的敌情意识，快查快办的意识，利用情报的意识和协作意识。特别是指挥人员，更应关注社情、敌情的最新变化趋势，做好预测工作，并根据可能的变化，考虑勘查人员的配置和勘查预案的设计。③必须在思想上牢固树立艰苦奋斗的精神和连续作战、不怕疲劳的精神。

思想准备是勘查人员顺利完成勘查任务的重要保证，只有在平时注重对勘查人员进行以上三个方面的教育，才能保证勘查的指挥者遇事不乱，临场不慌，调度有方，方案得当；才能保证勘查人员始终以良好的精神状态对待现场勘查，对勘查工作保持高度的自觉性和认真对待自己的勘查行为。唯有如此，才能招之即来，来之能战，战之能胜。

（二）勘查组织的准备工作

无案件发生时的主要常规准备是预先组建相应的勘查班子并建立、健全相关的规章制度。

1. 组建勘查小组，轮流值班待命。组建勘查小组的原则是新老搭配，侦技结合。在具体组建时，应充分考虑本辖区和全国范围内的敌、社情的变化趋势，做好对犯罪的种类、犯罪的手段、方法的预测，结合本辖区的实际，全面地考虑本队人员各自的优势、特长，有针对性地组建勘查班子。

勘查小组组建好后，应规定严格的值班制度和职责。指挥人员应与值班小组共同值班，以便于案发时的快速指挥和出动。值班小组值班期间，值班人员不得随意外出。值班小组值班期间，主要负责受理报案、上传下达和物质准备，随时听从指挥人员调遣。

勘查小组建立后，应根据本地的实际情况，规定出动现场的时间限制和建立紧急情况下寻求各方支援的联络渠道。

2. 明确制定现场勘查参与人员的各种岗位责任制度，以制度管理勘查小组，同时，应根据案件发生的一般规律，结合最新的犯罪变化趋势，预先设立勘查预案。

（1）建立指挥人员岗位责任制度。指挥人员应当亲临现场对实地勘验和现场访问进行指挥，调动、组织勘查人员和器材，并根据掌握的资料进行人员的合理分工，做好组织管理工作，协调各方面的关系，充分调动每个参战人员的积极性。

同时，还要统一组合各种勘查手段、方法和策略、措施，加强综合运用能力，决定采取紧急措施，主持临场讨论，分析、判断事件的性质和案情，制订侦查计划，部署初步的侦查工作，并对勘查的质量进行评断和决定对现场的处置措施。

（2）建立侦查人员的岗位责任制度。侦查人员的责任之一是根据指挥人员的布置，围绕事件和现场，及时开展现场访问，发现和收集证人证言，寻找侦查线索；责任之二是根据现场勘查指挥人员的安排，参与实地勘验，与技术人员紧密配合，发现、搜集与事件有关的痕迹物证；责任之三是执行紧急任务，如参与追缉堵截，制止现行犯罪，急救人命，参与排险，监视、看管犯罪嫌疑人，参与临场讨论，提出自己对案情的看法和见解，参与侦查工作，等等。

（3）建立技术人员的岗位责任制度。根据现场勘查指挥人员的安排，技术人员应当围绕现场要解决的问题，结合自身的技术专长，解决勘查中的技术问题，重点在于发现、固定、采集和检验与事件有关的痕迹、物证。

参与现场勘查的技术人员主要包括指派或聘请的现场照相、摄像人员，痕迹检验、文书检验、法医检验及其他相关技术人员。

（4）基层公安保卫人员的岗位责任制度。主要是负责现场保护，维持现场周围的秩序，邀请见证人，协助侦查人员开展现场访问，执行搜索、追捕等任务，完成现场勘查指挥人员委托的其他事项和勘查一般案件的现场。

（三）勘查器材的准备组织工作

犯罪现场勘查部门的负责人员必须掌握本部门所拥有的装备的细目清单，掌握目前可资利用的技术，同时还应当了解该部门因装备缺乏而存在的功能局限。此外，所有的勘查人员都应当接受足够的培训，以便能够正确地应用任何新技术或装备。物资、器材的准备主要涉及三个方面，即勘查器材、通信器材和交通工具。

1. 勘查器材。勘查器材主要包括勘验、检查器材，照相、摄像器材，绘图器材，照明器材及电源等。勘查器材应由专人负责保管，加强检查、维修、保养，注意防潮、防霉，保持各种器材的最佳工作状态，以备勘查之需。具体有：

（1）相关工具和搜索装备。包括手动工具、园艺工具、电锯和电钻、辅助照明设备和供电设备、多波段光源、金属探测器。

（2）专业化的犯罪现场勘查工具箱。包括枪弹射击残留物收集装备、潜在手印收集装备、弹道重建暗箱及附件、工具痕迹和足迹制模装备等。

（3）化学物质和试剂。包括血迹显示试剂、血液测试试剂、潜在印痕的化学显示试剂等。

（4）便携式仪器。包括便携式激光器、便携式气相色谱仪、地表穿透式雷达夜视装备等。

2. 通信器材。现场勘查常用的通信器材有对讲机、车载通信台、车载传真机以及移动电话、电脑等。目前，侦查电子技术以及电子通信技术正在不断地开发研制出来，从而能够在进行犯罪现场勘查工作的同时，直接将相关数据传送给犯罪实验室进行分析。

通信器材同样应由专人保管、维护，尤其应注意电源部分的检查，以保持各种通信器材的可用状态，确保临场勘查时通讯畅通无阻。

3. 交通工具的准备。交通工具主要是指现场勘查车以及其他机动交通工具，如摩托车、直升机、快艇等。一般而言，现场勘查车是专门为犯罪现场勘查工作而设计并定制的。

良好的交通工具是保证现场勘查快速出动的基础，各种交通工具的驾驶人员应加强对交通工具的保养、维修，使其处于良好的状态，一旦需要即能适应勘查的需要。

二、出现场前的组织准备

1. 迅速核实情况，布置现场保护。如果是一般群众报案，应迅速通知现场所在地的基层公安保卫组织，派人到现场迅速核实报案情况，并采取相应的现场保护措施。如果是基层公安保卫组织报案，除要求其进一步核实情况外，还应汇报现场的保护情况，并确定是否需要进一步采取相关的保护措施。同时，应要求参与现场保护的基层公安保卫组织对现场发生的事件的情况做初步了解，注意发现知情人，做好初步的询问。如有采取紧急措施的条件，应迅速上报，就地处置。

2. 根据报案情况，确定现场勘查的参与人员，准备相应的勘查器材。接受报案后，现场勘查的指挥人员应根据案件的性质、危害后果和紧急程度等情况，迅速确定参与勘查的人员数量，由哪方面的人员参加，确定适合本次现场勘查的勘查器材的种类及数量。应注意一点，在做这方面准备时，应考虑临场时可能出现的意外情况，特别是在器材上，应根据现场的情况尽可能多准备一些勘查设备。

3. 应做好应对紧急情况的准备工作。为应对紧急情况的发生，如采取紧急措施等，在确定参与现场勘查的人员及准备相关勘查器材时，还应预先在刑警队内预留机动力量并留守值班，预设好勘查小组与机动力量和刑警队的通信网络。

三、临场的组织工作

现场勘查的指挥人员和现场勘查人员到达现场后，应抓紧勘查开始前的有限时间，迅速做好临场准备，以便及时开展现场勘查。临场准备，主要有以下五个方面的工作：

1. 首先应保证现场与刑警队、上级公安机关、人民检察院及有关部门如技术部门、消防部门、医院等部门之间的通信网络、无线通信网络和录音视频传输网络的畅通。对通信条件差的地区，应就近寻找可用的有线电话建立专线。网络建立后，任何人不得使用该网络做与现场勘查无关的事。

2. 迅速掌握现场情况，取得指挥的主动权。现场指挥人员应抓紧时间，通过临场访问和实地观察，迅速掌握现场外部和内部状况以及案件的情况，以便针对实际情况，布置有关的勘查措施，取得对勘查进行指挥的主动权。

3. 进一步检查和落实现场的保护措施，并根据现场访问和实地勘验的需要，进一步加强对现场勘查范围的封锁。

进入实地勘验之前，原先在现场保护阶段所划定的保护范围，保护界不应撤除，而应进一步加强，并根据现场勘查的需要进行适当调整，这时的保护界也就转变为现场勘查的封锁界限。这一过程由现场勘查的指挥人员在巡视现场的过程中来完成。因此，在巡视过程中，除了迅速掌握与现场勘查有关的各种情况外，还应留心检查现场的保护情况。例如，发现保护措施不当，应立即纠正；保护力量不足，应增添人手；保护范围不符合现场保护和勘查需要的，应进行适当调整；未划定保护界的，应立即补划，并采取相应的封锁措施，将无关人员清退出保护界以外。在采取以上措施的同时，还应指挥有关人员注意维持好现场周围的秩序，防止各种意外情况的发生。

4. 根据现场勘查的需要，对人员进行分工并制订相应的勘查计划和确定各个参与者相应的职责。

在进行分工时，应充分考虑参与勘查的各个人员自身的专业性质、工作能力、勘查现场的经验、身体状况等，与此同时，应制订诸如照相人员及分工，勘查人员的勘查顺序、路线及分工等勘查计划。根据计划，落实每个人的岗位职责。在进行分工时，一般应坚持专项工作专人负责的原则，以便能让每位勘查者专心于自己的工作，在自己的工作范围内，最大限度地发挥自己的聪明才智和主观能动性。

对于重大、特别重大和复杂现场的勘查，可将勘查人员分为四个小组：

(1) 实地勘验组。主要参与人员有技术员、侦查员，必要时还应有聘请的专家或具有专门知识的人员参加。实地勘验组担负的主要任务是全面负责对与犯罪有关的场所、痕迹、物品、人身、尸体进行勘验、检查，发现、固定、提取、检验现场的痕迹、物证，制作现场勘验检查记录，并将现场勘验信息录入"全国公安机关现场勘验信息系统"等。

(2) 现场访问组。主要参与人员为侦查员，也可以吸收派出所社区民警、内部保卫人员等参加。现场访问组担负的主要任务是全面寻找、发现案件知情人，并对有关人员进行调查访问，了解一切与案件有关的情况，寻找、收集侦查线索，获取证人证言，掌握犯罪嫌疑人的行踪去向。

(3) 现场保护组。主要参与人员为派出所民警、内部保卫人员、治保人员和其他指定人员。根据案件性质和现场情况的需要，交警、武警和特警有时也会参与现场保护，完成特殊的任务。现场保护组担负的主要任务是全面负责封锁和警戒现场，维护现场周边秩序，管制交通和指挥来往行人和车辆，禁止无关人员进入现场，防止发生意外情况，保证现场勘查顺利进行。

(4) 机动组。主要参与人员为侦查员、警犬驯导员、派出所民警和无线通信和录音视频技术传输员、车辆驾驶员等。如案情重大或需要采取紧急措施的，还可以调集行动技术、网络侦查、特警、巡警、防暴警等有关人员参加。机动组担负的主要任务是负责对现场的有关部位进行搜索与追踪，参与追缉堵截，监视、看管已抓获的现行犯罪嫌疑人或重大犯罪嫌疑人，以及接待到现场采访的新闻记者等其他事务性工作。

在进行具体分工时，现场勘查的指挥人员还应根据现场的实际情况，进行合理分工。一般而言，参与实地勘验的人员宜精而少，以免造成实地勘验的混乱和现场痕迹物证的破坏，而参与现场访问的人员则可相对多一些，以便于在较大范围内完成对知情人的发现和对有关的人、事、物进行查访。

5. 根据勘查的需要，划定各种专用场地。在实地勘验进行之前，应结合勘查的需要和现场的特点，在不破坏现场、不妨碍现场勘查的前提下，预先设置各种专用场地。这些场地主要包括勘查器材的堆放地、勘查中产生的垃圾的堆放地、勘查指挥人员的指挥区域、用于现场访问和讯问的场地，现场的证人、被害人、事主、已抓获的犯罪嫌疑人及现场的家禽、动物的隔离场所等。

第二节　现场勘查的指挥

现场勘查指挥，是指依法确认的现场勘查指挥人员亲临犯罪现场，引导、协调、组织现场勘查人员实现、完成现场勘查任务的行为。

现场勘查工作往往头绪繁多、比较复杂，如果没有统一的组织指挥，各项工作很难协调一致。因此，现场勘查的指挥工作应当坚持统一指挥的原则，周密布置，明确分工，协调行动，及时完成各项任务，以便保证现场勘查工作的顺利进行，提高现场勘查的效率与质量。现场勘查最主要的工作是现场访问和现场实地勘验，这也是临场准备结束以后，实施现场勘查和对现场勘查进行指挥的两项核心工作。搞好现场访问和实地勘验的指挥工作，有利于提高勘查效率，推进现场勘查工作的有序开展。

一、现场访问的指挥

一般而言，一切"触摸"皆会留下"痕迹"，这些痕迹不仅会客观地保留在现场的物质环境中，也会保留在一切与犯罪事件、与现场有关的人们的记忆中，这是客观的、必然的。任何一个犯罪行为的发生，必然会在人们的大脑中产生记忆形象，反射接受信息的改变，这是通过访问获取证人证言、发现侦查线索的客观依据。同时，证人证言在表现形式上与现场痕迹物证的不同之处在于它是一种直白证据，它能帮助侦查人员迅速抓住案件的实质，判明性质，决定和采取相应的侦查措施，推进侦查。由此可见，现场访问是现场勘查的重要方面，做好对这方面工作的指挥、协调，有助于顺利实现现场勘查所担负的任务。但是，现场访问的对象往往又具有不确定性和流动性，存在访问工作的难度大等问题，只有精心筹划现场访问的指挥方案，才能使现场访问收到预期的效果。

现场访问，实质上包含两方面的工作：一是访，即查找知情人的过程和方法，这是精心组织访问的前提和保证；二是问，即对知情人进行询问，了解与事件、与案件发生有关的人、事、物，并对此加以固定，以获取证人证言和相关侦查线索。因此，对现场访问的指挥应重点做好以下几个方面的工作：

（一）巡视现场发现知情人

现场访问的指挥首先应组织访问人员巡视现场，利用多种途径发现知情人，为现场访问做好准备。做好现场访问的前提是侦查人员必须首先掌握和了解已经发生的事件、案件、现场的状况和知情人可能知情的情况等信息，才能在访问中充分地发挥主观能动性，访问的思路和采用的方法才能具有针对性，从而保证访问的成效。因此，现场访问的指挥应向参与现场访问的侦查人员全面介绍已经掌握的事件、案件和现场情况，以及证人的简要情况。在此基础上，带领现场访问人员全面巡视现场，全面了解现场的方位、现场的外部环境、现场内部痕迹物品的分布状况、进出通道、犯罪嫌疑人可能进出现场的路线等。在巡视现场的过程中，还应根据现场的具体情况了解已知知情人的基本情况，对潜在的证人进行发现寻找，并相机采用诸如便装混入等方式，通过有效的盘问、发现确定知情人。在进行正式现场访问之前，只有做好这几方面的工作，才能有效地保证访问对象的有效，提问能抓住要领、有针对性。

（二）科学确定访问重点和访问顺序

从某种意义上讲，现场勘查是侦查的开始，现场访问就是现场勘查的开始，因此，安排现场访问，指挥现场访问，同样必须贯彻迅速、及时的侦查原则，在此原则的指导下，紧急情况优先，同时结合案件的实际情况，有目的地安排访问重点和访问顺序。尽管在访问之初，需要查明的问题多而复杂，唯有以此为据，才能使访问紧张而不混乱，及时而富有成效。

一般而言，勘查之初，应根据案件发生的情况，如案发时间与勘查之间间隔的长短和证人知情的情况，以能否采取紧急措施为目的，重点围绕能否迅速发现犯罪嫌疑人开展访问，待此问题落实后，再安排对案情的全面访问，而如果在勘查之初，已明确了无采取紧急措施的可能，则访问应安排以了解和掌握案情、围绕解决实地勘验中应解决的问题为访问重点，并决定相应的访问顺序。为此，现场访问的指挥人员应根据情况，有针对性地制订访问计划，以保证现场访问的有序性和目的的达成。一般而言，应优先安排的访问对象是：被害人或事主，报案人和第一个发现现场的人；耳闻目睹犯罪行为人作案以及了解犯罪嫌疑人体貌特征的人；了解事件、案件发生前后某些疑人疑事的人；案件发生前后了解被害人、事主行踪的人；流动人员中的知情人；其他能为采取紧急措施提供情况的人。访问中应首先查明以下问题：

1. 有关犯罪嫌疑人的体貌特征、衣着特征，以及在作案过程中形成的其他附加特征及逃跑的路线、方向，使用的交通工具的情况；案发前后曾经在现场出现过，现场周围群众所掌握的与案件发生有关的疑人疑事。

2. 如涉及财物，应及时查明财物的种类、名称、数量、重量、体积，特征等。

以上两方面情况，一经掌握，应及时通报有关地区和部门，以便迅速控制赃物，发现和缉捕犯罪嫌疑人。

3. 如果被害人是不知名尸体，应通过访问，查明死者的姓名、住址、身份或其他情况，以便根据某种特定的因果联系，查找犯罪行为人；或者采用通报等方式，通知有关地区，查明死者的情况。

如果上述情况无法查明，或现场情况本身已不具备立即抓捕犯罪嫌疑人的条件，现场访问一开始就应以查明案情为重点。如果上述情况已经查明并采取了相应的紧急措施之后，指挥人员应将访问重点适时转移到查明案情上。为此，指挥人员必须审时度势，善于从实际出发，灵活地调整访问方案。同时，为了更好地指挥现场访问，指挥人员还必须全面地掌握现场勘查的情况，根据勘查的情势，灵活决定对现场访问的指挥要点。对于访问中发现的重要线索和重点嫌疑对象，指挥人员应亲自听取有关汇报或亲自参加询问，以便迅速地掌握第一手材料，正确地指挥访问，迅速地筹划采取相关的侦查措施。

指挥现场访问，必须关注访问的重点和访问顺序的确定与调整，否则必然会使访问混乱而无序，延缓访问的进度，贻误侦查战机。

（三）抓住有利时机及时开展现场访问

在迅速解决好以上两方面问题后，应立即布置专人在预先选定的访问地点，开展现场访问。

迅速及时地开展现场访问，是现场勘查的必然要求。证人及证人证言与现场的痕迹物证一样，不变是相对的，变则是绝对的。这种"变"不仅指证人本身具有流动性，同时也指证人所记忆的内容，随着时间的推移也会逐渐地淡忘，或受主、客观因素的影响而发生改变，这已经为多年的侦查实践和科学实验所证实。因此，必须以快为行为准则，迅速进行访问，以便抓住案发不久，证人尚记忆犹新的有利时机，迅速了解和把握犯罪嫌疑人的动向，收集查找和证实犯罪嫌疑人的证据和侦查线索，为采取紧急措施和迅速制订有针对性的侦查计划提供客观、真实的依据，使侦查工作由被动迅速地转变为主动，在犯罪嫌疑人尚未藏身匿迹、远走高飞，尚未毁灭证据、做好对抗侦查的准备，尚未自杀或继续犯罪之前，将其缉捕归案。

（四）严格依法访问收集合法有效的证据

在现场勘查的指挥过程中，现场勘查指挥人员应当根据刑事诉讼法的程序规定，提醒和指导现场访问人员，严格依据证据的要求，收集具备证据效力的证人证言。

二、现场实地勘验的指挥

尽管现场存在大量的对揭露和证实犯罪有至关重要作用的痕迹、物证，但由于犯罪现场的多样性和复杂性，现场存在的与犯罪有关的痕迹物证并非显而易见。由于它们以其外部形态、存在的部位和其他相关属性反映着案件的各个方面，因此，痕迹物证与证人证言的最大不同在于：它不能开口讲话，它是一种无声证据，发现、收集、固定及评断其作用，只能依靠勘查、检验人员的主观能动性的发挥和使用各种相应的技术手段，同时，由于个案特点不同和伴随着犯罪智能化的趋势所带来的现场痕迹、物证种类形态的变化，使得勘查所面临的问题更具个性、更复杂。因此，以现场客体物为对象，通过运用各种技术手段和勘验检查方法，以获取侦查线索和物证的实地勘验，尽管在组织、勘验检查的方法上有一定之规可循，但却具有随机性、无固定模式的特点，唯有在实事求是的基础上，精心指挥，才能取得相应的成效。

对实地勘验的指挥，是通过制订和实施勘查计划来实现的。勘查计划是勘查活动的行为指南。对每一个现场进行实地勘验，现场勘查指挥人员都必须结合现场实际，精心策划和制订勘查计划。勘查计划不一定是书面的，但对于复杂和重特大案件的现场进行勘查，则最好能制订相应的勘查书面计划。无论是口头还是书面计划，其内容主要包括：勘验检查的范围、搜索的范围、勘验检查的重点、勘验检查的顺序和方法等。勘查计划所涉及的几个方面，也是现场勘查指挥人员指挥实地勘验的重点。对实地勘验进行指挥，主要应做好以下几方面的工作：

（一）巡视现场明确勘验重点

在进行实地勘验检查之前，现场勘查指挥人员应根据现场保护人员和报案人提供的情况，结合现场的具体情况，带领勘查人员巡视现场。通过实地观察，初步形成对现场状况的认识，对勘查重点的把握。例如，何处是现场的中心部位，犯罪嫌疑人可能进出现场的必经路线、部位等。勘查人员只有具备了这种认识，才能在后续的实地勘验中，充分地领会勘查计划的内核和自身行为的目的，从而采取能满足勘查需要的勘查行动。

在巡视现场时应通过各种方法帮助勘查人员树立勘查证据观，注重培养勘查人员树立现场"必然存在相关证据和侦查线索""相关证据和侦查线索必然能找到和发现"的坚定信念。使勘查人员坚信通过自身的细致勘查，一定能发现和获取对侦查和刑事诉讼有价值的证据和线索，这样才能使勘查人员认真对待自己的工作，不至于使勘查计划的执行流于形式。

（二）正确划定勘验范围和搜索范围

进行实地勘验以前，正确划定勘验范围和搜索范围，是保证勘查质量的重要前提和基础。

划定勘查范围应力求准确，过大或过小都不利于现场勘查。勘查范围过大则可能浪费人力、物力，得不偿失；勘查范围过小则可能遗漏掉重要的勘查部位和重要的痕迹物证，造成不可弥补的损失。但是，由于实地勘验前的巡视现场、观察现场是沿划定的保护界进行的，尚未深入现场内部，对现场勘验范围的判定主要依据估测，要做到划界完全准确是不容易的。为此，划界的指导思想只能是在立足于现场实际的基础上，尽量准确地划定实地勘验的界域。实践中，在勘查开始之初，一般采取"宁大勿小"的原则，把勘查范围划得大一点，在勘查过程中再对勘查范围进行适当调整，以保证勘验之需。

为了保证勘查范围的划定大小适当，在具体操作中，除了在指导思想上宁大勿小，关键还在于根据现场的实际情况，突出重点，照顾一般。所谓重点，是指那些对于查明案情，收集侦查线索和证据，查明犯罪行为人有重要意义的场所、地段、房间、部位以及这些部位存在的与犯罪有关的各种现场状况。例如，具体实施犯罪行为的场所，进入现场的必经通道，尸体所在的部位或其他痕迹物证相对集中的部位，这些重点部位必须划入勘验范围，并对这些部位安排主要力量进行仔细的勘验、检查。所谓一般，是指那些与重点部位紧密相联，而又可能遗留有痕迹物证的场所等。对于这些部位，也应根据勘查和全面认识犯罪的需要与可能，适当划入勘验范围，并安排适当力量进行勘验检查。

对处于勘验范围以外，而又可能被犯罪行为人用于预谋犯罪、藏身匿迹、隐藏毁灭证据的部位，如山洞、涵洞、防空洞、空房、工棚、树林、草丛等，应划为搜索检查范围，并组织力量对这些部位进行搜索，以发现犯罪行为人在作案前后进行犯罪的预谋，处理赃物罪证等活动所遗留的痕迹物证。

现场实地勘验范围确定后，并非固定不变，勘查指挥员还必须根据勘查的进展和勘查的需要，对勘验范围进行有针对性的灵活调整。

（三）灵活确定勘验顺序

现场勘验顺序的正确与否，不仅关系到采证率，关系到勘查质量，而且关系到紧急措施的部署和能否成功地推进后续侦查工作的开展。因此，指挥人员必须根据现场的具体位置、环境、痕迹物品的分布状况、气候状况等因素，有针对性地灵活确定勘验顺序。在通常情况下，可根据确定勘验顺序的一般规律，选择适合的勘验顺序，例如，对于中心不突出的露天现场，则可以采用由外围向中心的勘验顺序；而对于中心突出的室内现场，则可采用由中心向外围的勘验顺序。但是，有的现场由于各种因素导致现场没有呈现出符合勘验顺序一般规律的有序性，此时指挥人员必须打破常规，根据现场的实际情况，综合分析灵活而有针对性地确定勘验顺序，以满足现场实地勘验的需要。

三、勘后现场处理工作的指挥

现场勘查结束后，现场指挥人员应重点做好临场会议工作，通过临场会议的汇总、评断考查勘查的质量，并据此结合现场的情况，对勘查后现场的处理工作提出实施意见。临场会议上，指挥人员应发扬民主，鼓励勘查人员发表自己对现场、对案情的看法，以便集思广益，正确评断勘查质量和全面掌握客观、真实的案件情况，对勘查后的现场提出正确的处置方案，并在此基础上，制订切实可靠的侦查计划，为后续的侦查工作提供切实可行的行动指南。

经过临场会议讨论，如果认为勘查质量高，勘验、检查彻底，现场已无继续保留的必要，应通知有关单位或公民个人进行善后处理，撤除现场。对于在勘验检查中动用过的物品，特别是贵重物品，应与物主取得联系，当面清点、移交；对于因使用技术手段而显现、遗留的痕迹，应由勘查人员进行清除；对于借用的各种工具、器材，应如数归还，如有损坏，应照价赔偿。

经过临场讨论，如果认为勘查质量不高，应发现的痕迹物证未发现，或因某种原因，妨碍了现场勘查，或某些现场现象未能得到合理的解释，指挥人员应根据需要和可能，做出保留或不保留、全部或部分保留现场的决定。对于发生在对生产、工作、生活有重要影响的场所的现场，如果认为已进行的勘查，未能达到预定的目标，而现场又无继续保留的可能时，应抓紧时间，及时组织对现场进行复勘。

对于现场勘查过程中，已被监管起来的由被害人、群众扭送的犯罪嫌疑人，或经过勘查、访问而及时发现、捕获的犯罪嫌疑人，指挥人员应视具体情况作出处置决定。

第三节　现场勘查中紧急情况的处置

现场勘查中所谓的紧急情况，主要是指制止现行犯罪活动，抓捕犯罪嫌疑人，急救伤员，排除各种已发生或将要发生的危险等几种情况。尤其在严重暴力犯罪案件现场中，常常会出现以上紧急情况。对于勘查中的紧急情况，应遵循紧急情况优先处置的原则，采取相应措施，先行处理。作为现场勘查的指挥人员，在实施具体的指挥行为时，必须将其作为指挥的要点之一，优先考虑。在采取紧急措施的同时，还必须考虑采取有针对性的措施，尽力保护现场，以满足勘查之需，这是不能忽视的。

一、对正在实施犯罪的犯罪嫌疑人的处置

对于接受报案时正在实施犯罪的犯罪嫌疑人，应以抓捕犯罪嫌疑人和制止事态的进一步扩大为目标，根据不同的案件情况，分别采取不同的紧急措施，对正在实施的犯罪予以处置。

1. 受理报案时，如遇犯罪嫌疑人尚在现场，或虽已逃跑，但逃离时间不长，或方向、特征明确等，应采用追缉堵截等紧急措施制止犯罪，抓捕犯罪嫌疑人。

2. 受理报案时，对正在机场、码头、车站劫机、劫船、抢劫旅客财物的犯罪嫌疑人，要迅速出警，封锁机场、码头、车站，防止其外逃，并采取有力措施围捕或歼灭犯罪嫌疑人。

3. 受理报案时，对正在持枪抢劫的犯罪嫌疑人，应立即按防暴预案，组织

公安、武警奔赴现场。①封锁一切进出现场的必经通道，对现场实施严密包围，并抢占有利地形，控制犯罪嫌疑人；②迅速转移、疏散包围圈内的群众、车辆、贵重物资和易燃易爆物品，为实施突击排清障碍；③挑选精兵强将，进入包围圈，相机突袭，并辅之以牵制、掩护措施，确保突袭成功。

4. 受理报案时，对正在实施杀人、放火、爆炸行为的犯罪嫌疑人，应按暴力犯罪预案，及时组织刑侦、消防、爆破等方面的人员，赶赴现场，制止犯罪，如遇犯罪嫌疑人负隅顽抗，应采取果断措施，控制或消灭犯罪嫌疑人。

5. 对盗窃枪支、弹药有潜在危险的犯罪嫌疑人，或已实施了犯罪，但已逃跑，并有迹象表明可能继续犯罪的，应立即通知有关地区公安机关进行控制、防范，并立即布置力量在本地区进行追缉堵截，迅速查明有关犯罪嫌疑人的情况，派专门力量对可能受到侵害的目标进行保护。

二、对劫持人质的处置

对劫持人质以达到犯罪目的，或以此作为犯罪暴露后脱身条件的犯罪嫌疑人，在处置时应以保护人质的安全为前提，智取为上，切忌盲动。

1. 对受理报案时正在劫持人质的犯罪嫌疑人，应迅速出警，将其包围，然后采取相应措施，实施救援人质，抓捕犯罪嫌疑人。一般而言，首先可以通过喊话，宣讲政策法律的有关精神，或令其亲属等展开亲情攻势，令其缴械投降，放出人质，争取宽大处理；其次，在以上措施不能奏效时，应迅速根据现场情况，制定突袭方案，或派精干力量（如突击小组等）强行突袭解救人质，或派出精锐的狙击手，抢占有利地形，相机歼敌；最后，可采取与犯罪嫌疑人谈判，并辅之以其他抓捕策略，相机解救人质，抓捕或歼灭犯罪嫌疑人。

2. 受理报案时，如遇犯罪嫌疑人已将人质劫走，则不能鲁莽行事，应根据情势的发展，谨慎指挥，选择最有利的时机，相机抓捕犯罪嫌疑人，安全解救人质。对这类案件实施行动时，应考虑行动的隐蔽性、突然性，以免惊动犯罪嫌疑人，造成人质死亡或其他损失。对此类情况处置的一般思路是：案件发生后，尽量不惊动、刺激犯罪嫌疑人，待犯罪嫌疑人按他的预定计划采取行动时，选取有利时机，抓捕犯罪嫌疑人，解救人质，如其与人质家属进行谈判，在约定地点收取赎金等，都是可选择之策。

三、对正在逃离或暂时隐匿的犯罪嫌疑人的处置

受理报案后，对于有条件采取追缉堵截措施、迅速捕获犯罪嫌疑人的，应在搞好现场实地勘验、现场访问，为实施追缉堵截提供有力支持的同时，迅速组织力量，开展追缉堵截。

对已逃跑的重大、重特大案件的犯罪嫌疑人，如具备以下条件之一者，应立即开展追缉堵截工作：

1. 案发与受理报案之间的间隔时间不长，犯罪嫌疑人未远离现场，且正在逃跑，有可能缉捕归案者。

2. 犯罪嫌疑人体貌特征有比较充分的暴露，或因搏斗受伤，身上可能粘附大量血迹和其他明显的附着物，且特征明显者。

3. 案件发生的目击者能直接提供较为准确的犯罪嫌疑人逃跑的方向、路线，或者根据现场遗留的足迹、车轮痕迹及其他痕迹、物品，能辨别犯罪嫌疑人逃跑的方向、路线者。

4. 犯罪嫌疑人携带的赃物多、体积大、分量重，特征明显，逃速缓慢，有可能捕获者。

5. 犯罪嫌疑人驾车、乘车逃跑，其驾乘的车辆的种类、型号、牌号、特征已被掌握者。

对在逃离途中劫机、劫船的犯罪嫌疑人，除组织精干力量进行追踪外，应按规定迅速上报上级部门，同时应请求有关单位派出飞机、船只进行追缉堵截，指挥部门应与各参战单位保持密切的联系，以便准确地掌握犯罪嫌疑人的行踪，指挥追缉堵截工作始终沿正确的路线、方向进行。如果犯罪嫌疑人劫持飞机、船只已逃离国境，应及时报告公安部，请求国际刑警组织协助查缉，或通过外交途径，与飞机、船只的驶往国交涉，请求帮助。

接受报案后，如果已明知犯罪嫌疑人是谁，但人已逃离现场，且去向不明，应采取有力的措施，通过其亲友、邻居和同事，迅速查明其社会交往关系、可能的落脚点，通过协查、监控其可能藏身匿迹的地点，发现、缉捕犯罪嫌疑人。如果犯罪嫌疑人虽已离开现场，但还未逃离本地区，应迅速组织力量，严密控制车站、机场、码头及一切交通要道，防止其外逃，同时应组织力量，对其可能落脚之处进行搜捕。

如果在现场附近发现了犯罪嫌疑人藏匿的赃款、赃物，应采用外松内紧、明撤暗留等策略，在绝对保密的情况下，布置专门力量守候，伺机捕获犯罪嫌疑人。

四、对受伤人员的处置

受理报案后，对于涉及人身伤害的案件，如杀人、放火、投毒、爆炸、重大责任事故、交通肇事等案件，如果有人员伤亡，特别是对于现场已受伤的被害人等，只要没有明显的死亡特征，都必须进行抢救，为此，必须及时通知医疗、消防、安全、交通等部门，派出人员和车辆，对受伤者进行抢救。在抢救的过程中，一方面，应尽量保全现场及现场物证；另一方面，应派专人参与抢救的全过程，注意保存一切对查明案情有关的痕迹、物品。对现场出现的可能导致伤亡必然发生的情况，应迅速采取措施，以防止伤亡的扩大。

五、对险情的处置

对采用放火、爆炸、投毒等手段进行犯罪的案件，如险情尚存，则勘查必须让位于抢险，应迅速组织公安、消防、排爆等各方面人员，赶赴现场，扑灭火险，排除爆炸隐患，消除毒源，抢救受伤人员，防止事态的恶化。如火势已成灾，应积极配合消防人员，组织群众迅速撤除火场周围一切可能导致火势蔓延的物品或建筑物，扑灭大火，防止更大的灾难发生；如爆炸已成定局，应迅速疏散、隐蔽群众，转移贵重财物，力争把爆炸可能造成的危害降低到最低程度，对现场发现的爆炸装置，应组织专业人员拆除爆炸装置。如犯罪嫌疑人施放毒气或投毒于公共饮水或食物中，应组织专业人员消除毒源和污染区，转移疏散群众，以免造成更大的危害。对已产生了危害后果的放火、投毒、爆炸等案件，应组织人员全力抢救受伤者、排除隐患，防止意外事故的发生。

接受报案后，对上述紧急情况的处置必须当机立断，优先处置。处置紧急情况，一方面，应执行有关政策和法律的规定，杜绝违法现象的产生；另一方面，一定要注意处理好处置紧急情况与现场勘查二者之间的矛盾，既要处理好紧急情况，又要防止现场遭受彻底的破坏。

第五章　课后拓展

第六章

犯罪现场勘查程序

犯罪现场勘查工作必须有条理地、系统地进行。现场勘查工作包括许多步骤，工作中应当遵循特定的顺序。在任何一个步骤中出现的疏忽都可能会遗漏有价值的证据，或者导致证据达不到法律或者科学上的要求。犯罪现场勘查既要符合法律的要求，又要根据犯罪现场的实际情况采取科学的方法、步骤，这样通过勘查获取的证据才具有合法性和科学性。

犯罪现场勘查的程序包括受理报案、出现场、实施现场勘查和结束勘查等环节。

第一节　受理报案

一、受理报案的渠道

侦查部门受理报案的渠道主要有：

1. 被害人及其亲属直接到侦查部门报案，或者通过"110"报警服务台向公安机关报案。

2. 有关单位和公民个人向侦查部门报案。

3. 基层公安保卫人员接到群众报案后，再转报侦查部门。

二、受理报案的要求

侦查部门及其侦查人员在受理报案时应做到认真接待，及时受理，妥善处置，具体要求包括：

1. 对于属于本部门管辖的案件，应当立即接受。口头提出的报案，接待的侦查员应按照询问要点，尽可能将有关情况询问清楚，并要认真做好笔录，经报案人阅核无误或对其宣读后，由报案人签名并捺印。必要时，也可让报案人写出书面报案材料。侦查人员应填写《受理刑事案件登记表》。

2. 对于不属于本部门管理的案件，也应当先接受下来，再及时移送主管机关处理，并向报案人填发《移送案件通知书》。

3. 对于不属于本部门管辖而又必须采取紧急措施的案件，应当先采取紧急措施，以防止犯罪嫌疑人逃跑、自杀、行凶或毁灭罪证等情况发生，然后及时移送主管机关处理。

4. 侦查部门应当采取相应措施，切实保障报案人及其近亲属的安全。如果报案者不愿意公开自己的姓名和报案行为，应当为其保密。

三、受理报案询问要点

1. 什么时间、什么地点发现或发生了什么事件，现场的准确位置在何处，以及到达现场的路线。

2. 被害人、事主情况。包括被害人或事主的姓名、性别、年龄、职业、住址、邮编、电话号码、衣着、体貌情况；受到什么样的伤害，伤害程度和现在的情况，或者是被盗、被抢了何种财物；财物的名称、数量、体积、重量、特征、价值等。

3. 犯罪嫌疑人情况。包括犯罪嫌疑人的人数、姓名、性别、年龄、身高、体貌、衣着、口音、语言习惯、侵害方式；身上是否有伤痕，伤痕的部位、形态；逃跑方向、路线，携带何种凶器和物品等。

4. 案件概况和现场简况。包括案件起因、经过、结果；现场范围、进出口、痕迹、物品分布，有无采取施救、保护、排险等措施。

5. 报案人情况。包括报案人姓名、性别、年龄、职业、工作单位、家庭住址、联系方法及其与事主、被害人的关系。

四、报告、联络、通报

值班侦查员在接到报案后，应当立即向指挥员报告。如果发生的是重大、特大案件，值班员还应根据指挥员的决定，立即通知勘查人员及时赶赴现场，并将案件概况及采取或准备采取的措施，迅速向本地党政领导机关和上级主管侦查部门报告。如果是特别重大紧急情况，可越级向上级侦查部门报告，以便在较大范围内迅速采取有效措施。

需要排除险情（如灭火、排除爆炸装置）和急救人命的，还应及时与有关部门取得联系，要求其派员迅即赶赴现场，采取相应措施，防止造成更严重的危害后果。

有些重大、特大案件，特别是严重暴力犯罪案件，必要时应迅速向车站、空港、码头、堵卡网点等发出通报，并及时通报友邻地区侦查部门，以便及早进行控制。勘查重大、特大案件现场，必要时应当商请人民检察院派人参加。

五、确定勘查人员快速赶赴现场

受理报案后，指挥员应对报案情况作出分析判断，迅速确定和调动现场勘查人员。参加现场勘查人员的多少，应视案件的大小、性质、危害后果和紧急程度等实际情况而定。勘查严重暴力犯罪案件或需要采取紧急措施案件的现场，应集中优势力量打歼灭战，并召集警犬训练员带上警犬参加搜索、追踪和鉴别物证；根据需要，可召集特警、巡警、防暴警等组成围剿、追堵、缉捕的机动队参加现场勘查；勘查命案现场和强奸案件现场，应通知法医参加。同时，指挥员应当考虑到现场涉及的事件，一旦立案侦查，由哪些侦查员承担侦查任务，要尽可能让这些人参加现场勘查，以便有利于侦查工作的顺利开展。总之，指挥员在确定勘查人员时，在指导思想上必须明确两点：一是参加现场勘查的人员的多少必须与勘查任务相适应；二是要有一个合理的人员结构。

第二节　出现场后的常规处置

一、检查现场保护情况

现场勘查指挥员及侦查、技术人员在听取有关人员的汇报、观察现场的时候，应检查现场保护情况。如果发现应当保护的地方未予保护或保护措施不当的，要立即进行保护或纠正；保护力量不足的，要进行补充；保护范围过大或过小的，要适当进行调整，未划保护圈的，要进行补划，并让无关人员退出保护圈；对重要的又极易受到破坏的痕迹、物品，应重点保护；对极易消失的痕迹，要立即提取。此外，还应指定专人维护好现场周围秩序，防止来往行人、车辆堵塞交通，造成人身伤亡事故。

二、掌握重要知情人

在现场围观人员中，常常有耳闻目睹犯罪有关情况的重要知情人。勘查人员赶赴现场后，应抓紧时机，弄清事件发生时有哪些人在场，谁是目睹过犯罪嫌疑人及其实施犯罪经过、知道案件情况的知情人，并将其姓名、工作单位、住址等逐一登记。为避免登记错误，必要时也可让知情人出示能够证明其身份的证件，以便进一步分别调查询问。

掌握重要知情人，除了用一般的调查访问的方法外，也可以通过照相或摄像的方法，将现场围观的人员拍摄下来，这也是寻找发现掌握重要知情人的一个重要途径。

三、了解掌握现场情况

侦查人员到达现场后，首先需要做的就是迅速了解案件和现场情况，弄清现场的处置和有关工作的进展，取得工作主动权。掌握案件及现场情况的方法主要有：

（一）听取汇报

指挥员与勘查人员到达现场后，首先要听取先期到达现场的 110 巡警、派出所干警、内部保卫干部和治保、联防人员的汇报。要求汇报的内容主要有：①案件发生、发现的经过和简要情况；②最先发现现场的人的姓名、年龄、职业、住址及其他情况；③对紧急情况的处理经过和结果；④现场的保护及变动、变化情况；⑤初步调查访问的情况。

（二）直接询问被害人、事主、发现人和报案人

指挥员与勘查人员在听取汇报后仍不足以对现场情况作出基本判断时，应当直接询问案件的发现人、报案人、被害人或者事主。通过询问，进一步了解案件发生、发现的时间、地点、经过，以及人身、财物被侵害的情况，犯罪嫌疑人的体貌体征、作案过程等。

（三）巡视现场

巡视现场是了解现场情况的基本方法，因此，勘查人员要在现场保护人员的陪同下，亲自对现场进行巡视。巡视的方法，一般是先查看现场的位置、环境，进而在现场周围观察犯罪嫌疑人的进出口、来去路线、遗留的痕迹和物品，然后再查看现场内部的状态和痕迹、物品的分布情况。

四、邀请现场勘查见证人

我国《刑事诉讼法》第 133 条规定："勘验、检查的情况应当写成笔录，由参加勘验、检查的人和见证人签名或者盖章。"为了保证现场勘查的客观性和合法性，使发现的痕迹和其他物证以及勘验记录具有充分的证据作用，在实地勘验以前，必须根据我国《刑事诉讼法》和公安部制定的《公安机关办理刑事案件

程序规定》《公安机关刑事案件现场勘验检查规则》等有关法律法规，邀请 2 名与案件无关、为人公正的公民作见证人。

（一）见证人的条件

凡是与案件无利害关系、为人公正的公民均可以作见证人。但由于见证人在刑事诉讼活动中的特殊地位，《最高人民法院关于适用〈中华人民共和国刑事诉讼法〉的解释》第 67 条第 1 款规定："下列人员不得担任刑事诉讼活动的见证人：①生理上、精神上有缺陷或者年幼，不具有相应辨别能力或者不能正确表达的人；②与案件有利害关系，可能影响案件公正处理的人；③行使勘验、检查、搜查、扣押等刑事诉讼职权的公安、司法机关的工作人员或者其聘用的人员。"因此，根据见证的职能和见证人的条件，当事人、被害人及其近亲属；在职的公安、检察、审判人员和刑事技术鉴定人员；有犯罪嫌疑或者因犯罪受过刑罚处理的人；未成年人；精神上、生理上有缺陷（视觉、听觉等障碍），妨碍履行见证人义务的人；在本地临时居住的人员，皆不宜作为见证人。

另外，根据《最高人民法院关于适用〈中华人民共和国刑事诉讼法〉的解释》第 67 条第 2 款的规定，由于客观原因无法由符合条件的人员担任见证人的，应当在笔录材料中注明情况，并对相关活动进行录像。

（二）见证人的权利和义务

见证人到场后，在实施勘验以前，侦查人员应向见证人交代法律所规定的权利和义务。见证人不是勘查人员，而只是对勘查方法、程序、勘查过程作见证，因此，见证人在勘查中有特定的权利义务内容。

1. 见证人的权利。见证人的权利主要有：①观察权。对现场发现、提取的痕迹、物品都有权进行观察。②提出意见权。如果见证人认为勘查人员在实地勘验中有不正确的行为，可以提出意见，并可要求把这些意见写在现场勘查笔录中。

2. 见证人的义务。见证人的义务具体包括：①见证义务。见证人必须自始至终观察，见证勘验过程，不能随意离去，也不得拿摸和触动现场的任何痕迹、物品。②证实物证来源义务。证实提取的痕迹、物品确实来源于现场。③证实笔录真实性义务。证明现场勘查笔录中的一切记载都是客观、真实的，方法、手段是正确可靠的。④保密义务。对勘验、检查中所获得的痕迹和其他证据，要严格保密，不得泄露。⑤签名义务。勘验结束后，要在现场勘查笔录上签名或盖章。

邀请见证人，要取得现场所在地派出所或内部保卫组织的协助，以保证所邀请的见证人符合法律的要求。

五、聘请具有专门知识和技能的专家和技术人员

现场勘查涉及的知识范围很广，经常会遇到一些专门问题和技术难题，因此，可根据我国《刑事诉讼法》第128条的规定，指派或者聘请具有专门知识的人参加勘验、检查，以解决某些方面的专门问题和技术难题。这里所指的具有专门知识的人，既包括有关方面的专家、学者、技术人员，也包括各行各业长期从事专门工作、具有丰富经验的人。

勘查人员应向指派或聘请的具有专门知识的人员讲明其职责和应遵守的纪律，并主动向他们介绍情况，提供必要的工作条件。接受指派或聘请的专家和技术人员，应在侦查人员的主持下进行工作，其工作范围仅限于解决某些专门性问题。他们对职责范围内的问题提供的咨询，所作的解释、说明和评断，只能供分析判断案情时参考。如果需要作为证据使用的，还必须经过专门的鉴定程序，由他们出具鉴定书。

六、做好勘查前的其他准备

为了确保现场勘查的质量，提高现场勘查的效率，指挥员应根据案情概况及现场实际，对参加勘查的人员进行恰当分工，做到职责明确、协调配合。勘查重大、特大案件现场，现场指挥员和勘查人员赶赴现场后，应迅速开通以现场为中心的通讯网，沟通现场与指挥中心、现场指挥员与侦查人员以及侦查人员相互之间的通讯联络，互通情报，密切配合，调集力量，协同作战。

有条件的侦查部门，可将车载传真机、摄像转播车等通信设备调至现场，以便迅速准确地将现场勘查中发现的手印、照片、文字材料等传输到指挥中心，及时检索犯罪情报资料，发现犯罪嫌疑人的线索，及时发出通缉、通报，或将现场勘查的实况信息直接传输到指挥中心，以便指挥中心进行指挥调度。

第三节　实施现场勘查活动

现场勘查是一项综合性的侦查措施，应用的范围广，勘查的内容多，任务重，而且时常遇到紧急情况，这就要求现场勘查的指挥员在做好赶赴现场准备工作的同时，根据不同现场的实际情况，区分轻重缓急，迅速布置现场勘查任务，合理组织人员，明确职责分工，既保证重点，又照顾全面，保证现场勘查任务的完成。

一、开展现场访问

现场访问主要由现场访问组的侦查员承担，并按如下基本步骤和程序进行：

（一）确定访问的范围和重点

首先确定访问的范围。访问的范围包括访问的区域范围、访问的人员范围和访问的内容范围三个方面。侦查人员在进行现场访问时，应当从已掌握的材料出发，研究确定在什么区域的哪些人员中访问与案件有关的哪些事实、情节。

访问的范围确定之后，还必须从中确定访问的重点区域、重点人员、重点问题以及哪些人应首先进行访问。

（二）了解被访问人员的基本情况

侦查人员可以通过各种途径，如单位、同事、邻居、有关机关和部门，尽可能地了解被访问人的姓名、性别、年龄、职业、工作单位、兴趣爱好、性格脾气、文化程度，以及与案件有什么样的关系。通过对被访问人员基本情况的了解，研究访问对象可能提供什么情况和能证明什么问题等，以便正确地选择访问的方式、方法。

（三）拟定访问提纲

为保证现场访问质量，应当在访问前拟定访问提纲，访问提纲一般包括如下内容：访问的目的和要求；访问对象的简况；进行访问的时间、地点；应向访问对象询问的问题；应采取的询问方式。

（四）询问访问对象

现场访问一般由侦查员说明访问意图，必要时做好思想转化工作，让访问对象自由、详细地陈述他所知道或感受到的与案件有关的情况，然后再从被访问人的陈述中有针对性地提出问题、力争把被访问人了解和掌握的情况全部问明。

（五）现场访问的法定程序

现场访问必须按照我国《刑事诉讼法》规定的关于询问证人和被害人的有关程序进行。具体包括：现场访问只能由侦查人员负责进行；侦查人员在进行访问时，必须首先向被访问人出示侦查机关的证明文件；对具体对象的访问应个别进行，不允许把几个访问对象集中在一起进行询问，更不允许以开座谈会或集体讨论的方式询问被访问人，以保证访问对象畅所欲言，防止互相影响；访问开始时，应从每个访问对象的特点出发，向其讲明作证的责任和义务，告知其应当如实提供证言、证据和有意作伪证或隐匿罪证要承担的法律责任；对不满 18 岁的访问对象，可以通知其法定代理人到场；访问应当按要求制作笔录，访问对象要求自行书写证言的，应当允许。

二、进行实地勘验

实地勘验是指侦查人员依法对与犯罪有关的场所、痕迹、物品、人身、尸体，运用感知、比较、技术检验、搜索等特殊的调查研究方法，发现、搜集侦查线索和犯罪证据的一种侦查活动。其主要任务是发现提取犯罪痕迹、物品，分析研究犯罪痕迹、物品与犯罪活动的关系，与现场访问密切配合，为确定事件性质、案件性质、划定侦查范围、查找和证实犯罪行为人提供依据。

实地勘验是一项技术性很强而又复杂、细致的工作，必须按照一定的步骤、顺序和方法，有领导、有组织、有秩序地进行。

实地勘验一般是在巡视现场的基础上，根据案情结合现场环境，划定勘验范围，确定勘验顺序和勘验重点。同时，进行现场方位照相、摄像、绘制现场方位图。然后由指挥员率领勘查人员沿着划定的临时通道进入现场，按照分工开始勘查。一般顺序是：现场记录人员首先进入现场进行现场概貌、现场中心的照相、摄像、绘图和记录以固定现场，然后由痕迹勘验人员、法医及相关专业技术人员进入现场进行实地勘验，在勘验过程中，现场记录人员亦应作相应记录。勘验中，应按照整体勘验、局部勘验进而个体勘验的步骤实施，并遵守以下法定程序：实地勘验只能在侦查人员的主持指挥下进行。侦查人员执行勘验检查，必须持有侦查机关的证明文件。对于死因不明的尸体，经公安机关领导批准，可以进行解剖，并通知死者家属到场。为了确定被害人，犯罪嫌疑人的某些特征、伤害情况或者生理状态，可以对人身进行检查。犯罪嫌疑人如果拒绝检查，侦查人员认为有必要的时候，可以强制检查。检查妇女的身体，应由女工作人员或者医师进行。勘验、检查的情况应当写成笔录，由参加勘验、检查的人员和见证人签名或者盖章。

三、现场复勘和侦查实验

在现场勘查过程中，指挥员要合理使用力量，部署勘查工作，及时了解现场访问或实地勘验中是否发现了重要的破案线索和痕迹物证，随时掌握现场勘查的进度，协调各项勘查工作，妥善解决勘查中遇到的问题。现场的某些情况不能一次认识确定的，可进行现场复验。如果经过现场复验，有些问题仍然搞不清楚，可以进行侦查实验。进行侦查实验，需要经公安局长批准。侦查实验禁止一切足以造成危险、侮辱人格或者有伤风化的行为。

四、组织临场讨论做好善后处理工作

现场勘查基本结束后，指挥员应召开临场会议，根据实地勘验和现场访问获取的材料和情况，对事件性质、案件情况等作出初步的分析判断，并在此基础上推断犯罪嫌疑人应具备的条件，大致确定侦查方向和范围。与此同时，还应做好勘查后的现场处理工作。

第四节 结束勘查

结束勘查是现场勘查的最后一道工序。结束勘查前，勘查人员应按照结束勘查的条件，对现场勘查的全部活动进行全面的检查总结，并做好现场勘查后的处理工作。

一、结束勘查的条件

只有同时具备了以下三个基本条件，才能决定结束勘查：

1. 现场主要情况已经查明和研究清楚。即现场可能与犯罪有关的痕迹、物品已经发现、固定和提取，其他有关的侦查线索、证据已经收集，实地勘验中现场个别现象之间的矛盾、现场访问材料之间的矛盾，实地勘验所获情况与现场访问材料之间的矛盾已经基本澄清或得到正确解释，现场勘查中所获得的一切材料已经有根有据、合情合理地作出了分析判断，等等。做到了上述几点，现场的主要情况才算已经查明和研究清楚。如果某些次要的犯罪嫌疑情况，经过多方努力仍暂未发现深入调查的线索，也可以结束勘查。对于个别重大、特大、复杂案件的现场，由于主、客观条件的限制，一次勘验难以完成任务的，不能结束勘查，应视案件及现场的具体情况，把现场的全部或局部、留有痕迹的客体或尸体保留下来，并落实保护措施和责任人，以便再次反复地勘验、研究，直至将主要问题查明和研究清楚为止。

2. 侦查范围、重点和应采取的侦查措施已经确定。否则，应继续进行勘查和研究。

3. 相关的法律手续齐备。在结束勘查时，必须认真、细致、全面地检查勘查活动中的勘验、检查、调查访问、侦查实验和采取的紧急措施等是否符合法律及有关规定，法律手续是否完备。如果发现法律手续不齐全，应及时补齐，否则将影响勘查材料在揭露和证实犯罪中的证据效力。

决定结束勘查前，勘查人员应按上述三个条件对现场勘查活动进行全面的检查、复核，发现不足之处，要及时补正。必要时，还可以对现场进行复验、复查。

二、结束勘查的善后处理

现场勘查结束后，勘查人员应当根据案件的具体情况，及时做好结束勘查的善后处理工作。善后处理工作主要包括以下几个方面：

（一）撤销现场保护

结束勘查以后，应撤销现场保护，通知有关单位、事主进行妥善处理。重要物品应向案发单位或事主当面清点。命案现场可让死者的家属、亲友将尸体火化，如果没有亲属，可由公安机关协同民政部门或死者生前所属单位负责处理。

（二）运送有关痕迹、物品

现场勘查结束后，指挥员应指定专人，落实责任，对于提取的有关痕迹、物品妥善包装，加封运送，防止损坏或遗失。如果现场有些物品需要提取，应按规定开具清单，一式两份，并由侦查员、物主、见证人签名，一份交物主保存，一份随卷备查。提取贵重物品或绝密文件，应经过县公安局长或市、地、州公安局（处）主管部门负责人批准。

（三）对现行抓获的人员和犯罪嫌疑人的处理

对于群众扭送或通过紧急措施捕获的现行人员，要依法进行人身和住宅搜查，办理拘留手续，呈请拘留，同时指派专人及时进行讯问，调查取证。对于犯罪嫌疑人可酌情进行讯问，或派专人暗中继续监视，以澄清嫌疑或进一步开展调查，扩大线索，相机取证。

第六章　课后拓展

第二编

现场勘查行为

第七章

现场访问

现场访问和实地勘验是构成现场勘查的两个重要方面，二者相辅相成，密不可分。只有做好现场访问和现场实地勘验工作，才能保证现场勘查的质量，全面地发现和收集证据，正确地分析判断案情，使侦查计划的制订建立在充分的客观物质基础之上。

第一节　现场访问的概念和意义

一、现场访问的概念

现场访问，是指在现场勘查过程中，为查明案情，发现收集侦查线索和痕迹物证，在现场实地勘验的同时或前后，运用一定的策略方法，对有关的人、事、物进行调查询问的一项专门调查工作。现场访问在侦查实践中又称"现场调查询问""现场走访""现场访谈"等。

现场调查访问是侦查人员就案件现场的有关情况，依法向有关访问对象进行的面对面的询问或诘问，其中蕴含着十分深刻的内涵，正确地认识其本质，对于正确地认识和把握调查访问原则，科学地制定选择询问对策，顺利地开展访问活动，完满地达到访问目的，具有重要意义。为了正确理解现场访问的概念，需要从以下几个方面把握现场访问的内涵：

1. 现场调查访问是一项严肃的执法活动。现场勘查中的调查访问，不同于社会日常生活中的交谈和访问、询问，它是由我国《刑事诉讼法》《公安机关办理刑事案件程序规定》等法律法规严格规范的法律行为。法律规定了询问的主体和客体，规定了现场访问空间的选择，询问主体的身份的确认，现场访问的方式，被询问人的义务、法律责任，询问的法律文书，询问的证据特点等。这种对现场调查访问详细而又严格的法律程序规定，说明现场调查访问是一项十分严肃的执法活动。依照我国《刑事诉讼法》《公安机关办理刑事案件程序规定》等法律法规，现场调查访问的主体是侦查人员，因此，侦查人员在主持或参加现场访问时，应严格依照法律规范去运行。

2. 现场访问是一种侦查行为。现场访问作为一种法律行为，它同勘验检查、侦查实验同样是法律规定的一种侦查措施或手段。在现场勘查中，它同其他勘查措施相比较，是一种最基本、最常用、最重要的侦查手段。所谓最基本的，是指任何刑事案件都必须运用的措施或手段。它贯穿于现场勘查的全过程，并延伸在现场勘查之后的其他侦查调查之中。所谓最常用的，是指其他手段在某些案件现场勘查或某个案件勘查中可以不用，但调查访问无不使用。所谓最重要的，是指它不仅自身是一种侦查行为，是获取犯罪信息、取得证据的侦查行为或措施，也为其他侦查措施提供条件，并能印证其他勘查措施获取证据的可靠性。

3. 现场访问是获取言词证据的一种重要取证方法。现场勘查的任何措施和手段无不为取得犯罪证据、获取侦查线索、证实犯罪、缉获犯罪嫌疑人而应用。其中，现场访问是一种特殊的取证方法。我国《刑事诉讼法》第50条规定的八种证据：物证，书证，证人证言，被害人陈述，犯罪嫌疑人、被告人供述和辩解，鉴定意见，勘验、检查、辨认、侦查实验等笔录，视听资料、电子数据，其中有两种是通过现场访问获得的。可见，从证据学角度讲，现场访问是一种重要的取证方法。

4. 现场访问是一种特殊的心理交往方式。访问是人类最基本的社会活动之一，是人际交往的重要手段，它是访问者与被访问者双方面对面的信息双向交流的互动过程。这种互动是通过"语言交流+文字记录"，并伴随着非语言交流方式实现的。具体到勘查中的现场访问，其表现形式是现场访问主客体之间进行面对面的交流，而其实质是一种特殊的心理交往。所谓特殊，是指访问交流的主体、客体之间是一种特定的法律关系；访问的主客体就某个案件现场的特定内容进行交流；访问的双方是以特殊的查询、诘问的形式进行的，因而交流的双方都要对法律负责、对社会负责；都负有高度的法律责任感、较强的约束感。被访问者无论主观意向如何，都必须对犯罪现场有关问题进行回答、接受询问。因而双方的人际交往会存在许多障碍，调查访问过程是一种特殊的心理适应过程，这需要侦查人员应用心理学知识，以积极主动的主体形象驾驭调查访问。

二、现场访问的特点

在刑事案件侦破过程中，访问活动贯穿始终，它适用于各类案件的侦破过程。通常我们将现场勘查阶段的调查访问称为"现场访问"，将其他阶段的调查访问称为"调查询问"。实际上，二者在询问主体、依据、对象和方法方面并无二致，其主要区别在于：一是访问所处的阶段不同；二是访问对象的范围不同；三是访问的时间紧急性不同；四是访问的地域不同；五是访问内容的深度和广度不同。与调查询问相比，现场访问是一种发生在特定侦查阶段的调查询问，其具有自身鲜明的特点。

（一）存在根据的特定性

任何事物的存在都有其特定的根据。现场访问之所以能够存在，是因为现场访问与现场紧密地联系在一起，并以现场的存在为其存在的基本根据。有了现场，才有现场访问；没有现场，现场访问也就无从谈起。在某些案件中，尽管发生了犯罪事实，但是没有技术勘验的必要，但在此类案件中所进行的现场访问却是必要的。

（二）存在时间的特定性

现场访问发生在现场勘查过程中，现场勘查进行的时间基本上规定了现场访问发生的时间区间。可以说，凡是在现场勘查过程中进行的访问，大多都可以称之为现场访问，而在现场勘查之前或之后进行的询问，一般不能称之为现场访问，而只能称之为调查询问。

（三）存在空间的特定性

现场访问不仅是在现场勘查过程中进行的，还应当是在现场及其现场周围区域内进行的。凡是在现场勘查过程中，在现场或者现场周围区域内开展的访问，均可以称之为现场访问。如果在离现场很远的地方进行，尽管是在现场勘查过程中进行的，也难以称之为现场访问。

（四）访问内容的特定性

现场访问的内容始终紧紧围绕着案件现场发生和发现的有关情况而展开，包括现场发生、发现的核心要素、非核心要素及其要素间的彼此关系、时间、地点、经过和后果等，以及由此而延伸出的有关情况，如犯罪嫌疑人方面的情况、被害人方面的情况、案发后的疑人疑事情况等。

总之，现场访问作为侦查活动中不同于调查询问的一种特殊的询问方式，具有自身存在的特定根据、时空条件以及访问内容。我们应当在比较中将其与调查询问鲜明地区别开来，从而澄清以往我们对二者含混不清的认识。只有这样，才能使侦查理论日趋科学化，才能使侦查理论更准确地指导侦查实践。

三、现场访问的意义

（一）为及时采取紧急措施提供依据

侦查人员到达现场后，利用案发不久，有关知情人对事发经过记忆犹新的有利时机，及时进行现场访问，可以迅速查明犯罪嫌疑人的某些个性特征、犯罪嫌疑人人数、所持赃物和携带物品特征、犯罪工具和乘用交通工具特征，以及逃跑方向和路线、可能隐藏的地点等，从而为迅速采取追缉堵截、搜索检查、控制销赃、先行拘留等紧急侦查措施提供依据。

（二）为准确地进行实地勘验提供依据

侦查人员在现场实地勘验过程中，常常由于缺乏对案件发生情况的充分了解，因而不可避免地会在勘查范围、步骤、方向的确定以及痕迹物证的提取等方面遇到一些困难。侦查人员在现场访问中了解到的情况与现场实地勘验所获得的情况结合起来进行分析研究，二者可以互相补充印证，可以了解到案件发生、发现的过程，以及犯罪嫌疑人在现场的活动情况。通过及时准确的现场访问，了解和掌握犯罪现场的有关情况，并将获取的有关情况与现场情况结合起来进行分析，能够查明实地勘验中所发现的某些痕迹物品与犯罪事件之间有无内在联系，从而有助于侦查人员准确、细致、全面地进行现场勘验，客观全面地收集各种痕迹物证，并弥补实地勘验之不足，促使勘查工作向纵深发展。如果其中存在解释不清的疑点，或发现实地勘验有遗漏的，就可以促使勘验、检查人员有针对性地复验现场，以达到全面、细致地勘查现场，获得更多的线索和证据。

（三）为正确分析案情拟定侦查方案提供依据

侦查人员正确地分析案情、科学地拟定侦查方案，离不开必要的案件情况和证据材料。现场勘查所获得的案件情况和证据材料主要是来源于实地勘验和现场访问。实地勘验中所获得的情况无疑是分析案情的重要依据，但仅此不足以揭示案件全貌。现场访问所了解的案件情况有时是实地勘验所发现不了的问题和观察不到的现象，这些问题和现象有助于侦查人员全面地认识现场，正确地分析判断案情。通过及时准确的现场访问，能够发现并获取到具有重要证据价值和分析参考依据的案件情况，从而为侦查人员分析案情、拟定侦查方案提供重要的依据。

第二节　现场访问的对象和内容

一、现场访问的对象

访问对象又称"被询问人"，与"访问者""询问人"相对应。现场访问的对象主要是了解案件情况的人，主要有被害人、事主和其他知情人。

（一）被害人

被害人是指其合法权利受犯罪行为侵害的人。受到犯罪行为的侵害是多种多样的，有肉体或生命受到侵害，有财产权利受到侵害等，无论是受到哪种侵害的人，都是被害人。被害人是现场访问的重要对象，由于其受到犯罪行为的直接或间接侵害，对案件发生、发现的情况了解得比较清楚，因此，一般能够为侦查人员提供其人身和其他合法利益遭受犯罪行为侵害的情况，以及被侵害前后犯罪现场的有关情况，可以为侦查人员正确地采取侦查措施、及时破案提供有价值的线索和证据，如被害的时间、地点、人身受到的伤害、财物受到的损害等。尤其是抢劫、强奸、诈骗等案件，被害人与犯罪嫌疑人有过直接的接触，了解犯罪嫌疑人的体貌特征、犯罪行为人数、犯罪过程、犯罪的手段方法，有的还可指认犯罪嫌疑人。因此，被害人是现场访问的重点对象，访问时必须认真听取他们的陈述，以便及时查明案情，发现、收集侦查线索和犯罪证据。

（二）事主

所谓事主，实践中又叫当事人，是指在某些案件中，自己的合法权利并未受到侵害而与侵害对象有直接关系的人。例如，有些盗窃、诈骗案件，国家或集体的财物受到侵害而自己的财物未受到侵害的会计、出纳、保管、看守人员等。这些人对于财物的存放、管理有直接责任，他们更了解财物的有关情况，能够提供发生、发现案件的时间，以及事前到过现场的人员；抢劫、诈骗案件中的事主，与犯罪嫌疑人正面接触交往，能提供犯罪嫌疑人的人身形象、犯罪的手段方法、犯罪后的行踪去向等重要情况。因此，事主也是现场访问的重点对象之一。

（三）其他知情人

其他知情人是指除犯罪嫌疑人、被害人、事主以外的其他了解案件情况的人。具体主要有：案件的发现人、报告人；案件发生时，目睹作案过程和了解犯罪嫌疑人体貌特征的人；知道案件或犯罪嫌疑人某些情况的人；案发后，了解犯罪嫌疑人行踪动向，或者是发现疑人疑事的人；案件发生前，知道被害人行踪的人；了解被害人基本情况的人；了解被抢、被盗财物的来源、运送、贮存、保管、使用及其特征的人；知道案件其他情况的人。

对于以上访问对象，根据其与现场或案件关系的远近，可以划分为三个层次：第一层次的访问对象是发现人的报案人；第二层次的访问对象是被害人及其亲属、关系较近的人、被害单位的直接责任人；第三层次的访问对象是其他知情人。

1. 发现人和报案人。发现人通常是指最早发现案件或现场的人。报案人通常是指直接向公安保卫部门报告发生案件情况的人。发现人和报案人在具体案件中有时是同一人，有时是不同的人。

发现人和报案人在现场访问中通常处于优先访问的地位。发现人和报案人一般是最早发现和接触现场的人，比较了解现场的最初状况，知道现场有无变动情况，因此，及时对其进行访问，有助于掌握案情发展态势，发现紧急情况，采取紧急措施。

2. 被害人及其亲属、关系较近的人、被害单位的直接责任人。被害人是其合法权益直接遭受犯罪行为侵害的人。广义的被害人既包括自然人公民个人，也包括单位组织法人。通常在侦查实践中，习惯把人身权利受到侵害的自然人称作"被害人"，将个人财产权利受到犯罪侵害的被害人称为"事主"，常将其与被害人并提。在现场访问中，被害人比较容易寻找确定。被害人的亲属，是指与被害人有血亲、姻亲关系的人，其与被害人属于同一序列的访问对象。关系较近的人，是指与被害人有已知的生活和工作关系，且关系密切或彼此熟悉的人，如被害人的恋爱对象、朋友、同学、同事或老邻居等。被害单位的直接责任人，是指被害单位内部与被侵害目标有关的直接责任人员，如财物的持有者、使用者、保管者等。

这一层次的访问对象通常处于现场访问的中心位置，是重点访问对象。尤其是人身权利受到侵害的被害人，因其是犯罪行为的直接侵害对象，往往亲历犯罪过程，亲眼所见、亲耳所闻现场的情况，一般对受害经过、案发时的情景、被侵害原因等比较清楚，其所反映的情况对查明事情真相、发现收集线索、查缉犯罪嫌疑人具有重要作用。财产权利受到侵害的被害人及管理财物的直接责任人是财产的所有人或经营管理者，往往了解案发前后现场变动、变化情况以及被侵害财物的有关情况，其提供的信息对勘验、分析及控制赃物具有极大的价值。被害人亲属和关系较近的人，对被害人平时的生活规律、工作情况、经济情况，以及人际交往、为人处事、思想作风、道德品质等方面都比较熟悉和了解，其反映的情况有利于分析犯罪动机和目的，有利于确定侦查范围和具体的嫌疑对象。

3. 其他知情人。其他知情人，是指除了上述人员以外，了解案发经过或案件情况的人，包括案件目睹人、犯罪嫌疑人的亲友、其他了解案情的人。这类访问对象与案件的关系比较复杂，在犯罪现场勘查阶段，其他知情人较难寻找和发现。

案件目睹人，又称目击者，通常是指由于某种偶然或其他因素恰巧在现场亲眼看见或亲耳听见犯罪过程、情况的人。案件目击者处于访问的关键地位，是除被害人之外最直接感受犯罪过程的旁观者，他们有时会是案件的发现人或报案人，其陈述经过查证核实后，可作为证人证言证明案件事实。有时出于某种原因，案件目击人也会隐藏不露，因此需要积极寻找。

如果在现场勘查阶段已经掌握犯罪嫌疑人或者已经了解到犯罪嫌疑人的相关信息，犯罪嫌疑人的亲友就是访问对象。犯罪嫌疑人的亲友，是与犯罪嫌疑人有着密切关系的知情人。通常这类知情人在一定程度上了解犯罪嫌疑人与案件的有关情况，或者在犯罪前后为犯罪嫌疑人提供过帮助或庇护。因此，正面接触这类知情人时要特别谨慎。现场勘查阶段一般是在查明犯罪嫌疑人已经逃跑或躲藏时，才会有策略地接触这类知情人，以便掌握犯罪嫌疑人的行踪和相关线索，及时采取缉捕、搜查等措施，抓获犯罪嫌疑人，获取赃物和罪证。

其他了解案件情况的人，即了解案件某些细节或知晓因果关系的人，通常是指与侵害对象无直接关系，但了解案件某些情节或某一原因的局外人。例如，居住在现场周围的群众，被害人的邻居、路过现场的人，了解被侵害财物的储存、保管、使用情况及其特征的人，了解犯罪嫌疑人某些情况的人，等等。这些访问对象有的了解与案件有关的点滴情况或部分情况，可以作为侦查线索，经过查证属实的，也是重要的证据。

无论哪一种访问对象，侦查人员都要积极努力地去寻找、发现，及时认真地进行走访，不能以个人主观感觉决定谁需要访问或谁不需要访问。因为某个访问对象了解多少案情，属于哪种访问对象，不是由侦查员决定的，而是由案件的客观事实决定的。

二、现场访问的内容

现场访问的内容往往因案、因人、因时、因地而异。在实践中，确定具体的访问内容需要结合访问对象与案件的关系、案件类型与具体案情，以及具体的访问任务，才能真正做到因人、因事进行访问。概括起来，现场访问一般应查明以下问题：

（一）案件发生、发现的情况

案件发生、发现的情况，对于发现、收集侦查线索和犯罪证据，分析判断案情具有重要意义。案件发生、发现的情况具体包括案件发现的时间、地点；案件发生的时间、地点、犯罪行为人数和后果；作案的手段、方法；犯罪过程等。案件发生、发现情况通常是询问犯罪现场发现人、报案人的主要内容。在询问案件发现人、报案人时，应当询问发现犯罪现场的具体时间、地点、经过、谁最先发现的现场、发现犯罪现场时在场人员及其基本情况，以及发现犯罪现场时现场的状况、有无对现场进行变动、变动的原因和变动后的状态；哪些人因何种原因进入过现场，触动过哪些痕迹、物品等。如果案件发现人、报案人是目击者，还需要询问犯罪人作案的手段方法，包括使用犯罪凶器、工具、计谋或圈套，接近作案目标，实施侵害行为以及伪装的方法，犯罪嫌疑人侵入的部位，实施侵害的先后顺序，如何逃离现场，以及在现场持续的时间等内容。

（二）案发前后犯罪嫌疑人的行踪动向

案发前后犯罪嫌疑人的行踪动向具体包括犯罪嫌疑人事前是否到现场"踩点"，以及案后藏身匿迹、处理赃物和其他罪证的行踪动向，有助于发现侦查线索和采取紧急措施。

（三）犯罪嫌疑人侵害财物的情况

犯罪嫌疑人侵害财物的情况是现场访问的一项重要内容，对于判明犯罪的动机、目的、案件性质，确定侦查方向和范围，以及采取侦查措施，都有很大的作用。犯罪嫌疑人侵害财物的情况主要包括：犯罪嫌疑人侵害财物的种类、名称、数量、重量、体积、特征；财物的来源、运送、保管和使用情况；保管财物的处所有无不安全的因素存在；等等。

（四）犯罪嫌疑人遗留物品、物质的情况

犯罪嫌疑人遗留在现场的物品、物质，既是物证，又是侦查线索，对开展侦查工作有重要意义。具体包括：现场哪些物品、物质是犯罪嫌疑人遗留的；现场周围的可疑物品、物质是否为犯罪嫌疑人所留；现场周围有关人员拾得遗留物品的情况；遗留物品、物质的种类、名称、数量、特征和产销情况。

（五）犯罪嫌疑人的体貌特征

犯罪嫌疑人的体貌特征对于确定侦查方向和范围、采取紧急措施抓捕犯罪嫌疑人有着重要的作用。犯罪嫌疑人的体貌特征包括性别、年龄、身高、体态、面貌、躯干、四肢、穿着打扮以及（犯罪过程中形成的）附加特征等。此外，在有条件的情况下，还要问明犯罪嫌疑人的语言口音、动作习惯等。

（六）被害人的基本情况

某些被害人的基本情况是研究犯罪动机的重要依据。在现场访问中，应着重查明被害人的以下情况：被害人的身份，包括被害人姓名、性别、年龄、住址、文化程度及职业等；被害人的经历及表现，包括被害人的社会经历、政治态度、思想品德、生活作风、性格、兴趣、嗜好、习惯，以及有无贪污、盗窃、流氓、赌博等劣迹或前科；被害人的经济情况，包括本人和家庭的经济收支情况，有无贵重物品、积蓄和债务关系等；被害人和家庭成员的社会交往关系，包括本人及家庭成员的社会交往关系，本人与家庭成员与他人之间有无仇怨、债务、恋爱、奸情矛盾等关系；被害人遇害前的行踪，被害人遇害前在什么时间、什么地点、与哪些人有过接触交往，或者在何时与何人一起外出，到过什么地方、结交过什么人，在何时何地开始断绝音信；死者有无自杀的因素，死者生前精神上是否受过重大打击或刺激，有无悲观厌世、严重伤残、久病不愈、生理缺陷、精神病及其他自杀因素存在，平时有无自杀的言行表现等。如果是不知名尸体，主要是查明死者的姓名、住址和身份。

第三节　现场访问的原则及证人陈述的心理特点

一、现场访问的原则

（一）个别访问原则

我国《刑事诉讼法》第 124 条第 2 款规定："询问证人应当个别进行。"现场访问也是一种对知情人、受害人的询问。为了确保现场访问的合法性，访问时必须严格坚持个别访问原则，即每次访问只能对一个访问对象进行，不能对几个对象同时进行，不能采用开座谈会或集体讨论的方式。

坚持个别访问不仅是法律本身的要求，还具有多方面的意义：①可以保证访问的合法性；②有利于侦查人员根据访问对象的不同情况，有针对性地提出问题和进行思想教育；③有利于访问对象排除相互间的干扰和影响，打消顾虑，如实陈述；④有利于侦查人员对各个访问对象陈述的案情进行分析、对比和印证；⑤有利于对访问对象的作证行为和提供的案情保守秘密。

（二）依法询问原则

我国《刑事诉讼法》对询问证人和询问被害人作出了许多明确的规定，现场访问必须严格遵守。涉及询问的程序具体规范主要有：到访问对象单位或住处访问时应当出示公安机关的证明文件；应当依法告知被访问人应如实提供证言，有意伪证和隐匿罪证要负法律责任；要为被访问人提供一个客观陈述的条件，禁止采取引诱、威胁、刑讯等非法方法；访问未成年人可以通知其法定代理人到场；要对被访问人的隐私保守秘密；要依法制作访问笔录。

严格坚持依法访问的原则，是确保现场访问活动和访问结果合法性和客观性的基本保证。

（三）及时询问原则

现场勘查过程中，一旦发现知情人，应当及时访问，尤其是对那些重要知情人、流动性较强的知情人以及伤病情严重的被害人，更应当立即访问。坚持及时访问原则，一是可以防止被访问人遗忘案情，趁其记忆清晰，及时收集到可靠的证言；二是可以防止被访问人可能受到某些消极因素的影响，发生拒证和伪证现象；三是防止被访问人出走或死亡，失去收集证言的条件。

二、证人陈述的心理特点

在被访问对象中，除被害人、事主外，有相当一部分的访问对象居于证人的地位，证人在接受访问时，不同的人会持有不同的心理，不同的心理对于能否获取证言、所收集证言的真实可靠性有着重要的影响。

（一）证人陈述的心理特点

被访问对象的情况非常复杂，他们的性别、年龄、性格、文化程度、社会经历、智力条件、思想状况是各不相同的，因而对待现场访问的态度必然会有差异，有各种各样的心理状态，概括起来，大致有如下十种表现：

1. 憎恨犯罪的心理。大多数人的思想觉悟高，是非观念强，他们对犯罪嫌疑人的罪恶行为是憎恨的，对现场访问的态度是积极的，愿意如实提供自己所了解的案件情况。

2. 隐恶扬善的心理。有的人觉悟低，是非观念淡薄，明知犯罪嫌疑人的有关情况，也不愿说出实情，只说其好，不说其坏。

3. 幸灾乐祸的心理。有的人对被害人有成见，或自认为平时表现不好的人，不是投之以同情的目光，而是抱着幸灾乐祸的思想，在接受询问时，不愿提供真实情况，或采取不负责任的态度。

4. 事不关己的心理。有的人狭隘自私，认为犯罪嫌疑人没有侵害到他个人的利益，则不顾他人遭受损害，对待询问采取漠不关心的态度。

5. 怕打击报复的心理。有的人从现实生活中吸取反面教训，怕"祸从口出"，今后遭到犯罪嫌疑人及其家属的打击报复，采取少说为佳、明哲保身的态度。

6. 怕犯诬陷罪的心理。有的人与案件没有什么牵连，确实也知道一些情况，但怕说错了犯诬陷罪，采取推脱或回避的态度。

7. 碍于情面的心理。有的人与犯罪嫌疑人是亲戚、朋友、同乡、同事关系，或者是与他们的父母是上下级关系、老同志关系等，因而碍于情面，慑于权势，不敢如实提供情况，甚至作虚假陈述，公开进行庇护。

8. 怕惹火烧身的心理。有的人曾与犯罪嫌疑人一起干过一些违法犯罪的事情，或者无意给犯罪嫌疑人提供了某种条件，帮了一些忙，或者得了犯罪嫌疑人的某些好处等，这些人虽然了解情况，但怕惹火烧身，牵连到自己，对侦查员的询问，一般不愿意吐露真实情况。

9. 顾及名誉的心理。有的人与被害人或犯罪嫌疑人有过不正当的男女关系，或者有其他不正当的行为，为了顾及名誉和尊严，不愿如实提供情况。

10. 发泄私愤的心理。有的人与被害人或犯罪嫌疑人有私仇宿怨，他们为了发泄私愤，借机进行报复，往往采取夸大事实情节的办法，加害一方，甚至编造假证据，置人于死地而后快。

（二）疏导证人心理转化的方法

上述种种心理状态，概括起来，在访问中具体表现为三种类型，即积极配合型、敷衍应付型、拒绝回避型。除第一种情形外，其余的都属于现场访问的阻力和障碍。侦查人员在对被访问对象进行正式询问之前，应当通过接触交谈和侧面调查了解，探明被询问对象的心理状态和对待询问的态度，以便采取措施对一些证人进行疏导转化工作，消除思想障碍。

1. 有针对性地做好思想教育工作。对于憎恶犯罪的，一般无需做过多的工作，只要通过交谈确认这种心理后，即可告之访问意图，交代有关事项，进行正式询问。

2. 对于那些持消极态度、与案件没有牵连的人，应当坚持正面教育，做耐心细致的思想疏导工作。着重向他们讲明打击犯罪嫌疑人的破坏活动的重要性和必要性，以及在同犯罪作斗争中公民应尽的义务。其次，应向他们说明如实提供情况对侦查破案的影响和侦查破案可以使更多的人免受其害的道理，从而提高他们的责任感，使他们抛弃私心杂念，积极主动地向侦查人员反映自己所了解的案件事实。

对于嫌疑人的亲戚朋友和犯有某种过错的人，应当揭露和批评其不良的思想行为，指明只有相信组织、实事求是地讲清问题，才有利于侦查破案，有利于划清自己的责任，才能取得政府和群众的谅解，或从轻处罚，才有利于总结经验教训，端正态度，改正错误。

对于发泄私愤、乘机报复的人，应着重向他们进行法制教育，严肃批评其错误的想法和做法，明确地向他们讲明有意提供虚假情况陷害好人或包庇坏人，必须负法律责任，警告他们必须改正错误，实事求是地进行陈述，才是惟一正确的态度。

3. 侦查员要以实际行动影响和帮助被询问人克服思想障碍。首先，侦查人员对于侦查破案要充满必胜的信心和决心。对询问工作要有认真负责的态度，对询问遇到的困难和问题要有一抓到底、顽强拼搏的精神。只有如此，才能唤起对方的正义感，使态度消极的人打消顾虑，积极反映案件情况；才能使那些犯有错误、怕受牵连的人，相信案件必破是真的，促使他们放下包袱，丢掉幻想，主动讲清问题。其次，要以平等的态度对待被访问人。只有这样，才能取得对方的依赖和支持，才能形成良好的访问气氛。尤其应当注意的是，在进行访问时，应当尊重访问对象的人格，不能使用一些粗鲁的语言，做出一些无礼的举动。这样，不但不利于其态度向积极方面转化，反而会变得更加消极，甚至还会出现询问陷入僵局的现象。因此，无论对待什么样的访问对象，都要平等相待，不能忘记起码的礼貌，并对访问目的作简单的说明。再次，要体谅被访问人的处境和困难。侦查人员要以满腔热情的态度对待被访问人，充分考虑对方的处境和困难，不要只顾自己的方便和需要。在一般情况下，不要耽误他们的工作和休息时间，在不得已要占用这些时间时，要向对方说明理由，请予合作，并尽量节省时间，有时还可和对方一起劳动，边劳动边谈情况。要主动关心被访问人的困难，只要是合理的要求，在条件许可的情况下，都努力设法帮助解决。

第四节 现场访问的步骤、方法

一、现场访问的基本步骤

（一）寻找发现确定访问对象

在进行访问之前，应首先确定被访问对象。在开始进行现场访问时，除被害人、事主一般是明确的以外，大多数案件的其他知情人往往事先并不知道，现场访问人首先要善于寻找和发现这些知情人。发现知情人的一般方法主要有：

1. 通过询问被害人、案件的发现人或报案人，发现其他知情人。被害人、案件的发现人或报案人，他们有的是目睹犯罪嫌疑人作案及其体貌特征的人，有的可能是看见犯罪嫌疑人逃跑的人，有的案发时虽未在场，但往往是较早抵达现场，对案情有所耳闻的人。通过对这些人进行查询，可以发现其他知情人，至少能提供当时在场的人。

2. 从围观现场的群众中发现其他知情人。一旦发生案件，特别是发生在交通要道或公共场所的案件，往往引起群众围观。在围观群众中，有的可能是案发时在场的见证人，有的可能是听到现场发出枪声、爆炸声、呼救声的人，有的可能是第一个发现案件的人等。因而必须抓紧时机对现场的围观群众进行访问，以便从中发现知情人。值得注意的是：在这些众多的人中间，有的是属于流动人员，随着时间的推移，他们会先后离开现场。一旦离去，日后就很难找到他们了。为此，必须首先掌握这些流动人员，并对他们及时进行访问，即使他们没有提供多少有价值的情况，也要做好记录，记下他们的姓名、住址或工作单位，以备再次查访。

3. 从居住或工作在现场周围的人员中发现其他知情人。现场访问人员，可以现场为中心，对周围的有关单位、街道、交通线路、村落等，采取分片包干的方法，先对那些有机会目睹作案和犯罪嫌疑人情况的对象进行调查，然后，再逐家逐户地访问其他人员，以便发现知情人。

4. 从途经现场及其附近的过往人中发现知情人。调查访问人员要在自己分担的区域内，进行观察了解，以发现案发前后可能路过现场及其附近的过往行人。这些人一般是在一定的时间、通过一定地点的上下班职工、学生、电汽车司机、售票员等。这些人当中可能有了解犯罪嫌疑人体貌特征或其他有关情况的知情人。

5. 从犯罪嫌疑人来去现场行经的路线上发现知情人。犯罪嫌疑人来去现场必经一定的路线，难免会被沿途从事耕作的农民，面向街道、路径的住户，商店、旅社、饭店的服务人员，机关单位的门卫、道路值勤的民警、个体摊贩、电汽车司机等所发现。通过对这些人进行查访，就可能发现目睹犯罪嫌疑人及其行踪的人。

6. 从已经离去的围观群众和过往行人中发现知情人。勘查人员到达现场时，有的围观群众和过往行人已离开了现场。对于这部分人，可以采用会议部署、电话通知、发通报等形式，要求有关派出所、保卫部门及友邻地区的公安机关协助查访知情人。

7. 从嫌疑人的家属、亲友、同事和邻居中发现知情人。现场勘查过程中，有时发现了犯罪嫌疑人，为了判明其行踪动向、体貌特征和携带的物品，调查访问的对象必须是了解嫌疑对象的人。这些人大致限定在嫌疑对象的亲属、朋友、同事、邻居等人的范围内。在这些人中，要重点寻找了解嫌疑人近况的人，特别是亲属、朋友、落足藏身的住户和其他目击人，这些人往往是知情人。

8. 从被害人所在单位、邻居和其他有关人员中寻找知情人。为了查明被害人的家庭情况、社会交往关系、政治态度、现实表现、思想品德、生活作风、经济状况、债务关系、财产纠纷、私仇宿怨、奸情矛盾等情况，可以从被害人所在单位、街道、派出所及其亲属、朋友、邻居等人中去寻找了解被害人的情况的知情人。

（二）了解被访问对象的基本情况

访问对象的情况非常复杂，社会上的任何一种人，只要与案件存在一定的关系，都会成为侦查人员的访问对象，上至权贵显要，下至平民百姓，各行各业、三教九流，每个人的思想观念、人生经历、文化程度、心理状态都不一样，很难把握。加上与案件关系有远有近，对待访问的反应和态度各种各样，有的急于表达，积极配合；有的事不关己，敷衍了事；有的不冷不热，不答不理；有的冷漠疏远，一问三不知。而且由于访问内容涉及犯罪，不是人们愿意或乐意谈及的话题，出于人的趋利避害的本性，大多数访问对象都不会轻易接受访问，即使积极主动配合的访问对象，由于各种因素的影响，也难免在陈述中有夸大失真的倾向。因此，侦查人员在访问前应当尽量充分地调查了解访问对象的情况，做到心中有数，确保访问的顺利进行。

了解访问对象的重点主要体现在两个方面：一是通过访问有关人员，了解访问对象的基本情况，即访问对象的姓名、年龄、职业身份、文化程度、道德品质、平时表现、个性特点等，以把握其心理状态，选择适当的询问策略、询问方法和询问切入点。二是了解访问对象与被害人、犯罪嫌疑人之间的关系，以确定访问内容、方法以及深入程度，判断访问对象陈述的准确性和可信度。

（三）确定访问次序和制订访问计划

在侦查实践中，有时需要对许多个访问对象进行访问。按照《刑事诉讼法》的规定，只能逐个单独进行，而不能对他们共同访问。因此，访问前必须合理地安排访问对象的先后顺序。在安排访问顺序时应当注意：首先访问病危的；流动性强的；易受他人影响拒证、伪证的；知道重要案情的；知道的情况有利于扩大案情或采取紧急措施的。在访问完上述对象之后，再安排访问其他对象。这样做可以做到先急后缓，兼顾全面，从而保证访问的顺利进行。

（四）确定访问地点邀请协助访问人员

现场访问的地点是否适当，对访问能否顺利进行影响较大。因此，现场访问时应当慎重地选择合适的访问地点，而不能不假思索，盲目确定。为了选择恰当的访问地点，应当注意考虑：访问地点不能破坏现场；不能妨碍实地勘验活动的正常进行；就地选择，不能舍近求远；有利于保密；环境较肃静，不杂乱；便于及时联络；尽可能避免访问对象产生恐惧或悲伤感。

在现场访问中，如果依法需要协助参加访问的人，应当在正式访问之前事先确定好。例如，对于未成年人的访问，应当邀请其法定代理人参加；对于语言不通的人的访问，应当邀请翻译人员参加；对于聋哑人的访问，应当有通晓聋哑手势的人员参加；对于性犯罪案件中女性的访问，应由女侦查人员进行或者女侦查人员参加、共同进行；对于生命垂危的人的访问，应当由医务人员予以协助等。

（五）接触访问对象

现场访问的实施大致是按照接触访问对象→提出访问问题→引导追询→结束访问这样一个基本顺序进行的。

接触访问对象是指侦查人员与访问对象在空间位置上的接近和正式提出访问问题之前与访问对象所进行的必要的心理沟通。

1. 与访问对象空间位置上的接近。在侦查实践中，根据访问对象的具体情况，可以分别采取以下两种接近的方式：一是公开接近，即侦查人员不隐瞒身份，直接与访问对象进行接触。这种方式主要适用于那些无后顾之忧，敢于提供证言的访问对象。二是秘密接近，即侦查人员以秘密的身份，选择隐蔽的场所，在无关人员不知晓的情况下，秘密地接近访问对象。这种方式主要适用于那些胆小怕事、害怕提供证言后受到打击报复的访问对象，以及强奸案件中那些害怕提供案情后影响自己声誉和家庭关系的访问对象。

2. 与访问对象进行必要的心理沟通。为了确保访问的效果和质量，使访问对象提供深层次、高质量的证言材料和侦查线索，在正式提出访问问题之前，应当事先与访问对象进行必要的心理沟通，这是确保访问对象如实提供证言的心理基础。心理沟通主要围绕访问对象感兴趣和容易产生共鸣的事情进行。

（六）提出访问问题

接触访问对象是提出访问问题的前提，提出访问问题是接触访问对象的继续。当我们在接触访问对象环节中，与访问对象建立起了一定的信任感和谈话兴趣之后，就应当及时地转入提出访问问题环节。由于访问对象的性别、年龄、个性特点以及与案件之间的关系等不同，因而侦查人员提出问题的方法也要有所不同。归纳起来，常用的方法主要有：开门见山式提问与委婉含蓄式提问、命题式提问与迂回式提问、探询式提问与质证式提问。

1. 开门见山式提问。即不掩饰、不迂回，直截了当地向访问对象提出问题。这种方法主要适用于那些思想觉悟较高，有正义感，性格开朗，没有思想顾虑，愿意如实提供案情的访问对象。如果访问对象害怕作证后受到打击报复，或担心案情公开后影响自己的声誉和家庭关系，就不宜贸然采用此种方法。

2. 委婉含蓄式提问。即采取婉转性的语言向访问对象提出问题，这种方法主要适用于隐私案件中对有关知情人的访问。

3. 命题式提问。即向访问对象提出一个方向明确、范围清楚的问题，并限定访问对象在这个范围内自由陈述。这种方法的优点是：访问对象可以在不受他人暗示、干扰或约束的情况下，按照自己的意志去陈述，其陈述具有较强的真实性、限定性。不足之处是：主次不分，容易偏离访问主题。

4. 迂回式提问。即按照事物内在的因果关系和思维顺序，由远及近、由浅入深、由外围至核心地向访问对象提出问题。这种方法一般适用于那些试图包庇犯罪嫌疑人，不愿陈述真实案情的访问对象。对于这种访问对象，如果一开始就提问核心内容，他们不可能轻易地作出回答。而如果从外围性问题问起，他们就容易作出如实的陈述。待其陈述了外围问题后，再访问核心问题，直至让其对了解的全部案情作出如实陈述。这种方法的优点是：容易转移和分散访问对象的注意力，访问对象开始认为外围问题无关紧要，感到是否如实陈述无所谓，而事实上，只要陈述了外围问题，便把自己的退路完全堵死，又不得不对核心问题作出真实的陈述。

5. 探询式提问。即试探性地向访问对象提出访问的问题。这种方法的优点是可以使侦查人员在提出关键性问题之前，通过试探性的提问，来观察和了解访问对象的作证态度，便于审时度势、随机应变地采取相应的提问方法，以获取其真实的陈述，从而避免一开始即提出关键性问题受阻的现象发生。

6. 质证式提问。即在掌握了一些证据的基础上，对那些拒绝作证的访问对象采取的引而不发、示而不露的提问方法。

（七）引导和追询

引导和追询是在侦查人员向访问对象提出问题之后，针对访问对象的反应和回答情况采取的。

引导主要适用于访问对象不愿陈述或不能陈述的情形，它可以帮助不愿陈述的访问对象消除其思想障碍，可以帮助不能陈述的访问对象进行回忆和陈述，最终达到提供真实证据的目的。

追询主要适用于访问对象陈述中出现矛盾、模糊、零乱和漏洞等情形。追询的方法有很多，常用的主要有：①正面追询与侧面追询。正面追询即正面指出陈述中出现的问题让其作出回答；侧面追询是变换一个角度或侧面提出陈述中的问题让其回答。②刚性追询与柔性追询。刚性追询即以严厉的态度、口气和语言向访问对象进行的追询；柔性追询即以平静的态度、口气和语言向访问对象进行的追询。

（八）结束访问

结束访问是现场访问过程中最后一个环节。为了圆满结束访问，应当注意做好两个方面的工作，即依法制作现场访问笔录、善始善终地结束访问。结束访问时，侦查人员应当对访问活动作出简明扼要、切合实际的总结和评价，使访问活动有头有尾，有始有终。

二、现场访问的具体方法

现场访问的具体方法，根据对象的不同，因人而异。

（一）对被害人、事主的访问方法

被害人是现场访问的重点的对象，必须不失时机地进行访问，以便及时查清案情。被害人的心理特点是愤恨、急于破案、紧张害怕。访问的主要方法如下：

1. 选择适当的访问地点。对被害人进行询问，要根据案件的性质、危害后果，现场的位置环境、气氛、询问对象的人数及其心理状态等因素综合考虑，选择恰当的询问地点，以利于被害人脱离现场环境的影响，克服思想、感情上的障碍，平静地进行陈述，从而取得良好的访问效果。选择访问地点时应注意以下三点：

第一，询问地点应选在便于向指挥人员报告联系的地方。这对于需要通过现场访问弄清犯罪嫌疑人的体貌特征、逃跑的方向路线、迅速采取紧急措施、追捕犯罪嫌疑人尤其重要。

第二，有利于保守秘密。询问地点应选择没有第三者在场，更没有围观群众的安静处所，使被害人能放心大胆地进行陈述，并有利于保守秘密，以免造成不应有的损失。

第三，有利于保护现场。询问地点一般不要选择犯罪嫌疑人来去的路线或停留的地方，也不要选择正在实施勘验的场所，以免破坏痕迹物证，或影响勘验工作的进行。对于发生在城镇街道或居民区的案件，可在附近的派出所、保卫部门、具备通讯联络条件的机关或私人住宅内询问。对于发生在机关、厂矿、企事业单位内部的案件，可由党政组织出面，寻找合适的房屋作为询问地点。对于发生在郊区或农村的案件，可依靠当地干部，在现场附近的交通沿线寻找询问地点，或者利用现场勘查车作为询问场所。

2. 询问前要做好安定情绪的工作。询问前必须首先安定被害人的情绪，以利于询问工作的顺利开展。被害人的情绪往往是不平静的，特别是杀人、抢劫、强奸、纵火、爆炸、重大盗窃等案件被害人，大多都是有生以来第一次遭受这样大的打击、承受如此重大损失和牺牲，很自然地会产生出激动、紧张、恐惧、悲愤、痛惜等复杂心情，一时难以平静。如果被害人在这种心理状态下接受询问，由于心神不定、精神恍惚、思维混乱、记忆减退、表达能力降低，回答问题势必语无伦次、前后矛盾，收不到良好的询问效果。因此，侦查人员必须根据案件发生的具体情况，通过与被害人接触交谈，摸清其心理状态和个性特征，采取切实可行的措施，做好安定情绪的工作，主要方法有：

（1）改变被害人所处的环境。把他们带到另外一个安静的场所，避免犯罪现场再度对他们产生刺激。

（2）侦查人员要以满腔热情的态度接待被害人。要主动向被害人嘘寒问暖，请他们喝水、抽烟，使其感到侦查人员和蔼可亲。然后向他们提出一些与案件无关的问题，把他们的情绪转移到其他事情上去，使其逐渐从紧张中松弛、冷静下来，给询问工作创造条件。

（3）侦查人员要向被害人表明爱憎分明的观点和破案的决心。侦查人员要用诚恳的态度对被害人的不幸遭遇表示同情，对犯罪嫌疑人的罪恶行径深恶痛绝。同时，要向他们表明破案的决心，使其相信案件必破，犯罪嫌疑人一定会受到惩罚。对于生活、经济上有困难的人，要尽量请求当地政府或有关单位帮助解决，从而取得他们的信任和支持。

3. 向被害人说明访问意图。根据《刑事诉讼法》的规定，在侦查阶段，被害人应尽的义务是应当如实向侦查人员提供所了解的案件情况，不能作虚假的陈述。如果有意捏造事实，提供虚假情况，陷害他人，要负法律责任。必要时，被害人有义务接受身体检查等。在告知上述规定时，侦查人员要根据不同的对象和不同的情况，采取恰如其分的态度和方法。一定要注意：不要使他们冷静下来的情绪又重新紧张起来。当把话题转到与询问有关的问题时，侦查人员的态度也应随之变得稍微慎重一些，以便引起对方的注意和思考。在此基础上，再告诉被害人："下面向你提问的有关事情，对于破获案件、查清犯罪行为人是非常重要的。请把你知道的情况全部讲出来，不知道的就说不知道。你看到的、听到的都要实事求是地告诉我们，如果弄错了，会使侦查工作失败，你也有责任，请一定努力配合好。"

4. 询问事项的顺序。首先，应迅速而准确地把需要采取紧急措施的有关事项问清楚，如犯罪嫌疑人的人数、性别、年龄、身高、体态、面貌、衣着、特别记号、动作习惯、口音、习惯用语以及身上是否有搏斗伤痕等。在综合这些外表特征时，还要问明看上去像什么样的人，如工人、农民、流浪汉等。其次，要询问犯罪嫌疑人在现场遗留有什么物品，携带何种犯罪凶器、犯罪工具逃跑，逃跑的方向、路线和方法。再次，要询问案件发生、发现的时间、地点、经过、结果；犯罪嫌疑人在现场的活动情况；人身财物被侵害的情况；财物的种类名称、数量、特征以及财物的存放地点和保管情况；受害人的社会交往关系、债务关系、恩怨关系、财产纠纷关系、生活行动规律、经济收支情况；案发前室内物品的陈设情况；案发后是否触动过现场，触动了哪些部位，是如何触动的；等等。

5. 对受重伤的被害人的询问。对重伤的被害人应先送医院进行抢救，根据医生的意见安排询问时间。如果被害人生命垂危，应取得医生的协助，抓紧时机进行简要提问。不能讲话时，可借助手势，尽可能了解有关情况，如犯罪嫌疑人的人数、身高、性别、年龄、姓名、是否熟人等。

6. 对谎报假案的所谓事主或"被害人"的询问。在听取被害人陈述时，如果发现陈述有矛盾或不符合逻辑的地方，估计有报假案的可能时，应当耐心地听取其陈述，做好记录，不要立即进行反驳。但可根据情况，有目的地提出一些细节，让对方回答，使矛盾充分暴露，然后，结合现场情况，认真进行分析研究，判明确系自报假案时，要有逻辑、有计划、有准备地揭露矛盾，澄清事实真相。

7. 对强奸案件被害人的询问。询问强奸案件的被害人，应由女侦查员进行，或请当地的妇女干部参加。因为这类案件的被害人（特别是未婚青年）面对男性侦查员难以吐露真情。同时，对被害人要做耐心细致的思想工作，并对其讲明保密原则，促使提供真实情况。

（二）对知情人的访问方法

1. 查明被访问人的身份和与案件的关系。在询问前，侦查人员要通过有关民众调查了解被访问对象的经历、职业、文化程度、家庭环境等情况，以及与被害人、嫌疑人有无利害关系、矛盾冲突、私仇宿怨及亲戚朋友等关系，以便根据这些情况确定询问方法，并防止提供伪证、诬陷他人，或为嫌疑人开脱罪责等情况发生。

2. 创造适合访问的环境气氛。现场访问是通过侦查员与被访问对象之间的对话来达到了解案情的目的。这种对话一般要在友好、平和、有诚意的气氛中才能取得良好的效果。但对现场访问的对象常常是临时确定的，他们对侦查人员的来访，往往具有"陌生感"和"戒备感"，致使这种对话出现障碍。因此，除特殊和紧急情况外，现场访问一般不宜操之过急，侦查员与被访问对象之间必须要有一个沟通思想感情、建立对话关系和相互了解的短暂过程。在这个过程中，侦查员应积极主动地发挥自己的聪明才智，充分运用自己的品格和经验，根据被访问对象及当时当地的具体情况，创造适合于敞开思想交谈的环境气氛，消除对方的"陌生感""紧张感""戒备感"。具体而言，侦查人员应首先采取和蔼态度与对方打招呼，然后随即寻找某种话题与对方交谈。在交谈过程中，一边观察对方的性格、爱好、兴趣，一边选择适合对方的话题，自然地交谈下去。这种开端话题，与一般的社交场所相应。比如，可选择当地的风土人情、对方的兴趣爱好、电视公布的新闻等作为交谈的话题。在交谈中还可以使用一些幽默和诙谐的语言，使气氛更为融洽和活跃。但是，这种语言格调要根据不同对象的不同情况来具体加以确定。如果遇到素不相识、互不知底的对象，态度过于随便，谈话中夹杂的笑语太多，反而会起副作用。因此，在接触谈话时，一定要掌握分寸，做到恰如其分。

3. 做好疏导转化工作，消除各种思想障碍。做好被访问对象的疏导转化工作，消除各种思想障碍，是现场访问取得成功的关键。

4. 恰当掌握提问的时机。提问的时机应根据各个访问阶段的特点、内容和对象等具体情况灵活加以确定。一般而言，在最初的访问阶段，或者是以采取紧急措施为目的的现场访问，由于没有充分的时间，原则上只要发现了知情对象，即可单刀直入地进行提问。但是，对一般性犯罪案件的现场访问，由于时间不是那么紧迫，则应在创造了适合访问的气氛，消除被访问人思想障碍，引起了对方的注意和关心之后，再开始提问。提问的时机不当，容易遭到对方的否定。一旦说出什么也不知道，再想让其改口就比较困难了。因此，在询问前的交谈和疏导过程中，应仔细观察对方的态度和表情，看准机会，不失时机地进行提问。这对以后的询问将会产生微妙的影响。

5. 具体提问的步骤。提问一般分四个步骤进行：

（1）向被询问人提出询问内容。侦查人中对被询问人开始进行询问时，通常采取笼统的提问方式，把所要提问的内容提出一个整体梗概，要求对方在自己知道的范围内如实进行陈述。这种提问，必须把握两点：首先，提问的用语要恰当，概括的主题要明确，使对方一听就明白访问意图，千万要防止因问话语言含糊不清，让人摸不着头脑，无法进行回答的情况发生。其次，提问所包含的内容要有宽裕度，使对方能够从问话中自由地进行陈述，把自己知道的情况毫无遗漏地讲出来，避免因问话过于具体而限制对方的思路和回答。

（2）让访问对象自由地进行陈述。侦查员向被访问人提出询问的内容后，被访问人即可按照询问内容的要求，把自己所了解的情况自由、充分地陈述出来。陈述的内容应该是自己耳闻目睹的与案件有关的客观事实。如果是他人转告的情况，应当说明情况来源。对陈述的内容，一般不要求被访问对象作出判断，或提出自己的意见，但他们在陈述过程中，往往带有分析判断的内容，对这也不要拒绝，如果他们分析判断是有事实根据的，可作为参考。在询问过程中，提问应当尽量简短，充分保证被访问人的陈述时间。尽量不要中途打断对方的讲话，即使对方在陈述过程中，陈述的内容不明确、意义不太大，或者没有把问题说清楚，也不要随意进行干预，即使离题，也应耐心地听下去，然后根据情况，再通过适当提问拉上正轨。这样可以避免打乱对方的思路，影响其陈述，并有助于访问对象按照他所感知的客观事实的先后顺序以及每个具体问题自身的逻辑性进行陈述，有助于对方进行联想、回忆，使案件事实情节陈述得具体、准确，同时也有利于侦查员了解提问以外的一些情况。

（3）根据对方的陈述提出问题。被访问对象进行自由、充分地陈述之后，侦查人员针对陈述内容的事实是否清楚，情节是否有矛盾，问题是否有遗漏等情况，向被访问人提出问题，再让其作补充回答。这种提问应当以客观存在的事实为基础，不能凭空想象，让人无法据实回答。而且提出的问题要有逻辑性、确定性、针对性，不能暗示、诱导，不能约束对方独立、自由地进行回答。如果问题是两个以上时，应按时间和逻辑关系的先后顺序，依次向被访问对象提出来，让其逐项加以回答。这种提问应当根据具体的访问对象和各个阶段的访问目的，突出重点，把所询问的重要内容问清楚。同时，又要做到全面细致，按照诉讼证据的要求，把案件事实或其中的每一个具体问题的来龙去脉、前因后果、发展经过询问清楚，符合"七何要素"的要求。

（4）核对询问笔录。询问完毕后，侦查人员应按法定程序将询问笔录交给被询问人进行核对，或者向其宣读，并且要告诉对方，对于陈述的事实，如果记载有错误、遗漏和不准确的地方，可以向侦查人员提出，或者本人直接在笔录上进行补充修改、更正。询问后，又回忆起没有谈到的有关情况，还可找侦查员进行补充陈述。

第五节　现场访问笔录和录音、录像

一、现场访问笔录的制作

现场访问笔录，是侦查人员在现场访问过程中依法制作的以文字形式反映访问情况的文字记录。现场访问笔录一经查证属实，即可成为具有法律效力的证据。现场访问笔录的规范形式一般有两种，一种是根据访问对象的陈述，由侦查员按规范制作的访问笔录；另一种是应访问对象的请求，或必要时应侦查员的要求，由访问对象本人自行书写的亲笔证词。

（一）现场访问笔录的结构和文书格式

现场访问笔录的结构和文书格式，与其他阶段的访问笔录并无不同，都是按照法律法规的要求和统一的法律文书式样（《公安机关刑事法律文书式样（2012

版）》）制作的。现场访问笔录由首部、正文、尾部三个部分组成。

1. 首部。首部通常采用统一印制的格式纸，在首页按栏目填写。这部分内容包括文书的名称，即"现场访问笔录"标题，然后在标题下面写明询问开始和结束的具体时间（起止时间应具体到某时某分），询问的地点［具体到门牌号和使用功能，如××市××路（街道）××号办公楼103室保卫处办公室］，访问人的姓名，记录人的姓名、单位、职务，被询问人姓名、性别、年龄、出生日期、身份证种类及号码、民族、文化程度、工作单位及职业、住址、联系方式、户籍所在地，还要写明被询问人与案件所涉及的某些特定的人或事件的关系，如系本案的犯罪嫌疑人或被害人的亲属、同事、邻居或某事件的见证人、关系人等。《公安机关办理刑事案件程序规定》第76条规定，公安机关依法决定不公开证人、鉴定人、被害人的真实姓名、住址和工作单位等个人信息的，可以在起诉意见书、询问笔录等法律文书、证据材料中使用化名等代替证人、鉴定人、被害人的个人信息。最后是告知项，即侦查员向访问对象告知其权利、义务的内容（可统一印制《被害人诉讼权利义务告知书》《证人诉讼权利义务告知书》）供其阅读，然后在该栏中注明。

2. 正文。正文是现场访问笔录的核心内容。在实际办案中，一般采取问答的形式记录。根据侦查员的提问和访问对象的回答，把询问的内容全面、准确、客观地记录下来。对于访问对象陈述的内容，要详细记载时间、地点、人、事、物、经过、原因、结果等情况，以及获知这些情况的来源是亲眼所见、亲耳所闻，还是自己猜测或听人传说的；如果是亲身经历的情况，还要记明感知时的环境条件，以及还有谁了解这些情况等。此外，还要写明访问对象与案件所涉及的某些特定的人或事件的关系，如系本案犯罪嫌疑人或被害人的亲属、邻居、同事或事件的见证人等。制作这部分内容时，应注意以下几点：

第一，侦查人员的提问和被询问人的回答一律记作"问"和"答"，不应用其他符号来代替。对被询问人陈述的每个问题，都要记清楚人物、时间、地点、经过、结果，以及被询问人是如何知道的、还有哪些人知道等。如果被询问人不了解或忘掉了，也应如实记明。

第二，记录时要客观、全面、准确。要真实反映整个询问的活动情况，绝不能主观臆断、随意取舍。证明犯罪嫌疑人有罪、罪重的证言要记录，证明犯罪嫌疑人无罪、罪轻的证言也要记录，且不失原意。

第三，要把证言中的材料来源记录清楚。对被询问人陈述的情况，要写明是亲眼所见、亲耳所闻，还是自己的猜测或听别人传说的。如果是猜测的，要记录下猜测的根据。如果是听别人说的，要记明传说人的姓名、住址及其与案件的关系，以便进一步查证。对被询问人提供的物证、书证，在笔录中也要反映出来，并说明其来源和证明的问题。

第四，要反映出被询问人的个性和语言特点。不同的被询问人由于其年龄、性格、文化程度、职业、经历等不同，他们在证言中的语言表达方式和用语习惯也有很大的差别，往往带有个性特色。特别是未成年人的语言特点比较明显，记录时不应按照自己的语言习惯随意变更，否则会从形式上降低询问笔录的真实性。

3. 尾部。尾部通常比较简短，但是十分重要，否则访问笔录不具有证明作用。询问结束时，记录员应将《现场访问笔录》交给被询问人核对，对无阅读能力的，应当向其宣读。如笔录有差错、遗漏，应当允许其更正或补充，并在修改处盖章或捺指印。笔录经被询问人核对无误后，由被询问人在笔录每页下方签名（盖章）或捺指印，并在笔录末页紧接笔录的最后一行写明："以上笔录我看过（或向我宣读过），和我说的相符。"在其下方签名（盖章）或捺指印，写明年、月、日。如果被询问人拒绝签署意见、签名（盖章）或捺指印的，记录员应当在笔录中注明。最后，侦查人员（包括记录员）和翻译人员也应当在笔录上签名或者盖章。

（二）制作现场访问笔录的要求

1. 要真实准确地反映现场访问情况。制作现场访问笔录时，必须实事求是、客观公正，所记载的内容应当与访问的情况完全一致，绝不能随心所欲、任意取舍，更不得将记录人的想法代替被访问人的陈述内容。

2. 要按一问一答的形式记录，在记录的语言文字上，应准确地反映被访问人的语言习惯和文化水平，必要时还应当将问答双方某些重要的动作和表情等如实地记录下来。

3. 要使用规范的笔录格式纸，首页、续页最好采用公安机关统一印制的格式纸和办公用纸。访问的时间、地点、访问人、被访问人等栏目，按规范要求填写。

4. 访问笔录应按顺序编号，由访问对象逐页签名、盖章或捺印。笔录中凡是修改和涂抹的地方，都要由被访问人在修改和涂抹部位捺印，并在最后一页签署意见，签名并捺印。

5. 手写访问笔录只能用钢笔（碳素或蓝黑墨水）或毛笔书写，不能用铅笔、圆珠笔和纯蓝墨水的钢笔书写，字迹必须清晰、工整，行文间凡有空行、空格处，必须由侦查员按要求画线填满。

二、现场访问录音、录像

现场访问录音、录像是一种更全面、更形象地记录现场访问情况的方法。它既是了解访问情况、检查访问质量的重要依据，又是重要的刑事诉讼证据。但现场访问录音、录像一般不作为独立证据使用，而是作为访问笔录的附件一同移送并在法庭出示，因此，可以将现场访问录音、录像视为特殊载体的证人证言、被害人陈述。现场录音、录像一般与现场访问笔录制作同步进行，也可以单独进行。

（一）现场访问录音、录像的方法

在进行现场访问录音时，要尽可能选用体积小、性能好、便于携带和隐藏的录音机，以确保录音的效果和质量。录音时，应把全部对话录制下来，以便根据交谈的声音、语气等分析判断访问对象陈述的可靠程度及陈述时的情感变化和心理状态。

录音时，可以针对被访问人的具体情况，选择公开录音或秘密录音方式。对于那些害怕录音或采取公开录音方式会影响陈述效果的访问对象，应当在其不知道的情况下秘密录音。按照法定程序制作的公开访问录音，可以形成视听证据，但是公开录音时要打消访问对象的顾虑，征得其同意。秘密录音一般是作为侦查线索使用，如果要作为证据使用必须通过公开措施进行转化。例如，可将录音放给证人听，再对录音内容进行提问并由其回答转化为证言。通常情况下，秘密录音不能用于访问证人、被害人。

录像时可以采用执法记录仪或摄像机全程录像，也可以在办公区内相应的访问室内进行，通过办案区配置的自动录音录像设备完成。在办案区内的访问室进行录像时，录像应从被访问人进入访问室开始，至访问人核对笔录、签字捺印后结束。访问笔录记录的内容应当与录音录像反映的情况一致，同时，负责访问的办案民警必须2名以上，其他人员未经许可不得进入同步录像室现场，因技术故障等客观原因需要停止录制的，排除故障继续录制时，应当在录音录像中作出对中断录制情况的语言补正。

（二）现场访问录音、录像的要求

1. 现场访问录音、录像要做到完整、准确、清晰。所谓完整，就是要对访问的全过程进行录制，有头有尾，不能断章取义。既要包括时间、地点、场景、涉及人员等，又要使录音、录像能完整反映访问的全过程。录音、录像要既能反映访问对象的身份、态度、语气，又能体现访问的具体内容，使人听后看后，能了解事件或情节的完整过程，清楚其来龙去脉，而不致产生不知所云、含混不清的感觉。所谓准确，即录音、录像要记录访问对象陈述的原始谈话，不能任意删节，更不能将不属于访问对象的陈述内容剪贴上去，要保留交谈的顺序、语气和原话，真实准确地反映全过程，为后续更好地利用录音录像侦破案件、认定犯罪嫌疑人创造条件。所谓清晰，就是录制的效果要好，音质和图像清晰真实，能真实地反映出访问人与访问对象的语音，有利于进行声纹鉴定，保证录音的合法性和证明力；录像要图像清晰，无间断性。

2. 录制人员应及时制作全程同步录音录像的相关说明。在进行录音录像时，应当制作同步录音录像的相关说明，客观记录访问过程的录制、系统运行及使用电子数据编号的情况，并经过录制人员、访问人和被访问人签字确认后，交由专人立卷保管。相关说明应当反映访问的具体起止时间、文件格式、大小，参与访问的办案人员、翻译人员、录制人员的姓名、职务、职称，被访问人姓名，以及案由、访问地点等情况。被访问人拒绝签字的，应当在相关说明中注明。

3. 访问结束后应当及时刻制光盘。刻制光盘并填写"同步录音录像摄录情况说明表"，载明执法执勤民警姓名、摄录人员姓名、摄录起止时间、摄录地点、所用录音录像设备的品牌型号、录音录像格式和长度等情况，由执法执勤民警、摄录人员签名，并加盖本单位印章后入卷备查。

4. 严禁对原始的全程同步录音录像擅自进行剪辑等技术处理。因提供诉讼和证据调查等特殊原因需要复制同步录音录像或者对同步录音录像进行剪辑等技术处理的，应当经过县级以上公安机关负责人批准。剪辑等技术处理只能在录音录像的复制文件上进行，并制作相关文字材料予以说明。

模拟现场访问

第六节 现场访问结果真实性的审查判断

一般按照法定要求和规范操作取得的访问材料是可靠的，可以成为重要的诉讼证据。但是，由于访问材料记录的是访问对象大脑中的印象痕迹，具有极大的不稳定性，不经审查判断就轻易拿来作为证据或者验证材料使用，极易出错。因此，审查判断访问材料是对访问质量的一种验证，也是对访问结果证明力的一种认可或者否定，是现场访问不可或缺的重要环节。现场访问后，其结果的真实性如何，需要侦查人员运用各种方法进行甄别。实践中常用的方法主要有以下几种：

一、审查访问对象的感知、记忆和表达能力

访问中，访问对象提供的案情是其通过感知、记忆和表达等环节实现的。因此，其感知、记忆和表达的能力是否正常、有无缺陷等都直接影响着访问结果的真实性。经过审查，如果在这三个环节上，访问对象的能力都正常，那么其提供情况真实的可能性较大，反之则较小。

1. 感知能力是通过感觉器官反映客观事物的能力。影响感知能力的因素主要有感觉器官、环境因素和个人心理因素。人们的感觉器官主要有眼、耳、鼻、舌、身，即视觉、听觉、嗅觉、味觉、触觉。感觉器官正常，对客观事物会有正确的感觉；感觉器官不正常，对客观事物就会产生错觉。同时，感知事物的环境因素对感知客观事物也有一定的影响。影响感知能力的环境因素主要有时间、地点、光线、气候等。感知事物的环境条件适宜，具有一定的刺激强度，对客观事物的感知就清楚、具体、完整；感知事物的环境条件差，感觉器官受到刺激的强度弱，或者不具有引起感觉的最小刺激量，对客观事物的感知就模糊、抽象、不完整，甚至无法感知。此外，影响感知能力的还有个人心理因素。心理因素主要是指注意力、情绪、意志等。对客观事物的感知程度与访问对象注意力的集中程度、情绪的高涨与低落、意志的强弱程度等有很大关系。当心理活动处于积极状态时，会增强对事物感知的能力；当心理活动处于消极状态时，就会减弱对事物的感知能力。

2. 记忆是人脑对曾经的客观事物储存的感知印象，是能够在需要时提取再现，并于再现时能够再认识的意识活动。影响记忆的主要因素有：感知事物的次

数、时间的长短，证人和被害人的年龄、性别、职业、情绪以及注意力的集中程度等。访问对象对客观事物感知的次数越多，记忆保持的时间就越长，越不易遗忘。但是，感知次数对记忆保持时间的影响不是绝对的，当人受到外界事物的强烈刺激时，这种刺激虽然次数少，甚至只有一次，但给人的印象却较为深刻。人脑对一些事物感知印象的保持有一定的时间性，从感知到陈述，持续的时间短，记忆就比较清楚；持续的时间越长，回忆就越困难，而且越容易遗忘。记忆受个人情绪影响较大，愉快或气愤、悲痛、恐惧的事情，使人容易记忆，而平淡琐碎、枯燥乏味的事情最容易忘记。但是，高度紧张或者恐惧的情绪也容易使注意力钝化或窄化，使感知和记忆出现偏差。人的年龄大小、经验多少、认知水平对记忆也有一定的影响：少年儿童一般见识少、阅历浅、认知能力较弱，容易受外界干扰，使记忆混淆不清；青年人精力旺盛，认知能力强，善于记忆；成年人不仅精力旺盛，而且有比较丰富的实践经验，对事物分辨能力强，记忆比较准确和具体；老年人精力衰退，记忆力随之减弱，容易健忘。感知的次数、时间、情绪和年龄等因素对证人记忆力的影响不是孤立和绝对的，而是同时相互作用于人的感觉器官和神经系统，其中，对记忆力影响较大的是时间和情绪因素，他们常常起主导作用。

3. 表达能力是指访问对象的语言表达能力，包括口头陈述和书写表达两个方面。一般来说，访问对象的言语表达能力与其文化程度、思维能力等成正比。访问对象的言语表达能力越强，其表达的内容与客观情况就越一致，访问材料的真实可靠性就越强。反之，访问材料的真实可靠性就会受到影响。在访问对象的言语表达能力较弱的时候，侦查人员更应当细心听取其陈述内容，对用词含糊或模棱两可的陈述内容，侦查人员应当进一步追寻并加以澄清，对方言、土语等应当弄清其含义。

二、审查访问对象的思想品德及与案件的关系

一般来说，访问对象思想觉悟高、道德品质好，其提供的情况真实可靠的可能性就较大，反之，其真实可靠的可能性较小；访问对象与案件及其案件主要当事人素不相识，没有任何利害关系，其提供的情况真实可靠的可能性较大，反之，如果与犯罪嫌疑人或被害人有个人恩怨或利害冲突，其提供的情况真实可靠的可能性就相对小些。

三、审查访问对象陈述的来源

访问对象陈述的来源主要有三个：①自己亲自感受到的；②听别人讲述的；

③道听途说、无确定来源的。对于自己亲自感受的情况，侦查人员应当重点审查其感知案件情况的种种客观条件，如距离、光线、风向、障碍物等，据此分析访问对象在当时的条件下能否正确感知所提供的情况。对转述他人陈述的，首先，应查明是在什么时间、地点、情况下听谁讲的；其次，应按照访问对象提供的线索，找直接感受案件情况的人进行访问，从而获取原始证言。对于道听途说、无确定来源的陈述，以及访问对象的猜测、想象和怀疑等，一律不能作为证据使用。

四、审查访问对象的陈述自身有无矛盾

一份真实的证言，在内容上应当前后一贯、没有矛盾，如果一份证言在内容上存有矛盾，难以自圆其说，那么这份证言必定是虚假的，至少有虚假的成分。

五、审查访问对象的证言与其他证据有无矛盾

证据既可以证明案件事实，同时证据之间也可以互相印证其真实性。在其他证据真实性已经查证属实的情况下，如果证言与其他证据一致，那么这份证言就是真实的；如果二者之间有矛盾，那么这份证言就可能是虚假的。这种矛盾是侦查人员在使用查证时发现的。查证属实与否是审查判断证言真伪的重要的可靠手段。

第七章　课后拓展

第八章

犯罪现场勘验检查

犯罪现场勘查的核心和中心任务是现场勘验、检查。现场勘验、检查是侦查阶段收集证据（特别是收集物证）的重要手段，实地勘验检查质量的高低，将直接影响侦查的进程和质量，关系到诉讼能否顺利进行。因此，对现场实地勘验检查必须予以高度重视。

第一节　现场实地勘验检查的概念、对象

一、现场勘验检查的概念

犯罪现场勘验、检查，是指侦查人员为查明案件事实，获取犯罪证据及线索，查找犯罪嫌疑人，揭露证实犯罪事实，依法深入现场实地，运用科学技术手段及其他各种勘查对策，对与犯罪有关的场所、物品、尸体、人身等进行的观察、寻找、发现、提取、搜索、实验、记录、检查等侦查行为。犯罪现场勘验、检查又被称为实地勘验、检查，实践中通常简称为实地勘验或技术勘验。

从上述概念中可知，现场勘验、检查具有如下特点：

1. 现场实地勘验是一种侦查行为。法律规定实地勘验是侦查行为中的一种，因而侦查人员勘验、检查现场的行为是一种法律行为，必须依法进行。

2. 现场实地勘验的主体是侦查人员。犯罪现场勘验、检查的主体是侦查人员，即使在现场勘验检查过程中，需要指派或者聘请具有专门知识的人员解决犯罪现场所遇到的专门性问题，也应当在侦查人员的主持下进行。

3. 现场实地勘验必须使用科学技术手段和其他法律所允许的对策措施，如

智谋、指挥等。现场实地勘验的行为包括观察、显现、记录、提取、分析和检验，这些行为的完成离不开科学的技术方法和对策措施，犯罪现场勘验、检查的基本方法包括巡视与询问、观察与显现、固定与记录、提取与查询、搜索与追踪、人身检查等，以及利用人的感官、借助科学仪器设备和运用科学技术方法进行感知，对犯罪现场进行的鉴识和鉴证。

4. 现场实地勘验的对象包括犯罪行为人实施犯罪行为的地点和场所，以及与犯罪有关的痕迹、物品、人身、尸体等。

5. 现场实地勘验的目的是获取证实犯罪的证据和侦查线索。具体而言，现场勘验、检查的任务和目的是发现、固定、提取与犯罪有关的痕迹、物品及其他犯罪信息，记录犯罪现场的场所、痕迹、物品、尸体，制作犯罪勘验、检查卷宗，认定犯罪事实，判断案件性质，分析犯罪过程，重建犯罪现场，从而为侦查破案提供线索，为刑事诉讼提供证据。

二、犯罪现场勘验检查的对象

根据我国《刑事诉讼法》和《公安机关办理刑事案件程序规定》的有关规定，现场实地勘验的范围和对象主要包括以下几类：

（一）与犯罪有关的场所

从理论上讲，一个完整的犯罪行为，都存在预谋犯罪、实施犯罪和实施犯罪后逃避打击等几个阶段。我们所说的现场，应当包括以上几个阶段实施的所有处所，它不仅仅指犯罪行为实施的具体地点的空间。据此，我们认为这一类对象主要包括以下几个方面：

1. 实施犯罪之前，犯罪嫌疑人进行犯罪的准备，遗留有与犯罪有关的痕迹物品的空间。

2. 犯罪嫌疑人实施具体的犯罪行为的空间。

3. 实施犯罪以后，犯罪嫌疑人为逃避打击而毁迹灭证、处理赃物和藏身的场所。

4. 犯罪嫌疑人进出现场的必经的通道及相关场所。

5. 实施具体的侵害行为的场所的周围，一切可能遗留有与犯罪有关的痕迹、物品的场所。

（二）与犯罪有关的痕迹

与犯罪有关的痕迹主要是指一切与犯罪有关的，遗留在现场的各种形象痕迹。对这类痕迹的勘验是实地勘验的重点，它是侦查过程中收集物证的主要手段。实地勘验中对与犯罪有关的痕迹的勘验，主要是以下几类：

1. 能反映犯罪嫌疑人人体特征的痕迹。包括：指印、指节印、掌印、赤足印、鞋印、袜印，以及人体其他部位留下的印痕，如指甲印、牙齿印、额纹印、唇印、耳部印痕、脸部印痕等，还有人体形成的坐、卧、跪等印痕，反映走路特征的步法痕迹。

2. 能反映犯罪嫌疑人所使用的凶器和破坏工具的痕迹。包括各种钝器形成的打击痕迹，各种锐器形成的砍、刺、切、割痕迹，各种破坏工具形成的撬压、钳、剪、钻、锯、割、锉削痕迹，各种带状物品形成的索沟、勒痕以及枪弹痕迹。

3. 能反映犯罪嫌疑人所使用的交通工具的痕迹。主要包括各种汽车、拖拉机、摩托车、人力车、兽力车等形成的车轮痕迹。

4. 其他与犯罪有关的痕迹。主要包括：牲畜蹄印、牙齿印，燃烧、爆炸、腐蚀痕迹，整体分离痕迹等。

（三）与犯罪有关的物品、物质

这类与犯罪有关的物品、物质主要是指原来属于现场本身，遭到犯罪行为的侵害或被犯罪嫌疑人触动、带离现场的物质、物品；犯罪嫌疑人在犯罪过程中，从现场外带入现场，并遗留、抛弃、粘附在现场的各种物质、物品。现场常见的这类物品、物质主要有：

1. 犯罪嫌疑人遗留在现场的各种物品、物质。包括：

（1）各种凶器和破坏工具。这类物品如刀、枪、枪弹、棍、棒、锤、镐、锹、锄、铲、扳手、砖头、石块、毒品及毒品的包装物，以及各种绳、带、凿、刨、螺丝刀、钳子、剪子、钻、锯、锉、引火物、爆炸物、起爆装置等。

（2）犯罪嫌疑人的分泌物、排泄物、人体组织和体液。主要包括精液、唾液、血液、尿液、粪便、毛发、皮肉、气味等。

（3）犯罪嫌疑人的随身物品。主要包括：提包、衣、裤、鞋、袜、帽子、手巾、纸巾、香烟、火柴、打火机、吃剩的各种食物，以及车船票、报刊、信件、字条、单据、证件、纽扣、手机、电话本卡、破碎衣片等。

（4）犯罪嫌疑人带入或带走的各种物质。主要包括：泥土、灰尘、灰浆、油漆、油渍、金属粉末、碎屑、植物花粉、种子、叶片等。

以上在现场客观存在的，又与犯罪有密切关系的物品、物质，对于我们判明案件性质，分析、判断侦查方向和侦查范围具有重要的作用。因此，对于现场发现的可疑物品、物质，都应将其看作潜在的物证而进行认真的勘查。

2. 犯罪行为触动、破坏和侵害的物质客体。主要是指与犯罪嫌疑人在现场实施完整的犯罪行为的过程相一致，而又受到犯罪嫌疑人的触动、破坏和侵害的相关部位的物质客体。例如，犯罪嫌疑人进出现场必经路线上的门、窗、墙壁，现场的财物保管处所的箱柜，以及被犯罪嫌疑人视为财物而带走的手机、现金、家用电器等。

3. 因犯罪行为而导致的现场各种物质的变化。这类变化的物质包括燃烧物及燃烧后的残留物，爆炸装置及残留物，等等。

4. 被害人遗留在现场上的各种物品、物质。这类物品、物质包括血迹、被害人的衣物及其他相关遗留物，如生活日用品、提包、车票、信件、证件、尸体上的附着物等。

（四）与犯罪有关或可能有关的尸体

对于现场存在明显与犯罪有关或死因不明，可能与犯罪有关的尸体、尸块，一经发现，均应按规定进行尸体外表检验。在勘查中，对于尸体、尸块，应重点对死亡的原因、时间及性质；尸体在现场的具体位置、姿势及相关伴随痕迹；尸体的外部损伤的形状、数量、性质；死者的衣着及状态，随身携带物品，以及尸体的包裹物、捆绑物等进行勘验。

（五）与犯罪有关的人身

对与犯罪有关的人身进行检验，是为了确定犯罪嫌疑人、被害人的某些特征、受伤害的情况及生理状态。检验的具体内容包括人身识别，伤害程度及其后果，伤害的性质，强奸案件中的性犯罪行为的检查等。

人身检验必须严格依法进行，检验前，除紧急情况外，应经过县以上公安机关负责人批准。检验中，不得任意扩大检查范围，不得做出有伤风化或侮辱人格的行为。对被害人，不得进行强制检查；而对于犯罪嫌疑人，如其拒绝检验，检查人员在必要时可进行强制检查。

人身检查由侦查人员进行，必要时，应聘请或指派医师或法医参与检验。检查妇女身体，应当由女侦查人员或医师进行。

以上五种对象，既是犯罪现场的各种构成要素的外在表现，也是获取各种诉讼证据的重要来源。它们以现场及现场发生的事件为存在的基础和条件，同时也是我们认识犯罪事件的基础和依据。它们涵盖了现场勘查几乎全部的内容，也是我们确定勘查方法的前提和依据。

第二节　现场实地勘验检查的原则

由于现场实地勘验面临的对象多，解决的问题纷繁复杂，技术性特强，故而在具体实施实地勘验时，一方面要严格依法办事，另一方面还必须严格遵守实地勘验的原则。

一、先静后动、静动结合

现场实地勘验，应当按照先"静"后"动"、静动结合的原则进行。"静"是指在不触动现场物体的情况下，认真观察各种物体的状态和可能遗留痕迹的位置，以及物体相互间的关系；"动"是指运用各种方法和技术手段对现场的物体和有关部位进行详细查验，以便更好地发现各种痕迹、物品及其他物证，并采取相应的方法加以提取。"静"与"动"的勘验不能截然分开，应当"静""动"结合，交替进行。

二、先地面后空间

勘验犯罪现场，为了防止侦查人员的勘验、检查将未勘验的证据破坏掉，现场勘验必须按先后顺序和现场具体情况的顺序进行。

一般而言，应本着先进行地面勘验，然后再勘验地面之上的空间部位原则，先下后上，进行勘验。

三、先记录后勘验

现场勘验之前，首先运用照相、录像、绘图、笔录等形式将现场所处的地理位置、周围环境、痕迹物品等原始状况客观如实地记录下来。在将现场记录下来之后，才能进行"动"的勘验。

四、先固定后提取

固定、提取与案件有关痕迹、物品等证据材料，不仅是详细勘验的需要，而且是全部勘验活动的重要内容。但是，固定、提取的方法一定要正确，按照一般规律，应先固定、后提取。对发现的痕迹、物品要先观察、后测量，先做文字笔录、摄像、照相、绘制现场图，然后再根据痕迹、物品的位置、形态和承受体的情况，采用适当的理化方法，先显现后提取。只有遵循这种顺序，才能避免破坏现场，避免造成无法弥补的损失，提高现场勘验的质量。

第三节 现场实地勘验的步骤

现场勘验作为现场勘查的核心工作，由于其面临的对象多、情况复杂、技术性强，并且认识的对象均为"无声"的状况或物质现象，而实地勘验的结果不仅关系到侦查的进程，也关系到整个诉讼能否顺利进行，因而，遵守必要的勘查程序和勘查步骤是完成勘查任务的保证。

通常，现场实地勘验要经过先静态、后动态勘查两个阶段。所谓静态勘验，是指不触动现场任何物品，不改变现场状态而对现场本身、现场状况进行的观察。静态勘验又包括整体静态勘验、局部静态勘验和个体静态勘验三个阶段。

所谓动态勘验，是指在静态勘验的基础之上，对物体进行翻转移动式的勘验、检查，又称为细目勘验。如果说静态勘验的侧重点在于观察、分析、记录、固定每一个现场现象的位置、状况，动态勘验则侧重于对每一个具体的痕迹、物证的发现、研究和提取。动态勘验的目的是要利用一切可利用的勘查手段，对每一个静态勘验所发现的具体痕迹、物证的形成原因、变化状态及特征进行研究，对痕迹物品与犯罪的关系进行判断，寻找和发现不易见的痕迹和微量物质，并将它们记录、提取、固定下来，以供进一步的检验或可作为诉讼证据。个体静态勘验是个体动态勘验的基础。

实地勘验的步骤反映了勘查人员对现场物质环境和物质状况的认识过程，从某种意义上讲，它也是一种有序的认识方法。进行实地勘验的具体步骤包括整体巡视现场、初步勘验固定现场和个体动态勘验。

一、整体巡视现场

巡视现场，又称为视察现场，它是指勘查人员不进入现场，围绕着现场的外围，对整个现场进行观察。其目的是查明现场所处的位置及其与周围环境的关系，现场内部的大体状况，以及犯罪嫌疑人进、出现场的路线，根据实际情况确定勘验的范围和顺序。因此，又可将其称为"整体静态勘验"。

巡视现场是现场实地勘验的第一步，它处于勘查人员临场准备完成以后，进入现场内部进行局部和个体勘验之前。在巡视现场时，勘查人员可根据现场的环境和现场内部的情况，拟订勘查计划，确定勘查的起点、重点、顺序和进入现场的路线，勘查的方式、方法，以及划定勘查的范围等。巡视现场一般由实地勘验的指挥人员带领参与实地勘验的侦查人员、技术人员及记录人员进行。

（一）巡视现场的要求

在巡视现场时，勘验者的行为应符合以下要求：

1. 除非绝对必要，现场的任何物品不得搬动。巡视现场不得为了观察的需要而改变现场的原始状态。特别是原始状态中那些看似不重要而又极容易改变的原始状况。应特别留意门、窗的开启状态，灯的开、关状态等。如必须改变现场状态，在改变之前，必须用笔录、绘图或设定标志等办法记录、固定改变前的各种状况。

2. 巡视现场应立足于宏观的观察，而不应进行微观的搜索。巡视现场的基本要求是要通过观察，迅速了解现场的大致状况和形成现场的情况及可能的痕迹等情况，以便迅速制订勘查计划。因此，巡视现场的重点是要查明现场的方向、位置，现场内部的大体情况，犯罪嫌疑人进出现场的位置和路线，现场中何处为现场的中心部位，何处存在较多的痕迹、物证，等等，而并不是集中精力观察和发现每一个具体的痕迹、物证。

3. 整体静态勘验中应做好固定和记录工作。整体静态勘验中，要用笔录、照相、制图、摄像等方法，对现场的方位和整体情况进行固定记录。对记录和勘验人员而言，除按证据的要求制作好勘验笔录的有关部分外，还应记录下观察中所发现的可能会迅速改变或消失的各种状况，如现场的气味等，以便为后续的勘验提供条件。就照相而言，应制作好方位照相和概览照相；就制图而言，应进行现场方位图、全貌图的制作。不记录、不固定，不得进行进一步的勘验。

（二）巡视现场的实施

巡视现场，由现场勘查指挥人员主持实施。参与巡视现场的人员不宜过多，一般由参与实地勘验的主要勘查人员组成。为了迅速巡视现场，可吸收现场保护的负责人、管区民警或熟悉现场环境的人员参加。

巡视现场应按由外向内、由整体到局部的顺序，结合现场的具体位置（室内或室外），分层次进行。

1. 室内现场的巡视。巡视室内现场，应从以下几个方面着手：

（1）应观察现场的方位、环境，并留意现场环境周围的各种状况。为此，应测定现场的地理位置，观察和确定现场在周边环境中的具体位置、方向，注意现场周围有无具体明显的地形、地物和标志物及其相互位置关系，如山脉、河流、道路、桥梁、机关单位、居民住宅、围墙等。注意现场周围环境中的各种状况，例如，值班情况，人们的生产、生活情况，交通设施及交通状况，哪些地方具备供犯罪嫌疑人预伏、藏身、隐匿赃物和罪证的条件，以及呈现的可疑迹象等。

（2）观察现场建筑物的结构、用途及外貌。巡视时应注意观察现场所在的建筑物的房屋为何种建筑结构及其走向；建筑物是平房还是楼房，是独门小院还是深宅大院；房屋是用作办公室还是住宅、仓库、保管室、营业店堂、公共娱乐场所，其中是否有不安全因素的存在。如为火灾现场等，还应观察建筑物是整体被毁还是部分被毁，是内烧还是外烧，等等。

（3）观察现场在整个房屋中的具体位置。为此，应注意判明整个建筑物有多少层楼或多少个房间，现场位于哪个楼层或哪几间、哪一间房间，房间的结构、用途如何，以及现场与邻近房间、走廊、楼梯、天窗、大门、侧门的关系怎样，有无可疑的痕迹和物品。

（4）观察现场内部状况。观察内部状况的重点是要初步查看和判明室内各种物品的位置、状况，特别是一些重要部位的状况，如财物保管处所；犯罪嫌疑人在现场内部的撬压、翻动及其他破坏情况；尸体的位置、姿势；尸体与血迹或其他痕迹、物品的关系等。

2. 室外现场巡视。巡视室外现场应首先观察它位于何处，是在机关、厂矿等单位内部，还是在居民住宅区；是在公共复杂场所还是在荒郊野外，或是在农田、沟渠、河流、塘堰等地。其次，观察现场内部的尸体及其他痕迹、物品的分布状态，相互位置关系。最后，注意观察现场周围的地形、地物，道路的分布、走向，河流的分布、走向以及道路、河流的交通工具的运行情况，观察现场周围有无单位、民宅，有无可供犯罪嫌疑人藏身、隐匿赃物、工具、凶器的山洞、涵洞、树林、草丛等处所。

（三）巡视现场的任务

1. 划定勘验范围。巡视现场是后续勘验的基础，通过巡视现场，勘验人员对现场的方向、位置、周围环境、内外状态、痕迹物品的分布状况、进出口以及进出路线等有一个比较全面的认识后，应在此基础上划定勘验范围。

准确地划定勘验范围，是现场实地勘验成功的前提和基础。划定勘验范围应以巡视现场的结果为依据，并结合现场所处的具体地理环境因素，抓住重点、照顾全面，力求准确。在实践中，勘验的范围应包括现场的中心和外围两部分，对勘验范围以外的部分，可列入搜索范围，这部分范围是指现场外围部分以外，有可能遗留有与犯罪有关的痕迹、物品的区域。

由于勘验范围的划定主要基于巡视现场的结果，而巡视现场主要是一种在现场外部而非进入现场内部所进行的观察判断，因而基于这种观察判断而划定的勘验范围不一定准确。在实地勘验中，根据勘验情势的发展，可对先前划定的勘验范围进行灵活调整。因此，划定勘验范围要根据现场的客观实际条件，结合现场痕迹、物证的分布情况以及现场勘验检查的具体工作需要，这样才能有效地划定现场勘验、检查的范围，保证现场勘验、检查的质量。

2. 确定勘验顺序。勘验顺序是指勘验以何处为起点，终止于何地。勘验顺序应根据勘查的需要，根据现场所处的位置、环境和现场痕迹、物品的分布状况综合确定。实践中，现场勘验通常采用如下顺序：

（1）由中心向外围进行勘验。由中心向外围进行勘验，勘验的起点在现场中心。由中心向外围进行勘验是一种常用的勘验顺序，主要适用于现场范围不大，现场中心部位比较明显，痕迹、物品相对集中的现场，室内现场一般多采用这种勘验顺序。对室外现场而言，如现场本身符合以上条件，也可采用这种勘验顺序。例如，抢劫、强奸案件的被害人能明确指出受害地点的室外现场；杀人案件中，尸体所在部位十分明显的室外现场。在现场勘查阶段，有条件采取紧急措施的，如追缉堵截等，也可以采取这种勘验顺序。

（2）由外围向中心进行勘验。由外围向中心进行勘验，勘验首先从现场外围着手，由外围向中心进行勘验主要适用于现场范围较大，现场中心不明显、不突出，痕迹、物品较为分散的现场。野外现场常采用这种勘验顺序。采用这种勘验顺序的关键在于如何判定现场的外围和中心。有的现场，由于现场外围极易遭受破坏，虽然其范围不大，现场中心明显，痕迹、物品相对集中，符合由中心向外围进行勘验的条件，也可采用先勘验现场外围、后勘验现场中心的顺序，首先对现场外围进行抢救性勘验。

（3）分片分段进行勘验。对于现场范围比较大，或者现场呈狭长地带，或者现场范围涉及多个地点、几个楼层，或者现场环境十分复杂，为了便于迅速地寻找和发现痕迹、物品，特别是一些微小的物品、物质等，可采用分片分段的方法对现场进行勘验、检查。

（4）沿着犯罪嫌疑人行走的路线进行勘验。如果现场痕迹反映清晰，且能明显地显示出犯罪嫌疑人在现场的行走方向和路线；或者经过访问目击者、受害人等，查明了犯罪嫌疑人在现场的行走途径；或者现场的门、窗开启状态，或者现场客观环境、现场物品的陈列方式等，反映或决定了犯罪嫌疑人在现场的行走路线等；可采用此种顺序对现场进行勘验、检查。

（5）沿着地形、地物的自然界线进行勘验。如果现场范围较大，而又地处自然界线较为明显的江河、湖泊、塘堰、沟渠、傍山小道、铁路或公路线，可以沿着河边、湖岸、铁路、公路的界线进行勘验。

（6）沿着警犬追踪的路线进行勘验。对于现场存在嗅源，可利用警犬进行追踪的案件现场，一方面，可组织人员沿警犬追踪路线进行搜索式勘查；另一方面，可同时对现场中心进行勘验。对于警犬追踪路线上发现的可能是犯罪嫌疑人停留、隐蔽或藏匿罪证的地点，应进行仔细的搜索和检查。

（7）从现场的某个特定部位开始勘验。对于现场处于交通要道、繁华场所，不可能长久地封闭或无法封闭；或者为了采取紧急措施，需要迅速查明与采取紧急措施有关的现场情况；或已知现场的某个部分存在潜在危害；等等，可采用从现场的某个特定部位开始的勘验顺序对现场进行勘验、检查。

对于存在多个现场的案件，可采用先发现、先勘验的方式进行，如同时发现多个同一案件的现场，可从勘验价值高、勘验条件好的现场首先开始勘验，如人力、物力条件具备，也可同时进行勘验。

以上几种勘验顺序符合勘验活动的行为规律，是保证勘验活动有效、有序的基础，实地勘验中必须遵守，但不意味着每次勘验只能择一而行。实践中，可根据勘验的需要灵活组合，也可根据具体的案件情况，采用可适用的其他勘验顺序。

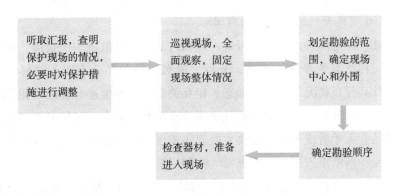

图 8-1 整体巡视的工作程序

二、初步勘验固定现场

初步勘验，又称为局部观察，是指在不变动现场原始状态的情况下，按照确定的勘验范围和顺序，把现场分成若干部分，逐一进行观察、记录、研究的一项勘验活动。

（一）划出通道

巡视现场后，无论采用何种方式、何种顺序勘验现场，都必须要进入现场内部开展工作，因此，确定进入现场的路线尤为重要，进入现场路线选择不当，不仅不能保证勘验的顺利进行，还可能破坏现场潜在的各种痕迹、物证，为勘验设置障碍。

在具体选择时，应由现场勘查指挥员指定一名有经验的勘查人员为先导，根据现场的环境状况，现场痕迹物证的分布状况，被害人、事主、目击证人反映的情况和勘查的需要，划出一条进入现场的通道，以此作为后续人员进入现场进行勘查的路线。划出通道的原则是不改变现场原始状况，不破坏现场痕迹、物证。

（二）固定现场

划出通道后，勘查人员沿此通道固定现场。固定现场，是在不变动现场原始状态的情况下，按照所确定的勘验范围、顺序，沿着预先选定的勘验路线，进入现场内部，把现场分成若干个部分进行记录的一种侦查活动。固定现场仍属于静态勘验。

根据静态勘验的要求，在具体进行勘验时，首先应对各个局部进行记录和固定，记录和固定的方法是笔录、绘图、照相、摄像。记录和固定的要点是现场各个局部的原始状态，痕迹、物品的分布、状态及相互间的位置关系。

（三）处理地面痕迹进入现场内部

在记录、固定现场之后，方可进入现场内部对局部范围内的痕迹、物品的位置、状态、相互关系等进行观察、分析。观察现场各部分有哪些明显可见的痕迹、物品及其分布状况、位置、形态和相互关系；判断痕迹、物品与犯罪的关系及其形成机制；分析研究现场各部分之间的联系及与整个现场的联系；分析研究痕迹、物品有无矛盾或不符合事物发展规律的现象；分析研究犯罪嫌疑人在现场的活动情况；判断出入口，发现异常气味和反常情况。

对所发现的具有证据意义的痕迹、物品（如手印、足迹、血迹、凶器等），可用粉笔、石灰等加以标明，并应及时拍照、记录。

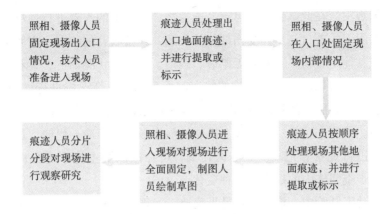

图 8-2　初步勘验的工作程序

三、动态勘验提取痕迹物证

在对现场进行记录之后，即可进行动态勘验。在进行动态勘验时，勘验人员应戴上手套，以防止将自己的手印等遗留在被勘验的客体物上，干扰勘验的顺利进行。在触动现场客体物时，应从一般人不习惯或不常触摸的部位入手，千万不能触碰客体物上的痕迹，以防破坏、"污染"，避免造成不可弥补的损失。动态勘验，往往以最终提取某个具体痕迹、物证为终结。因此，在勘验时，除应注重对提取方法进行研究和确定外，还应准备好与物证收集、包装、保管的要求相一致的各种包装物、提取工具等。

在具体进行动态勘验时，可以对物体的具体位置进行变动，并可按由低到高，由外到内，由表及里的顺序，对被勘验客体物进行分层次的勘验、检查。例如，对疑为"盗口"的门窗进行勘查时，应先对门、窗的开启状态等进行记录、拍照，以固定其原始状况。然后，观察、发现、记录和提取门、窗外围地面、墙壁上的足迹、蹬踏痕迹及其他痕迹、物品，紧接着应注意对门、窗的被破坏部位进行观察、研究，寻找破坏工具的痕迹、手印和其他相关附着物，研究破坏方法，提取相关痕迹、物证；最后，打开门、窗，进一步寻找门窗内侧及相邻墙壁、地面上是否存在相应的痕迹及其他微量物质。

对杀人案件现场的尸体进行勘验也与上述步骤相同。首先对尸体在现场所处的位置、姿势、状态、覆盖物，尸体的外表及其与周围的血迹、足迹、凶器及其他痕迹、物品的位置关系进行固定。在法医未到场的情况下，对尸体的勘验仅限于对外表的观察。在此基础上，可揭开覆盖物，对死者的衣着进行逐层检查。要注意观察衣服上的破口与尸体受伤部位的关系，观察衣着的状态，衣服上是否粘附有血迹或其他附着物，衣着有无撕裂、破损，纽扣的状况如何，察看衣裤口袋里有何种物品。对每层衣服解开前的状态和发现的以上情况应进行详细的记录。脱下衣服后，对衣服上的褶皱等情况，须详细记录褶皱的方向、形态及褶皱上的各种附着物。最后，可对尸体外表上反映的损伤形状、尸冷、尸僵、尸斑、尸体腐败状况等进行观察和记录。如法医在场，可在法医的主持下进行尸体解剖检验，以进一步查明体内的损伤及各种变化。

在个体动态勘验中，检验各种易见痕迹，发现不明显的痕迹和微量物质，应以配光观察为主，也可以利用各种技术手段和方法进行显现。在提取时，应以照相为主，制模为辅。

在进行动态勘验的过程中，勘验人员应充分发挥自己的主观能动性，积极寻找被勘验客体。对于重点部位和重要的痕迹、物证、物品，要认真勘验、检查；对于非重点部位以及初看起来并不重要的痕迹、物品，也须高度重视；对于当时未发现而又可能存在于现场的各种潜在痕迹或微量物质，应在全面了解犯罪嫌疑人在现场活动的各种情况之后，结合各类犯罪及犯罪嫌疑人活动的规律和现场的各种具体状况，进一步进行仔细的寻找与发现。对于已经发现的各种痕迹、物证，除精心提取、仔细包装、小心运输外，还应综合现场访问及其他方面的有关情况，对其是否与犯罪有关进行认真的甄别，必要时，可通过调查、辨认、技术鉴定、现场实验等方法进行验证。

实地勘验中，应严格按照勘查的步骤进行勘查。这样做不仅有利于勘查工作的有序化、系统化，提高痕迹物证的发现率、采证率，而且有利于案情的分析、判断，是提高现场勘查质量的重要保证。

四、结束勘验、检查

结束现场勘验、检查之前，侦查人员应当按照结束现场勘验、检查的条件，对现场勘验、检查的全部工作进行全面、客观、科学的审查和评断，并妥善处理现场。

（一）结束现场勘验检查的条件

1. 案件性质已经确定。根据现场勘验、检查的结果，判断案件是否是刑事案件，是哪一类的刑事案件，犯罪的时间和地点是否明确，证明犯罪行为的证据是否客观、真实。

2. 犯罪事实已经查清。依据现场勘验、检查的情况，侵害的目标和对象明确，犯罪的因果关系清楚，分析的作案过程和犯罪活动全面、客观。现场虽然可能存在次要情节暂未解决，但是不影响认定犯罪的主要事实。

3. 侦查破案的线索清晰。侦查破案的线索通常包括对犯罪行为人的刻画、犯罪行为人的活动区域、犯罪行为人的职业或者人群范围等。

4. 现场的犯罪证据客观、真实。现场收集的痕迹物证全面、客观，并得到有效的保护，认定犯罪行为人的证据充分，勘验检查笔录已经完备；现场存在的矛盾和疑点等已经澄清或者得到合理的解释。

5. 法律手续齐备。在实地勘验、检查时，对于人身检查、财物和文件扣押、尸体解剖等，应当严格按照法律的相关规定执行，完善法律手续。对于不当之处，要及时纠正和弥补。

（二）处理现场

犯罪现场实地勘验、检查结束后，侦查人员应当根据现场的具体情况，及时做好结束犯罪现场勘验、检查的善后处理工作。

1. 对于侦查人员在现场勘验、检查过程中形成的废物和垃圾，要及时清理出现场，放置于指定的地点；对于有污染的废物和垃圾，要在指定的地点进行必要的处置或者深埋；必要时，对于有危害的或者有危险隐患的现场和现场的物质，应当与相关专业部门及时沟通，进行专业无害化处理。

2. 现场勘验、检查结束时，侦查人员应当会同受害人或者其家属，对现场的财物进行当面清点，核查现场有无财物的变化，对于不确定的因素，应当进一步查证。

3. 对于不需要保留的现场，经过现场勘查指挥员批准决定，可以将现场交与所属人或者其亲属、所属单位的负责人，妥善处理现场，并解除犯罪现场保护，恢复正常的经营、生活或者交通秩序。

4. 对于需要保留的现场，应当对现场进行封存，并通知当地公安派出所、现场的所属人或者其亲属、所属单位的负责人加以封存、妥善看护。没有现场勘查指挥员的许可，不得擅自进入现场或者触动现场的物品。

5. 对于现场提取的痕迹、物证，经侦查人员清点、核实后，指定专门人员妥善保管、运输，防止污染、损毁或者遗失；对于现场扣押的财物、文件，按照扣押财物、文件的法律规定执行；对于不便提取的痕迹、物证，应当告知公安派出所、现场的所属人或者其亲属、所属单位的负责人进行妥善看护和保管。必要时可根据具体情况，对现场进行全部封存或者局部封存。

6. 对于不需要保留的尸体或者尸块，应当通知死者家属领取后自行处理，并开具死亡证明。如果是无名尸体或者死者家属拒绝认领的，可由公安机关负责人批准，协同民政部门或者死者生前所在单位，依照有关规定进行处理，并做好记录备查。

7. 对于需要保留的尸体、尸块或者人体组织，应当由现场勘验检查人员低温冷藏，妥善保存，防止腐败变质，并向死者的家属或者死者生前所在单位的负责人说明情况。

第四节　现场实地勘验的方法

现场实地勘验，除勘查的步骤是必须遵守的程序外，在具体勘验中，综合运用人的感觉器官，有效地利用刑事技术的方法，构成了现场实地勘验方法的全部内容。实地勘验的方法主要有观察、现场实验、技术勘验检查、现场搜索等。

一、观察法

观察是实地勘验中最基本的勘查方法，它不仅适用于动态勘验，更适用于静态勘验。观察是适用其他勘查方法的前提和基础，在静态勘验中，解决勘查问题主要依赖于观察。在动态勘验中，观察能为动态勘验提供对象，提供选择方法的依据，此时，它是一种与技术手段相结合并被技术手段强化了的观察方法。

所谓观察，是指勘验人员利用感觉器官，对与犯罪有关的场所、痕迹、物品、尸体进行感性认识的一种勘查方法。

（一）宏观观察

在第三节介绍的巡视现场，实际上就是一种宏观观察。这种宏观观察是对整体、局部的观察，而不是对某一个客观物的观察。宏观观察是一种初步观察，没有这种观察，一般是不可以进入个体观察阶段的。

宏观观察的方法一般是借助于自然光线观察。在夜间或较为昏暗的环境中，借助于灯光（室内灯、勘查灯、手电光等）进行观察。

（二）微观观察

微观观察，不仅要对每个个体本身进行全面观察，还要观察其遗留位置，观察遗留客体物的表面状况，遗留痕迹、物品、伤痕的细微特征。因此，观察方法是关系到能否发现、获取客体本身特征、客体周围物体特征的关键所在。具体方法如下：

1. 自然光观察法。自然光观察法是在光线较好的条件下的静态观察法。在记录、固定之后，为了详细勘验、检查，还要进行动态观察，拿起观察客体，在光线最佳条件下，发现特征。

2. 灯光观察法。灯光观察法是借助于灯光的照射进行观察。在外部光源的照射下，观察发现痕迹、遗留物、伤痕等。灯光观察有时借助于特殊光源，如多波段光源、夜视仪等。这些仪器可以帮助勘查人员发现用肉眼看不到的潜在痕迹、遗留物，如潜在掌印、足印、耳印、唇印等；还可发现血迹、精斑、唾液等。

二、现场实验法

犯罪现场是犯罪信息的载体。犯罪现场呈现出的是非常复杂的现象和状态，它是一种社会现象的综合体。侦查人员从犯罪现场获取侦查证据、线索，获取犯罪信息，绝不是仅靠一种手段、方法就可以达到目的的。这种社会现象涉及的客体、对象、现象很广泛，决定了获取方法、手段的多样化。侦查实验法就是一种勘验方法，由于这种方法是在现场勘查阶段进行的，也称现场实验法。

（一）现场实验的概念

现场实验，是指在现场勘查中，为确定、验证犯罪现场的某种现象、情节、事实、痕迹等是否在某种条件下能够发生或遗留，参照现场发生时的条件，将该类现象再现的一种勘查措施。

应该明确，现场实验是侦查实验的一种，这种实验是一种执法行为。《刑事诉讼法》第135条规定："为了查明案情，在必要的时候，经公安机关负责人批准，可以进行侦查实验。侦查实验的情况应当写成笔录，由参加实验的人签名或者盖章。侦查实验，禁止一切足以造成危险、侮辱人格或者有伤风化的行为。"

现场实验是在现场勘查中进行的，它也应该由侦查人员主持，并邀请2名见证人。实验前应制订计划，确定实验内容和方法、实验地点和时间，准备好实验的工具、物品，确定参加人员。

（二）现场实验的内容

现场实验的内容多种多样，实践中常见的有以下几个方面：

1. 验证某个人在某种条件下感知某种现象的客观可能性，主要是指在某种条件下能否听到某种声音或看到某种现象。条件是指当时的物质环境、光线条件、现象本身刺激性的强弱、感知主体的感知能力，以及感知主体与感知事物之间的距离等。

2. 验证某人在某一特定时间、条件下，能否完成某种行为，或完成这一行为必须具备的时间和条件。例如，某人在某一时间内，徒步或乘坐某种交通工具能否到达犯罪现场；完成整个犯罪过程需要多少时间；某人能否从现场某一孔洞通过，或具有什么条件的人才能从现场某一孔洞通过；等等。

3. 验证某种物品、物质，在某种条件下发生某种变化的客观可能性。如在某种条件下，某种物质能否发生自爆、自燃、自溶等。

4. 验证在某种条件下实施某种行为、发生某种结果的客观可能性，如现场房门在关闭的情况下，能否从外面将其开启而不留下任何痕迹。

5. 验证现场的某种痕迹，是用何种工具在何种条件下形成的。

6. 验证现场的某种变动、现象形成的原因、条件和过程。

（三）现场实验的意义

现场实验是审查、核实案件事实的一种科学方法，在现场勘查过程中具有十分重要的意义。

1. 现场实验有助于审查事件性质。比如，一名仓库保管员报称仓库物资被盗，经勘查，发现现场门窗完好，无破坏痕迹，只有墙上有一新挖孔洞。经现场实验，证明所称被盗物资不可能从此洞移出。根据这一实验结果，结合勘查情况，可以确定此案虚假，不能成立，或者是保管员监守自盗。

2. 现场实验有助于判断现场痕迹的形成因素。比如，通过爆炸实验，验证形成某一爆炸现场需要何种型号的炸药多少数量。

3. 现场实验有助于判断证人陈述的可靠程度。比如，强奸案件的被害人向侦查员反映了犯罪行为人详细的体貌特征。但现场实验表明，就当时的光线条件及地理环境，被害人不可能对犯罪行为人的体貌特征感知得这么清楚。由此说明其陈述不实，不可盲目相信。

4. 现场实验有助于确定现场推论。

5. 现场实验有助于审查犯罪嫌疑人或被告人的陈述是否真实。比如，犯罪嫌疑人陈述的案发时间从甲地点到乙地点做某件事情。为审查这一陈述的真伪，就可以进行现场实验，证明所述行为过程究竟需要多长时间才能完成，进而判断是否具备作案时间。

（四）现场实验的方法步骤

1. 现场实验的组织。是否进行现场实验，由公安局长或者相应的刑侦部门指挥员根据现场勘查的工作需要与否决定。一般情况下，现场实验由现场勘查指挥员担任指挥，由侦查人员进行，或者在上述人员的主持下进行。根据现场实验的不同情况的要求，决定是否邀请有关方面的专家参加现场实验。

现场实验是一项诉讼活动，为了保证实验结果有法律效力，并产生相应的法律后果，应邀请 2 名见证人对现场实验过程及结果予以监督、证明。见证人的要求与现场勘查见证人的要求相同，最好由现场勘查的见证人担任现场实验的见证人。

犯罪嫌疑人、被害人及证人是否参加现场实验，取决于现场实验的目的和要求。如果现场实验的目的在于审查嫌疑人口供及陈述，则可以让他们参加；如果实验所要验证的对象和他们有密切联系，亦可让他们参加。有些被告人、犯罪嫌疑人抱有侥幸心理，拒不交代罪行，如果实验结果当场证明其撒谎，往往可以促使其转变态度，供认罪行。

2. 现场实验的准备工作。

（1）明确实验目的。根据现场访问和实地勘验中发现的疑点，对有关材料进行全面的研究。对从有关陈述中发现的疑点，分析是否因询问过程中的误听、误记或误解所造成的，必要时可再次询问。如果有关人员坚持原来的说法，应进一步弄清楚与疑点有关的情况；对于有关人员感知某一现场现象当时的时间、地点、光线明暗程度、气候条件及其感知能力等，就需要在原来条件或近似于原来事件条件下组织实施现场实验，以分析存在疑点的原因；对于现场痕迹、物品方面的疑点，应进一步研究其与犯罪行为的关系，判断其为现场所原有，还是无关人员所留，或是犯罪行为人所留，或是已经发生变化了的情况。某些情况下，还要请教有关方面的专家，查明存在的疑点是否属于正常范围，能否作出合理的解释，以及实验中可能遇到的问题。只有这样，才能使实验的目的更加明确。

（2）拟定现场实验方案。实验方案的内容主要包括：实验目的——即通过实验要验证什么问题；实验时间——是当场进行，还是另选择其他时间；实验地点——是在现场原地进行，还是选择其他地点；实验的步骤、次数，以及变换实验条件的不同实验方案。

（3）准备现场实验需用器材。现场实验器材是现场实验的物质保证。具体物品的种类数量及要求，应根据实验的项目、次数等确定。

3. 现场实验的实施。现场实验中，各方人员要明确各自所担负的实验项目及职责，分头展开工作。但有些情况下，事先将实验的具体项目和内容告知实验人员，可能导致实验人员的心理状态发生改变，进而影响实施结果的准确性。因此，在布置任务时应针对不同情况，灵活处理。

现场实验指挥员在整个实验活动中占据主导地位，负责全局工作的开展，指挥员不能限于某项具体的实验工作，而要把握实验的进程，协调各方人员的关系，及时处理实验中出现的问题。

现场实验中，要布置好现场警戒，防止无关人员、车辆及其他因素干扰实验，影响实验结果。同时，要保守现场实验的有关秘密，布置好排险措施，保证现场实验安全进行。

4. 现场实验记录。客观全面地记录现场实验过程及结果，在诉讼中具有证据的意义。现场应单独制作笔录，不能和现场勘查笔录并在一起，现场实验的记录方式有笔录、照相、录音、绘图、摄像等，以笔录形式为主。现场实验笔录和内容包括以下三部分：①案件和现场的基本情况；进行现场实验的理由和目的；实验起止时间；参加实验的人员。②实验的条件、方法、过程及结果。③参加实验人员签名盖章，对实验条件、方法、过程及结果的有关说明。

5. 现场实验结果的评断。评断现场实验结果，即分析判断现场实验结果的真实可靠程度及其在侦查上的意义。评断应从以下几方面进行：

（1）综合考察现场实验各方面的条件是否和被验证对象的原本条件一致或相似；实验过程是否科学；实验次数是否足以说明问题，并据此判断现场实验结果的科学性和稳定性。

（2）把实验结果和整个案情相比较，看其是否与现场访问材料、现场痕迹物证相一致。如果不一致，怎样解释其间的矛盾，有无必要再次实验。

（3）正确估计参加实验人员的生理、心理状态及感受能力对实验结果的影响，避免得出不切实际的错误结论。

现场实验结果在侦查上的意义，应当根据实验所解决的问题作出具体分析。现场实验的结果只有两种可能，即肯定与否定。肯定结果，通常只能作出推测性的结论；而否定结果则可以得出确定性的结论。比如，现场实验结果表明其嫌疑对象有作案时间，但不能因此肯定该嫌疑对象就是犯罪行为人，只能说明该嫌疑对象嫌疑上升；反之，现场实验结果表明某嫌疑对象没有直接作案时间，则至少可以肯定该嫌疑对象没有直接作案。有的现场实验所解决的问题，只能为分析判断案情、确定侦查方向和范围提供依据，而不能作为证明被告人是否犯罪的证据。

（五）现场实验的规则

现场实验是一项刑事诉讼活动，其结果不仅对侦查有重要意义，而且可能作为审判中定罪量刑的依据。所以，要保证现场实验合法、有效地进行，必须遵循下列规则：

1. 现场实验条件应与被验证对象的原来条件一致。被验证对象的原来条件随着时间的推移已发生变化或不复存在，并且由于侦查人员并没有直接感知已经发生的犯罪事件，没有直接感知现场的形成过程，因而进行现场实验的各种条件都是在研究犯罪现场环境，现场痕迹、物品，证人证言，以及犯罪嫌疑人供述的基础上，进行的恢复重演。而现场实验的结果能否正确地证明案件的某些情况，能否在证实或否定犯罪中起证据作用，这与现场实验的条件是否符合或接近被验证对象的原有条件有直接的关系。实验的条件越接近被验证对象的原有条件，实验结果就越可靠；反之，实验结果的可靠性就越小。所以，进行现场实验的条件应尽可能地与被验证对象的原来条件保持一致。

第一，现场实验一般应在案发现场原地进行，尤其是审查能否看得见某种现象或听见某种声音的实验。如果现场的物质环境发生变化，要尽量恢复原状。当然，有些现场实验不宜在现场当地进行，如爆炸实验等。

第二，现场实验的条件与原时间条件一致。这里的所说的时间条件一致，是指相对时间条件一致，即一年中的哪一个季节，一季中哪一个月，一月中哪一天，一天中哪一时辰。因为即使在同一地点，因时间条件不一致，其气候、光线等条件存在差异，也会影响实验结果。当然，有些现场实验结果不受时间条件的影响，则不考虑这方面的因素。

第三，现场实验应选择相同或相近的自然条件。这方面的具体条件根据实验所要解决的问题不同而不同，比如，有的实验要求风向、风速条件相同，有的则要求温度、湿度条件相同。但自然条件不能随人的主观意志而转移，有时不能遇到恰当的自然条件，而侦查工作又不能长期等待。因此，进行现场实验时，除要求自然条件尽可能一致外，还应当注意实验中某些自然条件不一致可能给实验结果带来的影响和可能存在的误差，并在现场实验记录中注明。

第四，现场实验所用物品、工具等物质条件应与原条件保持一致，有条件的应用原物；如果原物已被毁坏或被提取，不能使用时，应使用与原物同类的物品、工具，否则，也难以得出正确的结论。

2. 同一实验应坚持反复多次进行。因为在被验证对象产生过程中和实验过程中，都可能出现一些偶然因素影响实验结果及其应用。所以，对同一实验应反复多次进行，以防止实验结果的偶然性。实验中，根据需要，可以有意改变实验条件，以观察实验结果的变化规律，探究原因和结果之间的内在联系，以保证实验结果的准确性和稳定性。

3. 现场实验应依法进行。现场实验作为侦查实验的主要内容，是一项法定的侦查措施，采用这一措施，要经过一定的程序，经领导批准，办理相应的法律手续，以求实验过程及结果具有法律效力。现场实验禁止一切足以造成危险、侮辱人格或有伤风化的行为，反对不分案情、不择手段、不计后果地进行现场实验。

4. 坚持保密原则。对实验结果，在一定时间内加以保密，以保证勘查工作的正常进行。

三、技术勘验检查法

实地勘验除有效地运用观察、现场实验等勘验方法外，离不开各种刑事技术手段和方法的运用，技术勘验、检查的方法在勘验中的运用，主要集中于对各种痕迹、物证的发现、固定、提取和检验等几个环节，多在对痕迹、物品、人身、尸体进行动态勘验时使用。具体内容将在后面第十章介绍。

四、现场搜索法

犯罪现场搜索，是指为了寻找、发现遗留于现场外围的与犯罪有关的痕迹、物品、尸体、人体组织以及隐匿的犯罪嫌疑人而进行的一种查缉活动。通过犯罪现场的搜索，可以确认犯罪现场的位置，犯罪嫌疑人来去现场的路线，划定侦查方向和范围，进一步收集与犯罪有关的痕迹、物品，发现犯罪嫌疑人、现场的险情，以及与犯罪有关的现场信息。

现场搜索是在现场实地勘验中对现场周围进行公开搜查的一种勘查方式，该方式将在第九章中专章阐述，此处从略。

第五节 现场的复验、复查

一、现场复验、复查的概念及内容

现场的复验、复查是指对已经勘验检查过的现场重新依法再次进行勘验、检查或者补充性勘验、检查，是犯罪现场勘验检查的延续和补充。

复验、复查现场既可以由人民检察院要求公安机关进行或人民检察院自己进行，也可以由公安机关根据侦查的需要自行决定。我国《刑事诉讼法》第134条对第一种情况作了明确规定："人民检察院审查案件的时候，对公安机关的勘验、检查，认为需要复验、复查时，可以要求公安机关复验、复查，并且可以派检察人员参加。"所谓"需要复验、复查"，主要是指事实不清，情节不完整，或材料不够准确。《公安机关办理刑事案件程序规定》第220条也对此进行了规定："公安机关进行勘验、检查后，人民检察院要求复验、复查的，公安机关应当进行复验、复查，并可以通知人民检察院派员参加。"

复验、复查主要是指对已勘查过的现场进行补充勘查或重新勘查。

补充勘查是指在初次勘查后，认为对现场的个别客体没有进行勘查或勘查得不够仔细，而对该客体进行的重新勘查。补充勘查的对象是现场中的个别客体而非整个现场。

重新勘查是指初次勘查后，勘查未能达到预定目标，或勘查的结果不足以支持侦查时，而对现场全部进行的重新复验、复查。

实地勘验中的复验、复查是在评断勘查结果之后决定的。对现场进行复验、复查，既可充分发挥检察机关行使法律监督的职能，又能确保勘查的质量，防止和纠正现场勘查和侦查中出现错误。因此，当需要进行复验、复查，即补充勘查和重新勘查时，应依据法定的程序，按现场勘查的要求认真进行。

二、复验、复查的实施

（一）对初次勘查结果的评断

对初次勘查结果的评断，是对初次勘查行为的反省。通过对勘查现场或勘验个别物体结果的评断，不仅可以对结果的真实程度进行评断，而且可以通过评断，发现勘查的缺陷，为确定补充勘查、重新勘查提供依据。

对初次勘查结果的评断应注意以下几点：

第一，分析现场实地勘验的结果，不能就结果评断结果，而应把结果与现场勘查中获取的其他方面的证据和材料联系起来，综合评断。

第二，具体评断时，应实事求是，不能先入为主，带偏见去评断。

第三，对勘查中的每一种结论，不能只局限于某一种可能性最大的结论，而应同时考虑到导致某一现场现象出现的其他原因，考虑其他的可能性。

第四，评断时，应考虑在案件发生之后和勘查人员到达现场之前，由于人为或各种自然因素的影响，对现场带来的可能的变化。

第五，评断时，应考虑到犯罪嫌疑人可能采取的对抗措施对勘查结果的影响。

第六，对专家所作出的事关各种现场现象的结论，应有分析地看待，并把这些结果同已取得的其他材料加以对照比较。

（二）复验、复查的依据

经过以上评断，如果发现了以下情况，应进行补充勘查和重新勘查：

1. 通过审查、评断，如果发现现场某个对判明案情有重要意义的客体没有进行勘查，或勘查不仔细，未达到勘查要求，应进行补充勘查。补充勘查只针对预先规定需要发现和确定的客体进行检验。

2. 如果勘查是在不利的条件下进行的，如夜间、雨天，对查明案件真实情况有重大意义的痕迹、物品未能发现，应在有利条件下进行重新勘查。

3. 现场勘查质量不高，勘验必需的专业技术人员未参与勘查，对案件有重要意义的情况未能查明时，应进行重新勘查。

（三）复验、复查的准备

在补充勘查或重新勘查前，除了初次勘查所采用的全部方法、措施外，还应进行如下准备：

1. 详细研究初次勘查的笔录和全部附件及法医检验报告等，以进一步明确补充勘查或重新勘查的重点。

2. 全面了解已经收集到的各种证据，发现需要通过补充勘查或者重新勘查进一步充实的证据。

3. 必要时，可以对研究案件材料时所产生的问题，向有关专家请教，以进一步弄清产生问题的原因，进一步确定是否进行补充勘查或重新勘查。

4. 尽可能邀请初次勘查时的见证人参加补充勘查和重新勘查，以确保勘查结果的客观性和连续性。

　　一般而言，补充或重新勘查应由参与初次勘查的勘查人员进行。如果决定由其他勘查人员进行，进行复验、复勘的侦查人员应与初次勘查的侦查员进行充分交流，了解现场的特点，确保补充勘查或重新勘查及时、顺利、有效地进行。

　　在做好以上几方面的准备工作后，补充勘查和重新勘查应严格按照现场勘查的一般步骤、方法进行现场的复验、复查。

　　无论是补充勘查还是重新勘查，勘查后，应按照刑事诉讼法的要求，当场制作好补充勘查或重新勘查的单独的勘验笔录及全部附件，不能将补充勘查或重新勘查的结果一并记入初次勘验笔录中。

第八章　课后拓展

第九章

现场搜索

现场搜索，是指在现场实地勘验的过程中，为了寻找、发现遗留于现场外围的与犯罪有关的痕迹、物品、尸体、尸块及隐匿的犯罪嫌疑人而进行的一种查缉活动。现场搜索工作是现场实地勘验工作的重要部分，特别是在对某些犯罪现场进行勘验的过程中，在对现场主体部分的勘验未能发现有价值的痕迹、物品的情况下，通过现场搜索往往能有所收获。

现场搜索与具体的勘验活动有所区别：①具体的勘验活动主要针对现场的主体部分（或称中心部分）。在一个案件中，现场的主体部分是指犯罪嫌疑人实施犯罪行为所在的具体地点和部位，或犯罪结果发生的具体地点。一般而言，这些地点或部位的痕迹、物品较多且较集中。而现场搜索则主要是针对现场的外围部分，其范围一般比现场主体部分大。这些外围部分较多留有与犯罪嫌疑人实施其犯罪行为相关的某些活动的痕迹和物品。②具体的勘验活动主要由侦查人员和技术人员负责，其他人员一般不得参与。而现场搜索则可在侦查人员的指挥、带领下，发动保卫人员、群众、治安积极分子等人员参加，因为现场外围范围较大，仅靠侦查人员力量不足，现场搜索难免挂一漏万，而发动群众和有关人员参与则可尽量避免这一问题。

第一节　现场搜索的任务和要求

一、现场搜索的任务

现场搜索的任务，因案件具体情况及现场具体情况的不同而有所差异。一般主要包括以下几个方面：

1. 寻找、发现犯罪嫌疑人来去现场的路线及相关的痕迹、物品，如足迹。

2. 寻找、发现犯罪嫌疑人案前、案后在现场外围逗留、等候及某些活动可能留下的痕迹、物品及处所，如足迹、印压痕迹、排泄物、食物残渣、烟头、火柴梗，以及犯罪嫌疑人逗留的山洞、树林、房屋、工棚等。

3. 寻找、发现犯罪嫌疑人丢弃、隐藏的各种痕迹、物品，如赃物、赃款、作案工具、凶器，以及与案件有关的其他物品。

4. 寻找、发现并盘查可疑人员，从中发现犯罪嫌疑人。

5. 寻找、发现并缉捕隐藏在现场外围或未及远逃的犯罪嫌疑人。

6. 寻找、发现命案中的尸体、尸块、人体组织、器官及相关物品。

二、现场搜索的要求

现场搜索的范围往往较大，且在搜索中常常会遇到一些事先未预料到的情况，有时还会遇到犯罪嫌疑人行凶拒捕等紧急情况。因此现场搜索必须要遵守以下要求。

（一）因案因地制宜

现场搜索是现场勘验中经常使用的一种侦查措施，但并不是每一个现场的勘验都要实施现场搜索。在实践中，必须要根据案件的具体情况和现场的具体情况，因案制宜，因"地"制宜，方能使搜索真正起到作用。对于案情和现场环境需要且具备搜索条件的，则应及时组织力量展开搜索；对于不具备搜索条件或没有必要进行搜索的，则不必展开搜索，以免浪费人力、物力。一般而言，对于发生在野外，如农村、山林、旷野等环境中的刑事案件，其现场范围往往较大，犯罪嫌疑人活动的区域也相对较大，留下痕迹、物品的概率较高，且这些地区一般人烟较为稀少，痕迹、物品不易受到破坏，对其进行现场搜索，往往能发现、获取有价值的证据和线索。另外，对于某些现场，分析犯罪嫌疑人可能尚未远遁，或极有可能隐藏在周围某处所的，也可及时开展现场搜索，以发现、抓获犯罪嫌疑人。

（二）正确指挥、服从命令

正确指挥，是指作为指挥人员在安排现场搜索时，要做到心中有数，对搜索范围、地段、顺序的划定必须在基本了解现场情况的基础上作出，不能随意指定搜索范围，更不能由搜索人员自行决定。服从命令是指参加现场搜索人员必须听从指挥人员的安排，认真负责地完成所分配的任务，切忌自行决定搜索范围，擅自扩大或缩小搜索范围。

（三）密切配合　注意方法

现场搜索往往有许多人员参加，这中间既有侦查人员，也可能有一般的保卫干部、治安积极分子、街道居委会人员和某些群众。这些人员的专业技能、工作水平、敬业精神以及自身的各种能力都不相同。因此，在安排搜索人员时，首先应将专业、技能水平高者、低者合理搭配，以确保搜索的质量。具体搜索时，应注意互相配合、互相呼应，遇到疑难地段或问题，应立即请示侦查人员。其次，在搜索时，应注意方法，如果重点是寻找发现痕迹、物品，则用寻找发现痕迹、物品的方法，如观察、探测等；而如果重点是寻找发现犯罪嫌疑人，则方法不尽相同，如盘查、缉捕等。

（四）认真负责　减少漏洞

现场搜索不是一件轻松的工作，而是一件枯燥繁琐甚至艰难危险的工作。因此，必须要求参加搜索的人员要一切行动听指挥，对于分配给自己的搜索任务（地段范围），必须认真负责地去完成，对于所负责的地段范围内的各种地貌地物、各种处所，一草一木，都不能疏忽和遗漏，任何马虎和草率都可能导致痕迹物品的遗漏。特别是在搜捕犯罪嫌疑人时，更应提高警惕，严密注意，以防犯罪嫌疑人乘机逃跑或拒捕。

第二节　现场搜索的目标、范围和重点

一、现场搜索的目标

现场搜索的目标，即根据侦查工作和现场勘验需要所确定的需要搜索的具体对象。这些具体对象主要有：犯罪嫌疑人；与犯罪嫌疑人有关的痕迹、物品；与犯罪有关的处所；案件中的尸体、尸块或其他人体组织。

现场搜索应明确搜索的目标，这样才能有的放矢。搜索目标的确定主要根据侦查工作和勘验工作的需要。既要看侦查工作和勘验工作需要重点去发现什么、提取什么，还要考虑现场的实际情况，即现场的具体性质、现场环境如何等。

搜索目标确定之后，为使现场搜索工作顺利完成，应尽量从现场调查和现场勘验所发现的材料中，筛选与案件有关的情况和特征。例如，搜索目标是犯罪嫌疑人可能丢弃或隐藏的物品，就应搞清该物品的种类、大小、数量、形状、颜色、重量以及其他相关特征；搜索目标是作案的凶器，就要根据被害人的伤害情况和伤痕特点，分析判断凶器可能的种类、名称、形状、大小及遗留血迹和其他附着物等特征；搜索目标是犯罪嫌疑人，就应了解犯罪嫌疑人的人数、年龄、身高、体态、相貌、衣着等特征，以及是否持有凶器等情况。了解这些情况后，搜索中就能正确筛选目标，减少现场中无关物体、物品对搜索的迷惑，同时有助于搜索人员提高警惕，采取必要的防护措施，避免发生意外。

二、现场搜索范围

范围是一个地域空间概念，现场搜索的范围一般应依据案件的具体情况和现场所在的地理环境来确定。根据现场发生的案件的性质及有关情况，分析犯罪嫌疑人是否可能在附近有逗留、等候行为，或是否有可能在来去现场沿途抛弃或隐藏赃物、作案工具或其他物品；或根据某一尸块现场的地理环境，分析周围哪些地区可能有其他尸块。在确定搜索范围时，就应把这些地段或区域划归进去。现场搜索范围的划定一般应根据宜大不宜小的原则，当然，具体情况还需具体分析。在实践中，搜索范围过小，会遗漏某些痕迹、物品，把一些重要的物证划出了搜索范围，从而使侦查工作失去一些宝贵的线索和证据；而搜索范围过大，则会花费较多人力、物力，在人力、物力比较紧缺的场合，过大划定搜索范围是不切实际的。

三、现场搜索的重点

在划分范围的基础上，要确定现场搜索的重点。现场搜索的重点是指极有可能留有与犯罪有关痕迹、物品的地方和部位。在搜索中，对这些地方和部位，应多派搜索力量，密切加以注意。

一般而言，如果搜索的目标是犯罪嫌疑人在现场外围逗留、等候或藏身的处所和踪迹，在城市中，应以现场中心周围的车站、码头、公园、商场、仓库、建筑工地、空地空房以及停放的车辆等为搜索重点；如在农村，则应以庙宇寺院、山洞沟渠、牲畜棚、柴草垛、机井房、废弃的房屋、草棚，以及密林、果园、草丛等为搜索重点。

如果搜索的目标是被害人的尸体、尸块及相应的包裹物、捆扎物，如在城市，应以现场中心的河流、湖泊、公共厕所、垃圾站和垃圾桶、防空设施、下水道、地下通讯、通气管道等为搜索重点；如果在农村，则应以粪坑、水塘、水井、沟渠、水库、山涧、山洞、密林、草丛和植株较高的农田等为搜索重点。

如果搜索重点是犯罪嫌疑人丢弃或隐藏的赃物、赃款及作案工具、凶器，在室内，应以房顶、天棚、瓦缝、地下室、地道、地窖、厨房、厕所、楼梯、柜顶、柜后、床下、杂物堆放处、烟囱、炉灶等为搜索重点；在室外，则应以较为隐秘的楼角夹缝、花坛草圃、涵洞隧道、路边粪坑、垃圾堆、草丛以及水池、水塘等为搜索重点。搜索重点的确立，应根据案件和现场的实际情况进行综合分析，除了以搜索目标为依据以外，还应考虑目标的特点、特征。如目标是非常细小的物品，搜索重点应为墙缝、边、角等隐秘部位；如目标是体积较大的物体，则应把重点放在足以存放、隐蔽这些东西的地点。

第三节　现场搜索的实施过程和具体形式

一、现场搜索的实施过程

（一）搜索前的准备

适当而有效的准备工作是顺利、圆满地完成现场搜索任务的重要前提。准备工作的好坏，会直接影响到搜索工作的质量。一般而言，搜索前的准备包括以下几项具体内容：

1. 确定参加搜索的人员。在搜索人员的选择、确定上，应把握以下几个原则：一是要以现场需搜索地域的大小、复杂程度为依据，来确定参加搜索人员的具体人数；二是要将参加搜索的人员新老搭配，专业知识、技能好的和能力较差的搭配，做到以老带新、以好带弱；三是要注意禁止与案件有涉人员参与搜索，以防其破坏、隐匿或伪造某些证据。

2. 必须准备的搜索器材。现场搜索需要一定的物质条件，特别是对某些痕迹、物品、物证进行搜索时，更要借助一定的设备、仪器。常用的搜索器材包括：①通信工具，以供搜索人员搜索时随时联络之用；②照明器材，以供搜索照明所用；③照相、摄像器材，用于发现痕迹、物品后的固定、提取工作；④打捞、探测器材，对某些地域、水域的痕迹物品打捞探测时使用；⑤必要的痕迹物品提取器材，如粉末、胶纸、荧光灯、手套、纸袋等，以提取痕迹物品所用；⑥其他器材。若在范围较大的密林或是搜索时间较长时，应带上指南针、地图、帐篷、食品等器材物品，作为侦查人员还应带上必要的警械和武器，以防不测。

（二）确定搜索目标、范围和重点

前面已述，作为搜索人员在搜索工作具体开始之前，必须要明确搜索的目

标，了解搜索的范围，掌握搜索的重点，以不打无准备之战。

（三）实施搜索

实施搜索，即开始进行具体的搜索工作。由已经各就各位的搜索人员按划定的搜索范围和各自被分配的区域、地段，采用一定的方法，寻找发现痕迹、物品及其他与犯罪有关的事物。

（四）结束搜索

决定结束搜索是搜索工作的最后一个步骤。是否结束搜索，应由搜索指挥人员或现场勘验负责人决定。一般而言，指挥人员和负责人员应根据现场搜索的时间和结果来决定是否结束搜索。如天色已晚，照明条件较差，已很难分辨物品、物体时，就应考虑暂时结束搜索，或是搜索中已发现了原先预定的目标，也可考虑结束搜索。

结束搜索具体包括以下几项工作：①汇总各搜索小组或人员的搜索情况。各搜索小组和搜索人员要将自己在搜索过程中所发现的痕迹、物品、疑人疑事、各种现象和有关情况进行汇报，由指挥人员或负责人员统一进行记录，并酌情处理。②提取并保存在搜索过程中发现的痕迹、物品。

二、现场搜索的具体形式

根据现场搜索的目标、范围、重点及现场的地形、地貌的不同，应采取不同的搜索形式。在某些情况下，还要考虑天气条件和光线条件对现场搜索的影响，从而采取最恰当的搜索形式，保证搜索的质量。一般而言，搜索形式有以下几种：

（一）辐射式

辐射式搜索形式的特征是搜索从现场中心向外围呈辐射状展开进行。即把需搜索范围划分成若干的扇区，由若干小组或人员负责对一定的扇区进行搜索。这种搜索方式适合于现场中心突出和明显的现场。搜索时，可以现场中心为出发点，向现场的外缘逐步推进。

（二）收缩式

收缩式搜索方式正好与辐射式相反，其特征是搜索从现场的外缘开始逐步向现场中心推进，也可把需搜索范围划分成若干扇区，只是搜索方向与辐射式相反。这种搜索形式适合于现场中心不明显，或是现场范围不大的情况。另外，已经知晓或估计犯罪嫌疑人隐藏于某一处所时，也可采用这种搜索形式，层层紧逼，逐步缩小包围圈，令犯罪嫌疑人无从逃遁。

（三）螺旋式

螺旋式搜索形式的特征是搜索路线呈螺旋状。一般是以现场中心为起点，以一定距离宽度向现场外缘逐层铺开进行搜索。反之，从现场外缘逐层地向现场中心旋转收缩也可。这种形式的搜索路线从平面上看是一个一个等距离的同心圆。这种搜索形式较适用于某些特殊的地形地貌。

（四）分片分段式

分片分段式搜索形式把搜索范围划分成若干片区或段区，然后一片或一段地进行搜索。将某一现场分成几个片区，可由相应的搜索小组各负责一个片区，同时进行搜索，在搜索人员较少时，也可依次进行搜索。

（五）条格式

条格式搜索形式实际上包含二种具体的形式：①条式搜索。即把需搜索区域划分成若干条状地带，搜索人员从第一条地域边缘出发，搜索到另一边缘，再从第二条地域搜索返回，然后再到第三条地域，依次而行，直至将所有区域搜索完毕。②格式搜索。即把需搜索范围纵横交错划分成若干格状地域，搜索时，搜索人员可先按纵条进行搜索，再按横条进行搜索，直至将整个区域交叉搜索一遍。

（六）栅栏式

栅栏式搜索形式是在某种情况下，为了进行更仔细地搜索，而在条格式的基础上交叉进行的一种搜索形式。这种搜索形式的特点是搜索密度大、覆盖广、搜索路线纵横交叉，来回穿插，一般较适合于经分析肯定有某种目标存在于搜索区域的情况下使用。采用这种方式进行搜索时，要注意合理安排搜索人员，以免互相交叉，出现混乱。

（七）卷席式

卷席式搜索形式是指所有搜索人员都由同一边缘，从同一方向向另一边缘搜索推进。卷席式较适合于狭长地带的现场搜索。搜索时，全部搜索人员都由现场的同一边缘出发，像卷席一样，向前推进，直到现场的另一边缘。

第四节　现场搜索中的查缉措施

现场搜索中的查缉措施主要是指盘查和缉捕。大量的侦查实践表明，正确地使用盘查和缉捕措施，对于发现犯罪嫌疑人、抓捕犯罪嫌疑人具有十分重要的意义。查缉措施适用得当，可使侦查工作省时省力，起到事半功倍的效果。现场搜索的指挥者和参与者判断犯罪嫌疑人可能藏匿于现场或者逃离现场尚不远的，应及时、果断地采取查缉措施，以发现和抓获犯罪嫌疑人。

一、盘查措施

所谓盘查，就是对于某些可疑人员或特定区域内的人员，通过盘问和检查，以确定其是否为犯罪嫌疑人的一项侦查措施。

（一）盘查对象

案件性质、类型不同，侦查工作的要求不同，则盘查中具体的盘查对象也不尽相同。但从实践中看，一般在搜索范围内的下列人员应列为盘查对象：在已划定现场范围内滞留的人；形迹可疑的人，比如行动鬼鬼祟祟，表情或情绪异常，或是偷窥现场搜索和勘验活动的人；体貌可疑的人，比如其体貌特征与被害人或事主所提供的犯罪嫌疑人的体貌特征相似，或其衣着打扮有可疑之处的；携带可疑物品的人，比如携带有类似赃物之物的人，携带有巨额现金，或大量贵重首饰或其他有价证券的人，携带有某种管制刀具和枪支武器的人；有其他可疑之处的人，比如身上有可疑的外伤，衣服沾附有可疑的泥土、草屑、血迹等。

（二）盘查步骤及方法

一般而言，现场搜索中，盘查要通过以下步骤和方法进行：

1. 仔细观察，发现对象。盘查并不是对现场周围的所有人员都要进行盘问查询，因此，要进行盘查，首先必须要寻找发现盘查的对象。具体方法是：在现场搜索时，注意观察周围的人员，看他们的行踪是否可疑，言语是否正常；在围观人员中，有无符合上述条件的人员。搜索人员在观察时要善于捕捉盘查对象的某些细小表情和动作，要善于揣摸人的心理活动和由此反映在言行上的表现。

2. 向盘查对象表明自己的身份，以使盘查合法化。搜索人员在对盘查对象正式开始盘查前，要向对方表明自己的警察身份。这样做一是可以使盘查活动合法化；二是可以由此营造出适当的盘查气氛；三是能端正盘查对象的情绪，以免出现盘查对象拒不回答、不配合、胡言乱语、吊儿郎当甚至擅自逃跑等情况，以保证盘查活动顺利进行。

3. 有针对性地进行盘问。盘问着重在于问。既要以已发生的案件（事件）和现场情况为依据，紧紧围绕盘查对象的身份、活动情况、随身物品及案件（事件）或现场的关系而展开。盘问中的提问要正确、简练，所提问题必须具有针对性，不能含混不清或与主题无关。盘问中，要密切注意盘问对象的语气、表情和动作，注意其情绪上的细小变化，要善于从盘问对象的回答中去发现矛盾，抓住矛盾，从而一追到底，迫使其"缴械"。盘问中如发现盘问对象为嫌疑人，应采取相应的措施，以防不测。如盘问对象有多个，则应分别盘问，以免互相之间影响和比照，作出相同的回答。

4. 认真检查。盘查的实质就是盘问和检查，因此在对盘查对象进行盘问的同时，还应对其进行检查。检查的具体内容包括检查其身上的伤痕，要注意观察伤痕的位置、大小、深浅、形状与被害人所述或与现场情况是否相吻合，查清其伤痕的成因；检查其衣裤、鞋袜或身上沾附的物品，弄清其种类、名称、数量、沾附部位，进一步查清这些沾附物与现场有无联系，比如所沾附的泥土与现场的泥土是否种类相同、成分相同，以确定其和现场之间的某种内在关系；检查其随身携带物品，要注意检查盘查对象随身携带的各种证件和有关物品，如有身份证的，应仔细核对照片上的人与盘查对象是否同一人，如有枪支、刀等物的，应立即予以收缴，并查清其来源，如有与现场上丢失之物相同或相似之物品的，应查清其来源。在检查时，检查人员要保持高度的警惕，严密注意盘查对象的动态，以防其行凶反抗或逃跑。

5. 盘查后的处理。盘查完成后，应根据不同的情况和结果进行不同的处理，对于经过盘查认为其与案件无涉、排除嫌疑的，应立即放行，对某些对象还应做一定的安抚工作；对于经过盘查，认为其就是搜索的犯罪嫌疑人，则应当场予以扣留。对于经过盘查，既未能肯定其犯罪嫌疑，又未能排除其犯罪嫌疑的，应采取其他有关措施，予以妥善处理，如监视或是继续调查。

二、缉捕措施

在现场搜索中，一旦发现所要搜索的犯罪嫌疑人，应立即组织力量，予以缉捕。缉捕行动面对的是犯罪嫌疑人，是一项十分危险的工作，在缉捕过程中，随时会出现被缉捕人反抗、行凶、自杀、逃跑等情况。因此，缉捕应由公安人员和武警战士来负责。在缉捕过程中，所有人员必须步调一致，听从统一指挥和安排，军警之间要配合默契，同时还要讲究战略战术。

（一）缉捕的准备工作

缉捕是一项十分危险的工作。因此，在事前必须要有充分的准备，以求在行动时将危险降低到最低程度，准备工作具体包括：

1. 人员准备。缉捕工作一般应由公安人员和武警战士承担，所以在事先明确搜索目标是犯罪嫌疑人时，应与武警取得联系，以得到他们的配合。其他人员如群众一般不应参与缉捕工作，以免发生伤亡，造成不良影响。

2. 武器装备。犯罪嫌疑人往往身上带有凶器，如刀、枪，甚至炸药等，因此缉捕人员必须要携带武器，包括枪支、匕首、催泪弹、手榴弹等。

3. 其他器具准备。如照明工具、绳索、手铐以及必要的医药设备，以备缉捕人员受伤时，可进行及时处理。

4. 心理准备。参加缉捕的人员，必须要明确缉捕任务的艰巨性和危险性，要有勇敢无畏的精神，并做好受伤甚至牺牲的准备。

（二）缉捕的方法

缉捕中，因缉捕对象和缉捕地点及各种情况的不同，所应采取的缉捕方法也各不相同。

1. 非对峙状态下的缉捕。所谓非对峙状态下的缉捕，是指在现场搜索中，搜索人员已发现犯罪嫌疑人而犯罪嫌疑人尚未被惊动或没有察觉到，在可进行缉捕的情况下，将犯罪嫌疑人抓捕。非对峙状态下的缉捕相对于对峙状态下的缉捕，危险性要小得多，只要缉捕人员计划周密，行动迅速、及时，一般都能一举成功。非对峙状态下的缉捕，常见的策略、战术主要有包围收网、秘密进袭、守候捕获、内紧外松、引蛇出洞等。

2. 对峙状态下的缉捕。所谓对峙状态下的缉捕，是指嫌疑对象已发觉缉捕人员针对其而进行的缉捕活动，而嫌疑对象不甘束手就擒，借助某种地形、地段或其他条件，与缉捕人员形成对峙局面、负隅顽抗的情况。这种对峙状态下的缉捕，实际上是缉捕与被缉捕双方面对面的交锋。这种缉捕工作的危险性较大，所以更应讲究策略方法，而切忌盲目蛮干。总结实践中的经验，对峙状态下的缉捕策略方法主要有政策攻心，法律教育，动之以情、晓之以理，秘密偷袭，强攻抓捕等。

第九章 课后拓展

第十章

现场痕迹物证的发现与提取

犯罪现场必然存在与犯罪有关的痕迹、物证，勘查现场，是获取诉讼证据的重要方法，也是诉讼证据的重要来源。对现场痕迹、物证的发现、提取，既是现场实地勘验的核心工作，又是侦查工作和刑事诉讼顺利进行的重要保证。对现场痕迹、物证的发现提取，既要注重发现、提取的方式、方法的科学性，又要注重从证据的角度，保全每一个发现和提取的痕迹、物证的证明力。

第一节　现场手印的发现和提取

现场手印，主要指现场所留下的犯罪嫌疑人的指印、指节印和掌印。现场手印是每一起具体案件的现场最有价值的线索之一，是认定犯罪嫌疑人的重要证据。通过研究手印，有可能会查出是谁在现场留下的手印，进而查明其与犯罪行为的关系，以及是否为本案的犯罪嫌疑人。

手印是犯罪嫌疑人最有可能留下的痕迹，即使是该犯罪嫌疑人戴手套或使用其他防护用具，由于客观条件的限制，也可能留下手印。因此，寻找、发现和提取现场上的手印是可能的。

寻找、发现和提取现场上的手印，一要根据现场手印的类型，采用有针对性的发现和提取方法；二要全面分析和掌握犯罪嫌疑人在现场上的行为过程，从其最有可能接触的部位入手，仔细寻找、发现和提取。

在任何一起案件中，对现场上发现的所有手印都应当提取和保存，以便于后期甄别、鉴定和使用。在发现提取手印的过程中，勘查人员应小心谨慎，防止在现场留下自己的手印。如果不小心留下了勘查者自己的手印，对此应记录在案，以便于在甄别现场手印时予以排除，防止甄别工作误入歧途。

一、发现手印的要求和原则

寻找发现手印是收集手印证据的第一个环节，寻找发现手印不仅要严格地按照程序操作，还要注意观察现场，分析研究犯罪活动，确定寻找手印的重点部位。

（一）发现手印的要求

1. 全面细致，不遗漏现场手印。现场勘查的要求之一，就是要全面、细致。寻找手印应当更加全面、细致。在现场勘查时，要认真仔细、反复多次地对疑有手印的地方进行观察寻找，尽可能多地发现手印，特别是遇到变动现场、破坏现场以及其他一些复杂现场时，不能急躁，不能草率，应更加细致地进行勘查、发现。全面细致寻找手印的要求：①凡是嫌疑人可能触摸的物体都要列入寻找范围；②发现了手套印也不能放弃寻找手印；③重点部位反复寻找。

2. 不破坏现场手印。对怀疑留有手印的物体，不应随意触动；对已发现的手印，应做好标记并妥善保护。

3. 不遗留新的手印。要求勘查人员要戴手套进行勘查，必须接触物体时，应注意捏拿物体的棱角、边沿部位，以防将自己的手印留在现场物体上。

（二）发现手印的原则

1. 先重点后一般。现场勘查时，应首先明确手印遗留的重点区域和重点物体，将主要精力和时间集中在从这些重点部位去发现手印，然后再顾及其他部位。

2. 先静观后动手。进入现场后，对疑有手印的物体应首先静观，发现寻找手印，必要时再拿动物体，调整恰当的光照和视线角度，进一步认真地寻找发现。

3. 先观察后处理。应首先直接用眼睛或辅之以放大镜去寻找、发现手印，并确定手印所在的准确部位，然后选择适当的技术性显现方法对无色手印进行显现处理。寻找手印不仅要用肉眼观察，对无色潜在手印还要用物理、化学等技术方法进行显现处理。多数客体上遗留的手印只能经过一次显现处理，只要显现方法正确，手印就能清晰地显露出来。显现方法如果不正确，就可能会破坏手印，使其再也无法重新显现。

二、寻找手印的重点部位

(一) 从现场进出口寻找手印

现场的进出口，是犯罪嫌疑人进出现场的必经之路，进出现场也是实施犯罪行为的必要条件。其进出方式往往是一种不同于常人的非正常方式，因而也常常伴随着排除进出障碍的行为，并留下相关的痕迹和手印。现场勘查中，必须关注犯罪嫌疑人所选择的进出口，在这些部位相关物体的表面寻找手印。对现场进出口的勘查，不仅可能寻找到手印，也可以根据这些部位的痕迹，推断嫌疑人是否使用手套之类的防护用具。

在现场进出口寻找手印，应考虑两个问题：一是嫌疑人排除障碍的方式；二是可能接触的部位。如果犯罪嫌疑人采取破门而入的方式，应在门锁、门把手的周围或强行闯入的部位寻找手印。如果能判明其使用了防护用具，则为在中心部位寻找手印提供了指南。如果犯罪嫌疑人是破窗而入，应在窗上的玻璃、玻璃的碎片、窗闩、靠近窗的门闩等处寻找手印。如果犯罪嫌疑人是通过爬窗等方式进入现场的，应重点注意其用力抓握的内侧窗台、窗框、窗侧壁等部位。

除现场进出口外，对嫌疑人进入现场前后所途经的楼梯、攀登爬越时触摸的障碍物、室内装饰的墙壁、摆放的各种物体等其可能触摸的物体，都应仔细寻找手印。

(二) 从现场的中心部位寻找手印

现场的中心部位，是指实施犯罪行为的核心内容所涉及的场所，如盗窃案件中财物的保管处所、杀人案件中杀人的地点等。由于犯罪所需，嫌疑人必然在这些部位进行频繁的活动，因而很可能在这些部位留下手印。因此，这些部位是应予关注的重点。在这些部位，凡是被犯罪嫌疑人接触、搬动过的物体、物品的各个侧面及表面，都是发现手印的重点部位。如事前已判明犯罪嫌疑人有可能使用防护用具，那么在寻找手印时，应重点关注其戴手套等防护用具很不方便作案的部位，如被翻动过的抽屉里的各种东西。

另外，在中心部位寻找时，对于可能为犯罪提供方便条件的物品及所在部位，如电灯开关、电源插座、保险盒、被触动过的灯泡等；可能被犯罪嫌疑人用作充饥、休息、毁损证据的处所及相关物品，如喝水的杯子、桌、椅、盥洗设备等，应给予高度关注。

1. 关注被翻动破坏的物体。现场上被翻动破坏的物体是犯罪行为动作的暴露。嫌疑人在现场上进行翻动、搬移、撬压、攀登等活动时，只要触摸了某些物体，就可能留下手印。但是对发生了变动和变化的物体要进行分析，观察哪些物体具备留痕条件，具备留痕（手印）条件的物体是寻找的重点。

2. 作案工具。嫌疑人使用的作案工具种类繁多，有些工具具备留下手印的条件，有些则不具备遗留条件。在各类犯罪现场，作案工具的发现率虽然比较低，但总有些嫌疑人出于各种原因，将作案工具留在现场和逃跑途中。只要发现了作案工具且其具备遗留手印的条件，就要仔细寻找。

3. 抢劫、强奸中触摸过的物品。抢劫、强奸过程中，嫌疑人触摸过的被害人的纽扣、拉链、腰带和翻找触摸过的皮包、钱夹、化妆盒、证件、纸张、人民币等物品是寻找手印的重点。

（三）从犯罪嫌疑人遗留在现场的物品上发现手印

犯罪嫌疑人遗留在现场上的物品，主要指在犯罪前后，在预伏、实施等场所中所留下的犯罪工具、凶器及其他随身物品，如纸张、吃剩的物品、烟头、证件、钱夹、皮包、赃物和残留衣物等。这些物品要么是犯罪嫌疑人作案时不经意留下的随身携带物，要么是其在作案前后，处于一种不警惕状态而留下的，因此，极有可能在这些物品上发现手印。

从杀人现场转移到移尸现场的物品，例如，被害人尸体，被害人携带的物品和尸体、尸块的包裹物，也是寻找手印的重点。

三、发现现场手印的一般方法

现场手印由于其形成的中介物质和承载客体的性质不同，会出现不同的种类。不同种类的手印，发现的方法也不同。因此，准确而有效地发现手印，必须在关注重点部位的同时，关注手印的类型。

现场手印在实地勘验中，可见到三大种类：一类是塑性手印，即手触碰或按在一种可塑性材料上时所形成的手印，也称为立体手印。这种手印的印痕与乳突纹线的花纹凹凸相反。如在食用油脂、未干的油漆的表面、巧克力、沥青等物品上形成的手印。第二类是平面的可见指印，它是手指粘上异物而形成的手印，如手指粘上灰尘、烟灰、墨水、颜料、血液而在某个清洁物品表面留下的手印。第三类是潜在手印，即手的各个部分，特别是指尖的乳突花纹部分，在与物体接触时，粘附了少量的油脂物或汗液及其他污物，而在其他物品表面形成的肉眼看不见或通过某种方法可以看见或辨别的手印，即只有经过显现后才能检见的手印。

对于以上三类手印，因其可见程度不同，发现的方法也不同。对第一类、第二类手印，可以通过直接观察法加以发现。所谓直接观察法，是指勘查人员利用视觉，在自然光或人工光照明的情况下，直接观察与发现手印。

对于第三类，即潜在手印，则可以采用以下方法进行发现：

（一）透射光观察法

透射光观察法，是指光线从物体的背面照射，人的眼睛从物体的正面（怀疑有手印的一面）进行观察的方法。此法适合于观察透明物体上的手印。无论是借助于自然光，还是采用人造光，一般均以微弱的光亮、柔和的光线，散射于被观察物上为佳。

透射光观察法有垂直透射观察法和侧光透射观察法。

垂直透射观察法是人眼与投射到显现物体的光线呈水平方向，即人眼与显现物体呈90°的垂直角度进行观察，如图10-1所示。这种方法适用于片状透明物体。例如玻璃片、塑料片等。

侧光透射观察法是把投射光线与入眼视线形成斜角进行观察。光线与视线角度一般是45°，如图10-2所示。如果手印反差微弱，可在不改变视线角度的前提下，适当调整光照角度反复观察。观察时，应避免光线与视线在同一直线上，可在物体的背面放置不同颜色的衬纸，以增强反差，便于观察。这种方法适用于片状透明物体和透明的器皿，例如玻璃杯、瓶、盒、碗等物体。

在实际工作中，常见的透明物体较多，如玻璃、塑料薄膜、水晶制品等，此类物体上的手印均可采用透射光观察法。

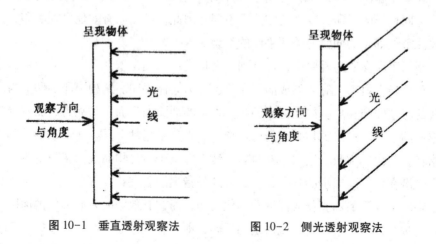

图10-1　垂直透射观察法　　　图10-2　侧光透射观察法

（二）反射光观察法

反射光观察法，是指根据物体对光的反射特点，将光线从物体的正面照射，人的眼睛也从物体的正面进行观察的方法。此法一般用于观察表面有一定的光泽且非透明物体上的手印。

反射光观察法有垂直反射和侧光反射两种方法。如图 10-3 所示，垂直反射观察法是观察时人眼与投射光线呈同一水平方向，与物体呈 90°垂直角的方法。如图 10-4 所示，侧光反射观察法是观察时人眼与投射光线是同一方向，与物体呈斜角的方法。一般情况下可呈 45°角，观察时可随时调整光照角度，直到看清为止。观察时，常使光线与视线均以 45°角左右，以相对方位投射到物体的同一表面进行观察，也可将物体置于暗处，用微弱的人造光以 0~15°角照射物体表面，人的视线垂直物面进行观察，也可根据物体表面的不同特点，灵活调整光线与视线的相对角度进行观察。

在实际工作中，常见的表面光泽且非透明的物体如陶瓷、搪瓷、油漆面、喷漆面、电镀金属、锡箔纸、不锈钢等物面上的手印均可采用反射光观察。

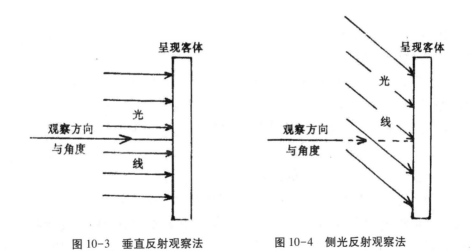

图 10-3 垂直反射观察法　　　　图 10-4 侧光反射观察法

（三）哈气法

哈气法，是指通过人嘴哈气带出水汽，凝附在没有纹线的物面上，与手印纹线形成一定的反差而发现手印的方法。哈气时，应注意保持嘴与物面的距离，并适当控制气量的多少。对透明物体和非透明且表面有光泽感的物体上的手印，均可用哈气法观察，但用此法发现的手印，须待水汽蒸发干燥后方可用其他显现方法处理。

（四）仪器观察法

在观察手印时，可以借助各种仪器，例如，遗留在透明、光滑客体上的汗潜手印，在蓝光灯的强光激发下，可直接观察到银色纹线；遗留在玻璃及各种光滑不吸水物体上的各种矿物油手印，在长、短波紫外光下可观察到清晰的荧光纹线；如果条件允许，采用多波段光源发现手印，可使许多物体上的潜在手印更加清晰可见。

四、手印的显现方法

对潜在手印进行显现，不仅是发现手印的重要方法和途径，也是对通过上述方法发现的手印进行拍照固定的重要辅助手段。

显现潜在手印的方法，是在研究手印加层物质的某些物理和化学特性及其同某些物质相互作用的基础上发展起来的。因此，在选择具体方法时，除须考虑承受客体的某些物理化学属性，还须研究手印加层物质的物理化学属性。根据显现作用原理，无色汗液手印的显现方法主要包括物理显现法、化学显现法。

（一）物理显现法

物理显现法是利用物质间机械附着的物理属性，选择与手印中汗液和油脂附着力较强的物质，通过喷撒、熏染等手段，使纹线着色或通过激发光源照射，使纹线发出荧光而显出手印的方法。如粉末显现法、熏染显现法、激发光致荧光显现法等。

1. 粉末显现法。粉末的种类很多，根据其物理性能和使用情况分为普通粉末、磁性粉末、荧光粉末。

（1）普通粉末。普通粉末的种类很多，常用的有以下几种：

铝粉：银灰色金属粉末，又称银粉，其颗粒度在 600 目以上，附着力很强。适于显现釉陶瓷、搪瓷、玻璃、金属、油漆面、喷漆面、塑料制品、电镀物品等多种光滑、细腻的物体表面上新鲜和较陈旧的手印。如遇受潮物面，则应干燥处理后再施用。

青铜粉：金黄色合金粉末，又称"金粉"，由铜、锌、锡、锑等金属粉混合而成，颗粒细，附着力强。适用的物体与铝粉基本相同。

氧化铜（CuO）：棕黑色重金属粉末，附着力仅次于铝粉、青铜粉，粘性较小，颗粒度稍粗，比重较大，沉浸物面深层的能力较强。适用于粗糙物面上手印的显现。多用于显现瓷器、玻璃、金属、油漆面、木器制品等物面上的无色手印。对粗糙的纸张、人民币上的新鲜手印，显现效果也较好。

铬酸铅（$PbCrO_4$）：淡黄色粉末，又称铬黄，是生产油漆、油墨和染料的一种黄色颜料。附着力较强，适用于显现铜器、镀镍、薄铁、铝等金属物面和油漆制品表面48小时内的汗潜手印。其中，显现铜器上的手印效果较好。

四氧化三铅（Pb_3O_4）：比重较大的亮红色金属粉末，又称红铅或铅丹。附着力较强，湿度大，易结团，适用于显现枪支、弹匣、枪套、金属物面上的油脂手印，显现蜡纸、竹器上的新鲜汗液手印，效果亦很好。

硫酸钡（$BaSO_4$）、氧化锌（ZnO）、碳酸钙（$CaCO_3$）：均为白色粉末，有一定的吸潮性和一定的附着力，适用于显现铁器和橡皮上以及比较潮湿物面上的新鲜手印。

赤色硫化汞（HgS）：朱红色粉末，又名朱砂，有一定的附着力，适用于显现石灰墙上的手印。

二氧化锰（MnO_2）：深棕色粉末，适用于显现浅色且有较好光洁度的塑料物面上的手印。

静电复印粉：多种原料配制而成的混合性粉末，有黑、红、黄、蓝等几种不同颜色，附着力极强，易于热固定，适用于显现浅色纸张、塑料、搪瓷、陶瓷、玻璃等多种物体上的汗液手印。

锑粉（Sb）：深灰色重金属粉末，粘度较小，附着力较强。适合显现夏季汗液较多的手印或物面较潮湿的手印。对光滑物体和粗糙纸张上的手印显现效果亦较好。

二氧化铅（PbO_2）：棕黑色粉末，粘性较小，附着力较强。适合显现金属、粗糙纸张、工具把柄、竹器、本色木等物面上的新鲜手印。

氧化铁（Fe_2O_3）：暗红色粉末，有一定的附着力。适合显现光滑塑料、金属、瓷器等物面上的手印。

蒽粉［$C_6H_4(CH)_2C_6H_4$］：黄白色荧光粉末，颗粒较粗，附着力较差，在紫外线下可发出蓝白色荧光。适合显现画报、瓷器、玻璃等各种彩色物面上的新鲜手印。粉末刷显后置紫外光下观察，如有手印可发现呈蓝色荧光纹线。

曙红（$C_2OH_8Br_4O_5$）：红色荧光粉末，紫外线下呈亮红色荧光，又名四溴荧光红，适用物体与蒽粉基本相同。

硫化锌（ZnS）：浅灰色或白色荧光粉末，紫外线下呈蓝色荧光，适用物体

171

与蒽粉基本相同。

（2）荧光粉末。荧光粉末，是指在紫外灯、激光器、多波长光源的激发下能使手印发出某种荧光的粉末。常见的荧光粉末有蒽粉、硫化锌、赭红和邻氨基苯甲酸等。适合于显现表面光滑的非渗透性客体，如人民币、各种彩色纸张、画报、瓷器、玻璃、细的确良布及丝绸上50小时以内的手印。

（3）磁性粉末。磁性粉末是以能够被磁场力所吸引的金属粉末为主体配成的一种综合性粉末，而并非本身带有磁性。具备这种性质的有铁粉（棕黑色）、钴粉（土黄色）、镍粉（灰白色）等。可以根据不同需要而配制成不同颜色的磁性粉末。在实际工作中，较为普遍使用的是400~700目铁粉与硒静电复印粉或炭黑互相配制的黑色磁性粉末。亦可用钴粉、镍粉与铝、青铜粉或染料粉（红、黄、蓝、白、绿、棕等色）配成银灰色、金黄色以及其他彩色粉末，以适应各种颜色物体上的手印显现。磁性粉末适用于玻璃、瓷器、釉陶瓷、硬塑料、油漆物面、光滑皮革、人造革、竹器、电镀制品和光滑木质等非渗透性客体以及各种光滑的纸张、纸币、证券等部分渗透性客体上的新鲜手印的显现。

（4）粉末显现汗潜手印的操作方法。在实际工作中，利用粉末显现无色手印的操作方法主要有五种，即撒显法、直接刷显法、喷显法、抖显法和磁性粉显现法等。

撒显法，即撒粉刷显法，是实际工作中最常用的一种方法。通常用的显现工具就是软毛刷。毛刷的式样有两种，圆形毛刷和扁形毛刷。具体操作方法是用毛刷蘸取少量粉末，轻轻弹击刷柄，使粉末降落到物体表面，待物面均匀布上一层粉末时，将毛刷上剩余的粉弹掉到收回容器内，再用干净的毛刷轻轻刷动物面上的粉末。当发现显出手印纹线时，再用毛刷顺着手印纹线流向刷显，直至手印全部显出，刷去多余的粉末，至纹线清晰、纹线之间不残存浮动的粉末为止。此方法适合显现平面物体上的手印。

直接刷显法，这种方法适用于显现垂直物体上的手印。显现时，用毛刷蘸取较多的粉末，沿着物体垂直面由下向上直接刷动。刷显时部分粉末自然掉落，少数粉末则粘附于物面至手印出现。然后弹去刷子上多余的粉末，将毛刷顺着纹线流向刷显，至纹线清晰为止。无论是透明物体，还是有光泽的非透明物体，均可用此法显现手印。而纸张、本色木上的手印则不宜使用此法显现。

喷显法，即喷粉刷显法。将粉末装在喷粉器内，使喷嘴以30°~45°角对着物面，并保持5~15厘米距离。如果被显物体是垂直面，喷嘴可以60°~90°角对着物面，距离可靠近至 5~8 厘米。操作时一手握住装粉瓶，一手轻轻捏动皮球，使粉末随着气流喷撒于物体表面。当物面被均匀地喷上一层粉末时，如果使用的是铝粉、青铜粉或锑粉，可用干净的软毛刷刷动粉末显出手印；如果使用的是其他粉末，则需用不装粉末的空喷粉器喷出干净的气体，吹掉物面上的多余粉末而显出手印。喷嘴应顺着纹线的流向喷气。对水平面物体或垂直面物体、透明物体或有光泽的非透明物体上的手印均可使用此法显现，但纸张上的手印不宜用此法显现。

抖显法，即撒粉抖动显现法。操作方法是：用毛刷蘸满粉末弹落于物体表面，或将适量的粉末直接倒于物面上。然后，双手拿起物体上下左右抖动，让粉末滑过疑有手印的物面，手印即可显出。然后将物面上多余的粉末倒回容器，轻轻弹击物体背面或侧面，抖掉浮在手印纹线中的粉末。此法主要适用于显现普通纸张、本色木等一些轻小物体上的手印。

磁性粉显现法，是指使用专门的磁性刷吸附磁性粉，利用磁性粉形成的磁力线在物面上轻轻刷动而显出手印的方法。磁性刷，又称为静电刷，其构造是将一个较小的长条形永磁钢装入封闭的套管中（套管可由塑料、有机玻璃或防磁钢等材料制成），内有弹簧或拉杆，可使永磁钢升降。当永磁钢下降时，磁场力可透过套管头部大量吸住磁性粉，形成磁力线粉刷，即可刷显手印。将永磁钢上升，磁力线迅速远离套管头部，剩余粉末因失去吸引力而脱落被收回。若掉落在物面上的磁性粉过多，可用干净的磁性刷吸附收回，最后轻轻弹击物面上浮动的少许粉末，手印纹线便清晰可见。此法适用于显现普通纸张和其他物面上的手印。

（5）粉末显现手印应注意的问题：①应搞清楚物体表面是否潮湿。如果物体表面不潮湿，可直接用粉末显现；如果物体表面潮湿，则须通过烘、烤、晒、晾等方法将物体表面干燥后方可用粉末显现，否则手印易遭破坏。②注意观察物体表面是否有油脂层。日常使用的食具、炊具、糕点食品箱柜、机器及枪支等物体表面常附有油脂层，如果侧光下可以看见手印，可直接拍照提取，切不可撒粉染色；如果物面油脂很少（如洗涤过的食具、擦过的枪支、枪套等），且主要是手上有油脂而留下的手印，拍照后，可选用粘性较小的重金属粉末显现。③处于低温环境下的物体，例如作案者扔在冰雪地上的凶器、工具等，因形成手印的物质冻结，附着粉末能力很低，加之粉末温度稍高，刷显时会因冷热相遇而产生潮气，破坏手印，故应将此类物体置室温下（20℃左右）暖化并干燥后，方可用粉末染色。④平时应保持毛刷和粉末干燥不潮湿。尤其在雨天勘查现场时更应注意在使用前进行检查，如毛刷和粉末已潮湿，应烘干再用。⑤撒粉前，应注意提取手印周围的附着物质或斑渍，以免掺入粉末，不利于今后对其检测，提取这些物证时，同样也要注意不能破坏手印。⑥显现染色的方法要恰当，该刷的刷，该抖的抖，不能搞错。如普通纸张上的手印，不宜用毛刷刷粉，而用抖显法或磁性粉显现法较理想。⑦撒粉量要适当，绝不可过量，铺粉也要均匀。刷显时应用毛尖小心轻刷，顺着纹线流向刷，不可来回乱刷，否则得不到清晰手印，易造成手印特征变化或出现假特征，给后续的检验工作带来人为的麻烦。⑧用磁性刷显现手印时，应始终用"粉穗"在物面上刷动，防止磁刷套管头部触及物面或擦刮物面而损坏手印。尤其是磁力减退的磁刷，吸粉量太少时，或刷了一段时间而剩余的附着磁粉很少时应重新吸粉。

总之，作为一种传统的显现手印的方法，粉末显现法因其设备和操作简便、适用客体广泛、见效快、不损坏客体、显现效果好等诸多优点，已被基层技术人员普遍掌握和使用。随着各种新型粉末的研制问世，该方法还将继续发挥其应有的作用。

2. 熏染法。熏染法，是指使用某些物质的气体分子对手印加染、附着或镀膜而显出手印的一种方法。如碘熏法、烟熏法、高真空镀膜法等。

（1）碘熏法。碘是卤族元素之一，为紫黑色有金属光泽的结晶体，有毒并具有特殊臭味，有强烈的挥发性和腐蚀性，常温下可由固体直接升华成紫色气体。碘熏法的原理是：手印中的油脂对碘具有吸附作用，碘蒸汽熏显指印时，蒸汽碘吸附手印中的不饱和脂肪酸使手印纹线变成棕色。

碘熏法适用于显现普通浅色纸张、蜡纸（48小时以内的手印）、塑料、本色木、白墙、竹子、复写纸等非金属物体表面新鲜或较陈旧的手印。

碘熏法的优点是无损、简单、快速、经济。缺点是不适合于显现遗留时间长的指印，一般不能超过5天；颜色消失快。碘熏法是一种较传统的方法，适用于壁纸，涂料上的指纹显现。

碘熏法显现手印的具体操作方法有三种，即热熏法、冷熏法和喷熏法。

热熏法，是将碘放入容器（如玻璃烧杯）中，加盖玻璃片，置于三脚架上，用酒精灯或其他方法加热，使碘迅速蒸发呈紫色气体，即可进行熏染的一种方法。此法又可分为直接染色和间接染色两种方法。直接染色法是将有手印的物体直接置于碘蒸气上方，一般在烧杯口上约5~10毫米处左右缓慢移动被熏染部位，使之较均匀地附着上碘气分子，边熏染边观察，待手印清晰地显现出来后即可移开。操作时应将容器盖好，防止大量有毒气体逸出。间接染色法是待盖在烧杯口上受碘气直接熏染的玻璃片表面均匀地附着一层碘时，将其拿下覆盖于疑有手印的物体表面，几秒钟后取下玻璃片，手印即可显出。

冷熏法是利用碘在常温下自然升华的性质，不加热即可熏显手印的方法。熏显时，把碘结晶放入较大的器皿中（如大玻璃罐），将有手印的物体摆在或悬挂在器皿内的支架上盖好；或放在装有碘的聚氯乙烯袋中，但必须注意不要使碘片直接碰到物体上。待物体表面慢慢吸附碘气体分子后，手印即可显出。冷熏法显出手印的时间长短取决于当时环境下气温的高低，我国的南方与北方、夏季与冬季气温差别显著。在南方夏天 3~60 分钟即可见效，北方室内通常需要 2 个小时以上，甚至 1~2 天才能奏效。一般采用定期观察的方法，直至手印清晰地显出。

喷显法，是利用喷碘器对手印进行喷碘熏染的显现方法。喷碘器是碘熏手印的一种专用工具，有单球式、二连球式和口吹式等不同式样。其基本的构造和工作原理是：利用一个中间扩大呈球的玻璃管，把碘片放入玻璃管球部，在球体的两端塞进玻璃棉以防碘片外出。然后在玻璃管前端接一个喇叭嘴，后端接一个橡皮球（或二连球）。使用时，一手握住玻璃球部，借助手的温度加速碘的蒸发；另一手不断按压橡皮球（若后端不接橡皮球，则可以直接用口吹，口腔气体的温度亦能促进碘的蒸发），造成一股气流，使碘气随气流喷出喇叭口并对准疑有手印的部位，即可使碘蒸气分子附着而显出手印。

碘熏显技术的应用方式有碘熏管、碘熏袋、碘熏箱、碘熏枪。碘熏管是一种成品仪器，加热碘熏管使碘升华，口吹出碘蒸汽，适用于非渗透性客体，但金属客体不能用。

用碘熏法显出来的手印，因附着的碘易再次升华，故需用一定的方法对其固定。固定的一般方法有氯化钯溶液固定法、粉末固定法、照相底片固定法和碘化钾淀粉溶液固定法等。

运用碘熏显现法显现手印时应注意：碘熏时间不能过长；注意背景颜色干扰；对于潮湿的检材，由于受潮后其溶于水的成分都没有了，只留下油脂，可以尝试使用碘熏法显现；使用碘熏显现法要注意防护。

（2）烟熏法。使用某些物质燃烧产生的黑色烟雾（烟子）对无色手印进行熏染，从而因其附着作用而显出手印。烟熏法中常用的能够产生较好烟子的物质有松香带、樟脑粉、煤油、烟熏蜡烛等。这些物质点燃后，适用于熏染搪瓷、陶瓷、玻璃、金属、油漆木、塑料等光滑物体表面上 5 天以内的汗垢手印，以及竹器、人民币、纸张上的新鲜汗液手印。

（3）"502"粘合剂熏显法。"502"粘合剂，俗称"502"胶，是以a-氰基丙烯酸乙酯为主体，并含有少量对苯二酚和二氧化硫等阻聚剂的粘合剂。过去一直是以粘合剂的面目出现，20世纪80年代开始用于显现手印。

"502"粘合剂熏显手印的原理是："502"粘合剂中的a-氰基丙烯酸乙酯在微量水分及弱碱的催化作用下，能迅速发生阴离子型聚合反应而固化，所以"502"粘合剂中的氰基丙烯酸乙酯能够在指纹遗留物质中的水分和某些有机物质的催化下聚合，从而显出白色的指纹纹线。

"502"粘合剂熏显手印技术适用于显现光滑、非渗透性客体上的手印，如塑料、金属、玻璃、搪瓷、陶瓷、油漆表面等；半渗透性客体如皮革、光面纸等；某些特殊表面，如人体皮肤、质地细密的纺织品等。从手印形成物质的角度而言，还适用于灰汗混合手印、加层油脂手印、血汗混合手印等。

"502"粘合剂熏显手印的特点是：显现灵敏度高；可固定潜在指印；聚合物指纹可用多种方法进一步增强，如光学方法、染色方法等。

"502"粘合剂熏显指印技术的应用方法有自然熏显法、强碱催化法、直接贴现法、加热显现法、真空显现法、加湿加热显现法。

"502"粘合剂熏显手印的操作方法有自然熏显法、加热加速熏显法、滤纸贴附熏显法等。

自然熏显法：将留有潜在手印的物体悬挂在玻璃干燥器或其他定型熏显器的铅丝架上（物体不能贴在一起，也不能贴在容器壁上），然后将"502"粘合剂均匀地滴在容器底部的铝箔上，根据容器的体积，每次滴5～50滴，经过几小时甚至几天时间的熏显，物体上会显出白色或暗色纹线的手印。如手印不理想，可继续熏显。

加热加速熏显法：将物体挂在塑料袋内的架子上，将适量的"502"粘合剂滴入蒸发皿内，夹紧密封袋口，接通电源对蒸发皿内的"502"粘合剂加热，使"502"粘合剂汽化冒出白烟熏显物体，1～2分钟后手印即可显出，1小时后将物体取出。

滤纸贴附熏显法：将"502"粘合剂与乙醚按1：3～1：7的比例配制出的"502"粘合剂乙醚溶液，均匀地涂在定性分析滤纸上，片刻后，将此滤纸覆盖于物体的疑有手印处，用手或玻璃轻轻按压2～3分钟后，将滤纸拿开，手印即被熏显出来。

此外，还有强碱、强酸催化加速熏显法和"502"粘合剂专用熏显箱显现法等。

最新"502"粘合剂熏显器材有 MVC-3000、MVC-5000 型熏显柜和大型密闭空间指纹熏显系统等，如图 10-5 所示。MVC-5000 型拥有超大容纳空间，容积为 1.87m³，规格为 2240×1520×900mm，特点是结构设计耐用，全方位可视，具有自动和手动控制双模式，具有自动熏显后清洁系统，无需另外清洁。残留在柜壁上的熏显胶，使用一般方法即可擦除。MVC-3000 型容纳空间为 0.63 m³，规格为 1550×860×900mm，拥有 MVC-5000 的全部特点，柜底脚轮使柜体可随意移动。

图 10-5　MVC-5000 型（左）和 MVC-3000 型（右）熏显柜

图 10-6　现场熏显系统

大型密闭空间指纹熏显系统，能够把犯罪现场变成熏显室，节省时间、劳力和费用，确保全部指纹被显影，不必费力把大东西搬回实验室，可用于房间、车库、帐篷等密闭空间的熏显，如图 10-6 所示。英国警方通过该设备破获了多起犯罪案件。该系统可熏显 100 立方米的空间。

3. 激发光致荧光显现法。激发光致荧光显现无色手印，是采用激光、紫外光、各种色光作激发光源，使手印中某些物质发出固有荧光或使手印染色物质发出荧光而显出手印。这种方法显现无色手印的原理是：在激发光源的照射下，汗液中的维生素 B2、维生素 B6、油脂、染料、荧光染色剂等有机化合物分子，吸收光能处于激发状态。而任何分子在没有外界影响时，其能级中的电子总是处于能量最低的基态，因此激发态是不稳定的，它将迅速回复到基态，由激发态回复到基态的过程，分子会放射光能。根据斯托克斯定律，激发光的波长短于发射光的波长。这样，如果留有手印的物体自身不产生荧光或产生的荧光与手印荧光相区别，就可选择截止激发光和其他荧光，而使手印荧光透过滤波器观察和拍照，即可获得荧光手印。

（1）激发光致手印物质的荧光显现。其主要方法有激光检测法、紫外光检测法、蓝光灯检测法等。

激光检测汗液手印：手印汗液中的维生素 B2 和维生素 B6，在激光照射下，分别在波长 565nm 和 400nm 处产生荧光。由于这些物质在手印汗液中含量极微且同时还受到来自被检测物体的发射光的干扰，故手印不可能出现明显可辨的发光现象，必须选用安全的激光护目镜来观察手印，之后选用有效的照相方法对手印加以拍照固定。

紫外光检测油脂手印：在 253nm 及 360nm 紫外线下，许多矿物油手印均有明显的荧光效果。如汽油手印呈乳白色荧光、柴油手印呈米黄色荧光、机油手印呈白色荧光、黄油手印呈亮白色荧光、头油手印呈黄色荧光、凡士林手印呈白色荧光、擦枪油手印呈乳白色荧光、煤油手印呈紫色荧光等。

常温下，所有的动植物油手印在长、短波紫外线下均不发光，而在-35℃的低温条件下，在波长 253nm 紫外线下观察可发现明显的荧光手印。如香油手印呈浅米黄色荧光等。但在低温-35℃、360nm 波长下，这些油质手印则全部无荧光。

蓝光灯检测血手印、印油手印：室内环境中，把红色、深色物体上的血手印置于蓝光灯下激发后，通过滤色片观察，血手印呈银白色。印油、部分油脂及某些墨水形成的潜手印，在蓝紫光下呈黄、橙、红等颜色。当然，观察时也应选用适当的滤色镜。

（2）激发光致染色物质的荧光显现。由于手印的新鲜程度、物面本身发光很强、手印汗液很少等原因，导致手印物质发光很弱。这种情况下，必须对被显手印进行前期处理，即用荧光物质对其进行染色，以期获得理想的荧光手印。如用荧光粉直接附着于手印上，然后置激发光源下观察、拍照。用"502"粘合剂熏显的手印如果效果不理想，亦可再用荧光粉剂染色，置激发光源下观察拍照。

4. 多波段光源显现法。多波段光源是由一组或两组特殊设计的滤色镜将光源发出的白光（全谱线）分成不同的波段输出，或通过导光管将光输出，这种光学系统即被称为多波段光源。该系统多是由光源、滤色镜、导光管三部分组成。光源一般为氙灯和金属卤素灯，前者发光效率高，但制造难度较大；后者发光效率较前者低，但制造较容易。滤光大多采用高质量带通式干涉滤色镜，也有的是采用长通和短通两组滤色镜的组合选择所需的输出光。导光管分为光纤导光管和液体导光管。前者成本低，后者光透过率较高。

多波段光源的基本工作原理是对光源发出的光，利用不同波长范围的滤色镜切取所需要的光，也就是说，让某一范围波长的光线通过，而其他范围波长的光则被吸收。通过的光经导光管输出作为激发光照射到被检测的物体上，物体上若有手印便可得以显现出来。操作时，工作人员应戴护目镜，防止光源在物体表面形成的反射光刺激眼睛。拍照提取时，也应加相应的滤色镜。

与激光光源相比，多波段光源最突出的优点是能够输出多个波段的光，一般具有6~8个波段，甚至更多。可以根据不同的物体上手印的吸收光谱并借助荧光方法的处理选择合适波段的光。其具有灵敏度高、稳定性好、显现效率高的优点。多波段光源与荧光粉配合显现手印，对形成手印的物质含量较少的手印，能够显示出较高的灵敏度；对较潮湿物面上的手印也能较好地得以清晰显现且显出手印速度快、效率高；并且可消除物面复杂的背景干扰，得到反差极强的手印。

多波段光源的主要用途之一就是显现手印：一是直接照射物体，使具有荧光物质的手印得以显现；二是对不发荧光的物质形成的手印，用荧光粉等加以染色，然后在多波段光源照射下，使手印发出荧光而得以显现。除此以外，多波段光源还广泛地应用于现场勘查和其他痕迹物证的发现、检测和处理，如对现场足迹、血迹、精斑、体液以及油脂、纤维、火药残留物的搜寻，对涂改字迹等文件的检验等。

物理法显现指纹应用

（二）化学显现法

化学显现法，是指选择一定的化学试剂与手印汗液中的化学物质（有机物或无机物）发生化学反应而生成新的有色物质，使无色汗液手印显现出来的方法。如硝酸银显现法、茚三酮显现法等。

1. 硝酸银显现法。硝酸银（$AgNO_3$），无色透明的菱形片状结晶体，遇光则变为灰黑色。其对有机物有很强的腐蚀作用，有毒，能溶于水、乙醇、醋酸丁酯、甘油，微溶于醚。硝酸银与汗液中的无机物质（如氯化钠）起化学作用后，生成氯化银（沉积物）和硝酸钠，氯化银在阳光作用下即分解出银单质，银单质本身具灰黑色，随着反应的进行，银单质粒子逐渐增多，由棕色变成黑色而显出手印。

硝酸银显现法适合显现浅色纸张、较新的本色木、单色彩色纸上的汗液手印。其他彩色纸、票券、粗糙纸、竹制品（新鲜手印）上的手印，虽能显出，但效果不甚理想。

运用硝酸银显现手印时应注意涂显、浸湿或晾干，均应在暗处进行，避免操作过程中受光的作用而影响效果。最好不要在太阳光下曝晒，显现后用甘油浸泡1~2分钟，并将检材用黑纸包裹，置于暗处。硝酸银溶液应使用棕色瓶保存，显出手印后要立即拍照，否则背景会逐渐变深。

2. 茚三酮显现法。茚三酮（$C_9H_4O_3 \cdot H_2O$）又称水合三酮氢茚、苯并戊酮、宁海特林，习惯上称其为宁西特林或宁海特林。其为白色结晶粉末，易溶于甲醇、乙醇、丙酮等有机试剂，微溶于醚和氯仿，自然条件下难溶于水。茚三酮对鼻腔和呼吸道有刺激性，内服会引起中毒。

1901年，英国科学家鲁赫曼（Ruhemann）在试图将二氢化茚酮氧化成二酮二氢化茚的试验中，无意中合成了一种新的化合物——水合茚三酮（ninhydrin），译音宁西特林。随后，鲁赫曼发现水合茚三酮可与a-氨基酸反应生成一种紫色产物，后人为了纪念他，将这种紫色产物命名为鲁赫曼紫（Ruhemann's purple）。

1954 年，瑞典科学家奥登和霍夫施坦首先提倡用茚三酮显现潜在指印。一年后，奥登获取了这项潜在指印显现技术的专利。茚三酮显现手印的原理是茚三酮与 a-氨基酸反应，汗液中氨基酸的含量为 0.07~0.25mg/ml，茚三酮就是通过与手印遗留物质中的氨基酸发生显色反应，从而达到显现潜在指印的目的。

茚三酮是显现渗透性检材，特别是纸张上潜在手印最常用、最有效的试剂，在国际刑事技术领域，茚三酮显现指印技术被誉为"一匹勤奋的老马"，曾显出遗留超过 40 年的潜指纹。

茚三酮显现手印技术的应用方式有浸泡法、涂抹法、喷显法。由于茚三酮显现指印技术的需要一个最佳的温度、湿度，因而在采用茚三酮显现指印时，需要进行预热和胰蛋白酶的前处理。

应用茚三酮显现手印应注意：如果需加速显现，加热时间不能过长，温度不宜过高，否则易烫坏物体或使物面普遍着色，影响显现质量。油脂、塑料、油漆、颜料等物面上的手印，不能用茚三酮丙酮溶液显现，因这些物质均能溶解在丙酮里。加热快速显出的手印，消失也快，应及时照相固定。

3. DFO 显现法。DFO（1.8-diazafluoren-9-one，中译名：1.8-二氮芴-9-酮）也是一种对氨基酸灵敏的检测试剂，其显现原理与茚三酮显现法相同。DFO 与氨基酸反应生成淡紫红色的化合物，在普通光照条件下，这些淡紫红色的手印纹线非常微弱甚至根本看不见，但在蓝绿光的激发下可发出较强的橙红色荧光，从而使手印得以清晰地显现。DFO 方法于 1990 年在国际首次报道，我国于 1995 年通过 DFO 方法鉴定。该方法用于显现纸张等渗透性客体上潜在汗液指印，成功率达 80%~90%。由于发光显现方法所需的手印物质量远远少于光吸收显现方法所需的手印物质量，且汗液中氨基酸的含量通常较少，因此，DFO 显现法具有一次处理形成荧光手印和显现灵敏度高的优点。

DFO 指纹显现灵敏度是茚三酮的 3~4 倍。与茚三酮的应用范围类似，适用于渗透性客体，应在茚三酮法之前使用，即先用 DFO，后用茚三酮。

（三）几种特殊手印的显现方法

特殊手印，是指特殊物质形成的手印，通常是除汗液以外的某些物质形成的手印。如潜血手印、灰尘手印和油脂手印等。

1. 潜血手印的显现方法。血手印是有色手印，通常情况下，明显清晰的血手印无需进行显现处理。但有些情况下，由于血液、承痕体或客观环境等诸多方面的原因，使得遗留的血手印或血色浅淡，或反差微弱，不易辨别，这就需要采取一定的方法对其加工处理，使之变为清晰的手印。

(1) 四甲基联苯胺显现法。四甲基联苯胺显现潜血手印的原理是在新鲜血液中存在有过氧化物酶，此酶遇到过氧化氢（H_2O_2）时，可使 H_2O_2 释放出初生态氧 [0]，初生态氧将无色的四甲基联苯胺氧化，形成四甲基联苯胺蓝，从而使浅色或无色的潜血手印显现为蓝绿色手印。对陈旧的血手印，由于血液中的过氧化物酶失去活性，不能参与反应，但在血红蛋白分子内外附环中的铁离子起触媒作用，可使过氧化氢释放出初生态氧，将无色的四甲基联苯胺氧化成四甲基联苯胺蓝，显出蓝绿色的血手印。渗透性客体、非渗透性客体均可使用此方法。

对于渗透性物体，如布、木质品、各种浅色纸张上的潜血手印，显现前，一定要多次用无水乙醇浸泡，使血中蛋白质脱水变性，溶解度降低，这样再用四甲基联苯胺处理，显出的潜血手印纹线清晰，不会出现一片蓝的现象。对于非渗透性物体上的血潜手印，也要作预处理，即用松香烟子熏染疑有血手印的部位，待熏上一层黑烟后，用软毛刷掸去多余的黑烟，血手印上附着一层碳分子，这样再用四甲基联苯胺显现时，碳分子可吸附溶液，使试剂充分与血作用，显出的血潜手印纹线清晰。否则试剂溶液在检材表面立即流失，致使四甲基联苯胺溶液不能与潜血手印中血红素化合，显不出清晰的血潜手印。

对于颜色较深的物体上的血潜手印，显现前，也应用无水乙醇浸泡固定 3~5 分钟。将配制好的试液均匀地涂在普通白纸、油光纸等载体光滑的一面，然后将其覆盖于手印上面，轻轻按压，不能移动，20~30 秒钟后血潜手印即呈蓝色纹线显现于载体上。拍照后反洗照片即可获得理想的手印。

(2) 隐色龙胆紫溶液显现法。显现原理是血液中的过氧化氢酶和血卟啉能催化过氧化氢，把隐色龙胆紫氧化成蓝紫色的龙胆紫，使手印呈蓝紫色纹线显出。

隐色龙胆紫溶液显现潜血手印的方法，是 1982 年研究成功的一种具有良好效果的方法。该试剂无毒、价廉，易买到，使用方便，对包括浅色纸张、画报纸在内的许多物体上的血潜手印均可获得清晰明显的纹线，且可长期保存。此外，1982 年还时研制出酚酞啉溶液显现法和隐色靛蓝溶液显现法，对血潜手印的显现均具较好的效果。

(3) 氨基黑 10B 显现法。氨基黑 10B 是一种生物染色剂（蓝黑色）。它能够吸附在有血的手印纹线上，增大纹线与背景的反差，达到显现的目的。用于光滑非渗透性客体。

此外，还可应用血手印的荧光检测法显现潜血手印。血手印的荧光检测法主要有二氯荧光素法、鲁米诺检验法（氨基苯二酰肼）、BBD 活化血痕染色法等。

2. 灰尘手印的显现方法。灰尘手印，反差弱，稳定性差，不易固定和提取，应采取一定的技术方法对其加工，以获得清晰稳定的手印。

（1）硫氰酸钾显现法。硫氰酸钾显现法的显现原理为在强酸性条件下，硫氰酸钾与氢离子结合生成硫氰酸气体挥发，硫氰酸气体遇到铁离子生成棕红色的硫氰酸铁 $[Fe(SCN)_3]$。灰尘和泥土中都不同程度地含有铁元素，在酸性环境中，灰尘和泥土中的铁离子被游离出来，硫氰酸气体遇到灰尘手印中的铁离子后发生反应，变成棕红色而显出手印。此法适用于在实验室内，对较小物体上的灰尘手印显现。吸水性物体和不吸水性物体上的灰尘手印均可用此法显现。

（2）CX 固定剂固定粉末显现法。该技术所采用的固定剂为一种极性强、粘性大的小分子有机酸，它受热所产生的气体可以被灰尘粒子吸附，因该固定剂分子及其与灰尘粒子间引力较大将灰尘固定于客体表面，对于水泥、白灰粉主要是通过物理吸附和化学反应将其固定，使惰性的灰尘粒子活化，增加了其表面的粘附性能，可以吸附大量的指纹粉末，光滑客体表面吸附的少量固定剂虽然吸附了粉末但反复刷粉过程中可被粉末粘取下来，从而一次性较好地完成了灰尘手印的固定和显现。固定显现的灰尘手印拍照提取后可用胶纸粘取。此种方法主要适用于玻璃、陶瓷、塑料、油漆面、纺织品、纸张、人体皮肤、金属、釉面砖、地板革、水泥面、水磨石、大理石等多种客体表面上的灰尘和白灰、水泥粉手印的固定显现。

3. 胶带粘面手印的显现方法。胶带粘面上的手印是一种"汗垢手印"，里面含有丰富的氨基酸、小分子脂类、无机离子等成分。如果这种"汗垢手印"遗留在纸张上等渗透性客体上，那么我们用 DFO、茚三酮可以非常容易地显现；如果这种"汗垢手印"遗留在玻璃等非渗透性客体上，那么使用粉末法、"502"粘合剂法可以非常容易地使其显现。胶带粘面上的手印显现的难点在于胶带粘面的特殊性，即胶带的粘性。

要显现胶带粘面上的手印首先就要解决两个难题：一是如何提取胶带物，二是如何对胶带进行剥离，然后才是显现手印的问题。

对于胶带物提取问题的解决，可以考虑两种情形：①如果胶带已粘成一团应直接提取，防止进一步粘连；如果只是部分粘面裸露，可能使用隔离纸或投影胶片隔离并固定。

对于胶带的剥离问题，胶带的粘性多受物理化学因素影响，受热会熔解；酸碱可以改变胶带的粘性；低温时粘性会变弱甚至消失；在某些有机溶剂的作用下会大大变弱甚至消失。因此，可以根据这些特性采取以下几种剥离法：一是胶带的粘性不大时，可直接剥离；二是使用液氮剥离法；三是化学试剂剥离法，用氯仿（三氯甲烷 $CHCl_3$）或丁酮与无水乙醇以 1∶1 比例混合制成混合液剥离胶带。

剥离后就可以进行胶带粘面上手印的显现。可能根据胶带粘面的吸附性，采用染色液和悬浮液的方法显现其上的手印：将手印显现药品溶入水中，以水溶液来显现胶带粘面上的手印，手印显现试剂与纹线物质发生吸附，从而显现出手印纹线。这就是胶带粘面上手印显现染色液和悬浮液的原理。

具体方法有结晶紫染色法和碳素墨水染色法：

（1）结晶紫染色法的具体步骤为：取 5g 结晶紫和 10g 苯酚溶于 50ml 无水乙醇制成储存液。再取 5ml 储存液用蒸馏水稀释至 100ml 配制成工作液。将检材浸入工作溶液中 30 秒到 1 分钟，然后自来水冲洗 20 秒到 30 秒，自然干燥，在白光下使用橙色滤色镜观察。

（2）碳素墨水染色法：碳素墨水是将炭黑混入表面活性剂的水溶液，在胶体磨上研磨，使其颗粒进一步变细，然后加入扩散剂（也为表面活性剂）、增稠剂、防腐剂等制成成品。碳素墨水染色法的原理是碳黑与手印纹线物质之间的吸附作用。

在显现胶带粘面手印时，应以光学的光致荧光的显现方法为首选，在确实不具备光致荧光的显现条件时，才能选择染色法和悬浮液法显现。具体显现程序为：首先观察纹线与粘面是否存在良好反差，如果存在良好反差，则可采用普通照相的方法固定提取；如果没有良好反差，则需要观察粘面是否平整、光滑；如果粘面平整、光滑并具有强烈吸收短波紫外线性能，可采用紫外反射+暗视场进行定向反射照相显现提取；如果粘面平整、光滑，虽不具有强烈吸收短波紫外线的特点，但却具有强烈反射短波紫外线的特点，可以采用紫外反射+均匀配光的方法固定提取；如果对短波紫外线既不反射也不吸收，但粘面与指印是多色调，则可采用分色照相的方法固定提取；如果以上情形都不具备，最后才需要考虑染色法和悬浮液法显现。

指纹显现流程图

五、影响手印显现的因素

显现手印（以显现汗液手印为例），能否获得满意的显现效果，取决于诸多因素。有时受某种单一因素的影响，有时则受几种因素的共同影响。因此，研究探讨影响手印显现的诸多因素，对提高手印显现质量、确保手印显现效果，有着重要的实践指导意义。

影响手印显现的因素，主要包括三个方面：手印遗留条件的影响、化学反应条件的影响和显现操作工艺的影响。

（一）手印遗留条件的影响

手印遗留条件主要包括承痕体的自身条件、形成手印的汗液量、手印遗留时间和手印所处的客观环境等因素。

1. 承痕体的自身条件。

（1）客体表面的光洁度。遗留在表面光滑、洁净客体上的手印，其纹线清晰完整，无论采用何种恰当的方法增色显现，均会获得理想的效果；遗留在表面粗糙、不平整客体上的手印，其纹线不连贯、不清晰，无论采用何种显现方法，均不会获得理想的效果，甚至出现纹线上的假特征。

（2）客体表面的干湿度。遗留在较干燥的客体表面上的手印，其汗垢被吸收、渗散或分解的速度较缓慢，较易保持原始状态，也易显出较理想的手印；遗留在较潮湿的客体表面上的手印，由于汗液中的固体成分均溶于水，并四处渗散，其纹线便随之模糊，手印保留的时效缩短，显出的手印往往不理想。

（3）客体表面的物质成分。①加工制造中原料、填料的不同，对手印显现有不同的影响。如同样用硝酸银法显现施胶较多、质量较好的纸张（如道林纸、铜版纸）上的手印和没有施胶或施胶较少的普通纸张上的手印，前者效果较差，而后者效果很好；相反，如果改用粉末法或熏染法显现，前者则因其表面光滑、质地坚韧而能获得理想的手印，后者效果则一般。②某些产品为增加其防潮和抗热性能，其表面除施有胶质外，还有较多的油质和蜡质，如人民币、质量较好的包装纸、油纸、蜡纸、手榴弹柄、工具把柄等，这些客体上的手印，如采用一般溶剂（尤其是水溶剂），是很难显出的，只有在配方中加入渗透性较强的有机溶剂，或加入某种专门的渗透剂，才能使其与汗液成分充分反应而显出手印。③客体表面的不同色泽对显现手印的影响。若采用粉末法，应选择与客体色泽反差较强的粉末显现，若采用化学方法，则应考虑化学反应后的颜色与客体表面的色泽有明显反差。

2. 形成手印的汗液量。手印中汗液的多与少，直接影响着手印的显现效果。一般规律是手印中汗液较充分，其粘附粉末和熏染物质的能力强或与化学溶液反应充分，显出的手印清晰可见；若手印中汗液较少，其粘附力则弱或化学反应不充分，会明显影响显出手印的清晰度。

手印中汗液的多与少，主要取决于手印遗留者自身汗液分泌量的多与少。一般而言，青少年比中老年的汗液分泌量多，精神紧张者比精神不紧张者汗液分泌量多，同一个人，夏季比冬季的汗液分泌量多。

手印中汗液的多与少，还与手接触物体的连续次数、接触方式、手表面或物体表面是否有附着物质有关。

3. 手印遗留时间与所处的客观环境。从手印在物体上形成后至采用某种方法显现时，间隔的时间越长，手印中的汗液损失越多，显现效果越不理想，反之，间隔时间越短，手印越新鲜，其显现效果越理想。同时，手印所处的客观环境也很重要，如室内环境中的手印，由于温度、湿度等方面的变化较小，汗液受损失较少，显现效果较好；而室外环境下的手印，由于温度、湿度以及其他气候条件的变化较大，汗液损失较多，显现效果不易保证。

（二）化学反应条件的影响

化学反应条件，主要是指温度、湿度、溶液浓度和不同的溶剂等条件。

1. 温度。总体情况是：温度高，显出手印速度快，显出率高，着色深，反差强，但褪色也快；温度低，显出手印速度慢，显出率低，着色浅，反差弱，但褪色也慢。而用化学反应荧光显色法显现手印，则是温度降低，荧光效率提高，荧光强度增大；而温度提高，各种荧光效率下降，荧光强度减弱。

2. 湿度。湿度是化学方法显现手印的必要条件，显出的手印模糊，主要是湿度的影响。实践证明，过于干燥（湿度在40%以下），没有水分潮解的情况下，一般显不出手印。例如，用茚三酮法在室温20℃，相对湿度51%的条件下，对10种本色木上的手印进行显现，结果手印均未显出。而将木块置于相对湿度为92%的器皿中，却显出了遗留10天的手印。湿度过大（湿度在95%以上），汗液中的某些易溶于水的物质成分易随之游离、迁移或扩散，手印纹线便模糊不清。某些实验表明，用茚三酮法显现各种纸张上的手印，在温度50℃、相对湿度80%的条件下效果最佳。

3. 溶液浓度。各种成分的配比量即溶液浓度，直接影响着手印的显现效果。一般地，用茚三酮法显现粗糙木制品上的汗液手印，以3%~5%的浓度为好，低于3%或超过5%的浓度效果均不理想。而用硝酸酒精溶液显现牛皮纸上遗留90分钟的手印，以1%的浓度为好。溶液浓度问题，不是绝对的，不同的温度条件，不同的被显物体，所用的溶液浓度应有所变化。因此，许多情况下，应先做好试验，再确定选择溶液的浓度。

4. 不同的溶剂。许多试剂必须被溶剂溶解成为溶液后才能用于显现手印，而选择的溶剂是否恰当，也会影响显现效果。

硝酸银是汗液中氯离子显色较灵敏的试剂，但以水为溶剂配制成的溶液，显现手印的效率低，而以无水乙醇为溶剂配制成的溶液，其显现效果好，显出率高。

茚三酮是氨基酸显色较灵敏的试剂，但其水溶液却显不出手印，而用有机溶剂配制溶液，显现手印效果很好。然而有机溶剂在多种物体上并不均能显出理想的手印。如茚三酮丙酮溶液，显现本色木和办公纸上的汗液手印，效果很好，但用其显现牛皮纸和人民币上的汗液手印却得不到较好的效果，在其溶液中加入适量的石油醚，就能显出清晰的效果。

（三）显现操作工艺的影响

1. 显现方法的选择。到目前为止，还没有发现哪一种显现方法是万能的。因此，显现手印时，必须弄清形成手印的物质、承痕体性能特点、手印的遗留时间以及某些方法适用的范围，之后，才能选择恰当的方法实施显现。如某种化学方法显现汗液手印效果很好，但却不能用于显现油脂手印。硝酸银法多用于显现较新鲜的汗液手印而不能用于显现陈旧的手印，茚三酮法却可以显现陈旧手印。

2. 显现操作工艺。直接用粉末法显现过于潮湿的物面上的手印，手印将会模糊不清，而对物面干燥处理后，再用粉末显现，将会取得较好的效果。粉末刷显时，毛刷是否柔软，刷显动作是否熟练，是否顺着纹线方向刷显，粉末清除得是否干净，均会影响手印的显出效果。用化学方法显现，同样应注意操作工艺。

六、现场手印的提取与记录

(一) 现场手印的提取

1. 照相法。照相法提取现场手印,是最佳选择。它能够真实地反映手印的原始状态而不破坏手印,即无损提取。对手印采取其他任何方法提取之前,都要先行拍照。拍照提取手印的要求如下:

(1) 比例照相:即拍照时,手印一侧应放置比例尺,让手印与比例尺在同一视野内,一同拍下。

(2) 原物大照相:保持原手印的大小,进行1:1拍照。

(3) 保持手印清晰、完整、不变形:即调焦准确,保证景深范围进行垂直拍照。

(4) 加强反差:调整最适宜的侧光角度和光亮度,以提高纹线的反差。

(5) 几个手印并存时,应将各个手印之间的关系,反映在同一张照片上,以分析判断手位及指位。

2. 提取实物法。对留有手印、体积较小、重量较轻的物体,在现场又没有更妥善的技术方法处理,或有较好的研究价值,经征得有关方面的同意,可提取原物,用后归还。

3. 透明胶纸提取法。胶纸提取的对象包括:①粉末显现的手印;②烟熏后的手印;③较清晰的灰尘手印。提取时,撕下适当长度的胶纸,在手印的一侧固定胶纸的一端,然后用手将胶纸在手印上面平滑地抹压过去,使手印与胶纸完全接触、粘附。揭下胶纸,将其贴附在相应颜色的衬纸上,手印便以较好的反差形象被提取固定下来。也可将带有手印的胶纸揭下后,直接贴附在干净的透明物体上(如干净的透明玻璃)可直接进行印相或放大。

4. 制模法。制模法只适用提取立体手印。拍照后,可用硅橡胶或特质石膏等制模提取。

(二) 现场手印的记录

1. 现场手印记录的内容。记录现场手印时应记录发下内容:

(1) 手印遗留的具体位置。即手印遗留在什么物体上及手印遗留在这个物体的具体方位,如高低距离、左右距离等。

(2) 手印遗留的方向。指尖所指的方向即为手印的方向,如向上、向下、向左、向右或左上、左下、右上、右下等。

(3) 手印相互间的关系。同一区域几枚手印之间的左右、高低、角度、方向、距离等关系。

（4）形成手印的物质。即是汗液手印，还是灰尘手印或油质手印，或何种染料形成的手印等。

（5）手印的种类。即立体手印、平面手印、加层手印、减层手印等种类。

（6）承痕体的质料。如客体是玻璃、陶瓷、搪瓷、油漆木、喷漆物、纸张、皮革、塑料、本色木、纺织物、皮肤等以及这些客体表面的颜色。

（7）客体表面的光洁度。即客体表面是平滑的还是粗糙的，是平面还是凹面、凸面还是凸凹相间等。

（8）客体与其他物体或痕迹物证的关系。即手印所在的客体与周围物体、孔洞或痕迹物证的前后、左右、上下关系，它们之间的距离、分布状态和方位关系如何。

（9）手印是用什么方法显现、提取的，效果如何。

（10）现场勘查与记录的时间、地点、记录人姓名等。

2. 现场手印记录的方法。

（1）照相记录法。照相记录法能够直观形象地反映手印的形态、结构、方向、位置以及相互关系等情况，可采用特写、中距照、概貌照三种形式配套记录。

（2）文字记录法。文字记录法是指用文字记载的方法详细记录手印的各种情况。

（3）绘图记录法。绘图记录法一般是通过绘制示意图，把手印的各种情况展现出来。

（4）录像记录法。录像记录法能够连续、直观、全面地反映出手印的各种情况，是较理想的记录方法。

如条件允许，上述几种方法应综合使用、相互印证、相互补充，使手印情况得以客观、真实、全面的记录。

指纹的发现与提取

第二节　足迹的发现和提取

足迹，是指人在行走、跑步、攀登、跳跃时留下的足的印痕。足迹包括赤脚印、穿袜脚印和鞋印。足迹是犯罪现场发现率比较高、使用价值较大的一种常见痕迹。因此，发现、提取足迹是现场勘查中收集痕迹物证的一项重要工作。

一、寻找足迹的重点部位和方法

（一）寻找足迹的重点部位

1. 作案现场的出入口。具体包括：门、窗（包括气窗、天窗）附近的地面、台阶、窗台；挖洞的洞口内外地面；嫌疑人上房揭瓦入室或钻天窗等处的天棚、楼板、柜台和桌椅等。这些部位的地面上和其他物品上极易留下足迹，且不易被破坏。

2. 犯罪的中心现场。中心现场即实施作案的地点、目标所在处。由于嫌疑人在此处活动最集中，留的足迹也多。

3. 嫌疑人来去的路线。结合犯罪心理特点，去发现与中心现场嫌疑人足迹特征相同、比较清晰完整的足迹。这样做还能据此确定嫌疑人的来去方向，甚至能追踪到嫌疑人或找到其他痕迹物证，发现没有进入中心现场的同案犯的足迹。这无论从采集痕迹物证的角度，还是从分析研究案情角度，都有可能得到满意的结果。

4. 嫌疑人守候藏身伺机作案处。嫌疑人在作案前借以藏身伺机作案的场所，一般都会留下足迹。因此，应注意在现场周围及附近的墙角、窗下、楼梯下、阁楼、天棚、阳台、门后、床下、厕所、广告牌下、招贴栏、商亭旁、草垛处、牲畜棚、竹园边、青纱帐、树林边、窑洞、涵洞等处寻找。

5. 嫌疑人掩埋尸体和隐藏赃物处。埋尸藏赃处，一般是常人不去的地方，在埋尸藏赃的地点及其周围，以及伪装物来源地附近地面上所留的足迹多数与犯罪有关。

6. 嫌疑人踩踏攀登过的物品上。嫌疑人作案过程中，在纺织物、塑料、纸张、玻璃、金属、竹片、砖石等制品上踩踏后极有可能留下足迹。

7. 通过被害人的足迹去发现嫌疑人足迹。在路劫案中，嫌疑人往往尾随被害人至便于侵袭的地方作案，故在被害人经过的路段上，其足迹附近的足迹极有可能是嫌疑人的足迹。

8. 根据其他痕迹物证寻找。嫌疑人作案后，如用交通工具运赃运尸体，可依据车辆痕迹在附近寻找嫌疑人足迹。如果途中有现场被盗物的散落物品，可依据其在附近寻找嫌疑人足迹。

9. 从大小便痕迹处寻找。嫌疑人由于心理状态、生理条件及其他客观因素的影响，有时会在作案前后，于现场留下大小便，这些便迹尿痕对寻找足迹很有帮助。

上述有关地点和场所，以及各类物品，皆可作为勘查的重点。但对一般性的场地和物品也不应放过，也要注意勘查发现，以便分析嫌疑人在现场活动的全过程。

（二）寻找足迹的方法

1. 利用光线观察寻找。白天可利用自然光线，夜晚利用手电筒、勘查灯或多波段光源寻找。观察寻找的关键在于细致。一般嫌疑人选择的作案地点和现场环境决定了现场遗留的足迹多数是平面足迹。足迹与承受客体表面如有明显反差，印迹就比较清楚，容易发现；反差不明显，发现则比较困难。

利用光线寻找，勘查人员可在逆光或侧光下，借助放大镜俯身观察寻找。在太阳光下，勘查人员可不断调整观察角度进行寻找。如用勘查灯，可调整灯光照射角度寻找足迹。在土质地面寻找足迹，可用喷雾器将地面喷湿，加大反差，这样更容易寻找发现足迹。

2. 利用静电吸附法寻找足迹。静电提取仪是发现、提取平面足迹的专用工具，它适用于在水泥地、水磨石、大理石、塑料地板、木制地板等各种客体上显现粉尘足迹。

利用静电提取仪既可在局部，也可在较大面积寻找显现足迹。一般在局部显现足迹时运用比较多。在现场进出口、有明显翻动破坏的部位可以用静电吸附法显现寻找。

3. 用多波段光源发现足迹。首先用白光搜索发现灰尘足迹；遇有色物体选择其颜色与之相反的波段寻找；血脚印选择 415nm 的波段寻找。

二、提取足迹的方法

（一）照相提取法

1. 照相提取足迹的要求。一般要求先进行局部照相，把足迹所在部位与周围客体的景物拍摄下来，以反映足迹所在位置和足迹与周围物体的关系；拍摄单个足迹，要把最清晰、最完整的足迹拍摄下来，拍摄时足迹旁要放比例尺；拍摄成趟足迹时，现场中心或外围如果留有成趟足迹，最好把成趟足迹全部拍摄，最少也要拍摄一个足迹的复步，即前后四个相连的足迹，比例尺的长度不少于2米。

2. 照相提取足迹的方法。拍摄足迹要使用细目（物证）照相法。先把照相机放置在三脚架上，相机镜头的光轴必须正对足迹中心并与足迹平面保持垂直，按原物大的放大比例接加接圈。然后调整焦距、光圈，直到足迹清晰为止。

（二）静电吸附法

静电吸附法，主要是利用静电吸附仪提取干燥水泥地面、地板、地毯、皮毛、纺织品等物体表面上的粉尘足迹。对于用静电吸附法提取的粉尘足迹，应在现场立即拍照，以防止其在运送途中被损坏，失去鉴定价值。拍照提取这种足迹时，可利用自然光或人造光源以低角度照射被吸附的足迹，以增强反差。

（三）实物提取法

将带有足迹的实物进行提取，有利于保存足迹的原始状态，有利于分析和鉴定。因此，凡有条件提取承受体原物的，拍照后应将足迹连同承受体一同提取。提取时，应征求被侵害人同意，提取原物要办理手续，妥善包装，防止损坏，用后归还。

（四）粘胶法

对于用粉末法显现的粉尘足迹，可使用粘胶法予以提取。实地勘验中，对那些在较平坦的承受客体上形成的平面足迹，无论是加层或减层足迹，只要中介物质颗粒度比较细密，厚度不大，以及承受体表面背景比较洁净，均可使用此法予以提取。常用的粘取材料为透明胶纸，润湿的黑白相纸或复写纸。在实施提取时，为了保证提取的质量，按压力必须均衡且不能产生气泡。

（五）制模法

1. 泥土地石膏制模法。石膏制模法是提取立体足迹最简便最常用的方法。这种方法省时省力，提取足迹效果好，而且便于保存。提取足迹使用的工具、材料包括：石膏粉；围圈，即塑料条；塑料条宽不窄于1.2cm，长90cm；骨架即可以使用两根筷子或树枝替代；搅拌石膏的容器；适量清水。

操作方法：

（1）筑围。在距足迹四周10cm处按照足迹的长宽形状放入围圈（事先用一细橡皮圈将围圈两端套在一起，使圈的长度可以伸缩），再用2根铁钉紧贴围圈中部两边的外侧插入地面，用以固定住围圈。围圈外侧用泥土围住，尤其是围圈的底部不可有空隙，防止石膏液从围圈底部流出。如果没有围圈，用泥土筑围也行，但效果不如围圈好。

（2）搅拌石膏液。石膏液中石膏与水的比例应为 3∶5。先在容器里倒入适量清水，然后用手抓起石膏粉徐徐放入水里搅拌，边搅拌边放入石膏粉，待石膏液呈粘粥状时停止搅拌。

（3）灌模。从足迹的低凹处缓缓地倒入石膏液，让石膏液自然地向足迹各部位流淌。当石膏液达到围圈 1/2 高度时可放入骨架（两根骨架间距 2.3cm）并固定于石膏液里。然后继续灌注，直到石膏液灌满了整个足迹，与围条齐平为止。稍过片刻，在模型表面画刻上制模时间、案件性质和编号。

（4）扒围取模。灌注石膏液后至少 30 分钟才能起模，否则模型容易断裂。取模时先扒掉围圈四周的泥土，然后用双手夹住模型中部的两侧用力向上搬起并将模型翻个儿，用手掌托住模型，使有足迹花纹的一面朝上，防止足迹花纹受损。如在水泥、砖石地面制作石膏模型，待石膏凝固后，可用橡胶槌或其他物品轻轻地弹震模型，使其与水泥地面分离，如凝固得很结实则不易取下，要注意掌握好取模的时间。

（5）冲洗模型。取出的模型冲洗前，可先用手指轻轻地除去足迹表面粘连的大块泥土，然后用水清洗模型表面的泥土，只要看清了足迹表面特征即可。

（6）晾干保存。冲洗后的石膏模型需放在阴凉处晾干，然后用棉絮包好放入箱内，防止在运输中受到损坏。

使用石膏制模法应注意的问题：

（1）掌握好石膏与水的比例。搅拌石膏液时，务必不要把石膏粉全部放入水中，石膏粉也不可放入过多；否则，足迹灌注一半，石膏液由于迅速凝固倒不出来，模型制作将会失败且无法弥补。

（2）放置骨架的深浅度要合适。放骨架时不能用手指用力下压，防止骨架破坏了足迹特征。最好将骨架放置石膏模型高度的 1/2 处，骨架如果飘浮在石膏液表面，说明石膏液的浓度不够，可用手指将骨架轻轻压住，再灌入石膏液。骨架绝不能固定在模型表面，这样就失去了骨架的作用。

（3）扒围取模时，切不可用手指从模型的前部或后部将模型抠出，也不可用木棍将模型撬起，防止模型受损。

（4）严格掌握取模时间。取模时间要考虑季节气温和天气变化等因素对石膏凝固的影响。夏天气温较高时，30分钟即可，阴天气温下降时，取模时间要适当延长。一般情况下，灌注石膏液20分钟后，要注意观察石膏模型的凝固状况，切不可过早地取模。此外，取出模型后不能曝晒，防止模型开裂。

（5）清洗模型时，不能用刷子刷洗和用棉布擦蹭，也不能把石膏模型表面粘连的沙石用手抠掉，这样容易使足迹花纹受损。

2. 沙土地制作石膏模型法。沙土地虽然易于遗留立体足迹，但是由于沙土没有粘性，受到震动、风吹、雨淋、水流时，沙土表面的形态很容易变形，如果使用一般的石膏制模方法，已经形成的足迹就会变形。为了防止足迹变形，先在足迹表面喷洒灰尘痕迹固定剂或喷洒松香酒精溶液，待足迹表层硬结后再灌注石膏液。这种方法也适用于制作粉尘立体足迹。

3. 雪地制作石膏模型法。雪是在摄氏零度以下生成的物质，下雪后形成的雪足迹也在零度以下。如果用自来水搅拌的石膏液灌注足迹，雪被石膏液融化易致使雪足迹消失，为此必须设法降低石膏液的温度，有两种方法可用：①可用雪水搅拌石膏液。具体方法是用少量自来水去融化干净的雪，即变成雪水。②可在雪水中加入5%～10%的酒精，然后搅拌石膏液即可取得比较好的效果。

4. 水中制作石膏模型法。足迹如果处于水中，可用套筒把足迹套上，再用吸水管把水吸出筒外露出足迹。然后向足迹表面撒上一些石膏粉吸干水分，再灌注石膏液。

足迹的发现与提取

第三节　工具痕迹的发现和提取

所谓工具痕迹，是指犯罪嫌疑人（或与犯罪有关的人）使用工具，破坏或移动障碍物和某些目的物时所形成的痕迹。工具痕迹是现场实地勘验中应重点寻找和提取的痕迹。利用工具痕迹，不仅能有效地推断犯罪嫌疑人人数，分析犯罪过程，了解犯罪嫌疑人的职业特征，考察犯罪嫌疑人的体力、身高、判断犯罪现场的真伪，为侦查提供有用的侦查线索，而且还能为控诉犯罪提供有力证据。

一、工具痕迹的寻找和发现

工具痕迹为立体痕迹，通常只要能确定现场的重点部位，然后仔细去寻找，就可以发现。

（一）从现场中心去发现

任何案件都有现场中心，即作案活动集中的部位。在不同性质的案件现场，其中心也有一定的差别。例如，盗窃、抢劫案件现场，原财物的存放部位即为现场中心；杀人案件现场，围绕尸体为现场中心；爆炸案件现场，围绕炸点为现场中心；破坏案件现场，被破坏物即为现场中心。因此，在现场中心，被工具破坏的多为犯罪行为的目标物或目标物的盛装物，它们可以是抽屉、箱柜、人体、机械设备或商品外包装等。抽屉、箱柜被破坏时，在它上锁的部位以及锁具、钉锔等部位会有明显的工具痕迹。

工具痕迹遗留在人体上时，更易发现，但重要的是推断工具的种类以及形成方法和过程，这些工作应当和法医技术人员共同完成。在机械设备上遗留的工具痕迹，有时可根据机械设备的结构、性能，在熟悉情况的人员协助下，细致地观察被分解、拆卸部位。商品的外包装有纸质、木质、金属或塑料制品。纸质外包装一般不需利用工具即可打开，但有时也用剪子、钳子或刀子之类的工具，这样在被破坏的部位会留下相应的工具痕迹；当外包装为木质、金属或塑料制品时，可能留下撬压、打击等工具痕迹，在变形的部位很容易发现。

（二）在嫌疑人破坏的客体上发现

在案件现场，有时除了现场中心，还会有其他被破坏的客体，这些客体由于处在现场的非中心部位，而且一般情况下，工具痕迹不集中，或被破坏不太严重，容易被忽视。在勘验现场时只要认真仔细地去寻找，这些痕迹是不难发现的，即使这些痕迹和现场中心部位的痕迹是同一工具形成，也具有很高的证据价值，并且可以为分析作案过程、嫌疑人特点提供有力的依据，还可以和现场中心的工具痕迹相对照，从而确定稳定的细节特征。

（三）从现场的进出口和来往路线上去发现

现场的进出口是发现工具痕迹的又一重点部位。尤其是室内现场，多为封闭状，嫌疑人要进出现场，必须选择和形成进出口，这样就可能在进出口部位形成工具痕迹。嫌疑人通常多选择门窗、天棚等作为进出口，有时也有以挖洞的方法进出现场的。侦查人员在进出口部位寻找工具痕迹时，应注意门锁以及钉锚周围，窗框变形处，插销及其周围，防盗网或防护钢筋破损变形处，天棚、房顶的破损松动处、地板破损处、墙壁室外地面的洞口洞壁。在这些部位有时形成的工具痕迹十分明显，有时不太明显，甚至不留下工具痕迹。如采用踹门入室、徒手拉弯防护钢筋入室就不会有工具痕迹的存在；而采用塑料片捅门锁入室的，工具痕迹也不会很明显。当然现场的进口和出口并非完全一致，这样进出口就可能为两处，应分别从两处去发现工具痕迹。室外现场有时也有明显的进出口，如围墙、护栏等，在嫌疑人翻越或破坏的部位也应注意工具痕迹的发现。

来去路线上有时嫌疑人也会留下工具痕迹，这些工具痕迹可以是有意留下的，也可以是无意留下的，在勘验时应仔细在来往路线上寻找，查看有无被破坏的客体或嫌疑人丢弃的物品，如商品的外包装、被撬坏的锁具、破损的保险柜等。

（四）在嫌疑人住所及其周围发现

有的作案工具在案发前被嫌疑人使用过，这样在其住所或者其住所周围的有关物体上也会留下该工具的痕迹。当现场勘验中通过追踪，很快发现嫌疑人或者经过进一步侦查确定了嫌疑人时，为进一步获取证据，可以在其住所及其周围去仔细寻找，以发现与现场工具痕迹一致的痕迹。有的嫌疑人将作案工具遗留在现场，这样在发现嫌疑人以后，也可以首先在其住所及住所周围寻找发现该作案工具于案前形成的痕迹，以便发现作案工具和嫌疑人之间的联系。

二、提取工具痕迹的方法

（一）照相法

对于工具痕迹一般可采用照相法提取，如挖掘工具形成的痕迹，大型的打击工具形成的打击痕迹。拍照时注意放置比例尺。

（二）提取原物法

提取原物法是工具痕迹中最常见的方法，它可保留现场的原始状态。因为工具痕迹多数情况下较为细小，其个别特征用肉眼更不易观察到，往往需要利用一定的放大设备在较强光的照射下才可看见，而现场大多不具备这些条件，需要提取原物带回实验室进行观察，然后再拍照固定。所以对细小的工具痕迹在提取时应首先考虑采用原物法提取，只有现场客观情况不允许或提取不方便时才考虑使用其他方法。

对于提取的原物，要注意根据其物理、化学性质，选择适宜的环境条件加以保存，以防其变形、腐败、生锈，如水果、奶酪等食品，可存放在冰箱中；对木质客体要防止其风干或受潮；对金属客体要防止生锈。防锈可以采用涂凡士林或室温固化硅橡胶的方法，也可以涂室温固化聚苯乙烯可剥塑料。将这种配好的可剥塑料涂在金属客体上，在室温下经过 10 分钟可固化形成透明防腐的薄膜，不用时可以将其剥掉。

（三）制模法

在不能采用提取原物法时，制模是较为理想的方法，制模原料通常有以下几种物质：

1. 醋酸纤维素薄膜。醋酸纤维素薄膜简称 AC 纸，其由醋酸纤维素加工而成。在提取较浅的工具痕迹时（如擦划痕迹），取稍大于痕迹的 AC 纸一片，用镊子夹住浸入丙酮中 3~5 秒钟，取出后贴在痕迹上，表面再覆盖一层干 AC 纸，压紧 1 分钟，使两层 AC 纸粘合在一起。20 分钟后，AC 纸干透即可取下，工具痕迹便复制在 AC 纸上。制模前也可在痕迹表面涂少许甘油以便于将薄膜揭下。

2. 硅橡胶。106RTV 室温硫化硅橡胶为白色粘稠状液体，它塑型细腻，固化之后弹性和韧性较强，不发生断裂，可适于提取深浅不同、大小不等、形状各异的工具痕迹。具体制模方法：取硅橡胶约 2 克、月硅酸二丁基锡 15 滴、正硅酸乙酯 15 滴，然后搅拌均匀，静置片刻去泡，以调墨刀涂于工具痕迹处，待 10 分钟固化后即可取下。如需颜色，可在月桂酸二丁基锡中加适量颜料。为了便于脱模，可在痕迹表面先涂少许甘油或月桂酸二丁基锡。

3. 硬塑料。硬塑料又称打样膏，是牙科制模用品。使用时，先在痕迹表面涂少许甘油，然后将硬塑料浸入热水中（60℃左右）烫软，并不断揉搓使其均匀，然后在玻璃上将一面压平后，用力将平面压入痕迹中，待其重新变硬后取下。此法简便易行，适于提取较深、面积较大的痕迹。但对于木质客体，由于用力挤压可能会使客体变形而影响痕迹特征。

4. 易熔合金。易溶合金是铅 30%、锡 18%、铋 52% 的合金，熔点很低，使用时先在痕迹中涂上甘油，做好围墙，然后把易熔合金在铁勺中熔化，而后从痕迹边缘部位缓缓注入，冷却固化后即可取出。用此法提取线条痕迹，效果更佳。

在实践中，较大的痕迹采用照相法提取之后，也可以用石膏制模法提取。另外在对工具痕迹检验时，也可以利用软塑料作为临时的代用品在提取的原物痕迹上制模。制模时先在痕迹上涂少许甘油，将软塑料揉匀，在玻璃上把一面压平，然后压入痕迹中，慢慢取下即可，由于软塑料易变形，一般仅作临时代用品之用。

三、提取工具痕迹的附着物

在工具痕迹中或者其周围，有时会发现微量附着物。常见的有油漆、玻璃泥、油腻、颜料、金属屑等，这是工具在形成痕迹时遗留下来的，具有很高的利用价值。在提取工具痕迹之前，应通过放大镜对痕迹仔细观察，发现有附着物的要认真提取，提取方法有以下几种：

1. 吸引法。对于能被磁铁吸引的金属小颗粒，可以用磁铁直接吸引（可利用显现手印的磁性刷代替磁铁）。

2. 敲击法。对于体积不大可以拿动的客体，将其倒置或倾斜，然后轻轻拍击，使附着物落于下衬的白纸上。

3. 拨离法。用针尖或刀尖轻挑或拨下有一定粘附力的附着物。操作时不可用力过猛，以防附着物被弹起丢失。

4. 粘取法。用 AC 纸或透明胶纸或火棉胶将附着物粘下。其中火棉胶的制作方法为：取 2 克硝化火棉素（俗称硝化素）溶于 98 毫升的醋酸矿戊酯溶液中，使用时，在附着物处滴上配制的 2% 浓度的火棉胶醋酸戊酯溶液。待其挥发后，火棉胶形成薄膜覆盖在附着物上，然后再把透明胶纸贴在火棉胶薄膜上用手压实后，从边沿与胶纸呈 30 度角方向撕下。

提取附着物时应注意以下问题：提取附着物时不能破坏工具痕迹；提取的附着物应置于干净的瓶内或纸袋中以防丢失和污染；不能用手拿附着物或将其混装，以避免污染或成分混淆；提取附着物之后，应尽力寻找可疑物比对样本以便一并送检。

四、记录工具痕迹

工具痕迹的记录是现场记录的重要内容之一，它不仅可作为诉讼证据，也是工具痕迹检验的重要参考依据。

工具痕迹的记录包括以下几项：承痕体的名称、大小、高低、材质、表面涂料的名称及颜色、被破坏情况、与周围物体的关系；工具痕迹在承痕体上的位置、方向以及工具痕迹之间的相互关系；工具痕迹的种类、数量、大小、形状、提取的方法和编号。

对工具痕迹的记录方法包括笔录、照相、绘图、录像四种方法，在记录时应力求做到客观、准确和全面。

工具痕迹拓展

第四节　枪弹痕迹的发现和提取

枪弹痕迹，是指枪支射击后在弹头、弹壳和被射物体上遗留痕迹的总称。通过寻找、发现、检验弹头、弹壳，可以分析判断射击枪支的新旧程度和枪支种类，以便认定射击枪支与弹头、弹壳是否同一，还可分析判断射击方向、角度和距离。

一、射击弹头的发现提取

（一）寻找方法

由于弹头体积较小，穿射物体后易折射、反跳，射程又较远，一般不易发现弹头贯穿的全部弹孔和弹着点，故它是现场上不易寻找的一种物证。为能准确地寻找、提取射击弹头，最理想的方法是设法恢复弹头在枪击现场范围内的飞行弹道（轨迹），哪怕是大致的弹道，尤其是恢复弹头贯穿目标物以后继续飞行的弹道末段。要沿着弹道寻找弹孔和弹着点，特别要在弹着点处及其附近认真寻找、发现。

弹头穿入人体时，对盲管枪创，可借助 X 射线透视或用手术方法顺"管"寻找发现；对贯穿枪创，应根据射击方向，被害人或尸体受伤（枪击）时的姿势、位置和射出口的部位"沿着轨迹"寻找第二处乃至弹着点，以便寻找发现弹头；有时弹头击中被害人但没有穿入肌体或从人体钻出，落在衣服、鞋帽的里层，要注意寻找。此外，还要注意人体盲管枪弹创可能回转。

弹头侵彻墙壁、被褥、地板等客体时，要顺着弹孔、弹道到可能最后被击中的物件中去挖掘、找寻，或在其附近发现。

对室外等范围过大的地点，可使用有关探测仪进行探测寻找。

当弹头的入射角小于 30 度且被击物较坚硬时，可能发生跳弹现象，即有弹头作用现象但弹着点不太明显，应根据弹道方向和弹头反弹后的飞行方向（规律跳弹的反射角大于入射角）进行分析判断，寻找下一个弹着点，以便找到弹头。

此外，射击弹头还有严重变形、破碎或被嫌疑人带走的可能。

（二）提取的方法

对于人体内的射击弹头，可采用手术解剖方法进行提取。

对于砖块、木质中的射击弹头，可将砖块、木质品（包括锯下或拆下的带有弹孔的部分木块）劈开提取，劈切时，所用工具不能触及弹头，劈开线应对准弹孔，顺其自然纹路劈开。

对于墙壁、土地等客体上的射击弹头，可顺着弹孔的方向，采取先周围后中间顺孔挖掘的方法进行挖掘，直至射击弹头暴露时，再用前端带橡皮的镊子小心将其夹出提取。如条件允许，可将弹头所在部位的墙砖取下一至两块，再用解剖法提取弹头。

对于用探测仪等方法判明射入泥沙、碎石的弹头，可用筛孔稍小于弹头直径的筛子将疑有弹头的沙土、碎石进行筛滤，筛出弹头，予以提取。

（三）记录的内容

记录的内容包括弹头射入的客体物以及与其他现场物体（如尸体）之间的距离、角度等关系；弹头所在的弹孔位置，如尸体上的出入口、数量、大小，有无射出口、跳弹、射击残留物等；每个弹头所在的确切位置以及相互位置关系；弹头的数量、形态、颜色、大小、材质；提取和包装弹头的工具和方法。

二、弹壳的寻找、提取

（一）寻找的方法

在大多数枪击现场上总会留有射击弹壳。寻找发现弹壳，就要在确定射击位置、方向后，按案发枪种的排壳方向去搜寻。这里的射击位置和方向可根据现场勘查中被害人身上的弹孔和障碍物上的弹着点位置，进行弹道分析予以确定，也可通过现场目击人的陈述和嫌疑人的交代，还可通过嫌疑人的行走足迹、遗留物、受害人的位置进行分析确定。各种枪支的排壳规律（方位或角度、距离）不同。目前国内军用枪支中手枪多为右后方排壳，步枪多为右前方排壳，具体数据可由实验统计得出。寻找弹壳具体方法如下：

1. 在以射击者所在位置为中心的5~10米左右的半径范围内重点寻找。

2. 可按各枪种（有条件分析、确定枪种的）排壳方向、距离范围去寻找。国产枪支排壳距离大多是在5~10米左右的半径范围内，但有的枪种排壳可达10~20米。要根据现场分析的具体枪种，结合现场实际情况，适当扩大寻找范围。必要时可做现场实验。

3. 可在提取到的嫌疑枪支（有的自动枪支射击后卡壳），特别是非自动枪支（未手动排壳）、转轮枪支的弹膛、鼓轮中去发现。

4. 对室外等范围过大的地点，可使用有关探测仪器寻找发现。

5. 要在嫌疑人相关的物件，如手提包、衣袋等处寻找，有的嫌疑人将枪支放入衣袋、提包等物体中射击以收取、藏匿弹壳。

6. 如案件发生在室内，受室内空间的影响，弹壳抛出后，可能撞击硬物，反弹后落在诸如餐具、衣服、衣架、被褥上等，应认真搜寻。

（二）提取的方法

对于现场肉眼寻找发现的射击弹壳以及嫌疑人有关物件中搜寻到的射击弹壳，可直接提取；对提取到的嫌疑枪支中的弹壳应退壳提取；对用探测仪等方法判明埋入沙土、碎石中的射击弹壳可筛滤提取。

（三）记录的内容

记录内容具体包括：每个弹壳所在位置以及相互位置关系；弹壳上是否有手印及其他附着痕迹；弹壳数量、形状、颜色、大小、材质，底座上的图文符号以及与弹头的连接方式；提取和包装弹壳的工具和方法。

三、寻找、提取现场枪支

（一）寻找的方法

在勘查枪击事件现场时，要根据案件的实际情况，遗留的弹头、弹壳和射击痕迹等特点，寻找发射枪支。

在持枪自杀或伪装持枪自杀现场，通常可找到枪支，应及时提取；凶杀现场一般不会留下枪支，持枪嫌疑人除将枪支带走外，还可能将枪支抛弃于现场周围的河流、井洞等处以隐匿罪证、逃避侦查；或将枪支隐藏于现场附近的地下、草丛中、房顶等隐蔽处（尤其是长枪作案）以伺机取回，寻找时可使用有关探测仪器来寻找发现；对重点嫌疑人可执行批准手续，在其住所、工作地点、活动场所、亲友家中等处，进行公开或秘密的搜查，以寻找发现发射枪支；通过现场提取的弹头、弹壳上的痕迹特征，应与枪支档案进行核对，从而在一定范围内发现发射枪支；对通报丢失、被盗等枪支，要分析现场作案特点，决定是否并案追查枪支。

（二）提取的方法

对于涉枪案件现场发现的枪支、被拆卸的枪支机件，应在现场记录后及时、全部提取；对江河、湖泊、水井等处发现的枪支，要组织专人进行打捞提取；对埋入地下的枪支，经探测仪等发现后要仔细挖掘，待枪支完全暴露后方能提取；对公开搜查或秘密搜查（发现枪支后转为公开搜查）发现的枪支，通过现场射击弹头、弹壳查对枪支档案认定的枪支，应立即提取；对于持枪顽抗的案犯，将其击伤、生擒或击毙后，应立即提取其发射枪支。

（三）记录的内容

记录内容包括：枪支在现场的位置、与尸体的关系以及与现场其他物品的关系；枪支上是否有手印和其他附着痕迹、物证，如毛发、血迹、火药残渣等；枪内有无子弹、数量多少，枪内子弹的弹种、牌号，枪机是否关闭，是否呈待发状态，保险是否打开；枪支属于何枪种，生产厂家、牌号、编号、新旧程度；发射枪支发现、提取、包装的方法等。

四、寻找、提取现场射击痕迹

射击痕迹主要包括弹孔、弹着点和射击残留物痕迹，如烟垢、未燃尽火药粒、枪油、金属微粒、弹头分离物、火焰烧焦痕、瓦斯气体崩裂痕等。

（一）在入口处周围寻找、提取射击痕迹

寻找弹孔、弹着点痕迹，可根据弹头飞行方向、路线，以及碰到障碍物、目的物可能的反跳方向或折行路径进行，在弹头入口周围，一般可寻找弹孔、弹着点痕迹；如果疑是近距离射击时，应重点在射入口周围、弹孔内壁、弹着点附近等部位寻找发现射击残留物痕迹。

（二）在尸体表面及所穿衣物的内外层寻找提取

要在尸体表面及所穿衣物的内外层寻找弹孔、射入口、弹着点、射击残留物痕迹。尤其是对疑似自杀的案件，要观察有无近距离射击的弹孔创伤特征和射击残留物的分布。

（三）利用放大镜、显微镜或其他各种观察仪器寻找发现

射击残留物是最典型的一种微量物证，它可为涉枪案件提供判断发射者、确定弹孔和入射口、判断射击距离、确定子弹种类等信息，应该认真寻找发现。

对量少色浓的射击残留物，可借助放大镜或利用各种滤色镜观察发现；对反差微弱的客体上的射击残留物，可采用紫外线照射，看其是否有荧光反映，来确定有否射击残留物；对衣服和纺织品上的射击残留物，可采用红外照相技术去发现。

此外，随着科技的发展，各种先进的仪器分析设备如原子吸收光谱和中子活

化分析（定量分析）、扫描电子显微镜（微粒分析）等已逐步应用于射击残留物的检测，这些方法的应用为射击残留物检测的准确性提供了科学保障和依据。其中，扫描电子显微镜在射击残留物微粒的分析上，有很好的置信度，成功率很高，已成为当今国内外射击残留物检测的首选方法。

（四）提取射击残留物

射击残留物的取样方法很多，检验的目的和准备采用的检验方法（化学显色法、仪器分析法）不同，取样方法也应不同，主要方法有：

1. 直接粘取。用于粘取的材料有透明胶纸、相纸（未经曝光、显影的相纸定影后浸入专制的检验液中）、火棉胶、AC纸等。扫描电镜检验最有效的取样方法是透明胶纸粘取法。取样用具是取样台或取样板。提取时，用尖头镊子撕开保护层，立即用带有胶面的石墨样品台在射击嫌疑人的"虎口"、食指、拇指外侧反复按捺、粘取，直至胶面失去粘性；把样品台放入（用双面胶固定）准备好的专用样品盒内，确保胶面不再与任何物体接触。

2. 擦拭溶取。用5%的硝酸水溶液或酒精溶液，将棉球浸蘸后擦拭在射击嫌疑人手指、"虎口"、手背等处，反复擦拭几次，使金属离子溶在硝酸溶液中。

3. 石蜡制膜。将石蜡熔至60℃，迅速涂在射击嫌疑人手上，覆盖手指、手背、手腕，再放上一层纱布，经反复几次，使石蜡厚达1~2mm，待其凝固、冷却后取下备检。

4. 滤纸吸收。把滤纸卷成筒状插进枪管并留出管外一段，倒放在5%氨水溶液中，以提取金属离子。

5. 提取原物。如检验目的是判断射击距离，则应整体提取弹孔周围相当大的靶体，如衣服、玻璃等，整体送检。

五、提取、包装和送检枪弹痕迹的注意事项

1. 提取前要先拍照，以固定每个弹头、弹壳、枪支、射击痕迹的位置及它们（物证）相互之间的关系、物证与周围主要物体之间的关系，这对弹道、现场的分析有着特殊的意义。

2. 发现枪支时，应首先查看枪支是否子弹上膛并妥善处理，防止走火伤人，对提取的枪支应严格保管，派专人及时送检。

3. 提取射击弹头、弹壳时，不能将硬质工具直接接触弹头、弹壳，不要随意擦洗、剥刮弹头、弹壳。

4. 射击残留物提取时，要及时取样（越快越好），防止污染，尽量用专用样品台或板。

5. 要全面提取，包括一切枪弹痕迹、物证，如枪支、弹壳、实弹上的手印，以供分析、检验。

6. 弹头、弹壳、实弹、枪支以及射击痕迹等，要分开包装，妥善固定。弹头、弹壳可用洁净的软纸或布包好，分别装在盒内，并用棉花、木屑等软物衬垫；对枪支可用洁纸、净布扎住枪口并塞住机件缝隙，以免使灰尘落入，枪内如有子弹应取出分开包装；对留有弹孔、射击残留物的客体，尽量提取原物，包装时要层层以软纸、软布相隔，以防震动、撞坏；对留在玻璃等脆硬物体上的弹孔，要在适当地方，用透明胶带粘贴，防止其破碎。

7. 如提取的弹头、弹壳、枪支不能立即送检而需要长期保存和转运时，应对其进行脱水、防锈处理。

枪弹痕迹拓展

第五节　其他痕迹物证的发现和提取

一、血迹和毛发的发现与提取

血迹和毛发，是现场一种颇具价值的物证。通过对血迹形状的判断和对血迹本身进行检验，通过对毛发进行检验，不仅可以确定作案顺序，而且可以将犯罪嫌疑人与犯罪现场紧密地联系在一起。

（一）搜寻血迹毛发的重点部位

血液和毛发，在大多数情况下，是一种可见物质。因此，搜寻血迹在诸如杀人、强奸、抢劫案件中，并不困难。但在案发时间长，血迹的颜色已经改变，且与背景颜色或其他物质颜色混淆，或者现场已被犯罪嫌疑人清洗时，寻找血迹则比较困难。为此，应结合现场环境，紧紧围绕尸体或实施犯罪行为的场所，进行仔细搜索。比如强奸现场，应以实施强奸的地点为重点，在该场所的地面、床、被褥、枕巾、沙发以及该场所犯罪嫌疑人的遗留物或被害人的丢弃物如卫生纸、棉花等物品上，仔细寻找血迹和毛发。

搜寻血迹和毛发，比较方便的方法是用手电筒进行斜光照射。为增加血迹显现的效果，可采用带有颜色的光源进行搜寻，如可使用红色、绿色以及普通白色光依次照射可疑部位。

如果犯罪嫌疑人实施犯罪行为后，对现场进行了清理，比如清理现场垃圾物、冲洗地面等，勘查人员应仔细观察那些不易直接观察到的地方，如抽屉的背面、门把手、排水弯管内沉积物品的部位，毛巾、窗帘或其他可能被犯罪嫌疑人接触过的织物。假如犯罪嫌疑人已冲洗过地面，可对地面的隐蔽处所，如地板的裂缝、接头等处仔细寻找。

对衣服上的血迹，如已被洗过，可在衣服的接缝、里子、袖子内以及口袋里面等部位进行寻找，寻找衣服上的血迹，必须仔细而且有步骤地进行。

对于人体，应在其指甲缝及人体的其他隐蔽部位，注意寻找血迹和毛发。

对于室外现场，发现血迹一般比较困难。室外现场的血迹可因风、雨、雪或阳光等自然因素作用而消失，或因泥土的性质，而很快改变了颜色。在勘查时，如果地面上没有发现明显的血迹，应重点关注可疑区域内的草叶、树枝、树叶等。

对于怀疑有血迹存在的可疑物品，如刀等工具，缝隙、接头、接缝等部位，应仔细搜寻。

在对以上部位进行寻找时，如果血迹已被清洗，或不明显，或无法确定已发现的可疑斑块是否为血迹，可采用各种显现血迹的方法，对可疑部位或可疑斑块进行显现和判断。具体显现血迹的方法有：

用紫外线灯对可疑部位进行照射，如被照部位出现土棕色荧光反应，则可判定此部位存在血迹。

磷甲联苯胺冰醋酸溶液显现法：使用该方法前，应首先配制甲液和乙液。其中，甲液包含：乙醇20毫升，浓度8%+磷甲苯胺1克+冰醋酸0.5毫升；乙液包含：3%的过氧化氢数滴。显现操作时，先将甲液滴在可疑部位或可疑斑块的表面，然后滴上乙液，如呈现翠蓝色颜色，则极大可能该处存在血迹或可疑斑块是血迹。

鲁米诺检测法：该方法特别适用于对大面积血迹的寻找，特别是被清理、清洗过的血迹。在室外现场，该法也是比较有效的。具体操作时，用滴管将事先配好的鲁米诺溶液滴在可疑部位，如出现天蓝色荧光反应，则该处应存在血迹。由于鲁米诺检测法释放出的荧光非常微弱，因此，进行这种检验应在黑暗处或具备很好的遮光条件时使用，效果才好。

（二）血迹和毛发的收集、保管

现场血迹可能以液体、潮湿或完全干燥的状态存在。观场提取血迹，亦应据此而采用相宜之法。

1. 液体血迹的提取。提取现场诸如血泊等液体血迹时，可采用两种方法：第一种方法是先用氯化钠和蒸馏水，制成浓度为 0.85% 的盐水，然后在干净的试管中注入 2ml 的盐水备用。提取时，用吸管吸入 2ml 的血液，并将它注入备用的试管中，将试管塞住，轻轻摇晃 2~3 次，使血液和盐水融为一体。这种方法可以保证血液中的血红细胞不被溶解。但是这种方法的不足之处是：现场勘查人员必须携带盐水溶液，同时，这种方法提取的血液必须在 24 小时内进行检验，否则，血液将变质。

第二种提取液体血迹的方法是使用吸附能力强的材料进行提取。具体方法是：选用百分之百的白色纯棉织物，将其放入血泊中，待其吸收血液直至饱和状态，再用镊子将它取出放入试管中晾干。注意：放入试管后，不要在试管口上加塞子。

用以上两种方法提取血迹时，应在试管上标明是哪种样本及采集人的名字。

2. 潮湿和干燥血迹的提取。现场多见的是干燥血迹。对干燥血迹，可采用以下方法提取：如果干燥血迹呈血痂状，可使用干净的刀片、外科用手术刀等，将其刮下，并用干净的包装纸包装，包装上应标注有关说明，然后再装入干净的大纸袋中。

对于干燥的血迹或干燥的血滴，应使用 100% 的纯白棉织物，用擦拭的方法提取。擦拭前，先将棉织物用蒸馏水弄湿，然后用镊子夹住它，反复擦拭血迹的表面。当棉织物在擦拭的过程中，呈黑或铁锈色时，表明已提取到了足够浓度的血迹，然后将其放入干净、无色的试管中，并注上说明。

对于沾有潮湿血迹的物品，如衣服等，提取前，应让其在正常室温下晾干，禁止将其置于阳光下暴晒。晾干后将其放入干净的纸袋中或用干净的包装纸予以包装并标注说明。用包装纸包装，不宜扎得太紧。如果来不及晾干，也可用以上方法提取，但不得扎封得太紧。包装物不得使用报纸等，应使用干净的包装物。

对于附有血迹的物体，最好能原物提取。提取前，应按规定拍照。在包装和运输中，应保证物体不受污染和破坏。对于面积太大的物品，如床垫等，不能整体提取时，可采用擦拭法或用剪刀剪取粘有血迹的部分等办法提取。如果是为了鉴定血型，还应按规定提取邻近的不粘有血迹的部分作为对照样本。

血迹是一种非常容易变质的物证。因此，一切可能加速其霉变的提取、包装方法都应禁止使用，如塑料袋、密封容器等。对提取的血迹采用正常室温下晾干保存或将其置于冰箱内等方法，有助于保证血迹的鉴定价值。

血迹的荧光检测法有二氯荧光素方法、鲁米诺检验法、活化血痕染色法等。二氯荧光素（和红汞）是灵敏度很高的检测血迹的荧光试剂，最大吸收波长在510nm 左右，在绿光波段，用二氯荧光素处理过的血呈现橙色，在绿光照射下，会发出明亮的荧光，增大反射便于拍摄。二氯荧光素（和红汞）的缺点在于溶液制备复杂，需用锌粉和甲酸回流几小时，将二氯荧光素和红汞还原，使溶液变为无色后才能使用。鲁米诺的化学名称是氨基苯二酰肼。在碱性条件下，鲁米诺与血红素共存时，在双氧水的氧化作用下，能产生很强的荧光，灵敏度很高。用喷雾法或涂抹法将配好的试剂均匀地涂于检材表面，立即在暗室内在短波紫外光下观察血迹的荧光，鲁米诺对血液检测的灵敏度很高，稀释上百倍的血液干涸后仍能发出荧光。

活化血痕染色法基本原理是用活化剂（30% 的 H_2O_2）活化血痕，将血液脱色氧化，蛋白沉淀下来使血迹清晰显现出来。

血液的鲁米诺显现法

二、对牙齿痕迹的发现和提取

牙齿痕迹是可以进行人身同一认定的痕迹物证，对识别人身具有重要意义。牙齿既可以被犯罪嫌疑人用来在现场上咬切食物，也可能被犯罪嫌疑人作为犯罪的手段，同时，被害人也可能利用牙齿作为自己的"武器"。因此，凡在现场可能留下牙齿痕迹的食物、包装食物的物品、受害人的尸体或身体、犯罪嫌疑人的身体，都是我们寻找牙齿痕迹的重点部位。牙齿痕迹不仅能帮助我们识别人身，判断牙齿的唇面或咬合面的某些特征，而且可以帮助侦查人员了解和掌握与案件有关的各种情况，如犯罪人数，是否有搏斗，犯罪嫌疑人在现场的活动情况及逗留时间等。

牙齿痕迹多为立体痕迹，因此发现牙齿痕迹并不困难，应关注的是提取的方法。

提取牙齿痕迹，应以提取原物为首选。提取前，应进行拍照，固定其位置和各种特征。由于牙齿痕迹的承受体多为糕点、水果等食物，因此提取、运送时，应注意妥善包装、防腐，防止牙齿痕迹遭受破坏。为使这些食品不因自然脱水而造成痕迹变形，提取后可采用冷冻法进行保存。冷冻不仅有利于保存，也为用硅橡胶、石膏等制模方法，提取痕迹创造良好条件。

提取牙齿痕迹时，应注意研究和判断牙齿部位，咬合状态及承受体的属性对现场牙齿痕迹形成的影响，为提取比对样本提供条件。

对于遗留在被害人或犯罪嫌疑人身上的牙齿痕迹，因体表皮肤、肌肉组织有弹性，提取时不宜采用制模法塑形，而只宜采用照相法提取。尸体上的牙齿痕迹，可直接提取附有牙齿痕迹的部分皮肉组织，放入10%的福尔马林等防腐液中保存，或放入冰箱冷冻后，再用制模法提取，以便长期保存。

三、整体断离痕迹的发现和提取

整体断离痕迹分为断裂痕迹和分离痕迹，它是物体在外力作用下，分离为若干部分时，在各分离部分所形成的整体分离痕迹。刑事案件现场中断裂痕迹较为常见。利用整体断离痕迹，不仅可以判断工具的种类，推断犯罪嫌疑人破坏的手段和搏斗迹象，而且可以证明犯罪嫌疑人与犯罪事件的某种联系，有时，可以据此直接认定犯罪嫌疑人。

（一）整体断离痕迹的寻找和发现

为了有效地发现整体断离痕迹，现场勘查时应结合案件性质、现场的环境、现场内部状况以及现场访问等情况，分析、判断作案过程中是否存在此类痕迹，并据此在相关部位去寻找、发现。寻找、发现时，须非常仔细，可借助放大镜等进行观察。对现场存在的犯罪遗留物、犯罪工具及一切可能留有整体断离痕迹的物体及碎片，如衣片、纽扣、线头、碎纸、断木棍等，应给予高度关注。

对于盗窃案现场，应注意盗口和现场中心部位，注意从这些部位的各种被破坏物品的碎片上去寻找痕迹，如窗玻璃碎片、抽屉木片等。

对于杀人案件现场，一方面应关注尸体上存在的各种与犯罪有关的物体，如包装布、塑料布、纸片、用于捆绑尸体的绳索等；另一方面，应注意观察和检查尸体的伤口、骨缝等处是否有断裂的刀刃等断离体。

对于强奸、抢劫案件，应注意发现与搏斗和犯罪有关的各种物品，如被害人被撕裂的衣服，扯掉的纽扣，衣、裤的碎片，扯断的挎包、皮带等。

对于放火案件、爆炸案件现场，应注意在起火点、炸点，爆炸物被抛掷的区域内寻找引火物、起爆装置及其他被破坏的物品，如被分离的纸片、竹木片、瓶罐等。

（二）整体断离痕迹的提取

现场勘查中，对带有断离痕迹的物体，一经发现应立即提取，并须根据断离痕迹的不同情况进行妥善处理。整体断离痕迹的提取方法主要是照相和实物提取。提取时，应首先关注断口的形象特征。为此，必须对发现时的形态予以固定，以防止其继续变形和掉渣，如有机玻璃表面硬度低，应注意防止擦伤和划伤，防止其吸附灰尘而被污染。保护好断口形象特征，能为有效检验整体断离痕迹提供保证。

对整体断离痕迹的固定，应依分离物不同而定。如系细小的分离物，可用针尖轻轻拨下或者用透明胶纸粘取，然后放入清洁的小盒或瓶罐中保存。如系纸片、布片，可夹入玻璃片或书本。木棒则可用纱布、棉花将断头包裹，使断茬不致变形或脱落。对于绳索的断头，可用细线或胶纸将其固定，避免摩擦松散。在提取断离的纽扣时，若发现纽扣上带有被拉断的线头，应对线头的长度、品种、颜色、穿纫方向等进行详细记录并拍照。

提取、固定整体断离痕迹时，切忌在分离缘上增加任何痕迹。

四、文书物证的发现与提取

由于现场的文书物证能以其表述的内容或本身的特征来证明案件的某些情况，因此，对现场可能发现的物证文书，应仔细寻找和提取。

由于现场物证文书多出自于被害人或犯罪嫌疑人之手，且与犯罪本身密切相关，因此，现场勘查中应重点关注现场上物证文书可能存在的部位，如现场的箱柜、书架、抽屉、书包、书桌以及文件袋、信封、纸篓、下水道等。

对于已经发现的物证文书，提取前应遵循先封后动的原则。对物证文书存在的地点和周围环境，物证文书所处的具体位置，物证文书本身的特点，如文书的种类、粘贴物的种类、粘贴的时间、文书的内容和外形、正面和反面的一般状况、纸张的颜色、纸边的形状、纸张的质量、新旧程度、字迹承受体表面的特性等，先进行勘验。勘验中如发现遗留在物证文书周围的手印、足印、粉笔头、铅笔、钉子、木片、烟头、便纸等，应按相应的要求予以提取。在此基础上，才能对物证文书进行动态勘验和提取。

进行动态勘验或提取物证文书时，应戴手套，使用镊子等工具，不宜用手直接进行勘验和提取。

提取物证文书时，应根据物证文书自身的特点，采用不同的方法。有的可采用拍照法予以提取，有的可以提取物证文书本身，有的可以连同物证字迹所在的物体或部分物体一同提取。

提取已被撕碎的文书，应先将文书的碎片收集起来，展平后，再按纸张的种类、文书的页码、格子线的特点、文字墨迹的颜色、文字内容、文字形体、笔迹特征等予以分类，放在玻璃板上依次进行拼接对合。拼接对合复原后，用另一块玻璃盖住，片夹边缘可用透明胶带或胶布包封。对被撕碎的文书进行拼合和提取时，请勿使用胶水粘接，以免增加痕迹或破坏痕迹。对于散落的未被撕碎的文书，可使用透明胶带，按要求进行粘取。

提取已被烧毁的文书难度颇大。具体提取时，切忌直接用手拿取或用镊子夹取。应先用纸板或小扇轻轻煽动，使纸灰微微浮动，抓住时机将其慢慢移动至玻璃片上。也可先喷以水雾、甘油或丙酮溶液等润湿剂使其软化，然后将纸灰移至玻璃片上，用玻璃板按上述方法夹妥后，即可包封提取。注意喷洒水雾、甘油等物时，喷嘴不能直接面对纸灰，以免破坏文书。

提取被水浸泡的物证文书，不宜用手，应用镊子轻轻夹起，置于玻璃片上，仔细展平。对于浸泡时间长，纸张已非常软而易碎的，应将提取用的玻璃片直接插入水中，从文书的下面将其托起，提出水面，再用另一块玻璃片盖住，最后用绳索或橡皮筋捆扎牢固以防玻璃划动。提取时切勿将已被浸泡的文书置于其他纸上进行晾干，以免相互粘连、字迹相互渗透，破坏物证文书本身的价值。提取文书时，不得随意在文书上添加任何新的标注记号、痕迹，不得将文书折叠、损坏，也不宜将文书粘贴在另一张白纸上。

五、微量物证的发现与提取

微量物证，是指作为证据的某些细小物质的总称。微量物证尽管量小体微，但却能将犯罪嫌疑人和被害人或犯罪现场联系起来，是一种举足轻重的证据。

作为微量物证的微量物质，因犯罪活动而遗留于现场、犯罪嫌疑人身体和被害人身上。由于微量物质量小体微，容易为犯罪嫌疑人所遗留且不易消除，因此，现场勘查中寻找微量物质是有条件的。这些微量物质包括各种粉尘、油漆、污垢、木屑、纤维、头发以及其他有机物和无机物的微粒等。

寻找微量物证，应根据案件及现场的具体情况来确定寻找的重点。在寻找方法上，既可应用人工光源辅助照射并利用放大镜进行观察，也可使用磁铁、紫外线灯及其他仪器来协助搜寻。一般而言，可以根据微量物证源寻找和收取微量物证。

（一）微量物证的发现

1. 在衣服和其他织物里寻找。由于静电的作用，微量物质很容易吸附在被害人或犯罪嫌疑人衣服的各个部位。现场勘查中如有衣服之类的物品存在，应尽快对衣服等进行勘验，以期发现、收集和保全微量物质。

已发现或羁押犯罪嫌疑人时，或现场上存在被害人或被害人的尸体时，应尽快对衣服的各个部位进行观察以便发现微量物质。可能的情况下，应让犯罪嫌疑人或活着的被害人站在一张干净的纸上，以防止微量物质散落在地上。脱下衣服后，可将此衣服在纸上轻轻抖动，以收集微量物质，或将该衣服整体提取，送实验室进行检验。

对衣服进行提取时，应格外小心，衣服应装入干净的纸袋，避免使用塑料袋，以防止衣服发霉。如衣服潮湿或粘有未干血迹，在包装前应将其晾干。每件衣服应单独包装，包装上应有明确的标注。

对床单之类的织物也可采用以上方法，寻找和搜取微量物证。

对衣服、床单之类的物品，在发现微量物质后，也可以使用带吸尘网罩的吸尘器进行收取。

对受伤的被害人，在抢救过程中，应将其脱下的衣服妥善包装，送实验室进行检验。如衣服未干，应晾干后进行包装。

对于现场的尸体，可先对其指甲等可能隐藏微量物证的部位进行搜寻，如无条件进行此类检查，应将尸体的手等部位进行包封，以防止微量物证散失。为保证对尸体衣服上的微量物证进行有效的寻找和提取，应先将尸体置于干净的包装纸上，再小心脱去衣服，然后依照前述方法和要求，提取衣服，以供检验。

2. 在鞋面或鞋底上寻找。鞋是发现和收取微量物质的重要来源。在鞋面或鞋底，常可以发现灰尘、土壤、植物的种子、花粉、血迹或其他碎片。对于鞋，应采用整体原物提取的办法，送实验室检验。提取鞋子时，应分别包装，以免相互接触。对于包装带有干泥块的鞋类物证要非常小心，在运送途中，要防止泥块从鞋上掉落或被碾成粉末，妨碍鉴定效果。

3. 在被害人或犯罪嫌疑人的身体上寻找。对犯罪嫌疑人或被害人的身体进行仔细检查，往往能有效地发现微量物证。主要包括损伤及相关微量物质、射击残留物、血迹、毛发、皮肤碎屑等。因此，对伤害、杀人等现场中的被害人或犯罪嫌疑人，应仔细检查其头部、阴部、耳朵、头发、指甲缝等处，从中发现微量物质。

4. 测定微量金属寻找射击残留物。常用的对微量金属的发现和收取方法，主要用来测定犯罪嫌疑人手上及相关部位是否存在射击残留物。

金属残留物、射击残留物的发现方法是：用1%~2%的8-羟基喹啉溶液配制于异丙醇中，检查时，将其喷涂于受检者手上，再置于紫外线下观察，如显现出黑色，则表明金属存在。条件好的情况下，还可以测出食指上扳机和手掌上枪柄金属框架的痕迹。用这种方法检出的结果，运用上首先要排除检测前受检者已触摸过其他金属的情况。

5. 其他微量物质的寻找。其他微量物质如建筑材料的颗粒、金属碎屑、漆片等，这些微量物质往往出现在工具、武器或其他物体上，如汽车。对这些微量物证，应对工具、武器、凶器等首先进行整体提取，然后按要求封装送检。如果这些物品上的物质颗粒大，容易遗失，则可在提取原物前，先将其细心取下，放入标以记号的专用容器中。对于大型物体，如大块的地毯、汽车以及房间的地面等，可利用吸尘器收集微量物质，然后从中寻找微量物证。除此之外，还可用胶纸粘取法，粘取微量物质。

对通过以上途径和方法收集到的微量物质，应采用双层包装的方法，保证不被遗失。采用双层包装时，每一层包装都应标注提取的时间、地点、物证简介、案件名称及提取人、包装人的姓名。

（二）常用的微量物证现场提取方法

微量物证很难用统一的方法提取，不同种类的提取物质、不同种类的检验仪器对取样方法有不同的要求。取样方法可以归纳为以下几种：

1. 棉球擦取。这是最传统的物证提取方法，主要可用于提取附着在较大物品上的微量液体。用棉球提取微量物证，可用干棉球直接擦取，也可用带有溶剂的棉球擦取。使用何种溶剂要根据提取的对象和采用的检验方法而定。值得注意的是，提取传统的法医物证时，对棉球的大小和自身成分并不做特殊要求，而微量物证检验有时则要求棉球自身具有特定的重量以及化学成分，对溶剂的要求也很严格，必要时也应提供溶剂做空白对照。用棉球擦取法提取微量物证时，千万不能直接照搬法医物证的做法，而应当按照所提取的物质及检验方法的具体要求操作。对于灰尘、泥土以及其他颗粒状的固体物质应尽量避免使用该方法。

2. 空气吸取。基本原理与普通清洁用的吸尘器相同。吸尘器的吸入口内装有支持网和过滤膜，提取到的物质收集在过滤膜上，根据吸取物质的不同可选择过滤膜的种类和膜孔大小。空气吸取法的优点是方便、快速，对纸屑、毛发等较轻的物体提取效果好；缺点是对矿物、金属等比重较大的微粒提取效果较差。用该方法收集到过滤膜上的物质往往很多，并非都具有物证价值，还须再次进行分离和提取。空气吸取法适合在案件现场进行较大范围的搜寻，尤其可在无法确定所要提取物质的具体种类时使用。当要提取的物质已经确定时，则应采用专用方法提取。

3. 胶带粘取。胶带粘取主要适用于提取毛发、纤维以及微小的玻璃、金属、矿物等颗粒状固体物质。使用的胶带可分为普通胶带和专用胶带。提取枪弹射击残留物使用的胶带既要能导电，对胶层厚度还有一定的要求；提取毛发、纤维等有机物用的胶带既要能有效地提取样品，又不能对样品造成污染。对于金属、玻璃、矿物等无机物可采用普通胶带提取。胶带粘取法提取微量物证具有快速、简便、高效等优点，而且还可保持物证原有的空间分布特征，这对于有些案件的现场分析极为有用。

微量物证检验涉及的物质，在形态上可分为固体、液体和气体；在成分上可分为有机物和无机物；在数量上可分为常量和微量；检验所用的方法有力学方法、热学方法、光学方法等。因此，微量物证的现场发现和提取不能仅用单一的方法。发现和提取技术实际上也是检验方法的重要组成部分，对微量物证检验方法进行研究的同时，应建立相应的取样方法，否则，检验方法只能是空中楼阁，再好的检验技术也无法用于案件的侦破工作。根据高灵敏度的现代化大型分析仪器的需要，研究与之配套的取样技术和方法，是微量物证检验研究工作的重点和方向之一。

（三）提取微量物证应注意的问题

1. 必须由经过专门培训的技术人员提取。微量物证的检验和提取专业性强，涉及的技术比较复杂，现场勘查人员不但要了解微量物证的检验、应用等方面的基本知识，还必须经过专门的取样培训。对于复杂和疑难案件，应邀请检验人员到现场取样或指导。另外，随着科学技术的发展，不断会有新的检验方法出现，因此，现场勘查人员应及时到微量物证检验实验室接受培训。

2. 现场勘查人员要有微量物证意识。微量物证有时是潜在的物证，如果不借助工具或仪器，用肉眼难以发现。因此，现场勘查人员应具有微量物证意识，不能只提取"看得见"的物证，而忽略了"看不见"的物证。潜在的物证有时在案件侦破中的作用更大。技术部门在制定现场勘查规范时，也应充分考虑，争取全面的提取物证，并建立相应的提取程序和工作规范。

3. 注意痕迹物证检验与微量物证检验的关系。痕迹物证和微量物证是现场物证的两个表现方面，微量物证检验研究物证的物质特性，痕迹物证检验研究物证的外在形态特性，二者相辅相成。一般来说，痕迹是物体相互接触并在力的作用下发生形变而形成的。根据前面介绍的交换原理，两物体相互接触并有力的作用时，必然也发生物质的交换或转移。因此，提取痕迹物证时应注意对微量物证的保护，防止造成微量附着物的丢失或污染。

微量物证应用拓展

第六节　电子数据的发现与提取

电子数据勘验需要侦查人员去完成电子数据的搜查、初检、扣押、固定与保全等工作，而在涉及专门性问题并需要进行鉴定时，则应委托给具有鉴定资质的鉴定机构负责鉴定。到了信息时代，除了传统的现场勘查，还需要对新出现的各种电子设备进行现场勘查。从本质上来说，信息时代对各类信息化系统和电子数据的勘验，是传统侦查在信息时代的自然延伸。

一、电子数据的发现

电子数据的发现，又可细分为电子数据载体的发现和电子数据内容的发现。不同于传统证据类型，电子数据的发展一日千里，无论是载体形式，还是内容形式，可谓日新月异，所以首先面临的就是认识不认识，能不能发现的问题。

（一）载体的发现

电子数据的载体，表现形式为各式各样的新设备和千奇百怪的新产品，这些新产品数量之庞大，非专业人员是很难发现的。

要从各种环境下发现电子设备、电子产品，并按照电子数据相关技术规范进行证据提取与固定。

不同设备中的电子数据

（二）数据的发现

数据的发现是一个广义的概念，既包括从电子数据的载体中发现和搜索需要的数据，也包括从无法提取的电子设备中发现和提取数据。既包括可以直接固定在设备中的静态数据，也包括易失性数据和动态数据，如内存中的数据、网络数据流等。

数据的发现还包括对加密数据进行解密，对隐藏数据进行分析和提取，对删除数据进行恢复等。因此，数据发现与电子数据分析往往是融合在一起的。

二、电子数据的取证分析

通过电子数据的取证分析，可以发现事实、重建犯罪过程。因此和其他侦查过程一样，需要有相应的框架和方法论作为指导，使得整个取证过程可靠、客观和透明。不少专业组织和人士都提出了相应的取证框架，如图 10-7 所示，一般可以归纳为以下 6 个阶段：准备、识别、保存、检查、分析以及报告等。

图 10-7　取证过程框架

1. 准备：由于每一次的数字取证都是不一样的，为有效开展数字取证，应制定行动计划，包括所需的资源和材料，因此准备阶段是非常重要的阶段。

2. 识别：在事件现场识别所有可能的数字证据源（任何载体），由于电子证据分布的广泛性，常常会涉及多个现场。

3. 保存：对识别出来的数字证据进行保存，防止数字证据被破坏。一般来说，后续的检查和分析过程都应基于镜像数据，而对原始的数字证据要进行保护。但也会遇到数据无法镜像的情况，如部分移动设备，以及大型存储系统等。

4. 检查、分析：查找、搜索、过滤、筛选、定位数字证据。包括数据转换、数据恢复、数据解密等。

5. 报告：对数字证据的发现和报告，应以事实、客观的方法来表达事实。

从电子数据取证的发展历史来看，最早发展起来的是计算机取证，主要涉及计算机终端的分析和取证、单机取证、内存取证等。随着移动网络的发展，电子数据的取证分析的范围扩展至移动设备取证，如手机、GPS 设备、智能终端、可穿戴设备等。近几年，互联网产业的迅猛发展，又使得网络取证、云取证等成为电子数据取证分析所要解决的前沿问题，如网络流量、网络日志、网络配置、网络行为分析、网络数据解析、网络数据分析等。无论是在哪个时期，电子数据的取证分析都不仅仅是技术问题，其中还涉及人员之间的配合问题。

三、计算机取证

计算机取证是数字取证的一个主要分支，主要用于计算机终端设备和存储设备上的数字证据的保存、获取、检查、分析和报告等环节。计算机取证的数字证据主要存在于文件系统中，包括操作系统数据和日志、数据库文件和日志、应用程序数据和日志、安全日志、各种配置文件和注册表、Internet 访问日志（特别是浏览器）、休眠文件和交换文件（分区）等。

另外，计算机内存取证的重要性也日益突出，对物理内存的保存和分析（内存取证）可以得知信息安全事件发生时的重要状态信息，包括进程表、打开的文件，已经加载的库文件、当前登录的用户、网络连接表、DNS 信息、路由表、ARP 表，另外可能存在加密的文件、程序的解密密钥。这些数据和信息利于后期的计算机取证分析和研究。

计算机取证

四、移动设备取证

移动设备取证，是智能手机和平板电脑兴起后的一个新兴数字取证分支，主要用于调查、恢复和取证移动设备中的数字证据信息。移动设备通常指的是智能手机，但是也包括其他具有内存和通信功能的智能设备，包括 GPS 设备、个人电脑、PDA、可穿戴设备等。

移动设备取证有以下特点，与计算机取证有所区别：

1. 移动设备一般属于一个人，因此可以关联到具体的人。移动设备含有大量的个人特殊信息，包括地点信息（经纬度）、时间信息、联系人、电话记录、通信录、短消息记录、日记、语音、图片图像、邮件以及其他和 Internet 相关的信息等，都是数字取证需要考虑的数字证据源。

2. 移动设备更新频繁，种类繁多，以至于很难有一个统一的技术工具。移动设备有不同的操作系统（主流的有 Android Systems，Blackberry OS，Apple iPhone，Windows Mobile，Symbian OS，Ubuntu Mobile 等），而且版本更新频繁，大大增加了取证的难度。

3. 移动设备缺省情况下没有超级用户权限，在数字证据获取时与计算机取证有较大不同（如需要利用漏洞破解的方式）。同时移动设备内置的闪存（NAND）是不可移动的，且其采用的可能是并不通用的文件系统（如早期的 YAFFS，Yet Another Flash File System 文件系统等）。

4. 移动设备一般均为联网设备。可以通过电信系统实现语音、短信和数据的连接，也可以通过 WiFi 或者 Bluetooth 来入网。数字证据可能通过上述网络方式被以远程控制的方式进行恶意删除——这点在取证时需要特别考虑。

移动设备取证

五、网络取证

随着信息共享和 Internet 的普及，电子数据与外部信息的交互不可避免。网络取证就是在这个背景下发展出来的一个分支，着重于和网络行为相关的信息的收集、调查和取证。与其他取证技术不同的是，网络取证所面对的是动态的、易失性的信息。因此，网络取证是一种主动的、有意识的取证技术。它不单侧重于即时传输中的数据信息，也包括在计算机中和网络应用相关的各种临时数据和日志、各种网络设备的日志和报警信息。

网络取证的主要信息数据源来源于：

（1）监听器（Sniffer）数据和日志。

（2）防火墙、IDS、DDOS 的异常流量。

（3）路由器、防火墙的路由信息、访问控制信息以及流量信息等。

（4）各种基于网络（Internet）的应用程序（Web、Email、IRC、IM、P2P、Social Networking、Newsgroups，etc.）和服务器的日志消息。

（5）其他网络数据。

网络取证

六、电子数据的综合分析

电子证据的一个典型特征就是分布广泛、重复信息多、数据量巨大、信息淹没在海量数据中，需要经过综合分析，才能发现隐藏在大数据背后的真相，因此，需要对数据进行综合分析是电子证据的一个典型而且重要的特征。

第十章　课后拓展

第十一章

现场勘查记录

第一节　现场勘查记录概述

一、现场勘查记录的概念

现场勘查记录，是指侦查人员在犯罪现场勘验检查过程中，对与犯罪有关的场所、物品、痕迹、尸体、人身等进行勘验检查时，为固定犯罪现场状态，记录勘验检查过程和结果，运用文字、绘图、照相、录像等方法制作的重要法律文书和图像资料，是刑事诉讼中重要的证据之一。

现场勘查记录是如实反映犯罪现场的客观状态和勘查人员执行勘查情况的法律文书及相关图像资料。现场勘查记录是现场勘验检查活动的重要内容之一，它贯穿于现场勘查的始终，记录结果既是重要的诉讼证据，又是现场分析和现场复原的重要依据，还是现场犯罪痕迹、物证客观来源的合法依据，现场勘查的每一个步骤和每一项内容都要通过现场记录来体现和固定。

现场勘查中，应当根据《刑事诉讼法》《公安机关办理刑事案件程序规定》和公安部颁布的《公安机关刑事案件现场勘验检查规则》等法律法规的规定制作现场勘查记录，客观、准确地固定现场，反映勘查主体的活动情况。现场勘查记录是法定的证据，它主要由现场勘验检查笔录、现场绘图、现场照相和现场摄像四部分组成。

现场勘验笔录，实际上是现场实地勘验过程中形成的文字记录，是对现场状态、现场事物以及实施勘查的情况进行的客观、全面、系统、连贯的记叙；现场照相、现场摄像则能逼真地反映现场的状态和现场客体物的形象、特点、位置及其相互关系，并能迅速、客观、准确地将其固定和记录下来，给人一种直观、生动的感觉。如果是按比例拍摄的照片，则是进行比对检验的材料。现场绘图能用一些简练的线条、图案、符号等将现场周围的环境和现场内部的痕迹物证及其相互位置关系清楚、准确地反映出来。这几种形式互相配合、互为补充，构成了对刑事案件现场及其勘查情况的完整记录。

现场勘查记录是随着勘查工作的不断深入而逐步形成的，它是对刑事案件现场客观、真实的写照。《刑事诉讼法》第 133 条规定："勘验、检查的情况应当写成笔录，由参加勘验、检查的人和见证人签名或者盖章。"《公安机关刑事案件现场勘验检查规则》第 24 条第 3 款也规定："勘验、检查现场，应当拍摄现场照片，绘制现场图，制作笔录，由参加勘查的人和见证人签名。对重大案件的现场，应当录像。"可见，制作现场勘查记录是现场勘查工作的重要内容。

二、现场勘查记录的作用

制作现场勘查记录，既是我国《刑事诉讼法》的规定，又是现场勘查工作的重要内容，在整个刑事诉讼活动中都有十分重要的作用。

（一）现场勘查记录是分析研究案情的重要依据

现场勘查工作结束后，如果认为犯罪存在，必须立案侦查，接着就要全面开展侦查活动。在部署侦查以前，需要对案情进行一系列的分析研究，并在此基础上制订侦查计划，用以指导侦查工作。分析判断案情、制订侦查计划、采取侦查措施，其客观依据都是集中反映现场勘查成果的现场勘查记录。例如，研究事件性质、案件性质、作案时间、地点、作案工具，分析犯罪嫌疑人个人情况，推断其作案手段、方法、动机、过程等，都是建立在现场勘查基础之上的。如果没有勘查记录，或者勘查记录不全、不符合要求，对案件现场的再认识就会缺乏依据，也不可能分析、吃透案件情况。

（二）现场勘查记录是校正侦查方向、推进侦查的重要依据

刑事案件的侦查是一项极其复杂而艰巨的工作，在侦查实践中，出现这样、那样的曲折是经常的事情。作为案件的侦查员、指挥员，随时都要翻阅现场勘查记录，反复琢磨案情，考虑侦查方向是否正确，并结合侦查过程中发现的新情况、遇到的新问题，校正侦查方向，不断地增添新的、有力的措施，推动侦查工作向前发展。如果侦查工作出现大的曲折，则需要回过头来重新研究现场情况。必要时，还要根据现场勘查记录来恢复现场的原始面貌，以便对现场重新勘验、

研究。如放火、爆炸等变化大、情况复杂的现场，通过现场原貌的恢复，也能使现场前后的变化情况更加直观和细致，而现场勘查记录则是恢复现场原貌的唯一可靠依据。

（三）现场勘查记录是揭露和证实犯罪的有力证据

我国《刑事诉讼法》第50条所列举的8种证据中，将勘验、检查笔录列为证据之一。现场勘查记录之所以能起到证据作用，这是由于犯罪现场的客观性所决定的。犯罪现场客观地反映了犯罪嫌疑人的犯罪行为和作案过程，现场勘查记录正是这种客观反映（即现场现象）的真实记载。这种记载包括了案件发生的时间、地点、犯罪嫌疑人在现场上的活动过程和遗留在现场的痕迹、物证以及由于犯罪行为在现场造成的种种严重后果。而这一切内容均与犯罪嫌疑人和犯罪行为有直接联系，因此，它能起到揭露犯罪和证实犯罪行为人的作用。同时，这种记录还能印证犯罪嫌疑人口供的真伪，这也是现场勘查记录的一个重要作用。由于现场勘查记录的内容是客观的、保密的，犯罪嫌疑人对犯罪过程的供述，如果与现场的客观情况一致，就能有力地证明所查获的犯罪嫌疑人是真正的犯罪行为人。

（四）现场勘查记录是重要的刑事证据

现场是犯罪信息的重要载体，现场的变化情况及犯罪痕迹、物证是重要的刑事诉讼证据。由于原物展示的不方便性，影响证据作用的发挥，而现场勘查记录则是这些情况的客观记载，而且方便展示和审查。因此，我国《刑事诉讼法》已经将现场勘验检查笔录确定为一种重要的刑事诉讼证据，虽然没有明确现场照相、录像、绘图的证据种类，但是在刑事诉讼实践中现场勘查中的照相、录像、绘图皆已成为法庭审理中证据调查和质证的对象。同时现场勘验检查记录作为现场痕迹、物证的程序性来源，是证明这些痕迹、物证具有客观性、关联性与合法性的重要证据基础，这也是现场勘验检查记录作为刑事诉讼证据的意义所在。因此，侦查部门在刑事案件的侦查活动中不仅要从证据的角度作好现场勘查记录，而且还要从诉讼证据的角度完备现场勘查记录的法律规范性。这样不仅可以为审查案件，核对犯罪事实和证据以及处理犯罪行为人提供方便，同时也可以为律师参与诉讼活动查阅档案提供有利条件。

三、制作现场勘查记录的基本要求

现场勘查记录作为刑事诉讼证据的重要形式之一，必然要符合刑事诉讼法对证据收集的要求，同时也应符合该记录方法的技术规范。因此，在制作现场勘查记录时应该坚持客观、全面、完整、规范的基本要求。

所谓客观，就是要求勘查人员在制作现场勘查记录的时候，对现场和现场勘查的情况进行客观的、实事求是的记载，不得将任何主观的分析、判断记入其中。

所谓全面，就是要求对现场上一切与犯罪有关的客观情况和勘查过程、勘查结果都要记录下来，使没有亲自参加现场勘查的人看后能够一目了然。因此，现场勘查记录应对现场的全貌、痕迹、物证的分布与特征、勘查的组织与实施、勘查中发现的重要情况有比较详尽的记载。特别是对在勘查中发现的与犯罪有关的痕迹、物证遗留的部位、痕迹物证的形状、大小与特征以及彼此相互之间、与其他物品之间的距离关系和最后提取的情况，要进行准确、细致的记述。

所谓完整，就是要求现场勘查笔录、现场照相、现场绘图三个部分要齐全，缺一不可，有条件的还可单独制作现场摄像，以作补充。要使查阅案卷的人看完现场勘查记录后，能对现场及其勘查情况有一个清晰的印象，必要时可据此恢复现场的基本面貌。

所谓规范，就是要求现场勘查记录应当依照相关的法律规定规范制作。规范现场勘查记录的法律法规主要是《刑事诉讼法》《公安机关办理刑事案件程序规定》《公安机关刑事案件现场勘验检查规则》，其中《公安机关刑事案件现场勘验检查规则》第六章对现场勘查记录的要求作了详细的规定。现场勘查记录必须按照相应的法律规定制作才能达到证据合法性的要求，才能发挥其证明作用。

第二节　现场勘验笔录

一、现场勘验笔录的概念

现场勘验笔录，是指侦查人员在勘查案件现场的过程中，对现场情况和勘验情况所作的客观真实的文字记载。从某种意义上可以说，现场勘验笔录就是用文字把现场及其痕迹、物品等固定下来。现场勘验笔录作为现场记录的一种方法，虽然不易做到深入、细致，而且具有一定的抽象性，甚至会夹杂一些现场勘查人员的主观判断，但由于其具有使用方便、记录结果全面、细致等优点，故在各类现场勘查记录中成为首选的方法。

现场勘验笔录是现场勘查记录的重要组成部分。《公安机关刑事案件现场勘验检查规则》第 42 条第 2 款规定："《现场勘验检查工作记录》包括现场勘验笔录、现场图、现场照片、现场录像和现场录音。"第 44 条规定："现场勘验笔录正文需要载明现场勘验过程及结果，包括与犯罪有关的痕迹和物品的名称、位置、数量、性状、分布等情况，尸体的位置、衣着、姿势、血迹分布、性状和数量以及提取痕迹、物证情况等。"

侦查机关对与犯罪有关的场所进行勘查后制作的现场勘验笔录，是侦查机关分析研究案情的重要依据，对案件的侦破具有重要作用。

二、现场勘验笔录的内容

现场勘验笔录作为现场记录的重要方法和表现形式之一，根据我国《刑事诉讼法》《公安机关刑事案件现场勘验检查规则》关于现场勘验笔录的相关规定，有其自身的结构和制作要求。现场勘验笔录属于叙述型文书，从结构上看，犯罪现场勘验笔录的内容由前言、正文和结尾三大部分组成。

（一）前言部分

前言部分应记载的内容主要包括以下几个方面：

1. 笔录标题，即现场勘验笔录（已印制好）。

2. 笔录文号，即"公（　　）勘［20　］号"。

3. 勘验单位、指派/报告单位，要求具体、清楚、明确。

4. 勘验事由，要求写明案发地和案件的性质。主要包括：接到报案的时间；案件发生和发现的时间、地点；报案人与被害人的姓名、性别、年龄、职业、住址、联系电话；他们所陈述的案件发生、发现经过情况等。

5. 现场勘验开始时间和结束时间，要求写明具体时间，即年、月、日、时、分（勘查时间要精确到分）。

6. 勘查地点即案发地点，要求准确记载案发地点，即记录至省（直辖市）、地市、县区、乡镇街道、门牌号（村、组）。如果现场地点是机关、学校等企事业单位，应写明单位全称；如现场在野外的，应具体描述现场的位置和周边参照物。例如，现场地点：江南省滨江市沽源县崮山镇××小区 3 栋×单元 102 室。

7. 现场保护情况，要求写明现场保护的过程情况，包括：现场保护人员的姓名、职业、职务；到达现场的时间，采取了哪些措施；现场保护过程中发生了哪些情况，例如有何变动，有何可疑人员；等等。

8. 现场条件。现场勘验笔录应当记载清楚现场勘查时的现场条件。现场条件主要包括现场勘查时的温度、相对湿度、风向、气候条件（阴、晴、雨、雪、雾等）以及现场的变动状态等。对现场勘验笔录中的气候条件、勘验检查前现场的条件、勘验检查利用的光线等不要用打"√"的方法表达，而采用直接的方式表述。例如，温度：2~3摄氏度；相对湿度：40%；风向：偏北；天气：晴。勘验前现场的条件，应写明勘验检查的现场为变更现场还是原始现场；现场勘验利用的光线，应写明现场勘验检查时采用的光线为自然光还是灯光或者两者兼有等。

9. 现场勘验指挥员情况。现场勘验的指挥员应写明其单位、姓名、行政或技术职务。《公安机关刑事案件现场勘验检查规则》第21条规定："现场勘验、检查的指挥员由具有现场勘验、检查专业知识和组织指挥能力的人民警察担任。"因此，在实际工作中，现场勘验指挥员一般应由刑事科学技术室主任或刑事科学技术研究所所长担任。

（二）正文部分

正文是记录犯罪现场勘验检查的基本事实及经过，即勘验检查情况的记录，是犯罪现场勘验笔录的核心内容，必须客观、详细、准确、全面地记录。

1. 赶赴现场情况。

（1）接警情况，应记录接警过程（接警时间、接警方式、警情来源）、接警简要情况。例如，2018年12月19日7时25分，沽源县公安局刑警大队值班室接到沽源县公安局110指挥中心的电话指派："××县××镇××小区3号楼5单元102室赵××在家中被杀，请派人勘查现场。"

（2）处警情况，应记录勘验指挥人员带领侦技人员赶赴现场的情况。勘验检查指挥人员的姓名和职务、侦技人员的专业或职务、到达现场的时间。例如，接报后，沽源县公安局副局长张××即带领刑警大队大队长孙××，侦查人员陈××、谭××，刑事科学技术室主任刘××，痕迹技术人员张×、王×，影像技术人员郭××，法医徐××、杨××，于当日7时32分到达现场。

（3）案发简要经过，应记录第一发现人或报案人姓名、性别及身份，以及其介绍的案发简要经过和现场变动情况。

2. 现场方位描述。中心现场的方位描述应包括现场所处的地理方位、环境、设施、道路及建筑物的名称。

3. 现场情况描述。现场情况主要记录现场中心与外围的情况，应详细记录现场中心的位置、范围及现场状态，如房屋、门窗等可供进出的通道情况；现场内陈设的家具状态及现场搜索中所见的异常情况等。记录时应按勘验顺序对现场的概貌、中心和外围情况进行记述。

（1）概貌情况。概貌情况主要描述现场的空间结构分布，房间朝向，楼房层数、间数以及院落等情况。

（2）中心现场具体情况。中心现场的描述应包括，与案件相关的设施，物品名称及其位置、数量、状态（如门、窗、家具等）。痕迹物证的描述应包括与案（事）件有关物证的名称、数量、形态、方向、角度和具体位置，及处理和提取的方法，并制作提取痕迹物证清单。

现场较为复杂，痕迹物证较多的可分别编号。命案现场中对尸体的描述应包括尸体的位置、姿态、衣着、附着物及尸体与其他物体的关系。现场物理空间、物品、痕迹物证、尸体的描述应有机关联。中心现场描述的方法一般以一个物理空间为一个自然段。

4. 勘查情况描述。勘查情况应详细记录在勘验检查过程中发现的痕迹、物证的位置、种类、大小、形态特征，损失物品的情况以及外围现场搜索情况。这部分是现场勘验笔录的精华所在。

（三）结尾部分

尾部主要详细记录勘验、检查的结果。

1. 应详细记载提取痕迹、物证的名称、数量；将提取的痕迹、物证填入《现场勘验检查提取的痕迹、物证登记表》内，注意写全序号、名称、提取部位、提取方法、数量、提取人等。

2. 扣押物品情况。

3. 制图和照相的数量（张），录像、录音的时间（分）。

4. 现场勘验检查记录人员、现场勘验检查人员和见证人的基本情况，并由本人签名。

5. 笔录制作日期并加盖制作单位公章。

以上三部分内容是所有犯罪现场勘验笔录都不可缺少的原则性内容。诚然，刑事案件现场繁杂，案情及勘验检查重点、勘验检查顺序各不相同，因而现场勘验笔录的内容、记录重点及详略也应各不相同。

二、制作现场勘查笔录的方法

现场勘验检查笔录是《刑事诉讼法》第50条所规定的八种证据之一。笔录具有证据特性，必须符合法定要求。为此，笔录的制作必须在勘查过程中完成，勘查结束时当场履行法律手续。否则，勘验笔录便会失去客观性、相关性以及合法性，从而不具有证据效力。制作笔录的方法如下：

（一）了解情况

在到达事件现场后，现场勘查记录人员应当立即同其他参与现场勘查的人员一起，运用询问的方法，向事件的报告人了解发生、发现事件的时间、地点以及经过情况，向保护现场的人员了解采取了哪些保护措施，是否有人进入现场，如有人进入现场则要弄清缘由，其进入现场又到过哪些地方，接触或移动过哪些物品，现场是否发生过变动或破坏。在了解这些情况的基础上，作好现场勘验笔录前言部分的记录。

（二）认真观察

观察是为笔录的叙述事实部分作准备。在巡视现场时，现场勘查记录人员要同其他参与现场勘查的人员同步，仔细观察现场环境、外貌以及内部的大体情况。

现场环境是指现场周围的情况，即现场周围东西南北的交通道路、建筑物、障碍物和其他设施等。对于室外现场，要观察现场周围的地形、地物、公路、铁路、水流等情况；对于室内现场，要观察相邻的建筑物、固定设施、通道情况，观察现场周围有无围墙，围墙有多高，有无缺口，有几处大门等。现场外貌是指现场的外部形象。如为室外现场，确认事件发生在树林、草地、丘陵、田野、沼泽、河道、铁路、公路、街道等什么地方；如为室内现场，观察现场是平房还是楼房，是独门小院还是深宅大院，是集体宿舍还是公寓住宅等，房屋为何种结构、质量怎样、朝向如何。

现场内部情况，即观察现场中心和进出口情况，犯罪嫌疑人翻动、撬压以及其他破坏情况。随着现场勘查的逐步展开，还要认真观察现场痕迹、物品的位置、特征，尸体的姿势、伤痕、血迹的分布等情况。

通过以上观察，可以对现场状况做到心中有数，便于在实地勘验的同时制作笔录，以保证笔录的准确性和有序性。

（三）准确定位

在制作笔录的第二部分即笔录中"现场勘查所见"时，首先要对各种现场现象准确定位。所谓准确定位，是把现场和犯罪后果以及与犯罪有关的痕迹、物品的位置，以笔录的方式准确的固定下来。定位是作好现场勘查笔录的关键。现场勘查笔录中的叙述事实部分自始至终存在着位置的固定问题，如现场方位的固定、犯罪后果位置的固定，犯罪嫌疑人进出口部位的固定，痕迹、物品位置的固定等。定位的方法一般有以下几种：

1. 以固定标志定位。需要在笔录上定位的事物，如果周围有固定标志（如建筑物、道路、河渠或其他固定设施），可以按这些固定标志与定位事物的方位、距离关系，来反映该事物在周围环境中的位置。通常情况下，现场方位就是这样确定的。如发生在城镇的案件，往往是先写明辖区、街道、门牌号码，然后再叙述现场在周围环境中的位置；发生在农村的案件，则先写明镇、乡、村、地名，然后叙述现场在周围环境中的位置。

2. 以坐标定位。对于室内现场的痕迹、物品、尸体等位置的确定，常以墙基线为纵横坐标线，运用尺测的方法，测出某一现场现象在坐标上的位置，再记入笔录。对于门窗、墙壁上的破坏部位以及痕迹等，要表明属东南西北哪一壁墙，然后以坐标定位的方法确定其位置。

3. 以相关物体定位。现场某种痕迹出现在某个物体上，或某种物品遗留在某个物体上，对这种痕迹、物品的定位，首先要确定物体在现场上的位置，然后再叙述痕迹、物品在物体的哪一个部位，以此确定痕迹、物品的位置。对于现场上相邻的物体，一般也是首先确定某一物体的位置，再叙述该物体与相邻物体的位置关系，从而确定相邻物体的位置。需要注意的是：以相邻物体定位一般不要使用"前、后、左、右"等容易产生歧义的词语，除非叙述的对象本身具有前后左右（如尸体），否则会使人的理解产生偏差。

对于尸体伤痕的定位，要以生理解剖学关于人体各部位的名称为依据。

（四）客观描述

现场勘验笔录，在对现场以及破坏的部位、痕迹、物品、尸体等定位以后，紧接着是对这些现场现象进行描述。譬如现场外貌属何种形象，建筑物是什么结构，门窗是木质还是某种金属构件，手印是加层还是减层，脚印是立体还是平面，尸体是何种姿势、面貌，有何特征，伤痕属于死前还是死后形成，属于钝器还是锐器造成的，血迹是何种形状、颜色，等等。勘验笔录对每一现场现象的描述分别从属于相应现象定位以后的记载。对于这些描述的用语，一是要反映真实形象，二是要符合规范。真实形象是要给人以实际事物的感觉，符合规范是要尽可能使用专业术语，如痕迹、文检、法医、建筑等有关的专业术语。

三、制作现场勘查笔录的规则

（一）一致性规则

笔录的顺序应当与勘查顺序一致，提取的痕迹、物品要与笔录内容相吻合；笔录与绘图、照相、摄像的内容应当一致；同一客体在笔录中使用的名称应前后一致。

（二）客观性规则

现场勘查笔录的内容必须具有客观性。制作笔录的人员必须客观记载现场状况，不得将个人的判断和推测记入笔录，但可以反映诸如触觉、嗅觉、听觉所确定的情况。如"用手摸被害人尸体是凉的""在现场上闻到肉焦味""压迫尸体胸部、听到咯吱咯吱似骨折的响声"等。

（三）准确性规则

现场勘查笔录用语必须准确。在笔录中，不能用"大概""左右""估计""旁边""不远"等不确定的语言来叙述现场客体及痕迹、物品之间的距离和位置关系。对所述对象的具体特征，要根据情况确定是否进行详细描述。对有的情况，为了使描述更加明确，可用勾画简图或表格的方式来表述。

（四）符合标准规则

笔录用语要符合统一标准。不使用非标准化的字、词、语句，不滥用方言土语，不生造词语，尽量避免使用专业术语和生僻词语；度、量、衡单位应符合现行的国际和国内标准。

（五）单独笔录简略记载

在实地勘验过程中，凡进行了法医尸体检验、现场实验、人身搜查等，均应单独制作笔录。但在现场勘查笔录中应有相应的简略记载。

此外，凡属多次勘查的现场，应制作补充笔录，一案有多个现场的，应分别制作笔录。

附：《公安机关刑事法律文书式样 2012》中"现场勘验笔录"格式

现场勘验笔录

现场勘验单位：_____

指派/报告单位：_____ 时间：_____年____月____日____时____分

勘验事由：_____

_____

现场勘验开始时间：_____年____月____日____时____分

现场勘验结束时间：_____年____月____日____时____分

现场地点：_____

现场保护情况：____（空白处记载保护人、保护措施、是原始现场还是变动现场等情况）____

天气：阴□/晴□/雨□/雪□/雾□，温度：_____湿度：____风向：____

勘验前现场的条件：变动现场□/ 原始现场□

现场勘验利用的光线：自然光□/ 灯光□

现场勘验指挥人：_____单位：_____职务：_____

现场勘验情况：（空白处记载现场勘验详细情况，包括现场方位和现场概貌、中心现场位置、现场是否有变动、变动的原因、勘验过程、提取痕迹物证情况、现场周边搜索情况、现场访问情况以及其他需要说明的情况）

_____

_____

_____

_____

_____

_____

_____

_____

现场勘验制图____张；照相____张；录像____分钟；录音____分钟。

现场勘验记录人员：

笔录人：_____

制图人：_____

照相人：_____

录像人：_____

录音人：_____

现场勘验人员：

本人签名：_____单位：_____职务：_____

本人签名：_____单位：_____职务：_____

本人签名：_____单位：_____职务：_____

本人签名：_____单位：_____职务：_____

本人签名：_____单位：_____职务：_____

本人签名：_____单位：_____职务：_____

现场勘验见证人：_____

本人签名：_____性别：____出生日期：_____，住址：_____

本人签名：_____性别：____出生日期：_____，住址：_____

年　月　日

现场勘查笔录

第三节　现场绘图

一、现场绘图的概念

现场绘图是利用制图的原理来记录犯罪现场和勘查情况的现场记录方法。虽然它具有专业性强、现场操作不便等缺点，但是，由于其整体效果好、系统性强，甚至可以避免现场照相中摄影角度的局限与光影的影响，而使记录结果显得更加清晰和直观，因此也是一种常用的现场记录方法，特别是在大要案现场的勘查中，现场绘图必不可少。

二、现场绘图的种类

根据侦查工作的需要，因图的内容、绘图方法和表现手法的不同，可把现场绘图分为若干种类。了解和掌握不同种类的现场绘图的特点和作用以及其表现能力的强弱，就能够在勘查现场时，根据现场实际情况灵活加以选择，绘制出侦查、审判工作所需要的现场图。

（一）现场方位图、现场全貌图和现场局部图

按现场绘图表现的对象和所包括的范围，可将现场绘图分为现场方位图、现场全貌图和现场局部图。

1. 现场方位图。现场方位图，是指用以表示现场的地理位置和周围环境以及与现场有关的场所，表明遗留有痕迹和其他物证的地点，犯罪嫌疑人来去现场的道路方向等的图形。

现场方位图的应包含多大范围和应包括些什么内容，要根据现场的情况确定。绘制之前应对现场进行总体观察，做到心中有数。如果一个案件有几个现场，还应弄清各现场的位置和它们之间的相互关系。

现场方位图表现的范围一般都比较大，为了概括现场具体位置和周围环境，表现现场区域范围，方位图应采用俯视的方法进行绘制。如果现场范围特别大，欲采取平面图的形式，可截取地图、行政区划图，或市区、城镇、厂矿、机关、学校的地形图、区域图和农村社队建设规划图，加以添补修改，然后描晒、复印和翻拍。

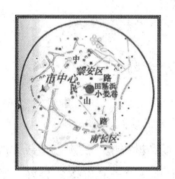 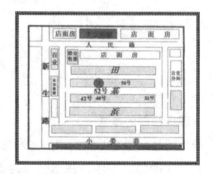

图 11-1　现场方位平面图

2. 现场全貌图。现场全貌图，主要用于反映现场全貌及现场内部情况。其内容是以案发地点为中心，把现场范围、与案件有关系的物品，被侵害对象的形态、位置、各种痕迹和遗留物，以及相互之间的距离详尽地反映出来。如系室外现场，要反映现场内部的地形、地物和与犯罪有关的痕迹、物品及其分布情况等。

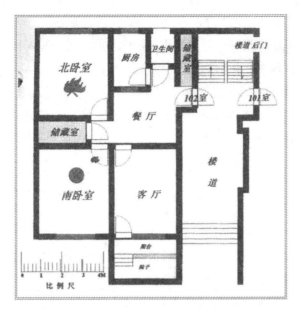

图 11-2 现场全貌平面图

3. 现场局部图。现场局部图是反映现场重点部位的痕迹、物品的分布位置、相互距离关系以及被侵害对象特点的图形。在许多情况下，为了突出现场上的细小痕迹、物品的特征，还可以用特写的形式将重要痕迹、物证描绘于方位图、全貌图、局部图之中。

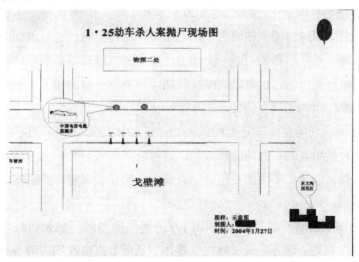

图 11-3 现场局部平面图

（二）现场平面图、立体图、立面图、剖面图、速写图、综合图

按现场图所采用的投影原理及表现方法的不同，可将现场图分为平面图、立体图、立面图、剖面图、速写图、综合图。

1. 平面图。平面图采用正投影（正俯视）原理绘制。如图 11-4 所示，它一般只反映描绘对象一个面的情况。除了一般意义上的平面图外，还有展开图、等高线平面图等几种特殊的平面图。

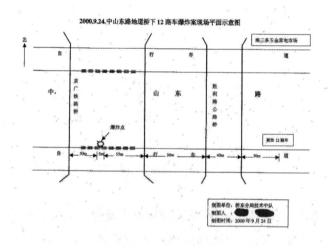

图 11-4 现场局部平面图

2. 立体图。反映物体三维空间（即长、宽、高）的图就是立体图。立体图又可分为轴测图和透视图。轴测图采用轴测投影原理绘制。它可以同时反映描绘对象的水平面、正立面和侧立面三个面的情况，是一种较简单的立体图。透视图采用中心投影原理绘制，也可以同时反映描绘对象三个面的情况。其画法较为复杂，具有形象、生动、逼真的特点。

3. 立面图。现场立面图是绘图人利用平面绘图的形式，采用平视的方法描绘立体物正对绘图者的一面的绘图方法。这种绘图方法与平面图一样线条简练明快，易于掌握，但又比平面图更生动、直观，通常在表现物体外形或立面上的痕迹物证时采用。

4. 剖面图。剖面图就是利用剖切的方法制作的图形。它是切除与案件无关而又遮挡视线的某一部分建筑、地物、物体，从而暴露出现场内部各种关系以及现场同外界的关系的绘图类型。现场剖面图主要用于贯穿性现场，反映现场楼上

楼下、室内室外、地面地下等的联系。剖面图和立面图正好相反，立面图表现的是物体外貌，人眼观察到的物体和图上表现的一样，剖面图则是反映表面难以见到的物体，要通过剖析才能见到。

5. 速写图。现场速写图是以简练、生动的线条，迅速勾画出现场物体形象的一种绘图形式。一般在以下几种情形下采用：①现场范围过大或所要表现的客体物过小；②光线过暗、过于狭窄无法拍照；③现场用其他图难于表现或受时间限制需迅速完成时。

6. 综合图。综合图就是将前面所述的绘图形式，用两种或两种以上的表现方法综合在一起来表现现场情况的绘图类型。如图 11-5 所示，其能够把现场状况从室内至室外，从平面至立体层层概括反映出来。综合图是对一些环境复杂、案情重大的案件现场的最有效的表现方法。综合图的绘制对综合技术水平要求较高，因此，应注意在掌握前面几种绘图方法的基础上学习综合图的绘制。

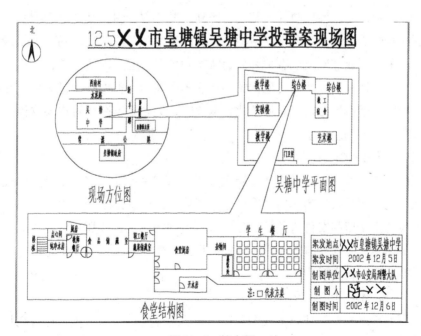

图 11-5 综合图

（三）比例图、示意图、比例示意结合图

按现场图是否按比例绘制可将现场图分为比例图、示意图、比例示意结合图。

比例图是严格按照一定倍数关系，缩小或放大描绘对象而绘制的。

示意图与描绘对象实体之间不是完全严格成比例的，它只大概地反映描绘对象。

比例示意结合图，一般是现场中心部位较小范围按比例绘制，而现场外围较大范围按示意图的方式绘制。

三、现场绘图的基本步骤

（一）全面观测现场

现场观测时，对明显的情况比较容易掌握，需要强调的是对现场较隐蔽、较容易忽视的情况要特别注意观测。如平房顶部有无破损，楼房有无通向外面的垃圾道，室内天花板上有无通气口，现场附近的水池、茂密草木（可能留有痕迹、物品）有何情况，等等。有关距离、位置的测定可选择前述测定方法进行。

（二）现场图种类的选择

一般来说，要全面反映现场情况，必须既要有方位图，又要有全貌图和局部图。这三种图是以平面图还是立体图、比例图还是示意图呈现，则可根据需要灵活确定。平面图能准确反映有关客体的状态和位置，但直观效果差；立体图更形象直观，但表达准确性不足；比例图和示意图在表达力上也有明显区别。在实践中，当物体的整体情况、外观形象比较重要时，应画立体图，对重要物体和空间位置关系应按比例来描绘。

（三）画面构思

现场图应该按照美观、简洁、层次分明、重点突出等要求来绘制。因此，必须注意所定比例是否适当，内容取舍是否正确，画面安排是否有序。就内容取舍而言，应着重保留与案件有关的、参照价值大的物体，去掉那些可能造成画面冗杂的无关物体。画面安排应考虑到人们的识读习惯，将次要内容尽量压缩，以留出更大空间来安排实质内容。

（四）绘制草图

草图的描绘主要抓住以下几个要点：画面总体安排布局合理，速写现场及主要物体轮廓清楚；记明有关数据，一般只记一个基数，同时记下物体长、宽、高比例；注意不要将方向搞混。

（五）加工、审核和定稿

草图经加工核对无误后，即可描上墨线。描墨时应注意保持画面整洁。一般按下列顺序进行：先上后下，先左后右；先细后粗，先外后内；先曲后直，先图后字。

如果画错，不要急于修改，可等墨水干透后用刀片刮掉，也可用涂改液涂上。

现场绘图

四、计算机绘图

随着计算机技术的发展，计算机绘图技术已经应用到现场绘图中，并研发出各种绘图软件。现场绘图目前没有统一的标准，但是由于计算机绘图标准化要求较高，各地的侦查部门就以计算机绘图的标准和要求，绘制现场草图和手工现场图，因此，计算机绘图相对于手工绘图规范化更高。

现场图的种类不同，所反映的现场内容和所起的作用也不同，不同的现场绘图软件所呈现的形式也各不相同，但构成各种现场图的要素基本上是相同的。通常由图框、图题、图体、指北标志、比例尺、图示、绘图说明等构成。

1. 图框。现场图四周必须有图框，图题、图体、指北标志、比例尺、图示、绘图说明等均绘制于图框内。图框一般由粗实线或双细实线绘制，使用绘图软件可自动生成。边框与图纸四周要留有一定的空隙，在装订的一侧空隙略大一些。

2. 图题。图题的作用是能够准确反映图所展示的内容，图题置于图框内上部居中。一般由案发时间、地点、被害人姓名、案件性质、图的属性等内容构成。

3. 图体。图体根据各种实物的投影图形绘制，能够反映现场物品、陈设特征。图体置于图框内部偏左，图题下方。

4. 指北标志。指北标志用来表示现场方向，置于图框内的右上部，指向图纸的上方。按照上北、下南、左西、右东的规则标示。

5. 比例尺。比例尺表示图中的图形大小与实物大小间的尺寸比例。比例尺置于指北标志下部。

6. 图示（图例）。图示是各种实物简化后的形象代号或数字和字母，位于图框内右中部，指北标志或比例尺的下方。图示应包括尸体、痕迹物证及其他必要的说明。现场中物品、痕迹物证必须编码，尸体用图形表示。

7. 绘图说明。绘图说明是对现场一些实物的名称和标志进行的解释和注明，一般应位于图框内右下部，图例的下方，也可以根据图形的特点置于图纸左下部空白处。绘图说明应包括绘制人、绘图单位、绘图时间，有的绘图软件还加了案发时间和案发地点。绘图应由绘制人本人签名或盖章。

计算机绘图

第四节　现场照相

一、现场照相的概念及特点

现场照相，是运用摄影技术，将犯罪现场状况和现场与案件有关的痕迹、物品及其相互间的关系，客观、准确地加以固定的一种技术方法。它是现场勘查记录的重要组成部分。

现场照相是摄影技术在现场勘查中的运用。摄影学又称之为"造影科学"，是一门以光学、化学和电子学为基础的应用技术科学。随着现代自然科学的飞速发展，摄影技术日新月异，已由最初的黑白普通照相发展到彩色照相、显微照相、紫外线照相、红外线照相、X射线照相、全息照相、数码照相等；摄影器材也日益精良，而且摄影的应用领域正在不断扩展。摄影技术作为一种记录事实的手段，在现场勘查实践中已得到广泛的运用，而且日益显示出其重要作用。

现场照相与普通照相相比，有以下特点：

1. 拍摄目的特殊。现场照相是以揭露和证实案件真实情况为目的。通过揭示案件真相，为司法机关在分清法律责任的基础上正确适用法律提供依据。现场照相能够以形象的形式反映案件现场的内容。内容决定形式，形式服务于内容，现场照相必须围绕揭示和证实案件真实情况这一目的进行。

2. 拍照对象的特殊性。现场照相的拍摄对象是案件现场以及现场内与案件有关的痕迹、物品。例如，爆炸现场、放火现场、被害人尸体、现场的手印、血迹、工具痕迹、杀人凶器、犯罪嫌疑人丢弃物品等。这种拍摄对象的特殊性，是现场照相区别于普通照相的重要标志之一。

3. 拍摄要求的特殊性。现场照相最基本的要求是客观、真实、及时地反映被摄客体的本来面貌。根据这一要求，对案件现场及现场内的痕迹物品进行拍照，应当严格按照其原来的位置、原始状态和所处的条件进拍摄，不能受时间、地点的限制，即使在刮风、下雨、光源极差、场地偏僻狭小的环境下，也应及时进行客观、真实的拍摄。

4. 拍摄方法的特殊性。为反映被摄客体的原貌，无论在取景、构图、用光等拍照方法上，还是在暗室技巧的运用上，都必须忠实反映客体的原貌，不允许进行任何艺术加工、修饰、夸张等处理。

二、现场照相的任务与拍摄要求

（一）现场照相的任务

1. 记录现场状况。进行现场照相时，应根据各种案件现场的不同特点，运用现场照相的方法把现场的真实状况客观、全面、准确、清楚地记录下来，从而为分析案情，恢复现场原貌、甄别犯罪嫌疑人供述及证人证言提供依据。

2. 记录现场各种痕迹、物品的形状、位置以及它们之间的相互关系。现场各种物品的形状、大小、颜色以及与案件有关的痕迹、物品、尸体的面貌、伤痕等都可以用现场照相的方法形象、逼真地反映出来，为检验、鉴定提供检材。

3. 记录现场所处的位置和与周围环境的关系。现场照相要求把整个现场所处的位置以及它与周围环境的关系，通过现场的路线、现场周围的地形、房舍等情况一目了然地记录下来，为分析案件情况提供参考。

（二）现场照相的拍摄要求

现场照相应坚持以揭露和证实案件事实为目的，要求客观形象、准确无误地记录现场。

1. 现场照相应围绕揭露案件事实这一主题进行拍摄。现场照相是以形象的形式反映现场内容的，拍什么、怎么拍都必须根据揭露案件事实的要求来确定。例如拍摄现场位置和现场周围环境条件，是为分析研究案件发生的时间、空间以及当事人进出现场的情况提供形象资料。

2. 现场照相要正确反映现场的客观状况及其内在联系。行为人在现场的活动通过现场的状况反映出来，现场照片就是要把现场状况形象地记录下来。要正确反映现场客观状况，首先要善于观察，不仅要看到现象，还要抓住本质；不仅要了解外貌，还要知道现场各种现象之间的内在联系。例如，现场态势、现场中的一切反常现象，现场一切与犯罪有关的痕迹、物品等。因此，应按照现场勘查的要求拍照，把案件现场客观、真实地拍摄下来。

3. 现场照相要表现不同案件的特点。杀人、放火、爆炸、投毒、抢劫、强奸、盗窃等刑事案件，由于其案件性质不同，现场所呈现出的状况也有较大差别。现场照相必须抓住这些差别进行拍摄，使人看到现场照片后，能清楚地知道在现场上发生的是一起什么案件。

4. 现场照相要按顺序有步骤地拍摄。现场照相须按照现场勘查的规定进行拍摄，先外后内；先拍原始，后拍变动；先拍地面，后拍空间四壁；先拍易遭破坏、易消失的，后拍不易遭受破坏或不易消失的；将现场全面、系统、迅速、形象地反映出来。

三、现场照相的种类

根据拍照的内容和要求，现场照相分为现场方位照相、现场概貌照相、现场中心照相和现场细目照相四种。

(一) 现场方位照相

现场方位照相，是为了记录现场在周围环境中的位置，反映现场与周围环境的联系。此种照相要求把整个案件现场和周围环境以及重要标志都拍摄在照片上，使没有到过现场的人看了照片也能对现场周围的道路、地形、地物、建筑设施及其相互之间的位置关系有一个明晰的印象。

方位照相为满足上述要求，在构图取景时，应把案件现场作为画面的前景或安排在画面的中央位置，其他与现场联系的道路、建筑物等可作为背景、陪衬处理。对于能显示现场位置的永久性标志，如水塔、井架、桥梁、街名、门牌等，要安排在画面的显著位置。由于方位照相包括的内容多、范围大，一般要求用一张照片全面反映所有景物，因此拍照位置应尽可能选择在较高较远的地方。

方位照相应尽可能用一个镜头反映所有景物，一般用标准镜头，如果受到拍摄条件限制，可以使用广角镜头来扩大景物成像范围。如果使用广角镜头仍不能解决问题，即可运用分段连续拍照的方法，用几个画面来反映现场的方位。如果拍摄的位置太远，使用标准镜头看不清或影像显得过小时，可用望远镜头。对于某些能表明现场位置的特殊标志，如单位名称、街道名称、门牌号码等，在景物较多的照片上往往显示不清，应当采用特写的方法拍成单张照片，在编排现场照片时按其所在位置对应粘贴，以此作为完备方位照片的一种辅助方法。拍摄方位照片应尽量采用小光圈，以增加景深，必要时还可进行空中摄影。

（二）现场概貌照相

现场概貌照相，又叫现场全貌照相。它是记录整个现场和现场内部各部分之间联系的一种照相类型。现场概貌照相拍摄范围比方位照相小，但具体内容却比较多，包括现场的全部，而不是现场的个别部分，要反映现场的范围，犯罪嫌疑人进出现场的路线，被侵害客体的状况，痕迹、物品的分布及其相互联系，既要全面，又要有主次。为了达到这些要求，拍照时必须慎重选择拍摄位置和角度，突出重点地进行拍照。现场中的主要客体应当位于画面的中央和前景，而不能被不重要的物品所遮掩。

如果现场范围不大，概貌照相包括的内容可用一张照片反映；如果现场过于广阔，或过于狭窄，或者地形特别复杂，用一张照片难以详尽反映现场情况，可以采取多种方法进行拍照。由于概貌照相需要摄取的景物较多，分布较广，前后景物的距离较大，因此，拍摄位置应根据情况适当远一点，或采用小光圈，并以离前景三分之一处作为对焦点进行拍照，这样可获得前后景物都比较清晰的照片。

（三）现场中心照相

现场中心照相，又叫现场重点部位照相。它的目的是记录现场重点部位和反映现场主要物品的特征及其与邻近物品、痕迹之间的关系。例如，杀人现场中尸体所在的位置，犯罪嫌疑人的进出口，尸体残肢、凶器、血泊、喷溅血迹的部位，杀人、分尸的部位；盗窃案件现场的"盗口"，被盗财物存放的地点，被犯罪嫌疑人触摸、移动、破坏的物体，等等。中心照相要根据现场的具体情况，决定拍摄的数量，可以是一张，也可以是几张。这些照片对于判明事件性质、犯罪手段等有时能起到重要作用。例如，对判明是自杀还是他杀，是失火还是放火，是真的被盗还是假的被盗等，都有重要作用。

中心照相，是在现场勘查进入实地勘验以后进行的，其任务是为了反映现场中心部位的状态，反映现场局部与整体关系，揭示犯罪的手段、方法以及痕迹、物品在犯罪过程中的意义。因此，对现场重点部位和在勘验中发现的痕迹、物品的位置状况及其相互间的关系必须全面拍摄。照相人员应根据不同案件的现场，确定拍照的内容和重点。为了保证拍摄的景物清晰，不因拍照距离较近造成影像变形，必须选择好拍摄角度和拍摄点。拍摄角度力求垂直，拍摄点应尽可能升高。只有如此，拍出的照片才能达到质量要求。

（四）现场细目照相

现场细目照相，是记录和固定现场上具有证据意义的痕迹和物品的照相。例如，尸体的局部姿势、伤痕、血迹的形状，犯罪嫌疑人遗留在现场的手印、脚印、破坏痕迹、作案工具以及其他物品。细目照相不要求所拍照片反映痕迹、物品以及所处环境之间的相互关系，只要求记录固定痕迹、物品的形状、大小和特征，为刑事技术检验提供客观依据。因此，细目照相技术要求较高，照片的质量直接影响刑事技术检验工作的顺利进行，甚至关系到技术检验工作的成败。

现场所有与案件有关的痕迹、物品在被移动或作任何改变之前，均应先进行全貌及中心照相，注明某一痕迹、物品处于现场中心哪一部位，然后再拍细目照片。

细目照相应遵循以下规则：要准确反映现场的痕迹、物品所在的位置，为研究痕迹、物品的形成条件提供依据；为保证拍出的痕迹、物品不变形，应让被拍物与镜头、感光片三者的平面保持平行；拍摄时必须依照比例照相的原则，以便准确反映被拍痕迹、物品的大小、粗细及长短等特征；被拍痕迹、物品的特征必须保持清晰逼真。

拍摄细目照片应尽量使用标准镜头，为防止变形，不宜用广角镜头；拍摄时应注意使用三脚架和快门线，以防震动，对细小的痕迹、物品，可使用镜头加接圈的方法进行拍摄，尽可能把影像拍大一些。在被拍痕迹、物品近旁放置比例尺，比例尺的颜色以白底蓝格或白底黑格为宜，刻度应朝向被拍物体。

四、现场照相的步骤与方法

（一）现场照相的步骤

1. 拟订拍摄计划。现场照相人员到达现场后，应首先同现场其他勘查人员一同听取案情介绍，并巡视现场周围及环境中心，了解光照条件，选择好拍摄点，然后按照现场照相的内容要求，制订出现场照相的拍摄计划。

2. 拍摄方位照片。在进行整体静态勘验时，选择好拍摄点即可拍摄方位照片。由于方位照相的景物不易变化，因此，条件允许时可以先拍，若条件不具备时，如光线较暗、下大雨、黑夜，也可以后拍。

3. 拍摄现场全貌及中心照片。随着整体和局部静态勘验的进行，先拍摄现场全貌照片和中心照片，将现场情况固定、记录下来之后，现场其他勘查人员才可进入现场中心开展勘查工作。

4. 拍摄现场细目照片。当现场勘查进行到个体静态勘验和动态勘验阶段时，应及时进行现场细目照相，将现场中用各种物理或化学方法显现出来的，或者从不同角度观察发现的可疑痕迹拍摄下来。拍摄细目照片时应首先拍摄易消失、易被破坏的痕迹、物品，以便将这些有价值的材料先固定下来。

（二）现场照相的方法

现场照相的方法，一般有以下几种：

1. 相向照相法。相向照相法是从两个相对的方向分别对现场中某一地段或某一物体进行拍照。这样拍摄的两张照片可以反映出被拍摄对象前后或左右与周围环境的关系，或者反映出现场中心部位与周围痕迹、物品的关系。

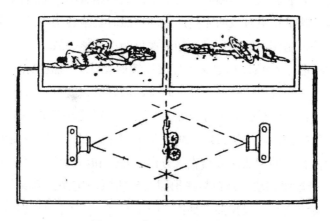

图 11-6　相向照相法示意图

如图 11-6 所示，相向照相法适合于拍摄杀人现场、车祸现场、盗窃现场等。运用相向照相法拍照，要使方向相对的两个拍照点与被拍照物体的距离、角度尽可能一致，这样拍得的两张照片上的被拍照物体的大小才会基本一致，具有对应关系。运用相向照相法对现场尸体进行拍照时，两个相向的拍摄点应当分别选择在尸体的两侧，而不得从头和脚两个方向拍摄，以免拍出来的尸体产生透视变形。

2. 交叉照相法。又叫十字交叉照相法。它是从四个不同的拍摄点向现场中心部位交叉拍照，可以视为两组相向拍照的交叉。

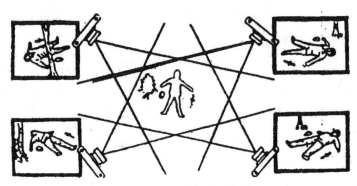

图 11-7　交叉照相法示意图

如图 11-7 所示，交叉照相法适用于拍摄地形空旷的露天现场，能把现场中心部位及其周围痕迹、物品的关系充分地反映出来。运用交叉照相法拍出的照片应为四张，每张只能反映一个侧面，内容上彼此不相联结。但这四张照片从不同的侧面共同地反映了拍摄对象的完整形象。拍照时要求各拍摄点与现场中心部位的距离大体相等，制作出的照片尺寸和影像色调尽可能一致。

3. 分段照相法。分段照相法又叫分段连续照相法。当被拍摄对象范围较大，或者呈狭长状态，不可能用一张照片反映全部内容时，就可以采取分段照相法进行拍照。这种方法是将被拍对象分成数段，按照一定的顺序进行连续拍照，然后将所拍的照片依据拍摄顺序拼接成一幅完整的照片，照片的影像便可反映整个被拍对象的情况。分段照相法又分为直线分段照相法和回转分段照相法两种。

（1）直线分段照相法：是在与被拍照对象相隔一定距离而又平行的直线上，确定若干个拍摄点进行分段拍照。如图 11-8 所示，每个拍照点必须与拍照对象保持相等的距离，否则不能做到平行。

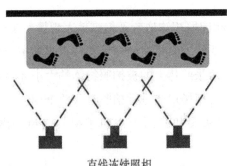

直线连续照相

图 11-8　直线分段照相法示意图

（2）回转分段照相法：是将照相机固定在一个地方，转动照相机的角度进行分段拍照。如图11-9所示，这种方法适用于距离较远的拍照对象。

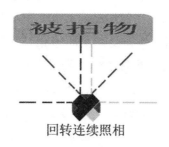

回转连续照相

图11-9　回转分段照相法示意图

采用分段照相法应注意以下几点：①被拍对象的分段，反映在照片上段与段之间一定要有所重复，以便连接；②拍摄每一段都必须保持同样的条件，即光线、光圈、快门速度要一致；③冲印放大照片时，条件亦应一致，放大的比例、感光时间、放大纸的软硬度、感光度等都要求一致。

4. 比例拍摄法。比例拍摄法是在痕迹、物品旁边放置比例尺后再行拍摄，将比例尺与痕迹、物品同时摄入镜头，根据比例尺的读数可以计算出被拍物的大小以及它们之间的距离。

现场照相

五、现场照片卷的制作

一套完整的现场照片卷是由若干张或若干组照片组成的。为了全面系统地反映现场的状况，需对现场照片进行认真细致的编排。制作现场照片卷是现场照相的最后一道工序。

（一）照片的选择

现场照片一律用光面纸制作，要求平展整洁，无明显划痕、白点、斑渍，且不留白边，不切花边。现场方位、概貌、重点部位照片以及直接反映案件性质的细目照片，尺寸应当为 5 英寸×8 英寸，或 3.5 英寸×5 英寸左右。属于辅助画面的场景、特写照片，尺寸一般在 2.5 英寸×3 英寸左右。属于从属画面的痕迹、物证照片尺寸应按比例放大。一般情况下，指纹放大 3 倍，掌纹原大，足迹放大 0.5 倍，弹底痕迹放大 4 倍，弹头痕迹放大 10 倍，其他痕迹、物证以清晰反映形象和特征为前提，一般应在 2.5 英寸×3.5 英寸左右。

单个照片必须是与案件有关的照片，与案件无关，或者虽与案件有关，但画面内容不能反映所要表现主题的照片应予剔除。数张照片反映内容相同或相近的，应选其中一张。所选照片应当清晰逼真、反差或色差适中、层次丰富、无明显偏色。

（二）照片的编排

主要画面的照片编排顺序要以清楚反映案件发生地点、案件性质、作案过程、作案手段、造成后果、痕迹及物证所在部位与特征为主旨，有条理、分层次地不断展开。现场简单，照片数量少的，可按方位、概貌、重点部位的顺序，穿插细目照片进行编排；现场复杂，照片较多的，可按照片的内容类别分层次编排。例如，无名尸体案件的照片，可按现场情况、尸体衣着、尸体损伤特征、遗留物、附着物情况等分层次编排。现场范围大，涉及场所多的现场照片可按照第一现场、第二现场等划分段落，也可以按照侵害的先后顺序分段落进行编排，在每一段落内，可进一步按照片内容分类，划分层次。在编排时应把重点部位照片和痕迹、物证照片作为编排的重点，需标引定位的细目照片要与遗留部位和环境的主画面照片相呼应，不得孤立存在。

（三）照片的粘贴

现场照片应粘贴在纸质较硬的白色 A4 型纸基上，为保持照片内容的连贯性，纸基可以连续折页，粘贴版面的设计既要严肃整洁，又要灵活多样，同时，还要注意疏密得当，不可过分拥挤或松散。单幅照片应粘贴在纸基的中心偏上部位，照片之间应保持适当的间距。指纹照片应指尖向上，足迹照片应足尖向上，其他细目照片的定位应与所属主画面的方向基本一致。粘贴时应使用不与照片乳剂、成色剂产生化学反应而导致照片变色的黏合剂。

（四）标引

凡照片主画面与若干附属画面组合在同一或相邻标引线内，非经标引不能表达主题内容与位置关系时，则应标引。标引线应为连贯的单线条，且粗细适中。

标引线应以红色为主，其他颜色为辅，标引线的颜色应与照片影像颜色有明显区别。标引线应与照片一边平行，可以直角转折，但一般不得超过两次。标引线的线端指向要准确，标线之间不得相互交叉。

（五）文字说明

照片内容必须用文字表述，应附文字说明。方位照片、概貌照片要有拍摄方向的文字说明。使用特殊照相技术拍摄的细目照片，要对拍摄的方法和手段进行文字说明。文字说明要简练、准确。文字说明多用打印文字，附于照片的下方。现场照片可根据数量的多少和内容的分类加装封面，装订成一卷或数卷。

第五节　现场摄像

一、现场摄像的概念和特点

（一）现场摄像的概念

现场摄像是利用现代摄像技术中的光信号、电信号、磁信号相互转化的原理及写实的方法固定、保全、再现现场情况的一种新型记录手段。它能够记录现场"形、色、声"等全部信息。现场摄像同样也可分为方位摄像、概貌摄像、重点部位摄像和细目摄像。

（二）现场摄像的特点

现场摄像与现场笔录、现场绘图、现场照相比较，记录的信息具有声画并茂、生动形象、连续完整、即时再现等特点。

1. 画面生动。现场摄像能把现场的图像和声音（包括语音解说）同时记录下来。使人看后能对现场情况有更深刻的印象，产生身临其境的感觉。而现场照相只能记录图形，不能记录声音。

2. 记录连贯。现场摄像能够动态记录现场的情况，能像人眼观察事物一样，将事物发生、发展、变化的全过程不间断地记录下来，使画面具有连贯性。这种连续记录图像的功能，是照相和其他记录手段所无法比拟的，具有更强的说服力、感染力。

3. 方便快捷。运用摄像技术可在较短的时间内将现场情况全部扫录一遍。如果将摄像机与监视器连接，则能够边录边放，使没有进入现场内部的人员也能够看到现场的原始状态和勘验检查情况。如果将摄像机与无线传输设备连接，使人即便在千里之外也能同时见到和听到拍摄的图像和声音。而且在播放时还可利用重放、快放、慢放、定格等手段便捷地重复、仔细观看。在记录和再现现场的速度方面大大优越于现场照相和其他记录手段。

二、现场摄像的作用

现场摄像的作用突出地体现在如下三个方面：

（一）为审查言词证据的真伪提供依据

现场摄像是现场情况的客观反映，犯罪嫌疑人的供述与辩解、当事人陈述、证人提供的证言是否真实，可根据现场摄像进行审查。

（二）为研究案情、再现案件现场提供依据

现场勘查结束后，对案发现场一般都作了处理。但如果在侦查过程中需要对案件现场情况进行进一步的研究分析时，原始现场已不复存在，因此现场摄像就成为再现现场的重要依据。特别是对一些疑难复杂、久侦不破的案件，一套详细完整、反映全面的现场摄像具有特别重要的意义。

（三）为揭露和证实犯罪提供证据

现场的有关痕迹，有些可以采用技术方法提取，而有些则无法提取，只能通过拍照和摄像固定，现场摄像能真实地反映痕迹的形态、遗留的部位、颜色、新鲜程度、流向、分布，可以作为揭露和证实犯罪的证据。

三、现场摄像的步骤、方法和要求

（一）现场摄像的步骤

一般而言，首先要拍摄整个现场的概貌。如果现场范围较大，有几处现场时，应先拍主体现场，然后再分别拍摄某个关联现场。在各个关联现场拍摄完后，再用一个或两个镜头，将现场的各个位置反映出来，以表现整个现场的范围，说明主体现场与其他关联现场的关系。在拍摄完现场概貌后，应拍摄比较明显的或者已经确定的重点部位物品和遗留痕迹物证的原始状况及其所在的位置。对那些明显的现场重点部位，要随着现场勘查工作的进展及时拍摄。当现场概貌和重点部位拍摄完后，其他勘查人员进入现场进行勘查时，可以利用这个机会选择适当的位置拍摄现场方位。最后根据现场其他勘查人员的要求，拍摄现场发现的痕迹物证。当然，这一顺序也不是一成不变的，根据不同现场的具体情况和现场勘查工作的实际需要，可以灵活进行拍摄。

（二）现场摄像的方法

1. 摄像景别的选择。常用的摄像景别有远景、二维码、近景和特写四种。

远景是指从较高较远的位置对现场及周围环境的概况所进行的摄像，即现场方位摄像。二维码是指对现场全貌所进行的摄像即现场全貌摄像。近景是指在较近的位置，以较大的比例，对现场中的重要物体、物品和部位所进行的摄像，即现场中心摄像。特写是指从更近的距离，以更大的比例，对现场上个别物体、物品、痕迹所进行的摄像，即现场细目摄像。

现场摄像通常是按照从整体到局部再到个体的顺序进行，即先摄远景，再摄二维码，最后再摄近景和特写。

2. 摄像角度的选择。常用的摄像角度有平摄、俯摄和仰摄三种。平摄，即摄像机镜头光轴与地平线平行的一种摄像，其画面构图和透视关系与人的视力平视前方所观察到的效果相同。俯摄，即由高处向低处所进行的摄像，其画面构图和透视关系相当于人俯视景物的效果。仰摄，即由低处向高处所进行的摄像，其画面构图和透视关系与人抬头观察景物的效果相同。

摄像角度的不同，所表现的效果也不一样，应根据拍摄的实际需要，对摄像角度加以正确地选择。

3. 镜头运动方式的选择。常用的镜头运动方式有推摄、拉摄、摇摄、跟摄、甩摄、移摄、变焦摄等。推摄，即摄像机从原始位置沿镜头拍摄方向，向被拍摄景物做直线匀速的推进，给人以由远到近的感觉。拉摄，即与推摄方法正好相反，给人以由近到远的感觉。摇摄，即摄像机位置不动，只做角度的变化，又可分为水平摇摄和垂直摇摄两种。跟摄，即摄像机的位置随被摄客体的移动而移动，在移动状态中进行摄像。甩摄，即以较快的旋转速度，将摄像机从起始点迅速摇向终止点，使画面中的景物"飞快闪过"。移摄，即只移动摄像机的位置，而不改变拍摄方向和拍摄距离，又可分为水平移摄和垂直移摄。变焦摄，即摄像机的位置不变，只改变镜头的焦距，从而达到推摄和拉摄的效果。

（三）现场摄像的要求

1. 对室内现场进行摄像时，应从室外开始，或是在室外先拍摄现场全貌。在制作现场摄像时，勘查人员应对现场摄像进行解说，作为摄像的配音。解说词应包括解说人的姓名、摄像的时间、地点，案件编号及其他有关勘查内容。

2. 对较小物体进行特写摄像时，应和细目照相一样放置比例尺，以表示物体的实际尺寸。此外，为了标明物体的相对位置，摄像时应先进行全貌摄像，然后移向被摄物体。

3. 在进行现场摄像时，在场的其他人员应保持肃静，以防止无关的声音被摄下来，从而影响摄像效果。

4. 记录式现场摄像应尽量避免和减少对摄像磁带的编辑和删改，整个摄像应保持原始状态，以便在法庭上作为证据使用。

四、现场摄像的编辑

现场摄像的编辑，就是将现场上拍摄的各个分镜头，按照一定的顺序进行组合，配以文字说明、解说词，使其成为一部完整的现场摄像片。现场摄像的编辑包括现场画面的编辑、镜头的组接、编写解说词和配音解说等。

（一）现场画面的编辑

不同的案件，案发的时间、地点、现场的环境不同，拍摄的内容、范围、顺序和方法也有所不同。在实际拍摄中，有时能够按既定的拍摄顺序进行，但有时因现场勘查工作的需要，拍摄的顺序就只能按现场勘查的顺序进行。有时现场中心部位还没有拍完，又要去拍摄有关现场或者去拍摄易于破坏、消失的痕迹、物品。这样拍摄的镜头画面，上下之间衔接不起来，会呈现杂乱无章的现象。此时必须对摄像内容进行剪辑，按照一定的顺序重新组合，才能使摄像具有条理性。

现场摄像一般按照方位、全貌、中心、细目摄像的顺序进行编辑，也可以按照犯罪嫌疑人在现场的活动顺序进行编辑。编辑时，画面的选择应本着全面、客观、真实、系统地反映现场情况的原则来确定，切不可只为追求艺术效果而忽视了摄像的客观、真实性。各镜头的长短，要根据其反映的具体内容而定，同时也要考虑配解说词所需的时间。

为了更好地反映现场情况，还需要将现场素材进行加工和选取。在素材的选取上应坚持客观真实的原则，不能带有倾向性。现场摄像的内容应与现场笔录及其他记录手段所记载的内容相一致。同时，现场摄像的内容应紧扣主题、结构紧凑、内容精干、层次分明、重点突出。

（二）镜头的组接

镜头的组接是指把素材带中的各个镜头，按一定的逻辑和条理重新排列并组接在一起。它又可分为无技巧组接和有技巧组接。

1. 无技巧组接。无技巧组接是不用电子特技设备而进行的组接，它的基本方式是镜头与镜头之间进行直接的切换，即由一个画面突然变成另一个画面，中间没有任何过渡的形式。在进行现场摄像时，无技巧组接通常利用以下几种方式切换转场。

（1）利用镜头间的内在联系直接切换。这种切换又称承接式转场。在这种切换模式下，虽然两个镜头的影像截然不同，但内在联系紧密，有较强的因果关系。如看完现场上被工具破坏的痕迹的镜头后，遵循因果关系，观者自然想知道破坏工具是什么，这时切换成破坏工具的镜头，观者就不会感到突然。

（2）利用特写镜头切换。在上一个镜头的景物被推成特写后，切换成下一个镜头。在现场摄像中，这种方式多用于痕迹的转换。如先拍某痕迹的位置，然后改变焦距使痕迹成为特写，即可转化成下一个痕迹的镜头。

（3）利用出画入画切换。利用被拍的动体从上一个镜头中走出画面，切换成该动体进入下一个镜头的画面。例如，将勘查人员走出甲房间的镜头与他走人乙房间的镜头组接在一起。拍摄时应注意动体移动方向，若从右方出画，应从左方入画，否则会使人产生逆反的感觉。

（4）利用人物动作切换。当被拍摄的人物完成某一动作后，切换成动作后果的镜头。例如在模拟爆炸现场的实验中，当工作人员做完起爆动作后，可切换成爆炸镜头。当目击者手指某一方向后，再现该方向上的景物、物体，从而表示手指指向的地点、部位。

（5）利用镜头被遮挡后切换。当拍摄动体时，或摄像机在运动中，镜头被某一物体挡住，画面出现空白，此时进行切换。例如勘查人现场搬动某物体时，当勘查人员把镜头遮挡后，可切换成该物体运至某地的镜头。

（6）利用虚像画面切换。当上一个镜头拍摄完毕时，利用变焦改变拍摄距离，使画面中的影像逐渐变得模糊不清，然后切换成下一个镜头。此法常用于现场方位摄像和现场全貌摄像中。例如从现场所在位置转换到现场本身；由甲地转到相邻的乙地；由室外转入室内等。

2. 有技巧组接。有技巧组接是利用特技效果发生器制作出来的电子特殊效果实现画面之间转换的方法。现场摄像用得到的有技巧组接主要包括圈入圈出、化入化出和淡入淡出三种：

（1）圈入圈出：是指在上一个镜头中，将画面中的某一部分用圆形、方形或菱形等几何图形圈封起来，然后将圈起来的图像逐渐扩大，直至充满画面，这种方法为圈入，反之为圈出。此法常用来反映现场整体与局部的关系以及重点痕迹、物品与其邻近物体的关系。

（2）化入化出：是指在上一个镜头画面逐渐隐去的同时，另一个镜头的画面逐渐显出，两个画面有一段同时出现的重叠影像。

（3）淡入淡出：是指利用拍摄的影像逐渐隐退或逐渐显出的方式，进行镜头的画面转换。

（三）解说词

解说词就是根据案情和现场镜头画面的需要，运用文字或语言的形式对案情进行简要的介绍，对现场画面进行必要解释和说明。解说词有助于详细叙述案情，揭示镜头画面的内涵，在两组或两组以上的镜头间起承上启下的作用，使现场摄像结构更加紧密，条理更加清楚，逻辑性更强，从而给人一目了然的感觉。解说词要根据现场摄像内容而定，紧紧围绕现场这个主题，根据两组镜头和单个镜头画面的需要来编写。其内容包括：标题，如《××案件现场摄像》；简要案情，如案发时间、地点、案发经过等；小标题；对单个画面的文字或语言叙述。编写的解说词要层次清楚、叙事准确、文字简练。解说词的长短应视画面的长短而定。

解说词的编辑应与画面的编辑同步进行。如标题、简要案情应编到画面前，小标题应在每组画面或某一场面前。单个镜头画面需要文字说明的，应将文字说明编于画面下沿。解说词在字幕上显示的时间要考虑配音所需时间，两者应相一致。

（四）配音

现场摄像配音就是在现场摄像画面上配上解说词，然后在画外配音。配音时，在介绍案情的字幕时，其解说词的速度要与字幕播放速度一致，各画面上的解说词要与画面一致，切不可错位配音。在解说配音时，应口齿清楚，语言流畅，音调、语气应随摄像的内容有所起伏，以突出主题、强调主题。

第十一章　课后拓展

第十二章

现场分析

第一节　现场分析概述

　　现场分析是现场勘查的一个重要环节和组成部分，是现场勘查的终结形式。现场分析的过程，实际上是把现场勘查所获得的各种犯罪信息材料汇聚起来，进行去伪存真、去粗取精，从片面到全面、从个别到整体、从现象到本质的归纳、分析、判断、推理的过程。现场分析既是对前期现场访问、现场勘验检查等工作的总结，也为后续侦查工作的全面开展奠定坚实的基础，在现场勘查与后续侦查工作之间发挥着重要的承上启下的作用。

一、现场分析的概念

　　现场分析，又叫临场讨论，是指现场勘查人员在对现场进行勘验检查和现场访问以后，在现场勘查指挥人员的主持下，根据勘验检查和现场访问所获得的犯罪信息材料，对案件情况以及初步侦查方案等问题进行分析研究，并作出判断的侦查活动。这种讨论由于是在现场进行的，所以被称为现场分析。现场分析是现场勘查的终结形式，具有与其他勘查行为和侦查行为不同的特点。

　　1. 现场分析具有时间上的特定性。现场分析是在现场勘查结束后，在现场勘查指挥员的组织下对案件情况以及初步侦查方案等问题进行的全面、综合的分析研究。现场分析是在特定的时间内进行的，即在现场勘查基本结束后，全面开展侦查工作之前进行的。尽管在此之前的现场访问、现场勘验中也存在着不同形式的分析，例如，现场访问中侦查人员对现场访问获取的材料真伪性质以及可靠程度的分析，现场勘验中技术人员对已发现的痕迹物品的证明内容的分析，但是这些分析仅仅服务于访问和勘验的目的。现场分析阶段进行的分析是现场勘查终结阶段进行的总结性的、集中性的分析，较之现场访问和现场勘验阶段的分析更为全面、深入。

2. 现场分析的内容具有广泛性。现场分析的内容紧紧围绕犯罪嫌疑人及其犯罪活动而展开。在现场分析阶段需要分析案（事）件的性质、作案时间、作案地点、犯罪嫌疑人特征、作案动机和目的、作案工具、作案过程等与案件事实相关的内容。此外，现场勘查人员还要在现场评析中，通过勘验、调查、集体讨论，得出自己的认识结论，为侦查提供有价值的思考、判断，提供证据、线索，确定侦查方向和侦查范围，拟定初步的侦查方案。

3. 现场分析的主体具有多元性。通常参加现场分析的主要是现场勘查指挥员、参加现场访问的侦查人员和参加现场勘验的技术人员。由于案发地区的派出所领导、辖区民警、案发单位有关领导及其保卫干部比较熟悉辖区情况，了解本单位内部情况，往往也会参与现场分析工作，是现场分析的辅助参与者。此外，参加现场保护的治安、武警等其他警种负责人、邀请的技术专家和相关专业人员也会参加现场分析，是现场分析的特殊参与者。现场分析的这些参与者都会从不同的侧面分析、发表有关案件情况的意见，因此，现场分析是由勘查指挥员组织参加现场勘查的侦查人员、技术人员进行的集体讨论，发挥着每一位勘查人员的才智，是集体智慧的集中反映。

二、现场分析的意义

1. 现场分析是对现场情况进行的全面系统的认识和总结。现场分析是对现场勘查的总结和检查，有助于发现现场勘查中存在的问题，提高现场勘查的水平。就现场勘查而言，无论是实地勘验或是现场访问，勘查人员都是分工进行，各负其责的。就各自的职责而言，主要是针对事件、案件的某一方面去客观地发现、收集相关情况。在此过程中，感性认识多于理性认识。由此可见，现场分析前，勘查人员对案情的认识多为分散的、不系统的，不可能反映事件的全部情况。而任何案件的侦查，都是建立在对案情的全面掌握基础之上的推理、判断及采取相应的侦查措施、侦查方法去揭露、证实犯罪，揭发犯罪嫌疑人的过程。为此，现场勘查结束以后，必然要通过现场会议这种形式，对勘查过程中所了解和掌握的各种情况进行汇总。在汇总的基础上，经过去粗取精，去伪存真，由此及彼，由表及里的分析研究，核实现场勘查所掌握的各种情况的真实可靠程度，并以此为据，深入认识问题的实质，认清事件的原貌。现场分析的过程，实质上是对案情的认识由片面到全面，由现象到本质，由感性上升到理性的过程。

2. 现场分析是开展后续侦查工作的基础。现场分析是制订侦查计划、全面展开侦查工作的前提，其质量的高低，直接影响着案件侦查的进程。现场是侦查工作的起点和基础，对现场所发生事件性质的判定、对侦查计划的制订，无不依赖于现场勘查的结果。现场勘查本身不仅具有审查功能，更具备侦查功能。唯有通过现场分析，在全面把握和认清各种现场现象与现场上所发生的事件、案件联系的基础上，才能满足侦查认识活动的需要，最大限度地有效发挥现场勘查的两大功能。因此，就侦查而言，只有经过现场分析，才能明确现场所发生事件的罪与非罪的性质。在判定为犯罪事件的情况下，才能进一步实现对具体的案件性质、侦查方向、侦查范围的认识，促进制订侦查计划和推动侦查工作的进一步开展。因此，现场分析不仅是对前期勘查工作的总结、反省，更是为后期侦查工作的开展奠定基础，在现场勘查与侦查之间，发挥着重要的承上启下的作用。

3. 现场分析有利于充分发扬民主，形成共识，提高集体的战斗力。现场分析的实质是一种认识活动，是一种由结果探求原因的逆向认识过程。就现场现象本身而言，是十分复杂的。有的现场现象可能与犯罪有关，有的则与犯罪无关；有的能真实地反映客观情况，有的则会歪曲客观事物的本来面目。因此，为使现场分析能客观地透过现象探索本质，通过结果探究原因，从已知寻求未知，必须坚持用辩证唯物主义的思想方法来指导对现场情况的分析判断。在具体讨论中，必须一切从现场的实际情况出发，实事求是，辩证地认识现场现象。切忌主观臆断，孤立地、静止地、片面地看待问题，反对一切形而上学的观点。对于错综复杂的现场现象，要一个一个地进行分析，判断为什么会出现这种现象，在此基础上，探求各种现场现象之间的内在联系，全面地进行研究，作出符合客观实际的推论和判断，形成对案情的完整认识。

三、现场分析的方法步骤

为保证现场分析的有序进行，现场分析通常按以下步骤进行。

（一）汇集犯罪信息

全面汇集现场保护、现场访问和现场勘验以及其他方面的情况，是正确、科学地进行现场分析的基础。现场勘查指挥员应组织勘查人员将获取的犯罪现场信息，一一如实汇报。这是对现场情况进行评析的基础，也是进行现场分析必要的第一步工作。在全面汇集材料时，现场勘查指挥员应要求各勘查小组分别汇报情况。一般由先期到达现场的民警首先汇报现场保护情况；然后由进行现场勘验的技术人员汇报现场勘验所收集的痕迹物证；再由进行现场访问的侦查人员汇报现场访问情况；最后汇报现场搜索、追踪及其他情况。在汇报过程中，要求各勘查小组应实事求是，客观地反映情况，不应掺杂个人的任何主观臆断，也不能根据个人的主观判断，任意取舍勘查中所获得的犯罪信息材料。

（二）分别讨论、逐项分析

在全面汇集材料的基础上，通过一定的技术手段和集体的智慧，对所汇集的犯罪信息材料分部分、逐项目地进行讨论剖析，找出与犯罪有关联的材料，并分析其证明力和应用价值，从而对前期现场访问、现场勘验阶段所作出的初步结论进行分析验证，为综合分析奠定基础。由于受主客观条件限制，勘查人员所汇集的各种犯罪信息材料往往真假混杂，可信度各不相同，因此，必须通过分别讨论、逐项研究对犯罪信息材料进行真伪性质的甄别审查。在分析时，应从现场当时的具体条件、环境出发，重视现场的细微变化，并从事物间的相互联系进行现象和本质、必然与偶然、原因和结果的分析，排除那些表面的、偶然的、与犯罪无关的材料，使分析建立在可靠的基础上。在分析中，应对犯罪嫌疑人伪装造成的假象、访问对象虚假错误陈述以及勘查人员工作失误造成失真的材料进行重点审查判断。同时，对于现场访问、现场勘验、搜索、追踪阶段作出的结论，仍需经过集体讨论反复验证。在验证时，应将现场访问情况和现场勘验情况、不同访问对象陈述情况和现场各种痕迹物品情况进行相互印证对比，多方验证各个分析结论的准确可靠性。

（三）综合分析

在分别讨论、逐项分析的基础上，把现场的各个部分、各种问题和全案信息材料综合起来，从总体上对有关材料、有关问题进行评估考量，重点对与案件有关的问题进行全面系统的分析判断，从而形成对现场以及案件的整体认识。这是现场分析中最为关键的阶段。综合分析是勘查人员由浅入深、由片面到全面认识现场的必然过程，也是衡量侦查人员分析能力、思维能力的关键步骤。在此阶段应集中精力应对需要解决的主要问题，进一步分析材料应用价值的大小，经过比较和抽象，找出其中的内在联系的共同特征，从而达到为侦查破案提供正确的侦查方向和范围的目的。综合分析的逻辑顺序是先分析案件性质、作案时间、作案地点、作案工具、作案手段、作案过程，然后研究犯罪嫌疑人的个体特征，犯罪心理活动，最后通过前述情况分析判断案情后确定案件性质，最终划定侦查范围，制定相应的侦查措施。

（四）论断决策

论断决策，是在综合分析的基础上，对犯罪行为、整体案情的评断，以及对进一步开展其他侦查工作的决策。论断决策包括以下几个方面：认定事件、案件性质，并依照我国《刑事诉讼法》的相关规定，作出是否立案侦查的决定，解决立案管辖问题；根据案情和初步掌握的证据材料，制订侦查方案，确定侦查范围和侦查方向，选择合适的侦查途径，部署下一步侦查工作；对勘后现场作出相应处理，如无须保留现场应及时通知事主妥善处理。如需复勘和保留现场，在作出决定后应采取相应措施复勘现场和保留现场。

第二节　现场分析的相关理论

一、刑事案件构成理论

对刑事案件的认识和剖析，应从两个角度进行：一是纵向的动态结构，即研究犯罪行为的预谋、发生、发展演变的全过程；二是横向的静态结构，即以犯罪行为实施阶段为研究对象，剖析犯罪实施过程中的基本构成要素，包括实施犯罪行为的时间、空间要素、被侵犯对象及周围物质环境变化要素以及犯罪嫌疑人犯罪行为的要素。

在现场分析过程中，可以以此为基点进行：一是分析犯罪案件的各个构成要素；二是对各个犯罪案件的构成要素进行综合分析。

二、犯罪现场重建理论

（一）现场重建理论的产生和发展

犯罪现场重建理论最早产生于美国，在 20 世纪 90 年代初，由传统的现场分析理论发展而来。1991 年，由俄克拉荷马州和德克萨斯州的一些刑事专家发起成立了美国犯罪现场重建协会。该协会的宗旨是对犯罪现场重建理论进行系统的研究，指导侦查人员更加合理地认识犯罪现场各要素及相互之间的内在联系，从而更好地保护和收集证据。该会会员主要来自于美国各州执法机构和法庭科学实验室。

犯罪现场重建理论产生后，即在美国刑事司法领域产生了重大而深远的影响，不仅刑事侦查部门把它作为一种分析案情、确定侦查方向的基本手段，控诉方、被告方和法官也将其视为法庭上认定案件事实的基本方法，将重建结论作为提出控诉或辩护的重要事实依据。

（二）犯罪现场重建的定义

在美国刑事司法领域，犯罪现场重建已经发展成为一个专门的学科门类，并且风靡一时。犯罪现场重建（Crime Scene Reconstruction），又称犯罪重建或现场重建。根据犯罪现场重建协会的界定，犯罪现场重建，是指"使用科学方法、物证、演绎和归纳推理及其相互关系来获得与犯罪活动相关的系列事件的明确知识"。[1] 该定义简明扼要地指出了重建工作的核心要素。伴随着犯罪现场重建学科的形成和发展，学者们围绕犯罪现场重建领域的诸多问题展开了广泛、深入的研究。著名华裔刑侦专家李昌钰博士在其著作《李昌钰博士犯罪现场勘查手册》中专门介绍了犯罪现场重建的逻辑树形理论，还结合典型案件重点介绍了犯罪现场重建的方法。[2] 李昌钰博士指出，"犯罪现场重建是指通过对犯罪现场形态、物证的位置和状态以及实验室物证检验结果的分析，确定犯罪现场是否发生特定的事件和行为的整个过程。犯罪现场重建不仅包括科学的现场分析、对现场形态证据和物证检验结果的解释，而且包括对相关信息的系统性研究和特定假说的逻辑性表述"。[3] 总体上，李昌钰博士将犯罪现场重建视为一个"科学的事实收集过程"，主张利用所有的科学领域开展重建工作。W. 杰瑞·奇泽姆和布伦特·E. 特维等人一直密切关注犯罪现场重建领域的研究进展，但其研究视角并未局限于犯罪现场重建，而是着眼于整个犯罪的重建以及相关的伦理和法律问题。他们指出："犯罪重建旨在确定犯罪实施过程中的相关行为和事件。为了得出具体的重建结论，需要借助于证人证言、犯罪嫌疑人供述、被害人陈述或者物证的检验和解释结论。"[4]

国内学者将犯罪现场重建界定为："基于犯罪现场的痕迹、物证的位置和状态及其相互关系的考察分析，以及对物证的实验室检验结论的利用，结合所获取的相关客观事实，合乎逻辑地以抽象、形象或实物模拟的方式，重新构筑犯罪现

---

〔1〕 Association for Crime Scene Reconstruction By-Laws, 1995.

〔2〕 详见［美］李昌钰、蒂莫西·M. 帕姆巴奇、玛丽莲·T. 米勒:《李昌钰博士犯罪现场勘查手册（第二版）》，郝宏奎等译，中国人民公安大学出版社2006年版，第169页。

〔3〕 详见［美］李昌钰、蒂莫西·M. 帕姆巴奇、玛丽莲·T. 米勒:《李昌钰博士犯罪现场勘查手册（第二版）》，郝宏奎等译，中国人民公安大学出版社2006年版，第58页。

〔4〕 ［美］W. 杰瑞·奇泽姆，布伦特·E. 特维编著:《犯罪重建》，刘静坤译，中国人民公安大学出版社2010年版，第3页。

场所发生的犯罪内容和犯罪过程，并探明与之相关的犯罪行为人的个人特点和犯罪条件的侦查活动。"〔1〕"犯罪现场重建，是指侦查人员在勘查犯罪现场后，根据在现场上获得的物证和其他形式的证据，推断犯罪行为的活动。"〔2〕

（三）犯罪现场重建理论在我国的实践价值

美国犯罪现场重建理论的发展由犯罪现场重建到犯罪重建，并不是为了词语的精练，而是反映出深刻的理论蕴涵和现实关切。这种转变对我国现阶段的刑事司法领域尤其具有重要的借鉴意义。首先，犯罪现场重建理论在现场分析阶段能够帮助勘查人员更加准确深入地认识犯罪现场，引导勘查人员在现场发现更多的痕迹物证，帮助勘查人员更准确地刻画犯罪嫌疑人，并通过犯罪现场重建完善证据链条。其次，犯罪现场重建理论作为一种案件事实认定方法为刑事诉讼提供了重要事实依据。实际上，就诉讼证明的法律规范而言，侦查和审判阶段对事实的证明都需要受制于刑事程序规则和证据规则。就诉讼证明的基础和逻辑而言，侦查和审判阶段对事实的证明都需要立足于证据，并且适用相同的证明逻辑。只不过相比之下，审判阶段对事实的证明不仅需要考虑控方提供的证据，而且需要考虑辩方提供的证据。因此，从犯罪重建的角度探讨证据分析和事实证明问题，能够摆脱侦查与审判之间意识形态化的对立，促进侦查与审判之间的沟通和交流，切实提高刑事诉讼的质量和效率。

（四）犯罪现场重建的理论基础

犯罪现场重建结论要作为后续侦查活动的基础，指导侦查破案，最终提交给法庭进行审查，并且接受当庭质证，为了证明重建结论的科学性和可靠性，必须明确犯罪重建的理论基础。

李昌钰博士指出，犯罪现场重建的理论基础建立在法庭物证检验的基本原理之上。洛卡德物质转移原理是所有法庭科学分析工作的根本基础。尽管物质转移的匮乏限制了法庭科学检验工作所具有的价值，但是，它在犯罪现场重建过程中仍然具有重要的作用。洛卡德指出，通过识别、记录并且检查犯罪现场上微量物质的性质、范围及其转移情况，能够追查犯罪行为人的行踪，并且建立犯罪行为人与特定地点、证据物品和人员（例如被害人）之间的关联。理解并掌握这个证据转移的原理之后，就可以重建物体和人身之间的接触过程。因此，在犯罪重

---

〔1〕　郝宏奎："论犯罪现场重建"，载《犯罪研究》2003 年第 4 期。
〔2〕　尹军："犯罪现场重建之我见"，载《上海公安高等专科学校学报》2003 年第 4 期。

建领域，将这一原理整合入证据解释工作之中，是最为重要的一项任务。

三、犯罪画像技术理论

犯罪画像（Criminal Profiling）技术产生于 20 世纪 60 年代末。当时的画像技术属于归纳式画像（Inductive Criminal Profiling）。

20 世纪 90 年代以来，在与法庭科学原理运用的密切配合下，在犯罪重建理论的基础上最终形成了演绎式犯罪画像（Deductive Criminal Profiling）。

（一）犯罪画像的理论来源

犯罪画像的理论来源于行为主义（Behaviorism）和法庭科学（Forensic Science）。

行为主义心理学理论主要包括条件反射和学习理论，其中对犯罪画像理论的形成起决定作用的是美国心理学家沃森（Watson）的学习理论。沃森认为动物和人的行为都是学习的结果，所有行为都是通过经典的条件反射习得的。人的行为从偶然到必然，从随机到有序，逐渐形成一种稳定的行为反应模式。因此，犯罪行为人的犯罪行为实际是在其面临刺激时的一种行为模式，这种行为反应具有个性化与稳定性的特征。这样，根据犯罪行为的外部反应现象特征，就可能刻画犯罪行为人的个人条件。

法庭科学是在 20 世纪 60 年代后期出现的把物理学、化学、医学、生物学等自然科学原理和方法运用到刑事司法活动之中的交叉学科。法庭科学技术在物证的收集和检验方面，具有常规调查无法取代的地位。从理论上讲，只要犯罪行为人在现场停留、活动，与被害人及现场物品之间发生联系，就必然能够通过技术识别和实验室检验的方式揭示这些现象。

将行为主义科学与法庭科学结合起来，使二者间形成侦查目的与侦查手段的内在关系：研究犯罪行为人的行为及其特征是犯罪分析的核心内容；揭示犯罪行为特征的基本途径是法庭科学的方法手段。

（二）归纳式犯罪画像

归纳式犯罪画像是根据过去案件中的犯罪行为人、犯罪现场和被害人所提供的已知行为特征及其他人身方面的特征，来刻画现行犯罪案件中犯罪行为人的行为、犯罪现场和被害人特征的方法。归纳式犯罪画像的思路是根据已有的犯罪统计学数据来推论特定的犯罪行为人的行为特征和其他人身特征。

归纳式犯罪画像中的理论假设是基于实施了同种犯罪的犯罪行为人与正在调查的不明身份的犯罪行为人，共同具有一些相似的个人特征；受相似的生存环境影响，并受同样犯罪动机的驱动，而且他们在文化背景上也极为相似；根据少量样本进行的数据分析，也能对未知犯罪行为人行为及人身特征进行概括和预测；犯罪行为和动机具有稳定性和可预测性。

归纳式画像的资料来源包括：①借助各种正式或非正式的访谈，对在押的罪犯进行人身与犯罪特征的分析；②一般人应有，而画像人能体验的实际经验；③各种公开信息来源。根据这三方面资料的统计与分析，形成特定类型与特定动机的犯罪中犯罪行为人的一般行为特征与人身特征。在此基础上，根据案件中犯罪行为、动机与某一类统计分析犯罪类型的相似性，可推论出案件中犯罪行为人所具有的类型特点。

归纳式画像的内容包括性别、年龄、种族、经济状况、家庭关系和职业情况等。例如，根据美国的统计，强奸犯一般为 16 岁到 39 岁之间的男性，通常居住在距被害人住宅 25 公里之内的地区，在停车场对大学生进行攻击的 80% 以上的连环杀手都是白人，年龄在 20~35 岁，与他们的父母同住，驾驶低档汽车。

归纳式画像对指导犯罪现场重建具有一定的积极作用。归纳式犯罪画像以行为主义和统计学原理为技术路线，其理论假设和根据统计学原理进行归纳推理的画像方法具有相当的合理性，在理论上具有可行性。归纳式犯罪画像的模式简单易行，不需要专门的法庭科学知识或侦查技能，能在较短的时间内完成画像任务，为推进侦查提供线索。

但是在运用归纳式画像理论指导犯罪现场重建时也不能忽视其弊端。应当注意到：归纳式画像依据的信息是从有限的犯罪样本而不是从所有同类案件中概括出来的，因此不具有普遍性。其结果并没有完全考虑到为数众多的现行犯罪的实际情况，即只注意到共性而未注意到个性。将类似案件或同类案件的犯罪行为、动机不加区分地进行统一归类，可能会涉及太多的主观猜测和推断。

（三）演绎式犯罪画像

演绎式画像通过对法庭科学证据的研究，准确地重建犯罪行为人在犯罪现场的行为，在此基础上对犯罪行为人的个性特征、自然特征、情绪情感及动机特征进行推断。犯罪重建重在解决涉及犯罪过程的问题，而演绎式画像以此为前提，重在解决犯罪动机和犯罪行为人的人格特征，即"犯罪为什么发生和是谁实施了犯罪行为"。因此，演绎式画像必须建立在准确、全面的犯罪重建基础之上。

演绎画像的理论前提在于无动机则无行为；由于环境和遗传因素的影响，所有行为的形成都具有个性；特定的犯罪行为人在不断实施的系列犯罪中，犯罪手法会不断变化。演绎画像的途径包括：①根据法庭科学证据进行的推论。根据法庭科学证据所揭示的事实，可能确保画像工作中对犯罪行为和犯罪现场特征所进行的分析具有全面性。②根据犯罪现场特征进行的推论。随着系列案件现场资料的增加，犯罪现场的特征会被固定下来，而犯罪现场的特征能够帮助画像人员推断出犯罪动机、犯罪手法和签名式犯罪行为的目的。③根据犯罪行为人与被害人的关系研究进行的推论。通过犯罪行为人所选择的被害人的特征，可以对犯罪者的动机、犯罪手法及签名式犯罪行为进行适当的推理。

演绎式画像的原理主要是通过犯罪手法和签名式犯罪行为来推断犯罪行为人的人格特征。犯罪手法（Modus Operandi）是一种习惯性的，经学习而形成的行为。随着犯罪经验的增加，犯罪手法也会发生变化。签名式行为（Signature Behavior）包括选择性行为和多余行为。选择性行为是指在诸多可供选择的犯罪行为中选择符合其人格特点的行为。如对作案时间、地点、工具、对象等的选择。多余行为是指那些实施犯罪所不需要的行为。多余行为与其人格特点和犯罪环境有着密切的联系，如变态行为。

与归纳式画像相比较，演绎式犯罪画像的特点表现为：①其逻辑思路是从一般到个别，即依据一般的法庭科学理论对犯罪现场的个别现象进行剖析。②注重现实案件的"个性"，即与其他同类案件的不同之处。③注重对犯罪主观特征，尤其是对犯罪动机和犯罪行为人格的分析，以犯罪动机为切入口，掌握犯罪行为人的全面个人特征。④可以随着犯罪的重复发生和侦查的深入而不断进行分析资料的补充，并对犯罪画像的结果不断进行修正和完善，使之更加符合实际并趋于具体化。

相对于归纳式画像，演绎式犯罪画像的优点在于注重现实案件的"个性"，画像的结果更加符合实际并趋于具体化。尽管如此，演绎式犯罪画像也不可避免地存在一定的弊端，即演绎式犯罪画像不能代替全面的犯罪分析，同时缺乏根据一定的规律进行犯罪预测和犯罪分析的能力。

第三节 现场分析的内容

一、判明事件性质

从审查立案的角度讲，现场勘查是审查事件性质，决定是否立案的重要手段和方法。就实践中的报案情况看，侦查机关接受的报案中，并非都是刑事案件，其中既有真正的犯罪事件，也有人们由于对现场所发生事件的原因、性质以及对法律的误解，而把非犯罪事件当作犯罪事件的情况。总的看来，是犯罪与非犯罪事件并存。而对现场所发事件性质的判明，即罪与非罪的界定，是决定是否立案侦查的前提。因此，现场分析在汇集、评断现场访问、实地勘验的所有材料后，首要的任务是根据这些材料，对事件性质进行分析研究，并得出结论。

现场分析中，界定事件的罪与非罪，主要依据刑法的犯罪构成理论，以事件是否具备犯罪的四个构成要件为标准。凡具备犯罪构成的四个要件的，是犯罪事件；凡不具备犯罪构成的四个要件的，则不是犯罪事件。以此为据，因自然原因、非犯罪的人为因素导致的事件，如雷击、自燃、自杀、失足溺水等形成的事件，由于不具备犯罪构成的四个要件，就不属于犯罪事件。而诸如因非法剥夺他人生命、占有他人财物等所形成的事件，由于具备犯罪构成的四个要件，特别是具备了社会危害性，所以它们是犯罪事件。在具体的审查过程中，要依据犯罪构成审查、确定某一事件，如已构成犯罪，需追究某些人的刑事责任，但不属于侦查部门管辖的，应移交有关部门处理，而不能不管。如火灾现场，如已判明起火是因雷击、电路短路等自然因素造成，当然可以不作为刑事案件处理，但如果判明起火是人为故意放火烧毁公私财物，则必须进行立案侦查。如已判明火灾因失火而引起，而又必须追究某些人刑事责任，但又不属于刑侦部门管辖的，应主动移送有关部门处理。

在现场分析中，以犯罪构成的要件为依据，以现场勘查所获取的各种材料为基础，进行事件性质的推断，从一般意义上讲，是可以得出基本准确的结论的。但是，由于受到勘查条件的限制，现场自身条件的影响，加上时间的制约，现场勘查阶段对事件中事实情节的认识可能是不清楚的，对行为人的情况更是不明确的，因此，通过现场分析所得出的有关事件的性质难免与客观情况有出入，甚至出现某些差错。尽管如此，我们认为以犯罪构成的四个要件作为判断依据，可以为判明事件性质提供一个原则或尺度，可以使现场分析更具有针对性和条理性。有鉴于此，现场分析中对事件性质的判定，最好作推断性结论而不能绝对化。在分析研究事件性质时，对于犯罪嫌疑人是谁，一般可不作考虑，就侦查而论，它并不妨碍立案。

一般来说，根据现场勘查所掌握的各种材料，事件性质是比较容易确定的，解决是否立案的问题并不困难。如某些重大的人命事件、财物被抢事件、其他犯罪特征特别明显的重大事件，只要经过初步审查，即可对其罪与非罪的界限予以界定，并立案侦查。但是，由于种种原因，或者材料不足，或者犯罪嫌疑人有意识地对现场进行了伪装、改变，实施犯罪手段狡猾等，也的确会给事件性质的确定造成困难。但只要认真勘查现场，全面获取各种材料，以犯罪构成为理论依据，仍然有可能判明事件性质。

确定事件性质的依据，主要有以下几方面。

1. 以勘验检查情况为依据，分析判断事件性质。任何事件的发生，必以时间、地点（或场所）为依托或先决条件。现场的一切状况既是事件发生的必然结果，又是人们逆向认识事件的依据。人们对现场的定性，对现场曾经发生过的事件的追忆、重现，均以事件发生后留在现场的"遗迹"为依据。因此，现场分析中，现场勘验检查所获得的各种材料，是确定事件性质的重要依据。在具体的现场分析中，只要认真分析、研究现场的状态，与事件有关的各种后果、痕迹、物品，是不难对事件性质和是否立案侦查作出判断的。由于现场状况是"无声"的，而犯罪嫌疑人又可能为逃避侦查、打击而对现场状况进行伪装，因此，在现场分析中，为准确地判明事件性质，必须注意发现现场状况中所反映出的各种反常现象。反常现象是发现假案、发现伪装的重要依据。对于现场现象中所出现的各种反常现象，应就反常现象出现的原因，反常现象所包含的各种与事件有关的信息，进行追根溯源，力求得到合理的解释，为准确判明事件的真实性质提供有力的依据。

2. 以现场访问情况为依据分析判断事件性质。如果说现场状况是"无声"的，而通过调查访问所获得的各种情况则是"有声"的。通过访问，不仅能获取现场事件发生过程、事件产生的结果等多方面的情况，而且能对行为人的情况有所掌握，对这些情况的分析、研究，无疑是有利于判明事件性质的。调查访问作为侦查工作从始至终反复运用的重要侦查措施，其所获得的始终是判明事件性质的重要依据，特别是现场勘查阶段，通过对报案人、目击者、被害人、事主的访问，不仅能比较全面地掌握事件发生、发展的过程和结果，而且能为查明现场的原始状态、变动情况及变动原因提供依据，这些情况无疑有助于判明事件性质。通过访问，全面了解有关事主、被害人及其家属的政治、经济、品德、社会关系、交往状况、出事前后的言行等方面的情况，也往往能为确定事件性质指明方向。

3. 以现场实验结果为依据确定事件性质。实地勘验中，如果通过一般勘查方法，对现场某一现象发生的原因、发生的结果等问题无法解决，可以通过现场实验来获取答案。特别是对某一具体现场状况发生原因的模拟、重现，实质上就是一个对事件性质的判断过程，其结果就是判断、确定事件性质的重要依据。例如，为了确定某些物质在一定条件下能否自燃或爆炸，可以模拟事件发生的情况。通过实验，假若不能自燃或爆炸，而实际上已经发生了火灾或爆炸，即可说明是人为因素造成的，从而得出可能有某种犯罪事实存在的结论。如果通过实验，可以发生自燃或爆炸，在排除了可能的人为因素后，就可得出非犯罪事件的结论。

4. 以检验、鉴定的结果为依据确定事件性质。对于确定死因和损伤的性质以及某些物质的属性，主要通过法医检验和刑事化验等技术手段来解决，检验、鉴定的结果是确定事件性质的重要依据。

一般而言，经过对以上几方面情况的分析、研究，事件性质即可确定。但是，由于某些情况较为复杂，如失踪人事件，某些中毒死亡的人命事件，掺杂其他因素的盗窃、抢劫等，一时难以界定事件性质的，可不必急于立案侦查。但不立案不等于放任不管，对这类事件仍应积极调查，在掌握了充分的事实依据后，再决定是否立案侦查，这样做可避免或减少差错。

对掌握的材料已经有结论不予立案侦查的事件，如群众或有关单位提出异议，并且看法有一定道理的，应当对事件性质进行重新审查，防止漏立案件，放纵犯罪。对于已经确定为犯罪而立案侦查的事件，如果在侦查过程中发现确实立案错了，应通过一定的报批手续，撤销案件，终止侦查。

二、分析判断案件性质

立案后，尽管已解决了事件性质，但从侦查的角度讲，只是明确了侦查的前提，真正对侦查有推进作用的，还在于对具体案件性质的分析判断。

事件性质与案件性质之间，既存在联系，又存在区别；既不能将二者混为一谈，更不能认为二者互不相干。事实上，事件性质是确定案件性质的基础和法律依据，而案件性质的分析判断是以犯罪事件为前提的，案件性质着眼于侦查的需要，是对事件性质的具体化。当然，二者之间的区别是明显的。事件性质以刑法的犯罪构成和具体的罪名为划分依据，着眼点在于判明事件本身是否具有社会危害性和受惩罚性。而刑事侦查中的案件性质，尽管是前者特定范围内的具体化，如杀人案件侦查中的强奸杀人，它只能是在确定事件为杀人犯罪的前提下的结论，但其着眼点和依据则与事件性质不同。案件性质的着眼点在于确定侦查方向和侦查范围，立足于有效地组织侦查，其依据主要是犯罪嫌疑人的动机、目的、行为的方式，案件中固有的因果联系，等等。总之，分析判断案件性质，既不能脱离刑法的规定，也不能以刑法的规定代替案件性质，着重点必须紧紧围绕侦查的需要。

由于具体的案件性质反映了侦查工作的基本方向和范围，而侦查工作的方向和范围的明确和正确与否，又直接关系到侦查的进程，因此，对案件性质的分析判断应认真、细致。此外，由于勘查阶段各种因素的限制，为了防止因判断失误而延误侦查，有关案件性质的结论最好是可能性的结论，不能太绝对化，肯定某一个而否定其余。

确定案件性质的客观依据主要包括：犯罪嫌疑人作案的动机、目的；犯罪嫌疑人与事主、被害人事前有无固定的矛盾冲突；犯罪嫌疑人的行为方式；犯罪嫌疑人是什么样的人等。不同类型的案件，性质各异，同一类型的案件也应依据以上因素，划分若干种具体性质。以杀人案件为例，就案件性质而言，有出于政治目的的杀人、私仇报复杀人、强奸杀人、奸情杀人、图财杀人、恋爱及婚姻纠纷杀人等。其中，图财杀人又可分为抢劫杀人、盗窃杀人、谋财害命等。这些具体的案件性质，都反映了犯罪嫌疑人的动机、目的，有的还反映了犯罪嫌疑人与被害人之间事前具有的某种矛盾冲突，如私仇报复杀人。

再以其他几类主要案件为例：放火案件，有出于政治目的的放火、私仇报复放火、放火灭迹等。对放火案件具体性质的判断，主要根据放火的动机、目的来进行。此类具体的案件性质，有的反映了犯罪嫌疑人与事主之间事前的矛盾冲突，有的则反映了若干种罪行之间的先后联系。

盗窃案件，首先是根据作案的动机、目的，把案件性质区分为政治性盗窃或经济性盗窃。在此基础上，分析犯罪嫌疑人是什么范围的人。如果盗窃的是机关单位的财物，则要分析判断是内盗、外盗，内外勾结盗窃或是监守自盗，对这些具体性质的判断又是以现场勘查所获得的全部材料为依据的。

抢劫、强奸案件的具体性质的判断，则主要依据犯罪嫌疑人的行为方式和侵害的客体作出。

从以上几类案件的罗列中可以看出：刑事侦查中对具体案件性质的确定，均遵循一个共同原则，即揭示侦查方向和侦查范围。如盗窃案件的具体性质，本身就说明了侦查犯罪嫌疑人的主要方向和范围；在判断案件性质的依据中，犯罪嫌疑人的动机、目的是很重要的，特别是某些没有固有的矛盾冲突的案件，案件的具体性质则主要以犯罪嫌疑人的动机、目的为依据，结合其他情况判定，从而依据已确定的具体性质判明侦查方向。抢劫、强奸、盗窃、盗窃杀人等案件的侦查方向的确定就是最好的例证。

三、分析判断作案时间

犯罪与任何事件一样，必然经历一个从开始到结束的过程，在时间的反映上就应是一个包容事件发生全过程的时间段而非某月某日或几点几分，即某一时间点的概念。因此，作案时间应当是指实际犯罪活动所经历的时间段，即从开始实施犯罪到犯罪行为结束所持续的这段时间。任何犯罪行为得以实施和完成，必以特定的作案时间和地点为前提和条件，无论犯罪嫌疑人怎样掩饰自己，都无法割断自己与作案时间、地点的联系。如某人在特定时间内在甲地作案，就不可能同时出现在乙地。这种联系的产生来源于犯罪行为人对天时、地利的主动选择。正因为如此，作案时间的确定对于侦查工作极为重要。一个人的犯罪嫌疑是否成立，重要的依据之一就是他是否具备作案时间，同时，对作案时间所包含的犯罪信息的了解，也有助于侦查方向和侦查范围的确定。如通过对犯罪嫌疑人为什么会选择某一时间作案，有时可以判定其是否熟悉内情，这无疑有利于判定侦查方向和范围。当然，以是否具备作案时间作为排查嫌疑的依据，主要适用于亲自前往现场实施犯罪的犯罪嫌疑人。判明作案时间对于采取追缉、堵截等紧急措施和审查证人证言，甄别犯罪嫌疑人供述等，也具有十分重要的意义。判断作案时间的主要依据如下：

1. 根据事主、被害人和知情群众提供的情况进行推断。如事主、被害人陈述的与犯罪嫌疑人相遇的时间，犯罪的目击者、知情群众提供的发现疑人疑事的时间等，均可作为推断依据。

2. 根据现场遗留的各种痕迹及其变化情况进行推断。如现场上的手印是否新鲜，血迹的颜色变化及干湿程度，某些痕迹因自然环境、气候条件的影响所反映出来的情况，如油漆上的手印等。

3. 根据现场上物品的状况进行推断。如室内的照明工具的使用情况，床上被褥等的使用情况，被害人的衣着情况，现场的物质环境中所表现出的日常生活情况等，均可以作为推断依据。比如，床上被褥已铺开，但比较整齐，被害人已脱掉衣服，则说明案件可能是在被害人准备就寝时发生的。

4. 根据现场具有时间标志的物品进行推断。如现场钟表停摆所记载的时间，日历停翻、日记停记所反映的时间，信件上的邮戳、报纸、车船票、电影票等所反映的时间，以及电子设备上的相关时间。

5. 根据尸体现象及胃内容物等进行推断。人死之后，各种尸体现象的出现以及胃内容物的消化、排空情况等，在特定的环境、自然因素条件下，具有一定的出现规律，反映着特定的时间内容。因此，有尸体存在的案件中，可根据尸冷、尸斑、尸僵、腐败绿斑、腐败巨人观等尸体现象以及胃内容物的多少及其呈现的状态来推断死亡时间，进而推断作案时间，在这方面，法医或医学专家的结论尤为重要。

6. 根据被害人的生活习惯进行推断。这方面主要依据被害人通常的工作、生活规律进行推断，如上、下班或起居的通常时间等。

四、分析判断犯罪地点

对犯罪地点的分析判断，通常并不是为了确定发现案件的地点是否为犯罪的实施地，即主体现场，因为大多数案件这一点是非常明确的，故分析判断的重点在于研究地点与犯罪嫌疑人的关系，研究犯罪嫌疑人所选择的地点与周围环境、作案时间、犯罪目标之间的联系，从而确定侦查方向和范围。当案件存在两个现场或两个以上的现场时，应对已发现的现场是否为主体现场进行判断，这是由主体现场在揭露和证实犯罪中所处的地位和作用决定的。如果不是主体现场，则需依据关联现场所反映的各种状况，寻找主体现场。如杀人案发现的尸体残肢的地点，通常都不是主体现场。这时就必须首先判明现场的种类，在此基础上，依据尸块上的各种附着物、包装物等提供的有关主体现场的信息，去寻找主体现场。类似于这类案件的现场情况，往往说明犯罪嫌疑人与犯罪地点存在着十分密切的关系。通过关联现场查获主体现场，不仅可以获得更多的重要的痕迹或其他物证，还可以通过主体现场与犯罪嫌疑人的特定联系，刻画犯罪嫌疑人形象，及时揭露犯罪嫌疑人。分析判断犯罪地点的依据和方法如下：

1. 研究现场上的反常情况。所谓反常情况，是指与应该发生的事件的自然过程相反、相矛盾的情况。例如，尸体上存在开放性损伤，但尸体周围却不见血泊或血迹；尸体躺卧在稀泥中，但鞋底却未沾上稀泥，且很干净；尸体躺卧的姿势与血流方向不符，等等。这些反常情况说明，发现尸体的地点并非主体现场。

2. 研究现场上的犯罪痕迹。主要研究现场所出现的犯罪痕迹的形态、位置等是否与实施侵害行为的发展规律具有一致性。相符者，应为主体现场，反之，则为关联现场。这类痕迹包括搏斗痕迹、犯罪工具痕迹等。

3. 研究尸体上或者尸体附近的异常物质。异常物质，是指尸体附着物或尸体附近存在的，有别于现场物质的其他物质。如不同于现场的泥土、粉尘、杂草、木屑、炉渣、花粉、水藻等。这类异常物质，既是判断已发现的现场不是主体现场的可靠依据，也是寻找、发现主体现场的重要线索。

五、分析判断犯罪工具

凶器和犯罪工具的区别在于用途。凶器是指犯罪嫌疑人用以致人伤残、死亡的器物，如刀、枪、斧、棒等；犯罪工具则是指犯罪嫌疑人借以用作除杀人、伤害以外的犯罪活动的器物。对凶器和犯罪工具的分析判断，可以为以物找人、发现犯罪嫌疑人提供依据。分析判断的依据和方法如下：

1. 对于现场上出现的工具或凶器，首先应通过询问、核实、辨认等方法，查明其是否为犯罪嫌疑人所留；其次，应仔细研究现场的痕迹和被害人的伤痕与现场的工具或凶器之间的关系。

2. 对于现场只留下了工具痕迹或创伤，但未见工具或凶器的，应仔细研究工具痕迹或创伤的形状、大小、宽窄、深度等特征，以判明它们为何种工具或凶器所留。

法医和痕迹检验人员所作的结论，是分析判断凶器和犯罪工具的重要依据，除此以外，还应虚心听取有经验的群众和专业人士对此发表的看法或所作的结论。

六、分析判断犯罪嫌疑人人数

对犯罪嫌疑人人数的分析判断，主要依据现场痕迹，失物的体积、重量、数量，犯罪嫌疑人所使用的交通工具情况，事主、受害人及有关群众提供的情况作出。比如，现场出现了大小不同的足迹，花纹不同的鞋印，在排除了与犯罪无关的人所留之后，就可以根据足迹的大小不同，鞋底花纹种类、特征的不同，判断嫌疑人人数。根据失物的体积、重量、数量，结合一般人的承重能力，同样可为判断嫌疑人人数提供依据。此外，当事主、被害人同犯罪嫌疑人有直接接触，或其他群众曾目击了作案过程或曾发现过疑人疑事时，他们所提供的情况，也有利于迅速判明作案人数。

七、分析判断犯罪活动情况

犯罪嫌疑人实施犯罪行为的过程及过程中的各种行为即是犯罪活动情况。其内容包括实施侵害行为前的预伏、等候；侵入现场的部位、方法；在现场的活动顺序和接触的部位；作案后逃离现场的部位、逃离的方法、逃离的方向等。对犯罪活动情况的分析判断，不仅可以为进一步判明案件性质提供依据，而且有利于进一步确定侦查范围。对犯罪嫌疑人在现场的犯罪活动情况的掌握，对于破案后鉴别犯罪嫌疑人口供的真伪是极为重要的。

分析判断犯罪嫌疑人犯罪活动主要依据现场中痕迹、物品的位置、状况和事主、被害人、知情人提供的情况进行。如室内现场，若发现门锁被撬坏，门口留有犯罪嫌疑人的足迹，且足尖朝向室内，便可说犯罪嫌疑人是由此门侵入现场的；室内物品的位置发生了改变，翻动严重，说明犯罪嫌疑人在现场有搜寻财物的过程。室内现场原有物品、家具的陈设情况，有时也能为我们指明犯罪嫌疑人在现场的活动路线。如果现场有尸体，尸体周围同时出现凌乱重叠的犯罪嫌疑人与被害人的脚印，尸体周围家具位置发生严重改变，在墙壁、家具上留有很多蹬擦痕迹等，则表明现场出现过搏斗的情况。杀人案件中，为了进一步判明犯罪嫌疑人实施杀人的过程，除研究以上情况外，还要进一步观察、分析、研究尸体的位置、伤痕、姿势、衣着、血迹的分布，血在尸体上的流向等。

分析判断犯罪嫌疑人在现场的犯罪活动过程，须将实地勘验所掌握的情况与现场访问所获得的情况综合起来进行对比研究，才能对犯罪活动情况有一个更全面的了解。

八、分析判断犯罪嫌疑人的特征

侦查实践中，分析判断犯罪嫌疑人特征，又称为"犯罪嫌疑人画像"，其内容主要包括对犯罪嫌疑人人身形象的分析判断和其他个人特征的分析判断两个方面。

（一）犯罪嫌疑人人身形象的分析判断

犯罪嫌疑人人身形象主要包括犯罪嫌疑人的性别、年龄、身高、相貌、衣着、生理上的残疾、疤痣，后天形成的各种特征，如文身、伤残等。

分析犯罪嫌疑人人身形象主要依据事主、被害人、目击者或其他知情群众提供的情况和犯罪嫌疑人留在现场上的各种痕迹、物证，以上依据能为我们提供较完整的有关犯罪嫌疑人人身形象的各种情况。分析、研究证人证言，事主、被害人的陈述，可以直接掌握犯罪嫌疑人的体貌特征、衣着特征、口音特点等，对采取追缉、堵截、通缉、通报等措施查找犯罪嫌疑人十分有利。犯罪嫌疑人在现场遗留的痕迹和其他物证，也是我们分析判断犯罪嫌疑人人身形象的重要信息源。例如，现场指纹，可以为分析犯罪嫌疑人的年龄、身高、手指是否受伤、纹线的基本特征等提供依据。现场足迹，可以为了解犯罪嫌疑人的身高、性别、走路的姿势、腿脚有无病残等情况提供依据。根据不同于被害人的血迹和其他搏斗痕迹，可以分析犯罪嫌疑人是否受伤，是否可能沾附现场上的血迹、泥土、灰尘，衣、裤是否被撕破等。根据现场上犯罪嫌疑人留下的衣服碎片、纽扣、毛发，可以分析犯罪嫌疑人的衣着、发型、血型等。由此可见，对于现场遗留的一切与犯罪嫌疑人有关的痕迹、物品、物质等，都应仔细搜寻、提取、检验，这对于了解犯罪嫌疑人的人身形象是十分重要的。

（二）犯罪嫌疑人其他个人特征的分析判断

犯罪嫌疑人其他个人特征，主要包括犯罪嫌疑人的社会职业、文化程度、口音与语言特点、生活习惯、作案的思想基础和反常表现等。

除反常表现、作案思想基础之外，其他特征往往可以通过实地勘验和现场访问作出判断。比如，根据作案工具、工具痕迹，可以判断犯罪嫌疑人的职业；根据犯罪嫌疑人的犯罪手法、方法及其熟练程度，可以分析判断犯罪嫌疑人是初犯还是偶犯；根据书写的字迹，可以分析判断犯罪嫌疑人的文化程度；根据事主、被害人提供的情况，可以掌握犯罪嫌疑人的口音和语言方面的特点；根据现场遗留物，可以分析判断犯罪嫌疑人的籍贯、地区及生活嗜好等。

反常表现，是犯罪嫌疑人犯罪后所表现出的各种与常人或与其本人平时表现不相符的各种行为举止。反常表现作为犯罪嫌疑人的一种个人特征，也可以通过访问等方法获取，并对这些情况进行充分研究，可以进一步完善对犯罪嫌疑人的刻画。事实上，犯罪嫌疑人作案后的各种违反常态的表现是比较容易暴露在群众中的，只要认真调查，完全可以获取相关方面情况。比如，有的人故作镇静，对周围的事物显得"漠不关心"，违反人们一般的好奇心理，对发生在身边的案件不闻不问，或闭门不出；有的人则四处打探，积极探听破案进展，表现异常活跃，这些都是值得关注和收集的情况。

犯罪的思想基础，一般非一日形成，有一个演变发展的过程。在此过程中，犯罪人难免会有某些行为表现，如盗窃、抢劫犯可能表现为好逸恶劳、讲究吃穿，有的也可能在罪行暴露之前，表现得中规中矩，颇为"正派"。但无论如何，只要深入调查，便有可能发现其疑点，从而为分析判断犯罪的思想基础提供依据。

对犯罪嫌疑人特征的分析判断得是否准确、全面，直接关系到侦查方向、范围的进一步确定。因此，对现场勘查阶段所掌握的各种有用材料，都要逐一分析，认真研究，充分利用，然后综合起来进行刻画。

九、确定侦查方向和侦查范围

分析判断案件性质和案件情况的最重要的目的之一，还在于确定侦查方向和侦查范围，这是侦查的基础和出发点。对这方面的讨论，是现场分析的核心内容之一。

所谓侦查方向，是指侦查工作的锋芒所向、目标所向，具体而言，是指在具有什么条件的人当中去寻找犯罪嫌疑人。侦查范围，是指犯罪嫌疑人藏身匿迹的范围，具体是指侦查工作的地区范围、行业范围。

对建立在案情分析判断基础之上的侦查方向和侦查范围的确定，是侦查工作开展之前必须认真解决的关键性问题。侦查方向的正确与否，决定着侦查能否正确破案；侦查范围的准确与否，将决定能否及时破案。侦查范围太大，往往事倍功半，贻误战机，延迟破案；侦查范围太小，则又可能使犯罪嫌疑人漏网，导致案件久侦不破。因此，在分析判断案情的基础上，应力求准确地确定侦查方向和侦查范围。

（一）确定侦查方向的依据

侦查方向实际上是针对犯罪嫌疑人的，因此，凡是与犯罪嫌疑人有关的情况，尤其是个人动机、个人特点及个人在犯罪过程中的动向等方面的情况，均可作为确定侦查方向的依据。

1. 以犯罪动机确定侦查方向。动机是驱使一个人实施某种行为的内心起因，有什么样的动机，往往能导致有什么样的行为。犯罪也是如此，没有犯罪动机的犯罪活动是不存在的。因此，犯罪动机与犯罪行为之间，存在紧密的关系。反过来讲，行为的指向和行为的结果，也为我们逆向认识犯罪动机，认识犯罪嫌疑人提供了依据。所以，侦查实践中，常以具有某种动机的人作为相应案件开展侦查工作的目标。如杀人案件中，如果从行为的指向、结果上判定案件性质为仇杀，那么，犯罪嫌疑人作案的动机目的就是为了报复、泄愤，据此，侦查方向就应锁定在与被害人具有仇怨关系的人员之中。在侦查强奸、抢劫、盗窃、诈骗等案件中，以动机作为侦查方向，也往往成立，并能成功推进侦查。

2. 以犯罪条件和犯罪嫌疑人的个人特点确定侦查方向。任何犯罪嫌疑人实施犯罪，必然具备诸如特定的时间、空间，拥有某种工具、技能和知情等条件，这些条件是犯罪嫌疑人完成其犯罪行为所必须具备的。犯罪嫌疑人运用这些条件实施犯罪，必然通过现场现象反映出来或为人所感知。这些信息构成即对犯罪条件的认识。个人特点在现场的暴露也是无可争议的事实。这两方面可以帮助侦查人员形成更完整的有关犯罪嫌疑人的"形象"的认识。同时，具体案件不同，犯罪嫌疑人个人特点也不同，这使每个现场的犯罪人"形象"具有鲜明的个案特点，从而决定了侦查工作的锋芒所向。因此，侦查人员可以根据案件中的犯罪条件、个人特点去查找犯罪嫌疑人。比如，某一案件现场出现了某种特殊的爆炸装置，而该爆炸装置具有明显的职业特征。那么侦查工作的方向，就应该在具备该装置使用技能或有条件接触该装置的人员中去寻找犯罪嫌疑人。当然在具体的侦查过程中，不能仅以此为依据断定谁为犯罪嫌疑人，但其具备这种技能、有条件接触该装置的特点，给侦查人员指出了明确的查找方向。

3. 以犯罪嫌疑人的动向、行踪确定侦查方向。在侦查过程中，无论是现场勘查阶段还是在其他侦查阶段，一旦掌握了犯罪嫌疑人的动向、行踪，具备了抓获犯罪嫌疑人的条件，往往采取追缉、堵截等措施缉拿犯罪嫌疑人。这一点在现场勘查阶段是必须要考虑的。此外，通过对案件的前期认识，如果判断为流窜作案，或者在相近的时间内，某几个邻近地区连续发生同一类型的案件，根据有关情况，判明为同一个人或同一伙人流窜作案，并推断出可能的行踪，可据此进行跟踪追击或堵卡、通报等方式，查缉犯罪嫌疑人。无论采取何种措施，以上均具有明确的侦查方向。因而，以犯罪嫌疑人的动向、行踪确定侦查方向是可行的。在侦查中，特别是在现场勘查阶段，如果发现了犯罪嫌疑人的逃跑方向、路线且特点明显，或借助的交通工具特征显著，逃跑时间不长，有抓获犯罪嫌疑人的可能，均可根据其行踪、动向，运用追缉堵截、跟踪追击等措施，去查缉犯罪嫌疑人。追缉堵截的方向，就是侦查方向。

(二) 确定侦查范围的依据

侦查范围，实质上是指犯罪嫌疑人可能的居住范围或行业范围，因此，凡能帮助侦查人员分析判断犯罪嫌疑人的居住或行业范围的情况，均可成为确定侦查范围的依据。据此，确定侦查范围的依据主要有以下几方面：

1. 以犯罪时间为依据确定侦查范围。犯罪嫌疑人对时间的选择，往往与他对侵害对象的了解、对现场及现场周围环境的熟悉程度有直接的关系，而这种关系往往能通过现场的各种情况反映出来。从犯罪嫌疑人对时间、侵害对象、地点的选择等方面，可以综合反映出犯罪嫌疑人可能的居住或行业范围。因此，研究犯罪时间与侵害对象及与现场周围环境等的关系，无疑有助于侦查人员确定侦查范围。如某个财物保管处所，平时都有严格的值班交接制度。某日，因某种很特殊的原因，偶然出现无人值班的短暂空隙，而盗窃就在此时发生。根据犯罪时间，很自然就能推测出盗窃很可能是了解内情的人所为。立足于时间，这个了解内情就为侦查范围的确定提供了依据。在杀人、抢劫、强奸案件中，可以通过生活行为规律确定侦查范围。

有的案件，犯罪时间往往能直接反映出犯罪嫌疑人的居住范围或藏身的范围。例如，某金库被盗案件，根据目击者的反映，犯罪嫌疑人曾拿着打洞的钢钎离开现场，15 分钟后又拿着钢钎回到现场继续打洞，根据这样一个情况，侦查人员可以通过现场实验等方法，很容易地确定犯罪嫌疑人可能的居住范围，而破案的结果，也证实了此种范围的选择是正确的。

2. 以犯罪嫌疑人和犯罪现场的关系确定侦查范围。犯罪嫌疑人与犯罪现场的关系，主要表现为犯罪嫌疑人对现场熟悉与否，这一点很容易通过现场现象显示出来。如犯罪嫌疑人对侵入部位的选择、对侵害目标的选择等。根据这种现场现象所反映出的信息，我们可以推断犯罪嫌疑人是近处人还是远处人，是内部人员还是外部人员，这种推断就是对侦查范围的确定。比如，犯罪嫌疑人在现场无多余行为，准而不乱，在盗窃案中，目标准确，在杀人案件中侵入路线隐蔽，杀人、藏尸的地点恰当、隐蔽等，这些都说明犯罪嫌疑人是熟悉现场环境的，了解被害人、事主的活动规律。据此可推断，犯罪嫌疑人是近处人或内部人员。反之，则可以推断为是远处人或外部人员。

3. 以犯罪嫌疑人的穿戴、语言、随身遗留物品确定侦查范围。不同地区、不同职业的人，穿戴方式、穿戴的物品具有明显的地区或行业特点；说话的内容、口音等也反映出较鲜明的行业或地区特点；而犯罪嫌疑人遗留在现场的随身物品的产销、使用范围信息，也能为分析其居住或行业范围提供依据。由此可见，以犯罪嫌疑人的穿戴、语言、随身遗留物品确定侦查范围是比较可行的，因其对于犯罪嫌疑人的人身形象、个人特点有比较充分地暴露，故而在发现了犯罪嫌疑人遗留在现场上的随身物品的案件，均可以此为据，确定侦查范围，这也适用于其他侦查阶段。

4. 以犯罪的手段、方法确定侦查范围。犯罪嫌疑人进行犯罪活动的手段、方法都具有习惯性。这种习惯要么是社会各行业职能、技能的反映，要么是犯罪技能的体现。但无论如何，犯罪的手段、方法是犯罪嫌疑人本人留给侦查人员的"名片"，根据犯罪的手法，可以推断侦查范围。当案件从手段、方法上能反映出犯罪嫌疑人熟悉某种职业或长期从事某种职业的特征时，可据此确定查缉犯罪嫌疑人的职业范围和行业范围。当案件中犯罪的手段、方法能反映出其定型与否，以及破坏手段的熟练程度、犯罪活动的规律性的强弱时，可据此判定其是否为惯犯，从而确定侦查范围。

第十二章 课后拓展

第三编

个案现场勘查

第十三章

杀人案件现场勘查的重点

杀人案件的现场是指犯罪嫌疑人非法剥夺他人生命的处所。杀人犯罪是一种严重的刑事犯罪，世界上许多国家都将其规定成重型犯罪，判处重刑。

杀人案件发生后，应及时破案，给犯罪行为人以严厉打击。而破案当中的关键和基础是现场勘查。杀人案件的侦破通常是以现场勘查为起点的。因为现场是犯罪行为发生的地点，也是犯罪结果的发生地。这一地点储存着大量的犯罪信息。通过现场勘查，获取尽可能多的犯罪信息，准确地分析判断，确定侦查方向和范围，可以达到及时、准确破案的目的。

就杀人案件现场而言，由于犯罪嫌疑人的种种活动，往往使其真假现象共存，导致案情扑朔迷离。随着现代科学技术的发展和运用，犯罪嫌疑人犯罪的手段也日益高明，杀人现场的痕迹、物品越来越少，为勘查杀人现场增加了难度。但同时，与其他案件现场相比，杀人现场的某些痕迹、物品是犯罪嫌疑人所无法或难以消除或掩盖的。如被害的尸体或尸块、搏斗抵抗痕迹、血迹毛发等，这又给现场勘查带来了可利用的条件。所以，对杀人现场的勘查，勘查人员须扬长避短，抓住有利条件，寻找、发现被掩盖、被改变的痕迹、物品，揭露杀人犯罪的事实真相。

第一节　杀人案件现场勘查的任务

杀人案件的现场勘查一般以尸体为中心，侦查人员围绕尸体发现的地点和犯罪行为人进出现场的路线进行勘查。

一、查明死亡事件的性质与死亡原因

在实践中，死亡事件的情况十分复杂，就形成死亡这种结果的成因来讲，有老死、病死、意外事故死亡、自杀、他杀这几种。在上述这些死亡成因中，只有他杀且只有非法他杀才是一种犯罪行为，才需要追究刑事责任，也才需要侦查部门勘查现场。因此，在勘查死亡事件现场时，必须首先解决死亡事件的性质问题，即死亡是否由于某种犯罪行为而直接引起。如某一地点发现尸体，可通过勘查，根据现场环境、现场状态、伤痕位置、解剖检验、可疑凶器、现场血迹及分布、现场上的痕迹、物品及分布状况，来认定事件的性质，判断是自杀、他杀、自然死亡还是意外死亡。在确定事件的性质和死因后，方能决定是否立案侦查。

在一般情况下，判断死亡事件性质并非难事，只要结合有关的证人证言和现场情况就可判明。但也有一些死亡事件，判断死亡性质十分棘手，如某些死亡结果，自杀、意外事故、他杀都可能引起，勘查人员无法从死亡现象上去分辨死亡的性质。还有，某些犯罪嫌疑人在杀人后，对杀人现场进行伪装和改变，如把勒死伪装成吊死，把推人落水致死伪装成死者失足落水致死等，使得现场真假难辨、是非难分。因此，对死亡事件现场的勘查，要求勘查人员特别细致，既要遵循掌握死亡的一般规律特点，又要具体问题具体分析，善于抓住现场中的蛛丝马迹，特别是对于可疑的死亡事件现场，要善于去寻找、发现某些反常的东西，某些与表面上的死亡现象不符的东西，从而揭开表象、抓住案件本质。

二、查明杀人案件的性质

在查明了死亡事件性质的基础上，如果判断是他杀，即已经明确某一死亡事件是由他人的行为所引起，且这种行为已触犯刑律，构成杀人犯罪时，还要查明杀人的动机，杀人动机不同就构成了不同性质的杀人案件。在侦查实践中，根据杀人动机不同，杀人案件的性质可分为政治性杀人、私仇报复杀人、强奸杀人、奸情杀人，还有因婚恋、家庭纠纷杀人、流氓杀人、图财杀人等。此外，还有为取得犯罪工具、转移侦查视线，或毁证灭迹、嫁祸于人，或杀人取乐，或心理变态而引发的杀人，甚至还有无明显动机的杀人等。

判断犯罪嫌疑人的犯罪动机一般有两种根据，一种是内在根据，即犯罪嫌疑人头脑中的犯罪动机，这种动机是抽象的；另一种是物化的外在根据，即杀人现场上的各种痕迹、物品及现象，这些痕迹、物品及现象实际上是犯罪嫌疑人犯罪动机的一种物化。勘查人员所直接接触到的主要是这种物化根据，对物化根据进行分析、认定，从物化根据到内在根据，最后认定犯罪嫌疑人的犯罪动机，确定杀人案件的性质。

杀人的内在动机十分复杂，动机的外在表现——现场，也往往是扑朔迷离的，勘查人员应当在查明死亡事件性质的基础上，从现场及现场情况入手，循着从物化动机到内在动机的脉络，反推出犯罪嫌疑人的杀人动机产生、发展的过程，由此，确定杀人案件的性质，为侦查工作确定方向。

三、查明死者情况

杀人案件现场一般都有被害人的尸体或尸块存在。在现场勘查中，应通过尸体（尸块）检验和现场调查，全力查明死者的有关情况。具体包括：性别，大致的年龄；生理特征，包括身高、体态、五官、四肢等各种特征；病理特征；衣着打扮特征；随身物品及特征；身上的伤痕及特征；死亡情况，包括死因、死亡时间等；生前的住址、工作单位、家庭情况、社会关系、经济情况等；生前的行踪；生前的言行表现和思想情况等。

查明死者情况，主要目的在于通过死者的有关情况，循着死者和犯罪嫌疑人之间的某种因果联系的脉络，发现、查找犯罪嫌疑人。

四、查明犯罪嫌疑人作案过程及现场有无伪装

作案过程是认定犯罪嫌疑人实施杀人犯罪的重要证据。现场勘查中，要根据搜集到的各种现场情况，对犯罪嫌疑人的杀人过程一步一步地进行分析、论证。作案过程主要包括：犯罪嫌疑人进出现场的道路及部位，进出现场的方式，在现场上的活动过程，有过哪些行为，触动过什么物品，留下了哪些痕迹、物品，使用什么凶器杀人，杀人的方式是什么，被害人在什么状态下被杀，有无反抗过程，犯罪嫌疑人杀人后如何处理尸体，对现场有无清扫、冲洗、伪装等活动。

现场的出入路线，是指犯罪嫌疑人侵入和逃离现场的通道，通常遗留有犯罪嫌疑人窥视、钻入、翻越、攀爬、蹬踩时的痕迹、物品。在勘验中，要注意在出入路线和出入口部位发现遗留的足迹、手印、交通工具痕迹、破坏工具痕迹、遗留的各种有关物品，以及发现犯罪嫌疑人逃匿的踪迹、隐藏赃物、罪证的地点和出入现场的方法、手段等。根据现场的各种痕迹、物品，特别是可能进出口的痕迹，以及尸体的位置、姿态、血迹的分布、物品摆放和翻动情况，可以分析犯罪嫌疑人从哪里进入和离开现场，在现场有什么活动，行为的先后顺序如何、杀人时被害人的状态如何，等等。从犯罪行为人进出现场和在现场的活动过程，可以推断犯罪嫌疑人与被害人之间的关系，如犯罪行为人与被害人有吃喝、攀谈等行为，很可能相互熟识。同时，可以分析被害人是遭突袭被害、熟睡中被害还是经

历过搏斗后被害。

犯罪嫌疑人实施杀人行为之后，常常将他杀伪装成自杀，将故意杀人伪装成意外事故等。可以通过现场尸体的损伤痕迹、方向、现场遗留的足迹、搏斗痕迹等来判断现场是否经过伪装。

五、查明杀人的地点和犯罪嫌疑人的情况

勘查杀人现场除了要完成上述几个主要任务以外，还要努力查明发现尸体的地点是否为杀人现场及有关犯罪嫌疑人的情况。

在实践中，发现尸体的现场，有的是杀人现场，有的是移尸现场。由于杀人现场是主体现场，是犯罪嫌疑人活动最频繁的地方，也是遗留与犯罪有关痕迹、物品最多的地方，找到杀人现场，就可以发现更多的犯罪痕迹、物品以及其他揭露犯罪的物证。有的犯罪嫌疑人为逃避打击，千方百计割断案件与自己的联系，在杀人后，进行移尸、焚尸、碎尸。以往许多移尸、焚尸、碎尸案件，多出于奸情、私仇等明显原因，只要认定被害人，就不难发现犯罪嫌疑人。但当今在市场经济条件下，人、财、物流动大，偶然相识，进而图财害命、杀人焚尸、碎尸的案件也经常发生，发现被害人与犯罪行为人之间的因果关系较难，侦破难度较大。为此，寻找杀人的主体现场至关重要。必须通过细致的现场勘查寻找主体现场。在现场勘查时应查明尸体的位置、姿势及损伤程度，现场与犯罪有关的其他痕迹、物品，现场结构与周围环境是否一致，通过查找死者的身源、现场上遗留的拖拉痕迹、血迹、足迹等痕迹，分析现场遗留物的来源、尸体上附着物的来源、交通工具的方向，来发现杀人的主体现场。

另外，在勘查杀人案件现场时，应依据所得到的各种线索、情况，对犯罪嫌疑人的有关情况作出分析。首先，要确定是一人还是多人作案。确定嫌疑人人数的主要依据是现场遗留的痕迹、物品和交通工具；现场被抢劫、偷盗的财物单人是否能够移动；尸体损伤是否由两种或两种以上的工具造成。其次，通过现场实地勘验和现场访问分析犯罪嫌疑人的体貌特征，包括身高、体态及其他外貌特征；犯罪嫌疑人的基本情况，包括姓名、性别、年龄、住址、工作单位、职业、文化程度、思想状况、经济状况、爱好、嗜好、技能，以及犯罪嫌疑人与被害人的关系等。

第二节　杀人案件现场勘查的重点

杀人案件现场，除按一般案件的方法进行详查外，还必须突出重点，按杀人案件的特点进行勘查。现场勘查人员不仅应掌握现场勘查的一般方法，还须掌握不同种类现场的勘查重点。

一、杀人案件现场勘验的重点

杀人案件的现场勘验应当以尸体或被害人为中心，对发现尸体的地点、杀人的地点、移尸的地点、血迹分布的情况以及遗留痕迹、物品的地点与周围环境为重点进行勘验。

（一）勘验尸体所在地点及其周围环境

由于尸体所在的地点及其周围环境有较大的差异，有的在室内、野外、地面、井里、空中，有的在车辆、船只中，为了避免破坏现场的原始状态，在对尸体进行勘验之前，应首先对发现尸体的地点进行静态、整体性的观察，制订勘验方案。要研究尸体的位置、现场周围的环境、现场内部的情况，寻找发现与犯罪有关的痕迹、物品。应当注意现场的自然条件，如温度、湿度、能见度等，现场上有无异常气味，门窗、电灯、燃器具的开关情况如何。注意观察地面、墙壁、立体空间中有无血迹、毛发、衣物、可疑足迹和交通工具痕迹，尸体周围有无蹬踩、擦划、手扶痕迹以及泥土、纤维等微量物质。

1. 判断正在勘验的发现尸体地点是否为杀人地点。主要根据如下：

（1）有无反常现象。注意尸体损伤与血迹是否一致，如尸体表面呈开放性损伤，但现场的血迹很少。注意尸体外表的印痕与周围环境是否一致，如在野外发现的尸体上有凉席印痕，与周围环境不符，表明发现尸体的地点并非杀人地点。

（2）伤口和尸体上有无特殊的附着物。发现尸体的地点尸体上有无附着物，如果没有尸体所在地的附着物，尸体很可能是从他处移至此地的。如在水田里发现了女尸，但勘验发现头发里有麦穗，可以推断杀人现场在麦地。

（3）尸体上下及周围有无拖拉痕迹。人死亡后会出现尸僵，移动起来很困难。如系一人作案，常通过拖拉来移动尸体，从而在尸体上下及周围形成拖拉痕迹。

（4）尸体有包装物，或被分尸后抛出的，可以基本确定发现尸体的地方不是杀人地点。

2. 寻找杀人地点。如果判定发现尸体的地点不是杀人地点，就应设法找到杀人地点，主要根据如下：

（1）现场上遗留的各种痕迹。如尸体上、地面上的拖拉痕迹、足迹、交通工具痕迹。

（2）血滴方向。杀人后如果有开放性损伤，即有出血，滴落在地面上形成血滴线；如果在草地等较柔软的表面拖拉，草被拖拉压倒的一面有血迹，可以沿着血迹反向寻找。

（3）尸体上的附着物。尸体上的附着物一般有泥土、草叶、灰渣等。这些附着物常是杀人现场或附近的物质。

（4）尸体包装物的特征。犯罪行为人一般用麻袋、塑料布等物包装尸体，再用绳子捆绑。根据包装物上的印刷文字、图案、用途、产地以及其他痕迹，可以确定犯罪行为人的活动范围、居住区域或职业，发现犯罪嫌疑人。

（5）犯罪行为人的遗留物。以犯罪行为人的遗留物作为嗅源，利用警犬进行追踪。

根据上述几点可以判断犯罪行为人作案时使用的犯罪工具，以何种方法，通过何种路线，用何种包装物将尸体移至发现尸体地点，从而反向发现杀人地点。

（二）勘验尸体

在杀人案件现场中，一般由法医进行尸体检验，分为两步。首先是观察记录、拍照尸体在现场的位置、姿态和相貌、衣着、附着物、尸体现象，然后进行尸体解剖。尸表检验非常重要，可以据此分析侦查方向、范围，发现犯罪线索。主要应检查以下方面：

1. 尸体的位置和姿势。在检查尸体外表时，首先应观察尸体姿势、头脚的方向、四肢的位置、身上有无捆绑物、尸体在现场的位置、与其他痕迹、物品的关系等，注意有无搏斗痕迹，有无抵抗伤，判断被害人是在什么情况下怎样被害的。

2. 尸体的外貌特征。应注意死者的性别、年龄、身高以及尸体衣物内的物件。首先应测量尸长、体重，检查肤色、发育状况、发型、发式和体貌特征，包括脸面上有无痣、疤，口内有无假牙、缺牙，身上有无文身，是否驼背、残疾等。

3. 尸体的衣着装束与携带物品。由外至内检查死者衣服的数量、式样、新旧程度，完整与否，大小是否合适，纽扣、拉链是否完好，衣袋是否被翻动过，衣裤上有无补丁、附着物，是否被撕破，衣袋里有无现金、名片、工作证、内部饭票、信封、票证、笔记本、公共汽车票等。还应注意尸体上有无微量物质，如理发师的衣袋里、指甲里有头发屑；工厂车工的衣袋里有金属屑。这些都可反映出死者的职业特征。通过检查发现尸体上的微量物质，还可以判断死者的身份、生活习惯，如抽烟的人指甲会有烟熏的微量物质。

4. 尸体的五官与肢体。依次检查头部、五官、颈部、胸部、腹部、阴部和四肢等处。检查头部和五官时，主要应注意角膜的混浊程度，眼结膜有无充血和出血点，以判断死亡时间、作案时间以及死亡原因。还应注意瞳孔散大、缩小情况，鼻孔有无出血或异物。死者嘴部口唇的颜色与死因也有一定关系，如氰化物、一氧化碳等中毒，口唇呈鲜红色。根据口腔内黏膜有无出血、腐蚀、破损等情况，可以判断死者有无服毒；还应注意死者牙齿有无脱落、缺损，注意舌部的情况，耳部颜色是否正常，有无破裂，耳道内有无出血等。根据尸体五官的征象，可以判断被害人是中毒死亡、窒息死亡还是其他死因。

5. 尸体现象。人死后新陈代谢停止，会出现尸冷、尸僵、尸斑等现象。在检验尸体时，应测量尸体的尸温，观察尸僵、尸斑是否出现以及颜色和分布位置；观察尸体有无腐烂及其程度。据此可以推断作案时间、死亡时间。

6. 尸体上的附着物。可以在头发、腋窝、鼻孔、指甲等处查找有无泥土、杂草、体液、搏斗抓挠下的皮肉碎屑、毛发、纤维等附着物，特别是在尸体伤痕处有无附着物，据此推断尸体的来源、案件的性质、犯罪的过程、致死凶器等，从而发现犯罪线索，确定侦查路线和范围。

7. 尸体外部的伤痕。在杀人案件现场中，被害人尸体上一般都有不同程度的损伤。应注意从头至脚检查尸体受伤的部位、方向、形状、深浅、数量、颜色以及长短，特别应注意伤痕周围表皮脱落和出血情况，以分析伤痕形成的原因、凶器的种类；同时根据打击方向，可以确定被害人与犯罪行为人所处的位置，判断二者之间的熟悉程度；根据损伤、喷溅血迹等情况，可以寻找犯罪嫌疑人。

对整个尸体进行检验时，对于无名尸体应整容后拍摄照片，捺印十指指纹，为辨认提供条件。

（三）现场血迹的勘验

血迹是杀人现场上常见的一种重要痕迹。大多数杀人案件，特别是当犯罪嫌疑人用钝器、锐器、枪支、炸药等作为杀人工具杀人时，一般都会在杀人地点留下大量的被害人的血迹。有时被害人与犯罪嫌疑人搏斗，犯罪嫌疑人在搏斗中受伤，也会把其血迹遗留于现场。无论是被害人的血迹，还是犯罪嫌疑人所留下的血迹，对于侦查工作而言，都是极重要的线索和证据，或可以据此认定被害人的被害事实、身份，或可以据此查找、发现并最后认定犯罪嫌疑人。因而，杀人案件现场上的血迹的数量、形状、分布位置以及血型，有助于分析犯罪过程，确定侦查方向和范围。

1. 寻找、发现血迹的方法。新鲜的血迹是鲜红色的。血液流出体外，经过一段时间就变成暗红色。随着时间、环境的变化而变化，在温度和湿度的作用下，血的颜色的变化规律是红色→褐色→棕色→灰色等。在潮湿的环境中，血液腐败后呈现淡绿色。应当注意附着血迹物体本身的颜色和照明光源的不同对血液颜色的影响。血迹在表面光滑、质地坚硬、渗透性差、颜色较浅的物体上，其颜色较深；反之，则不明显。发现血迹最好在阳光照明下，从侧面观察，表面呈现亮光。有些较淡的血迹在灯光下可能难以发现，但在阳光下较易发现；或用便携紫外灯检查，如有血迹，可以看到紫红色的荧光反应；或用冰醋酸加联苯胺加双氧水，在怀疑有血迹的地方点滴，用白布擦拭，呈现蓝色，证明可能有血迹。应注意：不要将类似血迹颜色的斑点都当作血迹处理，因为酱油、油漆、颜料、动物血等斑迹容易与人的血迹相混淆。

发现和提取血迹的部位：人的血液流出体外后，会凝固变色，加上犯罪嫌疑人常用水冲、布擦等方式破坏现场，使血迹难以发现。寻找血迹的重点部位是在尸体以及周围空间。如果现场中心在室内，应在墙壁、地板、床、凶器、陈设物以及与案件有关的物品上寻找；如果现场中心在野外，应在石头、草叶、棍棒等处寻找；如果现场是移尸现场或破坏现场，应检查尸体衣物及周围各种缝隙；如果发现了犯罪嫌疑人，应在其衣袖、前襟、鞋袜、头发、脸面、指甲缝以及表带里寻找。犯罪嫌疑人在杀人后一般会将所有衣物清洗，但指甲缝、表带里不易洗净或易被忽视；犯罪行为人往往只注意擦拭现场的血迹，而不注意销毁擦拭血迹所用的纸、布等物品，应注意寻找擦拭血迹的物品。

2. 采取血迹的方法。通常是在对现场拍照之后，采取带血迹的原物，如原物不能提取，可以用干净的小刀将血迹慢慢刮下，包在干净的塑料袋内保存，并注明案件名称、采取时间、现场部位、提取人姓名等内容；或使用橡皮膏将血迹粘下，这种方法多在密取中使用；或用浸湿的脱脂棉将原物上的血迹吸附下来，在室温下自然阴干、包好，并注明案件名称、采取时间、现场部位、提取人姓名等内容。

无论用何种方法提取血迹，都应在提取血迹的同时，提取对照样本；到犯罪嫌疑人住所或在其身上提取血样本，一定要采取密取方式。

3. 对现场血迹形状的分析。在不同的杀人案件现场中，由于人体损伤部位、血喷溅方向及滴落部位、距离、速度、高低以及承受客体不同，或受到其他因素的影响，形成的血迹形状也各不相同。据此可以分析判断犯罪过程、被害人当时所处的部位，甄别有无伪造现场或报假案的可能。血迹的形态主要有如下几种：

（1）静止时与行进中滴落的血迹。静止时滴落的血迹呈现圆形，周围有星芒状，其长短与滴落的高低有关，滴落位置越高，星芒越长；行进中滴落的血迹呈现椭圆形，尖端表明行进方向。

（2）动脉出血与甩落血滴。动脉出血与甩落血滴均呈现惊叹号形。此外，用钝器打击被害人身体的坚硬部位，如头颅，也会形成惊叹号形血迹，其尖端是血喷出或甩落的方向，血液喷出方向与物体平面角度越小，形成的惊叹号则越细越长。

（3）擦拭过的血迹。一般在现场，面积较大、浓淡不均、擦拭多的地方血迹少；反之，则血迹多。

（4）急流血迹与缓流血迹。急流血迹呈现柱状、细长直线；而缓流血迹呈现短粗、弯曲状。

杀人案件现场的血迹多数是被害人的，但有时也可能是犯罪嫌疑人的。应当分析血迹的分布情况和犯罪嫌疑人活动的情况，判断犯罪嫌疑人有无受伤的可能。

（四）犯罪嫌疑人遗留的痕迹、物品的勘验

杀人案件现场往往有很多痕迹、物品，这些痕迹、物品对于发现侦查线索、寻找、认定犯罪嫌疑人有着极其重要的作用，在实地勘验中应全力地寻找。

1. 犯罪嫌疑人遗留的痕迹。犯罪嫌疑人在杀人现场上可能遗留有手印、足迹、破坏工具痕迹、交通工具痕迹、凶器打击损伤痕迹等。对这些遗留的痕迹应当及时、全面、细致、客观地勘查、提取，收集侦查破案的证据。

在某些特定的杀人现场，对某些特定的痕迹、物品，需要在勘验时加以重视。例如，勘验强奸杀人现场，应对被害人身体、床铺、沙发以及野外现场的可疑部位、物品进行仔细的检查，应注意去发现、搜集精液、精斑、毛发等物证，以便帮助认定强奸的事实和案件的具体性质。勘验放火杀人（或杀人后放火灭迹）现场，应特别注意寻找发现引火物、助燃物等能帮助确定火灾是人为纵火的痕迹、物品。勘验碎尸现场（包括尸块现场），应努力寻找、发现包裹碎尸的包裹物、捆扎物等物品，以便侦查中能从物到人发现犯罪嫌疑人。

2. 寻找犯罪嫌疑人遗留的凶器。犯罪嫌疑人杀人所用的凶器也是杀人现场的勘验重点之一。在杀人案件现场，有时犯罪嫌疑人在杀人后会将凶器遗留在现场。用于杀人的凶器种类繁多，不胜枚举。因此，在现场附近，如水井、河沟、厕所、草塘，均可能发现被犯罪嫌疑人丢弃的杀人工具。不仅应当在地面上寻找，而且应当注意在立体空间内寻找凶器。一般而言，在自杀现场，肯定能够发现自杀凶器；如果未发现，就不能立即确定为自杀。对于发现的凶器，应注意保全，切不可破坏凶器上的指纹、血迹、毛发、染料、油漆、人体组织、灰尘等微量附着物及气味。通过分析凶器的种类、用途，可以判断其为何种职业的人所用。

3. 犯罪嫌疑人遗留的衣物及其他遗留物。对遗留在杀人现场的可能与犯罪有关的衣物、鞋帽、纽扣、布带、绳索等物品均应提取、检验，了解其裁剪方法、质地、磨损程度与部位，通过有关行业人员的检验，判断物主的职业以及制作过程。此外，应注意提取衣服上的头发、纤维，烟头上的唾液等微量附着物，以便进行刑事技术鉴定。

二、杀人案件现场的访问重点

对杀人案件现场，在实地勘验的同时，必须在一定范围内及时地开展现场访问，搜集各种人员的情况反映和报告，将其与实地勘验所得情况互为补充、互为联系，为分析判断案件情况，发现侦查线索，提供更全面、更准确的依据。杀人案件现场访问的对象主要是报案人、发现尸体的人、被害人亲属、知情人与现场附近的群众。通过现场调查，需要查明以下问题：

（一）事件的发现经过与现场的原始状况

主要是查明何人在何时、何种情况下第一个发现尸体，或目睹某人被害过程；当时现场情况如何，在案发前，看见何人从出事地点走出、停留、窥视、张望；案发后，看到何人进过现场，为何进入，变动过哪些部位；何人在现场附近活动过，有何表现等。

（二）被害人的基本情况

查明被害人本人情况，如姓名、性别、年龄、籍贯、职业、家庭情况、生前的社会关系、政治态度、经济状况、生活作风、嗜好特长等，与何人有私仇、奸情关系，被害前的表现、行踪怎样，与哪些人有过接触，等等。

（三）周围群众对杀人案件的反映

只要案件未破，案发地周围群众必定会议论案件。他们对案件的各种看法，对错兼有。通过听取这些反映，可以发现犯罪线索。侦查人员应当从群众的诸多反映中提炼出有价值的犯罪信息，可能只是简单的一句话或一件事，来拓宽侦查途径。通过访问周围群众，可以发现可疑现象，案发时有无搏斗，呼叫声以及其他的动静；注意问明什么人与案件中反映出的嫌疑人的体貌特征相似；可疑人的真实姓名、绰号、家庭住址、活动地区和体貌特征等。

（四）死者有无自杀因素存在

查明死者在死亡前精神状况是否正常，生活上有无困难，精神上是否受到打击，等等。

（五）急救受伤未死亡的被害人

如果被害人受伤但未死亡，侦查人员应设法急救。在医疗急救的同时，尽可能向被害人询问其姓名、住址、被害过程，是否看到犯罪嫌疑人；如果被害人看到并且认识犯罪嫌疑人，须问明其姓名、住址；如果虽然看到但不认识犯罪嫌疑人，应问明其性别、体貌特征、作案工具、来去现场的交通工具、逃离现场的时间、方向等情况，以便刻画犯罪嫌疑人和采取追缉堵截等紧急措施。

第三节　几种常见杀人案件现场的勘查要点

一、枪杀案件现场的勘查

（一）勘验射击痕迹

射击痕迹，是指弹头射中目标而形成的痕迹，杀人案件现场的射击痕迹主要可分为在被害人身上形成的射击痕迹和在其他物体上的射击痕迹。在其他物体上的射击痕迹由于物体的材料性质不同而显现出不同的形态和表现。例如，在纺织品上的射击痕迹，一般呈撕裂状或星芒状；在金属物体（较薄）上的射击痕迹则表现为卷边锯齿状；在木质物体上的射击痕迹则常常出现毛刺状。勘验时，应结合现场的具体情况进行寻找、检验。

被害人身上形成的射击痕迹是枪杀案件现场最主要的一种射击痕迹，这种射击痕迹可分为射入口、射出口（贯通创）、创道及附加痕迹。当枪支在 1.5 米或小于 1.5 米的距离内射中被害人身体时，其射入口往往呈圆形或星芒状裂口，有组织缺损，不能合拢，并且在射入口周围有受弹头擦撞、火焰灼烧而形成的冲撞轮及擦拭圈，其间常常还有火药残渣、烟垢、枪油、金属末等附带痕迹，而射出口常为正圆形或椭圆形。伤口处皮肉外翻，能合拢，通常有血肉外流现象。在这种近距离射击中，射入口一般大于射出口，当射击距离大于 1.5 米时，射入口和射出口的形状基本与近距离射击相同，不同之处在于：射出口大于射入口，且附带痕迹消失。

（二）收集射击痕迹物证

在枪杀现场，与射击有关的物证主要有枪支、弹头、弹壳等。勘验时，应重点去搜寻、发现这些物证。

一般而言，在枪杀现场不易发现枪支，因为犯罪嫌疑人杀人后一般都把枪支带走，但也有把枪支隐藏或丢弃于现场及现场附近的某些隐秘处的，所以勘验时，应仔细地搜索和寻找。弹头与射击痕迹密切相关：如在人体或其他物体上形成盲管创的，弹头就在创道内；如形成贯通创的，则应根据射击弹道原理，循着射入口和射出口的路径、方向、角度，去发现弹头；如弹头遇物反弹、飞跳，也应根据反弹、飞跳的规律和特点循迹进行寻找。弹壳一般在枪支发射位置 5 米范围以内，寻找弹壳应在分析、判明射击位置的基础上进行。遇到射击地点是特殊地形的，如斜坡时，则应适当地扩大搜索、寻找范围。

发现枪支、弹头、弹壳等射击物证后，应妥善地予以提取和包装，并及时由专门人员进行检验。

（三）访问现场周围群众

访问现场周围群众主要在于了解案件发生时的情况，寻问有无听到枪声、呼救声。在案发前后有无发现什么可疑的人或事，是否认识被害人，被害人生前的表现及思想矛盾情况如何，等等。

（四）分析射击情况和事件性质

射击情况包括射击距离、射击位置、方向以及射击的时间等。根据射入口和射出口的形状、特征及有无射击附加痕迹，可以分析是近距离射击，还是远距离射击。根据射入口、射出口所形成的弹道方向和路径，结合射击距离，可以分析出射击位置、射击方向。根据枪支、弹头、弹壳上的射击残留物，金属微粒、气味、颜色及性质的变化，可以大致分析出射击的时间。

在分析射击情况的基础上，还应对事件性质作出判断。首先应确定是否能排除自杀、意外事故的可能，特别应注意犯罪嫌疑人杀人之后将死者伪装成自杀之情况。

二、锐器、钝器致死现场的勘查

锐器即具有一定的锋利刃面或尖端的物体，如匕首、刀、剑。

钝器即没有锋利刃面，但具有一定质量的物体，如棍棒、砖头、石块等。锐器和钝器是犯罪嫌疑人杀人比较常用的工具。

（一）检验尸体

对由锐器或钝器致死的尸体，应认真检验，特别应注意检验死者的伤痕，检查伤痕的部位、大小、形状、深浅，有几处伤痕，是致命伤还是非致命伤。对锐器伤，要着重检验伤口的形状、创壁的情况、创道的深浅、创底的形状。对于钝器伤，则要着重检验伤痕的大小、面积、形状，皮肉是否碎裂，骨质是否受到损伤，伤痕内有无某些物质残渣，如砖屑、木刺等。

（二）根据伤痕情况，分析、寻找嫌疑杀人工具

在对死者伤痕检验的基础上，应对致死的工具进行分析和认定，如现场有某种嫌疑工具的，应将其与伤痕特征进行对比，看是否吻合，以认定其是否杀人的嫌疑凶器。

如现场没有发现嫌疑工具，且分析认为犯罪嫌疑人已将工具带走的，也应根据伤痕特征对杀人工具作出分析，以便在日后的侦查中去寻找，发现嫌疑工具。

如现场勘验中没有发现嫌疑工具，但分析认为犯罪嫌疑人极大可能将其隐藏或丢弃于现场附近某些处所，应及时组织力量，对现场四周展开搜索，以尽快发现嫌疑工具。

三、毒杀现场的勘查

用毒物杀人是犯罪嫌疑人常用的一种杀人方法。在现实生活中，毒物的种类很多，犯罪嫌疑人投毒的方式也是千变万化的，所以毒杀现场往往比较复杂。勘验中，须特别认真仔细，同时还应具备一定的毒物知识，重点应抓住以下几个问题：

（一）检验中毒尸体

中毒致死的尸体，在尸体现象上会有各种各样的反映。因此，对毒杀嫌疑现场，应重点检验尸体，根据尸体现象分析毒物的种类、名称和中毒的有关情况。

1. 观察尸体姿态。应观察尸体的面部表情，如表情是安详、紧张还是痛苦；

瞳孔是扩大还是缩小；身体是平直或是卷曲；手脚是否有痉挛现象等。

2. 检验尸体外表。应先观察、检验尸体外表的皮肤颜色，不同的毒物，会在皮肤上出现不同的颜色反映。如氰化物、一氧化碳中毒，颜面会出现樱红色；阿托品、河豚中毒，颜面呈潮红色；而亚硝酸盐、苯胺中毒，则颜面呈紫色。其次，应检验尸体外表有无可疑的伤痕，如嘴边、口腔有无毒物的烧灼伤痕，臂部、臀部及其他部位有无注射针眼；阴部黏膜有否异常等。

3. 在对尸体外表进行检验的基础上，有重点、有针对性地对全身进行检验。如怀疑是因消化道吸收毒物致死的，应重点检验胃、肠等器官；如怀疑是因呼吸道吸入毒物致死的，应重点检验肺部、气管等部位；如怀疑是因注射毒物致死的，则应重点检验血液、注射部位肌肉，必要时，还应对死者的心脏、大脑进行检验。

（二）寻找有关物品

在毒杀现场，根据现场具体情况，应重点搜索，分别寻找以下相关物品：死者的呕吐物、排泄物、分泌物；死者临死前用剩的食品及药品，或食品和药品的残渣；可疑的碗、杯、盏、碟、瓶等器皿，及器皿内的残留物质；可疑的纸张、纸袋、布块、毛巾等包装物；可疑的注射器、针头、棉球、棉签、医用安瓿等物；其他可疑之物，如带有某些可疑洇渍的床单被褥等。

（三）提取检材

对毒物种类、性质、成分的确定，一般都要通过理化检验，才能得出比较正确的结果，所以勘验毒杀嫌疑现场，应注意提取检材，检材主要有以下几类：

1. 尸体的某些脏器、组织。如各种器官、皮块、肌肉、血液等。提取时，应根据现场具体情况，有选择、有重点地进行。如死者系口服中毒，应提取胃及胃内容物；如经注射或皮肤、黏膜吸收中毒，除提取注射、吸收部位的皮肤、肌肉以外，还要提取血液、肝、肾等组织；如系呼吸道吸入性中毒，则应提取肺部组织及血液；中毒后几天或更长时间死亡的，以提取肠内容物，肝、肾组织核心为宜。由于毒物分子的组成化学结构不同，细胞结构、渗透性大小和代谢的差异，毒物存在于人体的部位也不尽相同。例如，有机磷等毒物易渗透细胞膜而分布于人体的全身；如有机氯等易溶于脂肪的毒物则可大量地积存于脂肪中；毒物砷、汞可与蛋白质结合而蓄积于肝、肾等组织；一氧化碳、氰化物可与血红蛋白结合而存在于血液，一旦怀疑是某种毒物中毒的，则应根据毒物的这种分布、沉积规律，有针对性地加以提取。

2. 其他有关物品。其他有关物品主要是指死者的呕吐物、排泄物、分泌物或者是有关的碗杯、盏、碟、瓶和纸张、口袋等容器和包装物，以及针头、注射器等器物。如怀疑是有毒气体中毒致死的，还应尽可能地提取现场上的空气样品（方法是先将干净瓶子用净水注满，在需提取空气样品处将水倒空，再将瓶用瓶塞塞紧即可）。

3. 有关痕迹。有关痕迹主要是指遗留在某些物体表面的可疑的指印、脚印。毒杀现场中需提取的检材一般较多，提取时应注意分别提取，分别包装；特别是相近的物品不能混淆，在检材的包装物外应有明确的标志，包括检材名称、部位、采集日期、采集方法等。检材中不能加防腐剂，以免与检材发生化学反应，影响检材的性质。

（四）现场访问

在对毒杀现场的勘查中，应重点对以下人员进行访问：

1. 死者家属。大多数中毒者都是死在自己的家中，其亲属对其中毒过程和死亡过程一般有所了解，通过访问死者亲属，力图查清以下问题：①死者的中毒过程，具体包括：什么时候经什么途径服用或吸收了毒物，其间有什么症状，时间有多久，是否经过救治；②死者的死亡过程，具体包括：什么时候毒性发作，什么时候死亡，死亡过程中有无痉挛、呕吐、昏迷等情况；③死者平时的健康状况，服用药品情况、饮食情况；④死者平时与什么人有仇怨矛盾。

2. 现场周围群众。通过访问群众可以了解死者平时的思想状况、心理状态，有无自杀的倾向和言论；死者的社会关系，是否与人有仇怨矛盾；在死者中毒死亡的前后时间内，有无出现过什么疑人疑事。

四、溺死现场的勘查

溺死俗称淹死，是指水或其他液体进入人的呼吸器官和血液内所引起的窒息死亡。溺死在现实生活中比较多见，既有犯罪嫌疑人致他人溺死，也有自杀、意外事件等引起的溺死，有时单纯从尸体现象上难以区别，因此，对溺死事件现场的勘查，应特别小心，特别是在认定溺死事件的性质时，更应根据现场情况，反复推敲，缜密分析。溺死现场的勘查重点应抓住以下几个方面：

（一）检验尸体

溺死尸体有特殊的尸体现象，检验中应特别注意：

1. 口、鼻部的蕈状泡沫。这是一种典型的溺死症状，主要因为在溺死过程中，由于水或其他液体进入气管和肺部，对其产生强烈的刺激，使肺和气管所产生的粘液与进入的水或液体及空气混合从而形成大量泡沫，这种泡沫从口鼻处排出，呈白色蘑菇状，一般可保持 3~5 天。尸检中，如发现死者口鼻有这样的泡沫，一般可判断为溺死；但有时应注意与其他类似情况相区别，如一氧化碳中毒和因肺水肿死亡的人也会在口鼻部产生白色泡沫。

2. 尸斑呈淡红色。水中尸体由于受水流冲击的作用，体位不断变化，水温低于一般体温，体表毛细血管受冷后发生收缩，所以难以形成像陆上尸体所具有的明显的尸斑，即使形成尸斑，颜色也较浅，呈淡红色。

3. 皮肤呈鸡皮样变。生前入水的尸体，由于入水时受冷水的刺激，体表皮肤发生收缩，出现毛发直立、毛囊隆起现象，就像鸡皮一样，这也是判断是否溺死的依据之一。

4. 手中握有水草、泥土等物。人一旦落入水中，出于本能，都会无意识地抓住水中可能抓住的一切物体，以求自救。因此，溺死者手中，一般都可发现紧握的水草、泥土、树枝等物。

5. 肺部有硅藻物质。入水者由于生前入水时的呼吸动作，大量水（或其他液体）进入肺部，水中的硅藻物质就会沉积于肺泡之中。检验时，如发现肺部有硅藻，就可判断为是生前入水。

6. 尸体上的其他伤痕。除了上述溺死所特有的尸体现象外，在检验中还应注意尸体上的其他伤痕，这常常是帮助判断是自杀、他杀的一个有力依据。检验中，应注意尸体上有无其他致命伤，有无抵抗性伤痕，有无中毒症状。发现伤痕后，应检验其有无生活反应，以与死后产生的伤痕相区别。

（二）勘验入水地点

对于有明确入水地点的，应通过勘验了解该地点的地形地貌有无造成失足落水的可能，在落水处是否有搏斗所留下的踩踏痕迹等。对于没有明确入水地点的，应根据发现尸体所在地点的地形地貌，尸体情况，水的流向和流速，分析出可能的入水地点。有时也可以根据尸体上的某些物质，如指甲缝中的泥沙、鞋底花纹中的泥土等来判断入水地点。一旦发现入水处，应围绕入水处进行详细勘验，以发现有关的痕迹和遗留物品。

（三）进行现场访问

在溺水现场勘查中，现场访问是一个十分重要的工作。对于判明死者是自杀还是他杀或意外死亡，应根据访问的情况进行分析，现场访问应围绕着以下几类人员和问题进行：

1. 死者亲属。通过访问了解死者生前的有关情况，包括死者有无自杀的表现和因素，有无流露过自杀的意向；死者生前与谁有仇怨矛盾，有无被杀的可能，可能是谁杀的；死者临死前的行踪去向和所接触的人员。

2. 死者生前居住地周围群众。通过访问，主要了解死者平时的表现如何，有无自杀的倾向，是否有过言行表露；死者的家庭关系如何，有无奸夫或奸妇；死者与谁有仇怨矛盾；溺死事件发生前后，当地有无发生过什么疑人疑事。

3. 发现尸体所在地的群众。通过访问主要了解何时、何地、何人发现的尸体；当时尸体的状况如何，如尸体的姿势、腐败情况、衣着情况等；在打捞尸体过程中，有无在尸体上形成新的伤痕；近期当地有无人员失踪或死亡。

五、缢死现场的勘查

缢死俗称"吊死"，是机械性窒息死亡的一种，它是指利用身体自重拉紧套于颈部的绳索，压迫颈部，阻止大脑的血液循环，并挤压、堵塞气管而引起的窒息死亡。

缢死在自杀方式中占据着很高的比例，也有少数的他杀缢死或者犯罪嫌疑人采用其他方式杀人后将被害人伪装成自缢身亡的案例。对缢死现场的勘查，重点应注意以下问题：

（一）检验缢死尸体

1. 索沟。索沟是指缢绳压迫死者颈部所形成的痕迹，对索沟的勘验，应注意其形状、位置、方向及索沟的宽度、深度、数量、颜色，索沟处的皮肤组织有无出血和水泡等反映。

2. 面部特征。典型性缢死，由于动、静脉血管都被挤压、堵住，所以面部往往没有或很少充血，面色常显得苍白。而非典型性缢死，由于血流阻塞不充分，面部常会发生充血现象，死者面部可呈青紫肿胀状，眼结膜可见溢血斑点。

3. 伤痕。自缢死亡者，在临死前可能会由于挣扎而使手、脚碰到墙壁、家具等物出现表皮剥脱等伤痕。但勘验中，更应注意另一类伤痕，即有些犯罪嫌疑人常把人杀死后伪装成上吊自缢，这样的尸体上，一般都有其他伤痕存在，如颈部除索沟以外会有扼痕，口鼻处因闷捂而产生的表皮剥脱、皮下出血、鼻骨骨折等。在勘验中，须将缢死而自然产生的伤痕和其他伤痕区别开来，以帮助判明事件性质。

（二）检验缢死方式

根据悬吊点不同和缢死者身体与地面是否接触，缢死可分为典型缢死和非典型缢死。勘验缢死现场时要通过检验加以判明。

典型缢死的特点是绳索勒于颈前部，位于甲状软骨和舌骨之间，左右对称斜向后上方，绕过两耳的下后侧到头枕部直至上方的支撑点，或者是在头后部结扣再延伸到上方的支撑点。无论是哪一种，脚和身体都不能接触地面（包括某些能承重的物体表面，如桌面），全身的重量都悬于绳索上。

非典型缢死，是指缢死者身体部分悬挂在绳索上，结扣在颈前部或颈侧部，脚和身体的某一部分接触到地面或其他物体上，身体重量没有全部加在缢绳上的缢死方式。

（三）勘验缢死场所

除缢死尸体外，缢死场所有以下勘查重点：

1. 对悬吊点的勘验。悬吊点就是缢绳的悬吊之点。一般在缢死现场，悬吊点多为房梁、床架、门框架、树枝等。勘验悬吊点应注意缢绳环绕部位所形成的痕迹，包括痕迹的方向、匝数、凹陷的深浅程度，还应注意寻找发现悬吊点及附近某些部位上有无手印，灰尘减层或加层痕迹。

2. 对悬吊点附近地面的勘验。对悬吊点附近的地面，应仔细勘验检查有无搏斗、挣扎痕迹。如是否有明显的凌乱脚印，明显的拖擦痕迹，家具、日用物品翻倒、破碎迹象等。还应勘验是否有死者在缢死时所流注到地面的大小便、鼻涕、口痰、血液、精液等物质。对悬吊点附近地面上的脚印应特别小心，在排除是死者自己的脚印后，应认真加以提取。

3. 对蹬踩物的勘查。蹬踩物是典型性缢死的一个重要工具，死者只有借助于蹬踩物才能将自己的身体悬空吊起。在缢死现场，如没有发现蹬踩物，或蹬踩物的高度与死者上吊高度差距太大的，一般可考虑是他杀。现场如有蹬踩物的，则要注意发现蹬踩物上的脚印、手印和其他痕迹。如果是死者自缢的，则蹬踩物上应有死者自己的足迹，反之，如是犯罪嫌疑人杀人后伪装上吊，则蹬踩物上就可能没有死者的足迹。

4. 对缢死场所其他部分的勘验。对缢死场所其他部分的勘验主要是指缢死场所的进出口，存放贵重财物的部位等。通过勘验，注意去发现进出口部位的脚印和手印、攀爬痕迹、破坏痕迹，注意发现财物有否丢失、短缺。

（四）缢死现场的现场访问

缢死现场的访问，对于判明缢死的性质具有重要意义。特别对于某些迷雾重重、真假难辨的缢死事件，通过访问群众，捕捉蛛丝马迹，可以查明真相。缢死现场的访问，主要访问死者的亲属、死者的邻居和朋友。主要应查清下列问题：死者生前的政治表现、经济状况、道德品质、邻里关系如何；死者生前与谁有仇怨矛盾，缢死前有无发现矛盾激化现象；死者缢死前有无自杀的意识流露，有无遗言和遗书；有无其他反常和可疑情况。

六、高坠致死现场的勘查

高坠致死是指由于地心吸力的作用，人体从高处向地面方向坠落，与地面或其他物体发生剧烈撞击，人体主要器官遭到严重毁损或大出血而引起的死亡。

在现实生活中，高坠死亡事件既有自杀行为，也有意外事故所致，还有犯罪嫌疑人故意实施犯罪造成的。

高坠致死事件的现场与溺死、缢死事件一样，单从尸体现象上往往难以判定事件的性质，真假现象往往掺合在一起，容易使人产生错误的判断。所以，勘验这类现场，应认真、细致，抓住高坠致死的特点和规律，注意去发现、搜索某些不易为人注意的细微情节，寻找反常现象，以求准确判定事件性质。

高坠致死现场的勘查，应抓住以下几个重点：

（一）检验尸体

检验尸体的目的主要在于确定死者死亡是否因高坠而引起的。应检验死者的身体，确定哪一部分与地面发生撞击，检验其表面有无相应的撞击伤，体内有无肌肉撕裂、骨质断裂、粉碎等现象，以及死者身上有无非坠落原因而形成的伤痕。

根据死者伤痕的特点（体表、体内及骨质的损伤程度），还应检验分析死者高坠的大约高度，以便寻找、判明高坠的地点和处所。

（二）勘验始坠点、落地点和坠落路径

始坠点就是死者坠落前最后所处的地点和位置。始坠点一般多位于房顶、山顶、桥面、山区公路的路面等。始坠点是死者死前最后所接触的地点，如某一高坠是犯罪所为，即在始坠点上就会留下某些相应的痕迹、物品。勘验中，应重点注意始坠点所在位置，有无意外失足的可能，可能性有多大；始坠点及周围有无脚印、踩踏痕迹、印压痕迹或其他痕迹、物品，是一人形成还是多人形成；有无搏斗痕迹，有无血迹、毛发等。

落地点是死者高坠与地面或某种物体发生碰撞的处所，一般也是高坠现场尸体所在地点。对落地点的勘验，应注意落地点与始坠点的位置是否相对应、相吻合，如有偏离时，应结合风向、风速以及坠落过程中有无受其他物体挡隔、反弹等情况进行分析；尸体所在地点的地面（或某一物体表面）有无相应的痕迹，如撞击痕迹、血迹，周围地面有无相应的痕迹、物品。

坠落路径是指死者从始坠点到落地点所经过的空中路线。对坠落路径的勘查，应注意坠落路径是否符合物体自由落体的规律，有无偏离等情况；坠落路径上有无其他物体存在，如树枝、遮雨棚、电线、晾衣绳等。如有这些物体存在，则应进行详细检查，注意有无因死者在高坠过程中与这些物体发生擦剐、碰撞而形成的擦剐痕迹、血迹，死者衣物的碎片或是这些物体因擦剐、碰撞而发生的断裂、破碎等现象。

（三）现场访问

与溺死、缢死等事件现场勘查一样，高坠致死现场仅凭现场勘验往往难以认定事件的性质。因此，应重视高坠致死现场的现场访问工作，具体包括以下方面：

1. 访问死者亲属：了解死者生前的有关情况，应特别了解死者生前有无自杀的原因和表现，有无仇怨、矛盾，死前的行踪去向如何，同行者为谁。

2. 访问死者的同事、朋友、邻居：了解死者生前的政治、思想、作风表现，与谁有仇怨、矛盾、经济纠纷、感情瓜葛，死者在死前有无反常言行。

3. 访问现场周围群众：了解事件发生时听到或者看到了哪些情况，如呼救声、打斗声、吵骂声，或者有人同死者结伴同行。

4. 访问有关群众：了解有无疑人疑事。

七、碎尸现场的勘查

碎尸一般都为明显的他杀。碎尸案件在杀人案件中占有一定的比例，且这种犯罪手段残忍，社会危害性大，影响恶劣，侦查工作任务重、责任大。

碎尸现场一般包括杀人分尸的现场和抛弃、埋藏尸块的现场。对碎尸现场的勘查应掌握以下重点：

（一）对抛尸现场的勘验

抛尸现场是犯罪嫌疑人抛弃、隐藏尸块的场所。抛尸、藏尸行为会相应地留下某些痕迹、物品。勘查中应注意以下几点：

1. 仔细勘验抛尸、藏尸现场所在的地理位置和周围环境。例如，有哪些道路可以进出现场，这些道路的走向和分布情况如何，与周围各种自然物体和建筑物等的关系，寻找犯罪嫌疑人选择抛尸、藏尸地点的原因和内在地理因素。

2. 注意勘验、发现抛尸、藏尸现场有无脚印、拖擦痕迹、车辆印痕以及其他痕迹。

3. 对包裹尸体、尸块的包裹物和捆扎物，应进行详细检验，查明其种类、名称、质地、大小、长短、新旧程度，以及生产、销售地点和范围，并进一步分析使用这些物品的人群范围、地域范围，犯罪嫌疑人可能具有的某种技能和习惯等。

4. 对发现的尸体、尸块，应进行法医检验。尽可能地由此查明或推断死者的性别、年龄、身高、体态、人群范围，推断其可能从事的职业以及死亡的时间等问题。

（二）对抛尸现场的访问

抛尸现场在地理位置上常常比较偏僻和隐蔽，现场所在地点常常没有住户和人群，所以抛尸现场访问常常是沿着犯罪嫌疑人可能进出现场的路线进行。访问对象包括经常在这些路线上工作、行走的人们，如清洁工、养路工、行人等，以及居住在道路两侧的居民。访问中应重点了解这一路线和地段的人们生活、工作、活动的规律，什么时间发现过可疑的人和事。

（三）寻找、发现杀人碎尸现场及勘验

通过对抛尸现场的勘验、分析和现场访问，结合进一步的侦查工作，杀人碎尸现场就会逐渐暴露出来。这类现场一般都被犯罪嫌疑人作了处理，明显的痕迹、物证往往不复存在。勘验时应特别仔细，重点应注意一些隐蔽的、细小的、不为人注意的部位和地方，如墙角、地板缝隙、家具缝隙、堆放物品的死角等，从中发现残留的痕迹、物品。还应特别注意现场的某些反常迹象，查找和发现与抛尸现场上尸块包裹物、捆扎物相同的物品。

（四）对杀人、碎尸现场的访问

发现杀人、碎尸现场后，在对其进行勘验的同时，应对现场周围的群众进行访问，重点了解案件发生时，有无看到、听到过什么情况；犯罪嫌疑人平时的表现；犯罪嫌疑人在案发前后的言行情况，特别是在案发后，有无什么反常言行。

第十三章　课后拓展

第十四章

爆炸案件现场勘查的重点

第一节　爆炸现场的形成及特点

一、爆炸及爆炸现场的概念

（一）爆炸及爆炸现场

勘验爆炸现场，侦查人员应当具备有关爆炸的一般常识。具备这些常识，不仅有助于有效地勘验这类案件现场，而且还有助于在紧急情况下排除险情。

所谓爆炸，就是形成爆炸的物质在极短时间内释放大量气体和热量，使物质剧烈、迅速地发生物理变化或化学变化，产生巨大能量、声响或光焰，引起周围物质运动或破坏。可以说，爆炸是爆炸物质在一定条件下发生突变的一种形式。爆炸过程在极短的时间内即可完成，爆炸过程中所产生的气体和热量在极短的时间之内高度集中，具有极大的压力和密度，因而产生巨大的力量，使周围介质受到冲击、压缩、推移、破碎、抛掷和震动等破坏，同时还会产生强烈的声响、光焰、烟雾、燃烧等现象。这种爆炸引起的客观环境及物体的变化，是形成爆炸现场的直接原因。

所谓爆炸案件现场，是指由于犯罪嫌疑人的行为导致某种物质发生爆炸而造成财物毁损及人畜伤亡的处所。爆炸案件现场，只是爆炸现场的一种。凡是由于人为或自然的原因引起物质发生爆炸，造成建筑物、构筑物和其他公私财物毁损、人畜伤亡而形成的现场都是爆炸现场。从侦查实践中看，爆炸现场有以下几种：

1. 爆炸事故现场。此类现场的形成主要是由于有关责任人违反国家规定、违反安全技术操作规程所致，其中又可分为责任事故和肇事事故。但有些爆炸事故是由于自然灾害造成的，如雷击、地震等也可能引起物质爆炸。

2. 爆炸自杀现场。此类现场是指有的人基于某种原因，如婚姻、家庭纠纷、久病不愈、悲观厌世等，利用爆炸方式致自己于死亡的现场。应当指出的是，有的犯罪嫌疑人在进行行凶报复或爆炸破坏时，自身未能逃离现场而被炸死，这不属于爆炸自杀。此外，有的人由于对现实不满，在一些重要场所，如公共闹市区、公共电汽车、旅客列车等，以爆炸自杀的方式制造政治影响，这类情况也不属于爆炸自杀现场。

3. 爆炸案件现场。此类现场是指犯罪嫌疑人利用爆炸方式，蓄意进行行凶报复、危害公共安全或进行爆炸破坏的现场。实践中，也有犯罪嫌疑人在实施盗窃、行凶、强奸等犯罪活动以后，利用爆炸的方式来毁证灭迹，妄图逃脱法律惩罚的情况。

（二）爆炸案件现场的特点

与其他案件现场相比较，爆炸案件现场有如下特点：

1. 现场范围大、遭受破坏严重。由于炸药爆炸反应速度快，并能在瞬间释放大量的热量和产生高压气体，形成强烈的冲击波，对周围介质造成极大的破坏。所以，爆炸案件现场范围大，遭受破坏程度严重，这是爆炸案件现场的显著特点。

现场范围大，首先是指其平面范围大。现场中心的物体不仅会遭受破坏，而且会被爆炸产物及空气冲击波抛到几十米，甚至几百米之外，现场外围的物体也会受到空气冲击波的不同程度的震动破坏；其次，爆炸案件现场的立体性较其他类现场强。炸药爆炸的产物是呈球形向四周扩散的，所以不仅现场平面遭到破坏，而且会在地面上形成炸坑，使房屋、桥梁等建筑物倒塌，将痕迹、物证掩埋。炸点的介质也会被抛到现场四周，有的落入河中，有的挂在树梢，有的嵌进天花板、墙壁等。

现场遭受破坏程度严重，主要是指：①由于爆炸物自身的威力使得现场整个形态发生改变。例如，建筑物的倒塌，现场内的物体被炸碎并发生位移，现场内的人员、牲畜被炸死、炸伤甚至炸成碎片，爆炸中心的物质可能因高温、高压的作用而消失，等等。②犯罪嫌疑人在进入现场安放、引爆炸药和实施其他犯罪行为时，留在现场的痕迹、物品，可能随着爆炸被破坏或消失。③随着炸声的轰响，爆炸现场即刻暴露，周围群众会进入现场急救人命、排除险情，这样势必造成对现场的破坏，爆炸后现场的原始状态被改变，既改变了爆炸后现场物品的分布情况，又可能改变犯罪嫌疑人遗留于现场的痕迹、物品。此外，爆炸现场一般是露天的，也极易受自然因素的影响。

2. 爆炸现象暴露性强。尽管爆炸现场遭受了严重的破坏，但不管犯罪嫌疑人多么狡猾，采取什么爆炸方式，爆炸现象却无法掩盖，会被现场周围的人所感知。爆炸残留物在现场呈规律性分布，这也是不以人的意志为转移的，任何因素的破坏都难以改变。所以，爆炸案件现场有爆炸现象暴露性强，爆炸残留物存在的特点，对于勘查及侦查十分有利。这里说的爆炸现象主要包括：

（1）光亮。炸药爆炸时均要产生光亮，发光的强弱与炸药爆炸反应速度有关，爆炸速度快、反应强烈，发出的光则强，反之则弱。

（2）火焰。燃烧是炸药的一种反应形式，燃烧过程中要发出火焰，且各种炸药的火焰颜色不同。

（3）声响。炸药爆炸伴有强烈的声响。不同种类的炸药，不同重量的炸药，爆炸时的响声的轻重程度均不相同。

（4）烟雾。炸药爆炸产生大量的气体产物，炸药的种类不同，烟雾的颜色也不同。

（5）气味。由于不同炸药的化学成分不同，爆炸时会产生各种不同的气味。

3. 有爆炸残留物存在。爆炸残留物，是指炸药爆炸后残留于现场的没有反应的炸药原形、分解产物，以及残留于现场的导火索、炸药包壳、捆绑物、引爆装置碎片等。

炸药爆炸虽然是一种高速、强烈的化学反应，但由于受到炸药本身化学、物理特性以及起爆能源、装药密度、装药的包壳、装药直径、炸药的温度、作用介质性质等客观条件的影响，总有一小部分炸药不参加化学反应，而以原形物的形式残留于现场。炸药的包装外壳、引爆炸药的导火索、导爆索、雷管、点火具及其他装置，因处于爆炸中心，一般会遭受最严重的破坏，但其残骸仍会遗留于现场，这是判断炸药种类、起爆装置以及其他情况的重要依据。

4. 物证发现的困难性。发现物证比较困难的原因有三：一是物证存在的隐蔽性；二是物证形态的破碎性；三是物证真假的难辨性，爆炸物构成材料或爆炸周围介质，其爆炸后的特征十分相似，如不注意有可能以假当真。

二、炸药及起爆装置

炸药爆炸是指炸药在外界条件影响下，如撞击、明火、通电、震动等，于瞬间释放大量的热量和气体，产生一种有光、烟、震动、声响、燃烧的现象。炸药发生爆炸，通常情况下须具备三个基本条件，即炸药、起爆装置、发火能源。

（一）炸药的分类

实践中，可从不同的角度对炸药进行分类。

1. 按物理状态，可分为气体、液体、固体炸药三类。气体炸药，即可以发生爆炸的气态物质，例如矿井中的瓦斯气。液体炸药，是指呈溶质性的液态炸药，如三甘醇二硝酸酯、丙二醇二硝酸酯、硝化甘油等。固体炸药，属于结晶状态的炸药，例如黑索金（RDX）、梯恩梯（TNT）、硝铵、黑火药等。此外，还有固体与液体混合型的胶质炸药，亦称多相炸药。

2. 按用途可将炸药分为起爆药、抛射药、破坏药三种。起爆药的特点是对外界作用非常敏感，稍有震动、摩擦、火花即可引爆。常见的起爆药有雷汞、二硝基重氮酚（DDNP）、叠氮化铅、三硝基间苯二酚铅等。①抛射药，亦称为火药，其特点是燃烧速度特别快。由于在密闭容器中，抛射药迅速燃烧，将燃烧产生的热量和气体转化为一种推动力，故此药主要用作推进剂。②抛射药分为有烟火药（黑火药）和无烟火药（硝化棉及硝化甘油）两种。③破坏药，又称为猛爆药，其特点是威力猛、破坏力强，此类药性质较稳定，通常要用起爆药引爆才能爆炸。

3. 根据炸药的威力和破坏程度，可分为高级炸药、中级炸药、低级炸药（主要是对破坏药进行分类）。高级炸药常见的有特屈儿（CE）、黑索金、太安（PETN）等；中级炸药常见的有梯恩梯、胶质炸药等；低级炸药常见的有 C 型可塑性炸药、硝铵炸药等。

（二）常见炸药的性能

1. 雷汞，又称雷酸汞，化学分子式为 $Hg(ONC)_2$，是一种菱形针状晶体，有白色与灰色两种，其性质相同。雷汞在常温下比较安全，但受到轻微的冲击、摩擦或遇到火花就能引起爆炸。

2. 叠氮化铅 $[Pb(N_3)_3]$，白色细小的结晶体，它分为安全的斜方形结晶和不安全的单斜结晶体，后者特别灵敏。叠氮化铅的诱导期非常短，受到明火、冲击等刺激时就能立即爆炸。

3. 二硝基重氮酚［DDNP］，呈鲜黄粉末状结晶。二硝基重氮酚的起爆性能较之其他起爆药要强，所以常用作雷管填药。

4. 梯恩梯［TNT］，化学名称为2，4，6-三硝基甲苯，为浅黄色或黄褐色粉末结晶，如果长期受光作用，其颜色会变暗，但不影响其性能。在生产过程中被压成鳞片状或块状，出厂包装通常为长方块状，有400克、200克、75克三种规格，一般用8号雷管起爆。梯恩梯在空气中点燃，只能燃烧，冒出黑烟而不发生爆炸。

5. 黑索金［RDX］，又称环三次甲基三硝酸，俗称硝宁，分子式为 $C_3H_6N_3$ $(NO_2)_3$。黑索金为白色粉状结晶，不溶于水，易溶于丙酮、环乙烷及浓硝酸，化学稳定性大，一般碱性化合物、酸性化合物对它都不起作用，如与苛性钠或稀硫酸共同煮沸，能产生水解作用，一般用此方法进行销毁。黑索金的热稳定性仅次于梯恩梯，优于特屈儿，在50℃下长期储存不分解，在132℃下也相当稳定，它对阳光的作用也是稳定的，但比较容易被起爆。

6. 特屈儿［CE］。特屈儿又称2，4，6-三硝基苯甲硝胺，分子式为 C_6H_2 $(NO_2)_3NCH_3NO_2$，为淡黄色粉末结晶，无臭，有咸味，不溶于水和有机试剂，遇火能迅速燃烧并引起爆炸。

7. 太安［PETN］，又称季戊四醇四硝酸酯，分子式为 $C(CH_2ONO_2)_4$，太安为白色晶体，几乎不溶于水，遇火不易燃烧，少量太安燃烧时也不易转为爆炸。太安的爆炸威力大，而且对撞击和摩擦很敏感，因此，在加工过程中会进行钝化处理。太安主要用作雷管中的加强药和导爆索的药芯。

8. 硝铵，化学名称为硝酸铵，分子式为 NH_4NO_3。硝铵为浅黄色或灰色结晶体，吸水性好，在空气中很快会潮解，若含水分则会结成硬块。硝铵着火点较高，火星不易使其点燃而致爆炸，硝铵易腐蚀铜、铁等金属。出厂规格通常有100克、150克、200克三种，为圆柱形包装，直径为3.1～3.5厘米。以硝铵为主，混合其他炸药，可以形成硝铵类炸药。硝铵类炸药运用范围较广，且容易得到，在爆炸案件中出现率较高。

（三）常用的起爆装置及发火能源

为安全有效地控制炸药爆炸，人们设计了多种起爆装置（有点火起爆性能），而这些起爆装置也可能被犯罪嫌疑人用于犯罪，起爆装置和发火能源往往通过起爆器材联系在一起。常见的起爆器材有如下几种：

1. 点火具。点火具是用来点燃导火索的材料。有用电能点火的，如电雷管，可用直流电源、交流电源进行引爆；有用火焰点火的火雷管；还有的用火柴、打火机、香烟等明火点燃导火索。

2. 雷管。雷管用于起爆炸药和导爆索。根据激发雷管的方式不同，可分为火雷管和电雷管两种。

（1）火雷管。火雷管是用导火索的明火直接起爆，因此，必须和导火索配合使用。火雷管的管壳材料多为铜、铝、塑料、牛皮纸等，亦有使用铁皮的。雷管内装加强帽、绸垫、起爆药和高级炸药。火雷管如有裂口、压损则不能插入导火索，内壁粘有起爆药粉或管体生锈等现象均不能使用，以防发生危险。

（2）电雷管。电雷管的管材和装药部分与火雷管相同，不同点是电雷管内部装有镍铬或康铜的桥丝引火元件，外部连有脚线，可以将电能转变为热能，雷管通电后瞬间发生爆炸。因此，电雷管需用电能引爆。电雷管由于发火时间不同，可分为瞬发电雷管和延期电雷管，延期电雷管的延期时间又分为4、6、8、10、12秒等，使用时间可加以选择。

无论是火雷管还是电雷管，遇冲击、摩擦、加热和火花，均可能引起爆炸，受潮后容易失效。

（3）导火索。导火索由芯线、芯药（黑火药）、三层棉线和二层防潮纸组成，外层缠有白色棉纱线，其直径为5~5.5毫米，出厂包装为每卷50米，导火索用于起爆雷管和黑火药。导火索常用拉火管、火柴等点燃，燃速一般为每秒1厘米，出厂指标为60厘米/60~75秒。

（4）导爆索。导爆索是主要用于同时起爆数个药包或药块的起爆器材，其外形很像导火索，但它的性质和作用都与导火索截然不同。它由芯线、芯药（黑索金或太安）及数层棉线和纸包缠绕，最外层涂有防潮剂。导爆索的外表面涂成红色，以区别于导火索。导爆索难于点燃，只能用雷管使它起爆，爆速不小于6500米/秒。导爆索受到摩擦、撞击、枪弹贯穿和燃烧时，都易引起爆炸。

（5）拉火管。拉火管是一种点火具，用以点燃导火索。拉火管是由硬板、细铅丝或细麻绳组成的，管内装有氯酸钾和三氯化锑混合药，稍受摩擦即能发火。

（6）发火组件。发火组件是一种控制发火的装置。按发火原理不同，可分为机械发火组件、电发火组件、化学发火组件三类。

机械发火组件由击发机、火帽、雷管和保险组成，其工作原理是通过击发机击针撞击火帽而引爆雷管。

电发火组件由可开闭的两个电极片、电池、电雷管组成，一接通电源即可引爆电雷管。

化学发火组件由硫酸、化学发火物、雷管组成，其工作原理是通过装在软胶管内的硫酸经挤压与化学发火物接触，引爆火雷管。

三、爆炸案件现场常见的爆炸物

（一）投掷爆炸物

投掷爆炸物是指把炸药装入玻璃瓶、铁盒等容器内或缠以包装物，配以雷管和导火索，点燃后投掷出去，即行爆炸。

（二）炸药包

炸药包的结构类似投掷爆炸物，使用时将之放于固定目标，然后点火引爆，常用于破坏某固定目标。

（三）定时爆炸物

定时爆炸物利用钟表定时器作为电发火引信，当钟表的指针转动到某一点沟通电路，引爆电雷管，从而引爆爆炸物。

（四）压发爆炸物

压发爆炸物外包装安有一个通过弹簧控制的活动盖板，当活动盖板受外力压迫，弹簧压缩沟通电路，因而引爆电雷管，并带动整个爆炸物的爆炸。

（五）反拆卸爆炸物

反拆卸爆炸物的结构和工作原理与压发爆炸物相同，犯罪嫌疑人通常将之伪装成邮包等，送到被害人手中，一旦打开包装，弹簧电极片舒张与另一电极片接触沟通电路，引起爆炸。

（六）小型燃发爆炸物

小型燃发爆炸物一般是指把对火焰敏感度较高的炸药装入打火机内，用粘有引火药的灯芯作传火线，打火点燃后，火焰由灯芯引入炸药引起爆炸。

第二节　爆炸案件现场勘查的任务及勘查方法

一、爆炸案件现场勘查的任务

（一）确定爆炸和爆炸事件的性质

对于爆炸现场，首先要确定其爆炸性质，爆炸在实践中常表现为气体爆炸和炸药爆炸。

从统计的情况看，气体爆炸多为事故爆炸，而炸药爆炸则多为犯罪事件。对于炸药爆炸事件是事故还是破坏，是自然事故还是责任事故，是犯罪嫌疑人故意实施爆炸，还是其他因素的爆炸，必须作出正确的判断。对于炸药爆炸事件性质的确定比较简单。如果现场不是存放炸药的处所，一般可判定是犯罪事件；如果现场是存放炸药的处所，则要考虑意外事故的可能性，查明有无导致自爆的因素。对于气体爆炸现场，要甄别爆炸原因是不可避免的自然因素，还是有关责任人员的玩忽职守，还是犯罪嫌疑人蓄意破坏。采用爆炸方式自杀与采用其他方式自杀，其性质有所不同。如果行为人采用爆炸方式自杀，由于行为人主观上无犯罪动机，而且没有造成他人的伤亡或公私财物毁损的客观危害的，则不予立案。反之则应确定为犯罪事件，因为行为人即使没有追求危害结果的发生，但还是放任了这种危害结果的发生。对于此种情况，纵然因行为人的死亡不能对其追究刑事责任，但从侦查角度讲，要通过现场勘查，查明案件情况，确定事件性质。

（二）查明构成爆炸的各要素

爆炸要素具体包括炸药的种类与数量，即现场是何种炸药爆炸，是单质炸药还是混合炸药，其数量多少；引爆方法，即犯罪嫌疑人在现场是否用了火柴、打火机、拉火管、导火索、雷管、导爆索、定时装置等；查明引爆的原因和炸药的外层包装，以及现场有无爆炸残留物存在，这些残留物与爆炸现场有什么联系，说明了什么问题，残留物上面有些什么样的痕迹和附着物，其形成原因是什么。

（三）查明爆炸的直接损失，判明犯罪嫌疑人的情况

被毁损有哪些物品、种类、数量、价值如何，毁坏程度多大；现场有无人员伤亡、伤亡情况如何；致伤、致死的原因怎样。

综合现场勘验的全部情况，分析爆炸的实施过程以及犯罪嫌疑人的技术水平和作案人数等。犯罪嫌疑人实施爆炸犯罪必须具备两个基本条件，即懂得爆炸知识和有条件获取炸药及起爆装置。通过现场勘查，尽快搜集证据，明确犯罪嫌疑人的犯罪条件及人身形象。

二、勘查爆炸案件现场的方法

爆炸案件现场的特点及勘查这类现场的特定任务，决定了现场勘查工作的方法。

（一）勘查爆炸案件现场的一般步骤

由于爆炸案件现场范围大，遭受破坏程度严重，在勘查时，应划定较大的勘

查范围。以爆炸中心为重点，主要采取由中心向外围，分段、分片、分层的顺序进行勘查。对处于公共场合的爆炸现场，为了保全痕迹物证，也可采取从外围到中心的推进方法。

爆炸案件现场一般可以划分为三个区域：①爆炸点，也称爆炸中心，其范围包括爆炸破坏作用的压缩、抛掷区和破坏区。②现场中心，是指人畜死亡和重伤的范围以及房屋倒塌、毁坏和有大量密集散落物的区域。③爆炸作用区，是指房屋建筑只受到轻微的破坏，遗留有少量散落物或少量死伤人畜的肌体组织的区域。如果现场地处乡村野外，勘查的面还可适当扩大一些，力求找到犯罪嫌疑人进出现场的路线，并注意寻找犯罪嫌疑人徘徊、观望、逗留、坐卧等行为的痕迹。

（二）勘查的具体方法

勘查爆炸案件现场除了适用观察、推断验证、技术检验、现场搜索等现场勘查的一般方法外，还有一些特殊的勘查方法。

1. 现场取样。现场取样是指在用照相、制图等方法将现场情况固定之后，在现场观察、现场测量的基础之上，对现场的有关痕迹、物品进行提取，为实验室的分析提供检材。现场取样时，应注意提取系列样品、典型样品和空白样品，以保证对炸药种类、炸药量等分析的准确性。

（1）系列样品。系列样品是指以炸点为中心，沿着一定的方向，以一定的距离为间隔，确定一系列的点进行提取所得的爆炸尘土样品。

作为系列样品，采取的间隔距离为炸点到其周围5米范围以内，每0.5米提取一次；5米以外，每1米提取一次，一般取到20米范围之内即可。每点每份样品取量多少，根据介质的颗粒大小而定，一般为0.5公斤。

（2）典型样品。典型样品是指在爆炸残留物遗留的高峰区进行提取所得的爆炸尘土样品。

（3）空白样品。空白样品是指在现场外围没有受到爆炸影响的部位进行提取所得的尘土样品。

提取空白样品的目的，在于确定现场承受痕迹物证的物质本身是否含有炸药及其分解产物以及含量多少，并和系列样品、典型样品进行比较，以准确判断炸药种类及数量。

现场取样必须在现场未受人为或较大自然力破坏之前进行。在变动现场，要在没有发生变化的部位进行。对提取的检材样品要妥善包装，标明其数量和采集的部位，对现场中肉眼可见的原形炸药应作重点提取，特别要注意在炸药的外包装上发现原形炸药。

2. 爆炸实验。爆炸实验是指在爆炸案件现场勘查过程中或之后，为了证实对有关案情的初步分析判断是否正确，而仿照案发时的现场情况进行的实验。爆炸实验可以有效证实炸药的种类及数量、引爆方式、炸药包装、炸点位置及爆炸瞬间现场人员站位情况。爆炸实验既能证实现场勘查中已判明的问题，又可以发现勘查中还未发现的问题；既能澄清错误认识，又能肯定正确认识，使勘查人员的认识达到一致。

进行爆炸实验有两个先决条件：①爆炸实验须在现场勘验的基础上，在对爆炸残留物等痕迹物证的检验有了初步结果，对现场的基本情况有了较可靠的分析之后进行。②爆炸实验时，必须尽可能地仿照已初步推断的案发当时的现场情况，以保证实验结果的科学性。

3. 实验室分析。随着爆炸的发生，炸药除极少量保持原形之外，大多数分解而生成了新的物质。炸药包装物、起爆装置及点火具等因位于爆炸中心也被毁坏而改变了形态和性质，所以，对现场提取的痕迹、物品及检材样品，应进行物理、化学的分析，用先进的仪器设备对爆炸物品作出判断，为侦查破案提供科学依据。

勘查爆炸案件现场有一定的危险性，要求在具体的勘验工作开始之前，必须排爆除险，排爆中需注意如下问题：

第一，注意现场可能留有未爆炸的爆炸物，有的系犯罪嫌疑人故意设置，有的是由于犯罪嫌疑人意志以外的原因而未爆炸。

第二，注意现场可能存在的有毒气体。炸药爆炸以后，会发生大量的有毒气体，如果现场通风不良则不易消散，尤其在地下室、防空洞等场所发生的爆炸案，有毒气体消散很慢，因此，进入通风不良的爆炸现场，必须先通风或穿戴防毒面具。

第三，注意可能倒塌的墙壁、房顶或建筑物的构件，注意正在燃烧或将要燃烧的物品，以免伤人。

第四，注意未切断电源的电线和电器设备，以防触电。

第三节　爆炸案件现场勘查的重点

一、爆炸案件现场勘验的重点

（一）勘验炸点

炸点又称为爆炸点，是爆炸物爆炸瞬间所处的部位。炸药爆炸，除悬空爆炸以外，都有明显的炸点。由于炸药爆炸产生的能量高度集中，瞬间出现极高的压力中心，使接触炸药的物体及介质在爆炸后可以形成破坏集中的部位，即炸点。炸点的形状、大小、深浅、烟痕等是炸药的种类、数量、装药形状等在现场的外在表现。所以，炸点是勘查重点之一。

1. 确定炸点位置。①从现场整体看，现场破坏最重的部位（包括人体和其他物体）一般是炸点；②炸药爆炸形成的炸坑、缺口、孔洞等能较明显地表示炸点的位置；③根据遗留物、抛出物散落的方向、位置可以判断炸点的位置，因为抛出物是从炸点向四周辐射的；④根据现场地面、墙壁等物体的毁坏状态推断炸点的位置。

2. 观察炸点形状。炸点形状通常有如下几种情形：

（1）炸坑。炸药置于地面或埋入地下一定深度爆炸，由于土壤的坚硬程度不同，会形成球形或锥形炸点，俗称炸坑。

（2）穿孔炸点。装药形状呈长柱体，以加强爆炸物的纵向力量，则会形成穿孔炸点，孔的直径略大于装药直径。

（3）截断炸点。爆炸物位于一整体物上爆炸，并将此整体物分离而形成截断炸点。截断炸点放置爆炸物一侧的炸口较小，对应一侧的炸口较大。

（4）塌陷炸点。爆炸物位于地沟盖板、楼房地板或房顶等部位爆炸，形成塌陷炸点。

（5）人体炸点。爆炸物位于人体某一部位爆炸，造成该部位组织缺损，形成人体炸点。

3. 测量炸点大小。炸点大小是推断炸药量的主要依据，测量时要力求准确。测量炸坑，应将炸坑内及其周围的回填物清除，以保证测量的准确。对截断炸点断口的测量，要注意断口上、中、下三个部位的宽度及其折断的方向、弯曲度，以便分析爆炸物在现场的位置。测量塌陷炸点时，应注意塌陷物的厚度，材料质量及结构，并结合现场其他情况，分析其是否为真正的炸点，因为有些部位坚固性较差，在爆炸产物作用范围之内，虽然不是炸点，也可能会形成塌陷。

4. 保全炸点痕迹。炸药爆炸时会发出一定的气味，但由于空气流动，气味很快会消失。但炸点部位的气味因爆炸产物的微粒或气体混在沙土中，则能保持较长时间。勘验应将含有爆炸气味的尘土用密闭容器进行提取，以备检验或爆炸实验时作比对用。爆炸现场的烟痕有时不明显，但在炸点及其周围的物质上较易发现，对之应进行提取，并妥善包装。

（二）勘验爆炸残留物

爆炸残留物是指炸药包装、引信、导火索、雷管及炸药未完全爆炸的残渣等，这些物质是分析炸药类别和引爆装置的重要依据。

1. 发现、提取炸药原形及分解产物。爆炸残留下来的炸药原形及分解产物呈极小的微粒，与现场的粉状尘土混合在一起，一般不能用肉眼发现。只有通过现场取样，收集现场含有炸药原形及分解产物的尘土，经提纯、集中后，方可检验出残留的炸药成分，确定炸药种类。

爆炸残留物在现场的分布与炸药的破坏作用范围有关，有一定的规律可循。炸药爆炸产生的破坏作用随着物体距炸点的远近而不同，物体距炸点越近，受到的破坏作用越重，反之越轻。如果物体超过炸点一定距离，则不受影响。通常可把炸药的作用范围分为四个区域。

（1）压缩区：爆炸气体产物直接作用的范围，约为爆炸物装药直径的7～14倍。此区内介质受到强烈的破坏，表现为形成炸坑，介质物体被粉碎。

（2）抛掷区：爆炸气体产物和空气冲击波共同作用的范围，约为爆炸物装药直径的20倍。此区介质所受的破坏略次于压缩区，外部表现为坚硬的介质被炸碎并被抛散，有燃烧迹象。

（3）破坏区：空气冲击波作用的范围，在爆炸物装药直径20倍以外。此区的物体被击破发生形变，但不发生抛掷。

（4）震动区：空气冲击波作用的范围，但此时冲击波已大大减弱，只使物体发生震动，而不发生形变或位移。

在压缩区内，爆炸残留物较少，甚至没有；抛掷区内爆炸残留物开始出现，并逐渐增多；在抛掷区和破坏区的交界处，爆炸残留物最多，是密集区；自此向外围又逐渐减少，直至消失。同时，爆炸残留物的分布又与介质有关，受炸点介质硬度大小的影响。介质硬度越大，残留物则越少；反之则越多。因此，在提取爆炸尘土时，应根据每一爆炸现场的具体情况，决定采集的重点部位。

2. 发现、提取炸药包壳残骸。炸药包壳包括各种材料、各种形状的容器及包裹物和捆绑物等。由于它们紧贴炸药，爆炸后常常被炸成碎片。炸药包壳因材料不同，装药量不同，炸药放置方式也不同，爆炸后在现场的分布及形态也不相同。

金属材料包壳在爆炸区大多数能留于现场，可在炸点及其周围发现。纺织品包壳，包括棉、麻、合成纤维等材料织品的包壳，爆炸后其碎片分布于炸点附近或炸坑内，其边缘呈毛绒状，面积较小。塑料薄膜制品包壳由于其热塑性大，爆炸后其碎片边缘很不整齐，呈丝状破损。纸包壳由于其紧贴炸药，炸药又处于最佳密度，所以爆炸后很难找到纸张碎片。如果犯罪嫌疑人在原包装外又裹上牛皮纸等，由于包裹不紧，爆炸后可能有纸片残留。木材包壳，木材本身虽是可燃物，但其纤维强度较高，所以，爆炸后多有束状纤维或木渣残留于炸坑内及其附近。

爆炸物的捆绑物多为条带状绳索，由于其紧贴炸药包，爆炸时被粉碎，一般很难在现场发现。但如果绳索末端较长，未贴紧炸药包或爆炸不完全，则可在炸点外围发现其残骸。这类残留物多呈小碎片或碎段，断口呈整齐的毛绒状。有的犯罪嫌疑人用导火索或导爆索捆绑爆炸物，其残留碎段药芯线完整，可以此来区别该爆炸是用导火索引爆还是用导爆索引爆。

对炸药包壳、起爆装置、导火索等残留物的发现提取方法主要是依据嵌入痕迹进行挖找；用磁铁吸附铁质碎片；用过筛方法寻找塑料、铜、铅及其他材料；范围大的现场要分片、分段进行查找；所有残片收集应遵守定向、定位、定距离的原则。

3. 发现、提取爆炸装置残骸。雷管、导爆索在爆炸中被粉碎，现场很难发现其残骸。用导火索引燃起爆的现场，常可发现炸碎的导火索，它分布于爆炸物安放导火索的一侧。爆炸后，导火索外皮破碎，接触炸药一端被炸碎，不能保持原来的长度，外观呈黑色。其外层牛皮纸保留有明显的外包线压痕，药芯线被烧毁。此外，作为起爆能源的电池外壳锌皮、碳棒、填充料，作为定时装置的钟表残骸等会留于现场，且有软化、撕裂、烧毁等迹象，应注意搜集。

在寻找、发现和提取爆炸残留物时，还应注意寻找、发现现场是否留有尚未爆炸的爆炸物，发现时要采取果断措施，及时排除险情；在现场发现可疑物品时，要小心谨慎地进行检查，不要轻易拆卸或触动，以防爆炸，造成不必要的人员伤亡；要注意发现现场有无被压砸的伤亡人员和被掩埋的尸体、尸块以及其他遗留物。

（三）勘验抛出物

抛出物是指爆炸时从炸点抛出的物质。这里所指的抛出物主要是三种：一是炸点物质；二是炸药的包装物、捆绑物；三是炸点周围的物质，如尘土、水泥块、纸张碎片、人体组织等，抛出物是研究爆炸瞬间现场物品分布情况，人员站位情况及炸点位置、炸药量多少等的重要依据。

1. 静态记录。以炸点为原点，以南北、东西自然方向为纵横坐标，建立直角坐标系，直观表现现场抛出物的分布状态及其相互关系。

2. 动态勘验。抛出物的破碎程度及其被抛撒的距离，取决于炸药的种类、数量以及抛出物本身的性质。通常情况抛出物有如下分布规律：①抛得最远的物体离炸点最近；②三个重量不同的物体，中等重量的往往被抛得最远；③位于炸点同侧的物体会被抛到炸点的同侧；一个整体物被抛到现场的不同方向，则表明爆炸物是位于该物体上爆炸的；如果抛出物上有烟痕、熔化、燃烧、冲击等痕迹，则说明此抛出物在爆炸瞬间接近爆炸物。

有的犯罪嫌疑人，为了加强爆炸物的杀伤力，会在炸药中掺入铁钉、螺帽、弹头、碎铁片等，爆炸后，这类物品被抛向现场周围，可能嵌入其他物体，应注意发现和提取。对抛出物的勘验，要注意以下几点：

（1）在现场搜寻抛出物，要遵循抛出物的分布规律，或者从炸点开始，向四周推进，或者分片分段进行，以免遗漏。

（2）在对抛出物的搜寻过程中，既要搜寻肉眼可见的宏观抛出物，也要注意搜寻形态较小、肉眼不可见的微观抛出物，全面搜集证实犯罪的证据。

（3）在分析现场抛出物的基础上，结合有关人员对现场爆炸前状态的介绍，应尽可能地将现场恢复到爆炸瞬间的状态，以确定炸点，并可根据现场客体的相互位置关系，推断谁离爆炸点最近，谁持有爆炸物，谁可能是犯罪嫌疑人。

（四）检验人体爆炸伤

爆炸产物直接或间接作用于人体，形成的各种损伤，通称为爆炸伤。在爆炸案件现场勘验过程中，通过对伤亡人员爆炸伤的法医学检验，对判断炸伤与爆炸的关系、推断炸药量、炸点位置，弄清案情，特别是确立爆炸伤亡人员中有无爆炸嫌疑人或爆炸事件的制造者，具有独特的作用。

爆炸损伤是由燃烧气体、弹片、包裹物和其他抛出物的作用而形成的，因而在人体上会出现各种形状、大小、轻重不同的损伤。

1. 爆碎伤：贴近或紧靠爆炸源的人体，受爆炸产物的直接作用所形成的爆碎伤。其特征是人的肢体、器官、躯干等被炸断粉碎抛出，肌体组织缺损，拼凑不能复原；人体衣服破碎严重，有明显的穿孔现象。根据爆碎伤情况，可以分析判断死、伤人员与炸点的关系和爆炸时人的姿势以及有无引爆动作等。

2. 爆裂伤：爆炸物膨胀产生的超压直接作用于人体形成爆裂伤。其特征是组织撕裂，创面上常留有爆炸装置残留物和隔离物碎片，创伤和分离的肢体组织无缺损，拼凑能复原。这种伤能明显表现爆炸力作用的方向、角度、高度和距离。

3. 烧灼伤：火药或炸药爆炸产物直接作用于附近的人体，由于距离关系又达不到爆碎程度时，在朝向炸点一侧形成的烧伤，使人体皮肤出现红肿或大小不一的点片状出血区，有的可见带状水泡，甚至出现坏死。程度不同的烧灼伤是爆炸发生后人体上出现的较稳定特征。烧伤多见于头面部、手部、脚部等裸露部位，头发、眉毛、睫毛、胡子被烧焦。根据烧伤部位、面积、程度和具体特征，可以判明爆炸物的种类、死伤人员与炸点距离、方向，以及是生前烧伤还是死后烧伤。

4. 冲击伤：炸药爆炸生成的冲击波冲击人体形成的冲击波伤。其主要特征是尸体完整，衣着被撕裂、剥光，人体损伤外轻内重，体表仅发生片状、条状、波浪状挫伤，而内脏却有多处损伤；朝炸心的一侧冲击波伤重，有时形成大面积的皮内出血；伤亡人员衣着撕裂情况严重，但穿孔现象不明显。

5. 爆炸碎片击伤：爆炸装置有金属外壳和有坚硬填充物或爆炸源附近有坚硬物体时，往往致距炸点较近的人被击伤，有的穿透后形成贯通伤，有的滞留在体内出现盲管伤，距炸点较远的人体容易造成钝器伤、刺创伤。被碎片击中致死、致伤的人员，多数都是被害人。

6. 对不知名尸体的个体识别检验：在爆炸案件现场经常有些尸体不知其姓名身份，对此，法医除认真检验上述几种伤外，还要按检验不知名尸体的要求进行个体识别检验，以便甄别死者的身份，弄清其姓名。

除上述几种爆炸伤的检验外，还有摔伤、挤压伤、坠落伤等都属爆炸间接伤，也需要认真检验。

二、现场访问的重点

一般应访问报案人、发现人、事主（或死者家属）、知情人和现场周围群众。访问时应重点查明以下问题：

（一）爆炸现象

应问明何人何时何地何情况下看到、听到、嗅到何种爆炸现象，其情形如何。具体包括：①光现象，即爆炸时和爆炸前有没有光亮出现，光的形态、强弱、颜色如何；②火现象，即火焰，需要问明是先爆炸后起火还是先有火后爆炸，并要弄清火焰颜色；③声现象，即要注意查清爆炸声响的大小、轻重、远近以及听到者离现场的距离等；④烟现象，即要查明烟的颜色、浓度，烟的形态变化和烟的高度等情况；⑤味现象，即注意了解嗅到何种气味、气味的浓度、刺激性强弱等。

（二）现场状况

通过事主和有关人员了解爆炸现场中心部位原来放置着什么物品，有没有爆炸危险物品存在，爆炸后哪些物品受到破坏和变动，变动的原因和程度如何，爆炸前现场人员有哪些，其相互位置距离关系如何，现场保护情况如何，对于发生在汽车、火车等交通工具上的爆炸现场，要查清炸点周围人员的位置关系，爆炸前是否发现可疑迹象，可疑人员的体貌特征。

（三）了解可疑情况

查明案发当地炸药的使用、销售、运输、管理情况，哪些人有条件取得炸药，哪些人具有爆炸知识，对于目标特定的爆炸案件，还应访问被害人及其家属，围绕因果联系发现犯罪嫌疑人。

三、爆炸现场的炸药量估算

在爆炸案件的侦破过程中，有时需要对犯罪嫌疑人实施爆炸所用的炸药量进行估算，以证实案件和现场破坏的真实程度，亦为侦查破案提供证据。由于爆炸本身是一个高温、高压、高速的化学反应过程，加之炸药的种类很多，炸药爆炸过程中又受多种因素的影响，所以，炸药量的计算只能根据爆炸现场破坏的情况，参照爆破工程设计时炸药用量的有关理论和公式计算，计算出的药量准确程度和刑事技术人员现场勘查经验有关。目前的估算方法主要有两种：一种是按爆炸作用痕迹计算；另一种是根据空气冲击波超压与对比距离估算。后一种方法很复杂，因此，此处仅介绍前一种按爆炸作用痕迹计算的方法，亦称"压缩坑法"。

一定量的炸药爆炸会在地面形成炸坑，因此，可根据炸坑的大小、介质以及其主要因素来反推估算炸药量，其公式为：

$Q = 4/3\pi (R/K)^3 d$

式中：Q——炸药量（克）；R——炸坑半径（厘米）；K——爆炸作用系数（一般取 1.5~3.0）；d——炸药密度（克/厘米，常取 1）。

K 值的选定，与爆炸作用的介质有关，坚硬介质可选 1.5~2.0，可塑性介质可选 2.5~3.0，炸药埋入地下则 K 值增大一倍，可取 3~6。

如果爆炸现场无炸坑，式中 R 可按爆炸产物抛掷痕迹或爆炸产物极限作用痕迹估算，此时 K 值可分别取 7~10 或 10~12。

至于 d 值，可参阅表 14-1。

表 14-1　常见炸药和装药密度表

炸药名称	爆热（千卡/公斤）	装药密度（克/cm³）
梯恩梯	1010	1.5
黑索金	1290	1.5
太安	1360	1.65
特屈尔	1090	1.55
雷汞	410	3.77
硝化甘油	1480	1.6
硝铵	344	0.95-1.1
铵梯（80∶20）	990	1.3
铵梯（40∶60）	1000	1.55

此外，还可以现场破坏的玻璃等物品为传感器，根据其超压值来估算炸药量。如果现场上遗留有较完整的盛装炸药的容器，则可将容器复原，根据其容积来推算炸药量。对于同一现场，应尽量采用不同方法来分别估算，然后再综合估算，并通过爆炸实验检验估算结果，力求测定准确。

第十四章　课后拓展

第十五章

抢劫案件现场勘查的重点

抢劫案件现场是指犯罪嫌疑人用暴力、胁迫和其他手段劫取公私财物的场所。实践中，根据犯罪嫌疑人实施抢劫行为的具体地点的不同，常把抢劫案件分为入室抢劫和拦路抢劫两大类。

入室抢劫是指犯罪嫌疑人单独或者结伙闯入居民住宅或机关、团体和企业事业单位内部进行的抢劫。

拦路抢劫一般是指犯罪嫌疑人在野外或僻静处所拦截行人抢劫财物，或者是尾随被害人之后，伺机进行的抢劫。

第一节 抢劫案件现场勘查的任务

一、查明事件性质

对于被害人或群众报称发生的抢劫案，首先应查明其性质，即是否真正发生了抢劫案件。在侦查实践中，有时会遇到出于判断有误而错报被劫的情况，有的人可能基于某种动机、目的而谎报被抢。因此，对凡报称被抢劫的事件，须根据现场反映出来的各种情况，迅速进行分析、判断和甄别，以查明是否真正发生了抢劫案件。实践中，对谎报抢劫案可采用如下方法予以揭露：

（一）审查报案人动机

勘查人员应根据报案人所陈述的具体情况，结合其思想品质、一贯表现及其经济状况和经济、社会交往关系，进行认真分析，探明其是否有报假案的动机，然后追查下去。谎报抢劫案件，一般都是为了满足物质上或精神上的某种需求，所以，对报案人有无谎报抢劫案件的动机进行审查，是弄清案件真假的一个重要方法。

（二）审查事主的陈述

抢劫案件如果确未发生，事主所陈述的所谓抢劫犯罪的情节只能是编造的，陈述中会出现前后矛盾的情况和一系列的逻辑错误。侦查人员应认真分析陈述的内容，发现矛盾、不合理、反常的地方，以揭露谎言。

（三）认真勘验事主指称的抢劫现场

在谎报的抢劫案件中，其现场通常有两种情况：一是谎报者仅仅指称某一处所是案发现场，但未对这一地点进行任何布置；二是谎报者根据其编造的案件情节，对其指称的案发地点进行一番布置。在勘验现场时，应从两方面入手：一方面，要审视现场环境，查清事主所报称的案发时间内该地有无发生抢劫的可能；另一方面，须认真勘验现场，审查痕迹、物品的形成与分布有无违反常规的现象，审查现场上的各种现象是否合理，审查现场遗留物及形成现场痕迹的工具，是否为事主所有，这些工具现在何处，等等。

（四）审查现场现象与事主陈述是否一致

假案的现场是伪造的，它不可能与谎报者所设想的案件情节相吻合，尤其是一些细小的、容易被人疏忽的情节，因此，伪造现场与事主陈述之间必然出现矛盾和出入，勘查人员应注意发现这些矛盾疑点。

（五）对谎称受伤者进行伤痕、伤势检查

有一些谎报抢劫者，为了增加侦查机关对所报案件的信任度，往往施行苦肉计，将自己打伤、砸伤、刺伤、划伤等，因此，应对有谎报抢劫案件嫌疑的所谓受伤者进行人身检查，看有无试探伤、捆绑伤、擦伤等，这些伤自己能否形成，而且，就一般的情况而言，谎报抢劫案的受伤者，伤势均不严重，主要表现为伤势轻、出血少；伤口所在位置并非人体要害部位。

（六）审查事主报称的被劫财物的真实去向

如怀疑系谎报抢劫案，可通过现场搜索、秘密调查、暗中控制等方法，发现所谓被抢财物的去向，以证实到底是否真的有抢劫案件发生。

二、发现收集痕迹和其他物证

抢劫现场的痕迹和其他物证是侦查的重要线索和依据，在现场勘查中应注意去发现和搜集犯罪嫌疑人留下的足迹，犯罪嫌疑人和被害人搏斗而形成的搏斗痕迹，如倒伏的草丛、零乱的脚印、滴落的血迹，以及随身携带的小物品，撕掉的衣物碎片、纽扣等，注意发现犯罪嫌疑人的作案工具以及在现场逗留、预伏时所丢弃的烟头、果皮、纸屑等各种遗留物品。

三、了解掌握犯罪嫌疑人的有关情况及其作案过程

在勘查中，通过对被害人的询问和对有关知情人员的调查，了解掌握犯罪嫌疑人的有关情况及犯罪过程，如犯罪嫌疑人的体貌特征、口音特点、衣着打扮、作案人数、作案工具、行劫方式、抢劫过程，来去现场的方向和路线，犯罪嫌疑人是否受伤，等等。此外，对抢劫案件发生的时间、地点和周围环境的详细情况，犯罪嫌疑人在实施犯罪前是事先预伏还是身后尾随抑或是突然闯入，抢劫时是否化装，犯罪嫌疑人使用的什么凶器，以及抢劫手段、方法、凶器的种类和特征，凶器是自带还是就地取用等情况，亦应调查清楚。

第二节 拦路抢劫案件现场勘查的重点

一、拦路抢劫案件的现场勘验

（一）确定抢劫地点

拦路抢劫案件，大多都发生在晚间或凌晨，由于光线较暗，能见度较差，再加上被害人受惊吓，以及其记忆力、判断力、口头描述能力的强弱差异，有些被害人或目击者在案后往往不能正确认定抢劫案件发生的地点。尤其是外地人对案发地区的情况更不熟悉。在此种情况下，现场勘查工作必须从确定抢劫现场的确切所在开始，一般可采取如下方法确定抢劫案发现场：

1. 指认确定，即由被害人或目击者带领勘查人员进行搜寻以指认被抢劫地点。这主要是在被害人或目击者对现场及周围环境有一定的了解、记忆，但又说不清具体地名的情况下采取的方法。勘查人员在被害人或目击者的带领下，根据其所描述的现场方位和环境特点，在一定的地区范围内进行的搜索寻找。

2. 寻找确定，即根据被害人的陈述进行寻找确定。在某些情况下，由于被害人受伤住院或由于其他原因而不能由其带领寻找时，可以根据被害人对现场及环境的描述由侦查人员进行寻找。

3. 调查确定。在被害人伤重或对现场环境及情况描述不清，且无其他目睹人时，可根据报案的简要情况、有关人员的反映及被害人的衣着情况、受伤情况以及粘附物情况，判断现场应在什么处所，现场应有些什么痕迹、物品，然后有

针对性地对某些可疑地方和场所进行调查确定。

（二）对抢劫现场的实地勘验

抢劫现场确定以后，应认真、细致、全面地进行勘查，根据抢劫现场的特点，对拦路抢劫现场可以从以下三个方面着手进行勘验：

1. 对实施抢劫地点的勘验。实施抢劫的地点，是抢劫案件现场的主要部分，往往遗留有较多的痕迹和其他物证，勘验时应注意搜索。如犯罪嫌疑人的足迹；搏斗过程中形成的滚压、擦蹭痕迹；搏斗中造成伤亡而留下的血迹、毛发、皮肤组织、衣服碎片、纽扣；作案工具的碎片、碎块等。实地勘验时，一般应从外围向中心进行勘验。在特殊情况下，如现场中心突出、痕迹物证集中，在不破坏现场外围痕迹物证的前提下，亦可采用由中心向外围进行勘验的顺序。

2. 对犯罪嫌疑人预伏处所的勘验。预伏现场是犯罪嫌疑人伺机实施抢劫行为而遗留有关痕迹物证的场所。对预伏处所的勘验，应着重去发现、搜集犯罪嫌疑人因逗留而形成的坐、卧、蹲、站等痕迹，凡有坐卧痕迹的，还应该注意发现相应的垫坐物，如报纸、塑料布、块、袋等。另外，还应注意搜集犯罪嫌疑人在预伏期间留下的烟头、火柴梗、吃剩的食物及其残渣以及痰液、大小便等。

3. 对现场外围及犯罪嫌疑人行经路线的勘验。在对实施抢劫的地点和预伏处所进行勘验的同时，还应对现场外围和犯罪嫌疑人来去现场所经路线进行搜索检查，以发现某些痕迹、物证，如从现场处被风吹到外围的纸张、塑料布、犯罪嫌疑人来去路线上随意丢弃的物品等。此时，特别要注意发现犯罪嫌疑人可能丢弃的作案工具，如刀、枪、棍、棒、石块、砖头以及某些赃物，如空皮夹、被害人工作证、身份证、钥匙、空包、介绍信、车船票、文件等。在犯罪嫌疑人来去现场行经的路线上，还应注意搜索犯罪嫌疑人的足迹和烟头、火柴梗、手套、头罩等遗留物品。对现场外围，可以采用分片、分段的方法进行搜索检查。对于犯罪嫌疑人行经的路线，可以用循迹追踪的方法进行勘验和检查，必要时，可利用警犬协助搜索、检查。

二、拦路抢劫案件的现场访问

在实地勘验的同时，根据抢劫案件中犯罪嫌疑人与被害人有正面接触、人身形象有一定程度暴露的特点，应立即展开调查访问。特别是对被害人，只要其没有死亡或受重伤，均应迅速进行询问，以掌握案件的有关重要情况。在侦查初始阶段，被害人的陈述可以说是确定抢劫案件是否存在、是否应采取必要的紧急措施的主要依据。

（一）对被害人的询问

对被害人的询问应由专人进行，被害人由于受到犯罪嫌疑人的暴力威胁或其他摧残，身心方面受到了较大的刺激，在精神上会处于一种紧张、恐惧的状态。因此，在询问被害人时，首先应给予其一定的关心、劝说、安慰，使其情绪平静下来，冷静、客观地回忆被抢经过以及被抢前后的情况，并进行细致、全面的叙述，通过询问被害人应主要查明以下问题：

1. 案件发生的时间、地点和有关情况，即被害人是在何时、何地被抢劫，犯罪嫌疑人是如何接近被害人的；抢劫采用何种方式，使用何种凶器或工具；犯罪嫌疑人作案后逃离现场的时间、方向、路线等。

2. 犯罪嫌疑人的情况，包括犯罪嫌疑人的人数、性别、大致年龄、体态、高矮、面貌特征、衣着打扮、口音、习惯动作及有无伪装。

3. 被抢财物情况。应问明被抢财物的名称、种类、数量、颜色、大小、重量、标记以及价值大小、用途。

4. 被害人与犯罪嫌疑人接触情况，包括被害人与犯罪嫌疑人是否有一定时间的接触、周旋过程，还是受犯罪嫌疑人突然袭击，在与犯罪嫌疑人接触、周旋过程中有无搏斗、反抗过程，如有搏斗反抗，犯罪嫌疑人身上是否受伤，受伤部位及严重程度，犯罪嫌疑人衣服是否被撕破。如果被害人是女性时，应当问明犯罪嫌疑人是否有侮辱、强奸情节。

（二）对其他有关人员的访问

其他有关人员主要是指案件的目击者、知情人及对案件的某些情况有所了解的人员，通过对这些人的调查访问，应主要查明以下问题：

1. 反常及可疑情况。即案件是何时、何地发生的，案件发生前后看到、听到过什么可疑的事情或声音；是否发现有可疑人员在案发前在现场附近逗留、徘徊，现场近段时间有无类似情况发生；案件发生时是否听到过被害人的呼救声。

2. 工作、生活规律情况。即现场所在地区人们的活动、生活规律情况，例如，上班、下班、末场电影、晚会、电视完毕时间，早班车船开启或早市的时间，等等。

3. 被害人及其家庭情况。如思想品德、经济收入、社会关系、家庭成员等情况。

三、抢劫出租车案件的勘查重点

近年来，随着出租业的兴旺发达，一些犯罪嫌疑人的作案目标瞄准了出租汽车及其司机，因此，抢劫出租车案件的勘查已成为摆在侦查人员面前的一个新的课题，对于抢劫出租车案件可从以下几个方面实施勘查：

（一）对出租车及受伤司机进行勘验检查

抢劫出租车案件，实际上大多数都是抢劫驾驶人员的钱财而并非劫持车辆。因此，案发后，出租车还在。由于出租车内即为作案场所，难免会留下犯罪的痕迹、物证，所以应对出租车进行勘验检查，如座椅、靠背、车顶有无工具打击、擦划痕迹、车内有无犯罪嫌疑人的遗留物品，门手上有无犯罪嫌疑人的手印等。

如果犯罪嫌疑人采用了暴力袭击，必须检查出租车司机是否受伤、受伤部位、受伤程度，如刺伤、绳索勒痕、钝器打击伤等。

（二）对犯罪嫌疑人预伏地点进行勘验

抢劫出租车案件，犯罪嫌疑人总要在公路边的一定地点等待出租车，见到车后借口搭乘。因此，对犯罪嫌疑人预伏的地点应进行勘验检查，寻找、发现犯罪嫌疑人留下的脚印、丢弃的烟头、瓜壳果皮、纸屑等，还可据此分析推断犯罪嫌疑人的某些情况，如犯罪嫌疑人与预伏守候地点到底有什么样的因果关系，犯罪嫌疑人为何选择此地为作案地点等。

（三）对犯罪嫌疑人逃离路线进行勘查访问

犯罪嫌疑人劫得驾驶员钱财后，就要逃逸，其下车地点一般都是有选择和考虑的。如在农村，则选择偏僻路段；在城市，则选择僻静街巷或复杂路段。但不论犯罪嫌疑人选择在何处下车，其肯定对下车地的街区、道路情况十分熟悉，在逃离路线上就可能碰上熟人或认识犯罪嫌疑人的人。勘查时，通过现场访问即能获取犯罪嫌疑人的有关情况。犯罪嫌疑人在逃跑时还可能沿途留下脚印、丢弃的赃物等，通过对逃离沿途的搜寻勘验，也可以获得有价值的线索材料。

（四）对被抢驾驶员及有关人员的调查访问

由于驾驶员与犯罪嫌疑人有一段时间的接触过程，甚至还有过攀谈，因此，驾驶员对犯罪嫌疑人人数、性别、体貌特征、衣着打扮、说话口音、身高体态等都能够清楚地陈述。作案过程中，也可能有目击者、知情人，因此，在预伏地点、下车地点及逃离沿途、出租车行经地点和路段，对有关人员进行调查访问，能够更多地获取侦查破案的线索和证据。

第三节 入室抢劫现场的勘查

入室抢劫案件的现场和拦路抢劫案件的现场在许多方面有相同和相似之处，因此，在现场勘查的某些方法和步骤上也是互相可以借鉴的。但这两类案件的现场毕竟在具体的地点和环境上存在着差异，由此也决定了这两类案件现场勘查的重点和某些方法是不完全一致的，一般对入室抢劫案件的现场勘查应从以下重点和方法入手。

一、入室抢劫案件的现场勘验

（一）对现场中心的勘验

犯罪嫌疑人入室行抢，一般都会遇到被害人的反抗而出现搏斗，或者是犯罪嫌疑人入室后，乱翻乱搜，寻找财物，所以现场会出现翻动凌乱、痕迹物证较多的迹象。在勘验时，首先应注意现场的原始状态，用照相、摄像、笔录、绘图等方法进行记载、固定之后，方可进行具体勘验。勘验时，应根据被害人的陈述和现场具体情况，在有关物体和部位上去寻找和发现痕迹物证。例如，犯罪嫌疑人翻动财物时，可能在柜门、锁扣、抽屉表面、拉手等上留下手印；被害人与犯罪嫌疑人搏斗会在地面形成滚压痕迹以及头发和血迹；犯罪嫌疑人用工具撬压箱、柜时会留下相应的工具痕迹；等等。另外，有的犯罪嫌疑人对被害人实行捆绑、塞嘴封口，对捆绑的绳索和捆绑方式亦应注意收集和了解，对塞嘴封口物进行勘验、提取、以查清其出处。

（二）对进出口进行勘验

对进出口的勘验是入室抢劫案件现场勘查的一个重点，勘验时主要应查明犯罪嫌疑人是从什么地方和部位进入现场及离开现场的，进出采用的是什么方式，应注意从这些地方和部位去发现有无痕迹物证。比如，经分析，犯罪嫌疑人是从门、窗侵入现场，就应先在门框、门锁、拉手、门前地面、窗台、窗框、玻璃、插销等部位寻找犯罪嫌疑人可能留下的手印、足迹、工具痕迹、人体通过痕迹、攀登痕迹等。同时，也可根据这些痕迹物证和现场情况来分析犯罪嫌疑人进出现场的方式，例如，是撞门入室还是撬门入室；是凿壁挖洞还是攀屋揭瓦。

（三）对现场周围环境的勘验

室内现场如系楼房，应对现场相邻的房间、走廊、楼梯、墙外的落水管道等周围的相关部位进行勘验。如果现场是成片住宅区内的平房，则应对现场房屋所在的周围道路、房舍、院墙等地方进行勘验；如现场是在单独的房屋内，则应注意勘查周围的院墙、篱笆、树林、草丛、沟坑、道路等部位。在现场周围环境中常常会留下犯罪嫌疑人的足迹，攀爬及坐卧痕迹，烟头、火柴梗等痕迹物证，所以勘验时，不应忽视这些地点和部位。

二、入室抢劫案的现场访问

（一）对被害人进行询问

对被害人应着重了解案件发生的时间、过程；犯罪嫌疑人进出现场的部位和方式；犯罪嫌疑人使用的工具、凶器；对所抢财物是指名索要还是见物就抢；所抢财物的名称、种类、数量、特征、价值；犯罪嫌疑人的体貌特征、衣着打扮、说话口音、是否蒙面、化装；被害人是否和犯罪嫌疑人进行了搏斗；等等。

（二）对其他有关人员的访问

通过对现场周围群众及其他有关的知情人的访问，应了解和掌握案件发生的时间、地点；犯罪嫌疑人的人数，体貌特征及衣着、口音；有否听到被害人的呼救声及搏斗声，案前及案后有无反常现象；有无可疑人员及可疑事件在现场地区出现；被害人的经济状况、思想品德、社会交往情况、案发当地的社情、人员来往情况、治安情况，以及人们的工作、生活规律等。

第十五章 课后拓展

第十六章

盗窃案件现场勘查的重点

第一节　勘查盗窃现场的任务

盗窃案件，是指犯罪嫌疑人以秘密窃取的手段，非法占有公私财物的案件。盗窃案件犯罪嫌疑人情况复杂，侵害目标广泛，作案手段繁多，现场情况也各不相同。在侦查实践中，常见的盗窃案件现场有：外盗，即外部人员侵入企事业单位内部进行盗窃；内盗，即企事业单位内部人员实施的盗窃；扒窃，即犯罪嫌疑人在公共场所、公共交通工具上窃取事主随身携带的财物；监守自盗，即财物保管人员利用其职务之便，先将所保管的财物挪用、贪污或盗走，然后伪造现场谎称被盗。本章主要介绍入室盗窃、扒窃和盗窃交通工具三类案件现场的勘查。

不同的盗窃案件现场有各自的规律特点，勘查方法和重点亦相应不同，但就勘查的目的和任务而言却是一致的。勘查盗窃案件现场的主要任务有：

一、查明事件性质

勘查盗窃案件现场的首要任务是要查明现场是否确有盗窃犯罪发生，尽管大多数事件现场确为盗窃案件现场，但也有部分"盗窃案件现场"是虚假的。例如，"事主"因各种复杂的动机谎称被盗，伪造盗窃现场；某些单位或个人对财物底数不清，或有其他原因，被盗后并未及时觉察或不予承认；有时财物并未被盗，确因某些迹象误认为被盗。所以，勘查人员应通过对现场的勘查，初步查清事实，揭露虚假报案，确定案件是否成立。

二、确定盗窃案件的性质

盗窃案件，按犯罪嫌疑人行窃的目的不同，可分为经济性盗窃和非经济性盗窃。发生在机关、团体、企事业内部盗窃公有财产的案件，实践中一般依照犯罪嫌疑人同该单位的关系，分为外盗、内盗、内外勾结盗窃和监守自盗四种。

在侦查实践中，准确地判断、确定盗窃案件性质，是确定侦查方向和范围的重要前提，同时也是选择最佳侦查途径的依据和条件。

三、收集破案线索和证据

勘验现场痕迹物证，访问事主和现场的知情群众是盗窃案件现场勘查的中心任务。通过勘查，发现、收集盗窃现场的痕迹和其他物证，查清被盗财物的数量和种类，收集事主陈述和证人证言，即可结合现场其他情况，对作案时间、手段、工具、人数、犯罪行为人的有关情况作出初步的分析，使侦查工作得以迅速推进。现场勘查中发现、收集的痕迹物证，访问所获得的情况，不仅仅是极有价值的线索，同时也是重要的破案证据。

四、部署紧急措施

部分盗窃案件，由于报案及时，侦查人员赶赴现场迅速，犯罪嫌疑人尚不及逃往远处和转移赃物，或现场有条件准确判断犯罪嫌疑人的去向、赃物的下落等，即应在勘查的同时，迅速部署相应的紧急措施，控制并及时抓捕犯罪行为人。

第二节　入室盗窃案件现场勘查的重点

入室盗窃案件在全部盗窃案件中占有较大的比例，是最"典型"的盗窃案件。犯罪嫌疑人侵入室内窃取财物，一般要克服两重或两重以上的障碍，会在出入现场的进出口和财物存放部位留下较多的破坏工具痕迹、手印、足迹和随身物品等，有的犯罪嫌疑人还会在窥测的过程中，在现场中心附近留下痕迹物证。因此，对入室盗窃案件现场的勘查一般应由外到内，沿着犯罪嫌疑人在现场的活动路线、以犯罪嫌疑人选择的现场进出口和被盗财物存放的处所为重点进行，部分案件现场外围亦可能成为勘查的重点。

一、入室盗窃案件现场实地勘验

（一）勘验犯罪嫌疑人进出现场的处所

凡是入室盗窃案件现场，都存在进出口，只不过有的进出口明显，有的较隐蔽。盗窃现场的进出口多遗留有破坏、攀爬和翻越的痕迹。犯罪嫌疑人对进出口的选择及留下的痕迹物证是分析判断案件性质、作案手段、技能、犯罪嫌疑人条件和人数等案件情况的重要依据，是实地勘验的重点。

犯罪嫌疑人侵入室内常见的方式有借机进入或预先潜入室内、破坏房门入室、盗用（配）钥匙及其他工具开锁入室，此外，亦发现有的犯罪嫌疑人用"万能"钥匙和组合钥匙，通过反复试开，将门锁开启，或者破坏锁、扣入室，翻窗入室，挖洞入室等。

此外，也有不少犯罪嫌疑人采取翻越阳台，房顶揭瓦，通过下水道、排烟管、通气孔等方式侵入室内。但无论哪种方式，都会留下相应的痕迹物证。勘验的顺序和方法如下：

1. 全面观察现场状态。在动态勘验之前，先应观察现场门、窗、墙壁、房顶有无破坏迹象，房屋的墙壁、阳台、排水管、护栏是否有攀登痕迹，是否遗留有梯子、攀绳、垫脚物或相应的痕迹，以大致确定犯罪嫌疑人进出现场的部位和方式。如发现门窗有破坏痕迹，应查明是否于案发前因某种原因造成，以免勘查人员空耗时间、精力，甚至产生误会。

2. 勘验现场门、锁。勘验时一般应按下列顺序，重点查明以下问题：房门是开启还是关闭；门前地面及门扇上有无足迹；锁、扣是完好还是被破坏、脱落；锁、扣现在何处；门扇、门框、锁、扣上的破坏痕迹、锁内有无擦划伤痕迹、钥匙碎片；锁、扣及门上相应部位是否留有手印、附着物；门扇内外侧有无蹬、擦痕迹和附着物，门内外侧地面有无震掉的物品、泥灰条；门上的气窗是否关紧，有无破坏、翻越痕迹，能否通过气窗开启门锁。

3. 勘验现场窗户、窗栅栏。勘验的顺序和主要内容如下：观察窗户、窗栅栏是否完好；窗下地面有无足迹、玻璃碎片及其上面有无手印、血迹；窗栏杆被破坏的根数、状态；窗玻璃是否破碎、碎片分布情况、上面有无痕迹、附着物；窗台上有无踩踏痕迹，窗插销的状态如何，有无附着物；窗下墙壁内外侧有无蹭痕；风窗、窗户上框等积灰较多的部位有无减层手印、擦抹痕迹及擦抹的方向如何；靠近窗口可能用以攀爬的树木、雨水管、电杆等物上有无攀爬的痕迹。此外，对位于楼上的现场，还应对上、下层相对应窗户进行适当的勘验。

4. 对其他形式进出口的勘验。房顶入室的现场，应重点勘验揭瓦破顶的手段特征，洞口的大小和工具痕迹；室内屋顶有无天棚口、瓦砾碎片，棚顶内木椽上有无手印、足迹、破坏工具痕迹和遗留物；洞口至室内外地面之间有无攀爬痕迹。凿壁入室的现场，应勘验洞口两侧通向的部位同现场外围进出口和现场中心的关系；挖掘的手段和方向情况；洞口两端的大小、挖掘堆积物上有无手印、踩踏痕迹、工具印痕，其中是否埋有可疑物品；洞内及两端有无人员通过和搬运物品的痕迹。

（二）对被盗财物存放地点的勘验

被盗财物的存放地点是犯罪嫌疑人在犯罪过程中活动最集中的地点，常常能集中反映犯罪嫌疑人作案手段、经验、盗窃动机、对现场环境及财物保管方式、性能是否熟悉等重要情况。因而，被盗财物的存放地点，是勘查入室盗窃案件现场的重点。

1. 发现、提取犯罪嫌疑人遗留的手印、足迹。在被盗财物的存放地点，犯罪嫌疑人活动较为复杂，留下手印、足迹的概率较高。犯罪嫌疑人触摸、翻找、移动和破坏各种物品时，很容易在这些物品上留下汗垢和减层、加层灰尘手印。戴手套作案的犯罪嫌疑人，亦可能因种种原因留下手印，如因作案时紧张恐惧或发现贵重财物后高度兴奋而摘下手套，戴手套不便于细致的动作而摘下，手套被划破，露出部分指掌而未察觉，等等。因此，现场发现有手套纹线痕迹时，仍应依循犯罪嫌疑人在现场的活动顺序，仔细查找，力争发现可能遗留的手印。犯罪嫌疑人在室内行走或蹬踩各种物体时，都会留下足迹。由于承受物表面反映和保存痕迹条件不同，犯罪嫌疑人的鞋底纹路和磨损程度不同，现场足迹清晰程度亦不同。勘查人员应根据具体情况，利用各种光源和仪器，沿犯罪嫌疑人行走路线和可能踩踏的物体有重点地寻找足迹。例如，靠近窗边、高处箱柜前的桌椅，被撬压处所附近散落的衣物、纸张等物品上常常会发现犯罪嫌疑人的足迹。

2. 勘验各种破坏工具痕迹。入室盗窃现场的被盗财物，一般为体积较小、重量不大、比较贵重的物品，这些物品通常存放于保险柜、加锁的文件柜、写字台抽屉、衣橱和箱笼之中。犯罪嫌疑人在窃取财物前，一般要破坏这些障碍。勘查时要查明被盗物品存放的具体位置，是否置于箱柜之中，上面有无锁扣，是否上锁。如果箱柜、锁扣已被破坏，应重点勘验痕迹的部位、形状、先后顺序、作用力的方向，分析破坏为哪一类工具所形成，以及犯罪嫌疑人的动作习惯特点和动作顺序。同时还应分析研究破坏手段、工具是否一致，犯罪嫌疑人破坏的部位是否准确，使用该工具是否熟练，有无职业特点和其他特征。

对于现场发现的非现场原有的工具，首先，应分析同现场破坏痕迹是否一致，及上面有无犯罪嫌疑人的手印，以此判断是否是犯罪嫌疑人所遗留；其次，应结合该工具是否能有效地排除现场障碍，是否有损坏，有无特殊改造迹象等情况，判断是犯罪嫌疑人事先精心准备的，还是在现场附近顺手取用的；同时，还应分析现场遗留工具上有无附着物、行业特征、制作工具特征，以判断该工具的使用范围和来源。

3. 勘验现场物品的变动情况。犯罪嫌疑人在现场窃取财物的过程中，对障碍物的破坏、对物品的移动、翻找、窃取等一系列行为，必然会使现场物品发生增减、位移、破损，较之被盗前有大小不同的变动情况。这种变动情况是判断案件性质及犯罪嫌疑人作案手段、技能、经验，甚至在现场整个活动过程的重要依据。勘查人员应在事主和有关知情人员的协助下，清点现场物品，查明现场哪些物品被移动、破坏、盗走，以及这些物品被触动的先后顺序，进而分析变动情况同整个犯罪活动的关系。现场发现的非现场原有的物品，如能确定为犯罪嫌疑人所留，应及时提取以备检验，并留作证实犯罪的证据。在有些现场，勘验分析现场物品的变动情况，还是揭露谎报盗窃案件的重要方法。

4. 发现和提取犯罪嫌疑人遗留的物品。现场中犯罪嫌疑人活动的地点，特别是较长时间停留和活动内容及动作形式突然改变（如撬开柜锁后，放下工具，双手搬出柜内物品翻找）的位置，应特别注意寻找犯罪嫌疑人随手放下，后因遗忘而留下的烟头、火柴梗和照明、撬压工具。有些案件现场中犯罪嫌疑人因带来的工具不称手或损坏，临时改用其他工具，先前使用的工具亦可能遗忘或遗弃在现场上。犯罪嫌疑人还可能因其他原因无意遗落随身携带的物品（如慌乱中衣服被刮破、纽扣在挣脱时遗落、弯腰时衣袋中物品掉出等）。勘查时，应结合犯罪嫌疑人在现场上的活动情况，有重点、有针对性地寻找。

5. 对被盗保险柜的勘验。入室盗窃案件中，有一部分是保险柜内财物被盗。随着保险柜使用的日益普及，不少单位将钱财寄放于单位的保险柜内。所以，保险柜已成为盗窃犯罪嫌疑人侵害的突出目标。这类案件一旦发生，损失十分严重。盗窃保险柜的案件，破坏目标难度大，犯罪嫌疑人事前对作案工具多有特别的选择和准备，所以，现场留下的痕迹、物证较多，对于分析判断案情价值较大。

犯罪嫌疑人开启保险柜的方法很多，常见的有以下几类：

（1）钥匙开启。犯罪嫌疑人盗取保险柜钥匙仅能开启柜锁，由于号码盘仍能部分控制插销，这类现场常常出现号码盘破坏的情况。号码盘、柜锁完好的现场，应考虑监守自盗和内外勾结作案的可能性。

犯罪嫌疑人更多的是使用盗配钥匙、组合钥匙和万能钥匙开锁，由于保险柜锁较精细，使用上述钥匙开启十分不易，需经较长时间反复多次试开，才有成功的可能。因此，柜锁上常留下试开痕迹；锁芯周围、锁面会有多处擦划伤；锁内零件可能被碰乱、擦伤甚至损坏；锁孔内壁也会有偏心形擦伤；锁圆角部位可能不垂直、不复位；等等。

（2）用钻具锁心和号码盘。用于破坏保险柜的钻具主要是手电钻和手摇钻两种，勘验时可依据钻口及钻孔痕迹，钻屑形状和散落情况分析判断。手电钻由于转速高、切削力强，钻口周围一般无印压、划动痕迹，钻孔壁光滑、进钻螺纹痕迹间隔规则，钻屑较粗而匀，散布面宽；手摇钻则转速低、切削力弱，进钻速度同人力加压直接相关，钻口周围多发现圆弧形印压或划动痕迹，钻孔壁比较粗糙，进钻螺纹痕迹间隔不规则，钻屑粗细不匀，散布面小。有些保险柜仅破坏锁心和号码盘还无法开启，所以这类现场中还常常出现撬压、切割等痕迹。

（3）切割活页轴、活页、柜锁、柜门和柜体。犯罪嫌疑人可能用钢锯将折页轴或折页耳锯断，破坏柜门同柜壁的联结，而后将柜门撬开。勘查时应注意分析锯开线的宽度、断面的展平面、梯纹间隔、锯屑的粗细，以判断锯的种类、用锯方法和技巧。有的犯罪嫌疑人用焊枪将柜锁切下，或将柜门、柜体割开，这种方法成功率较高，但因工具不易获得，携带不便，所以并不多见。

（4）撬砸柜门、柜体。这是目前犯罪嫌疑人最普遍采用的破柜方式，犯罪嫌疑人以扁头工具、长短撬棍交替使用，撬开柜门破坏号码盘。有的犯罪嫌疑人则用锤、斧、铁钻等工具，将柜门砸塌变形，使之脱落，或将柜体钢皮劈开，掏出夹层中的填充物，捣洞取出柜中财物。这种方式破坏保险柜费时费力，因所用工具笨重，犯罪嫌疑人多会弃在现场或附近。勘查现场应注意勘验撬砸的部位、方法，遗留在现场的撬压工具及残片，犯罪嫌疑人挪动、搬抬保险柜的痕迹及可能坐卧歇息的地点。

在勘验保险柜被盗现场时，应在充分了解保险柜自身结构、性能、使用情况的基础上，结合保险柜被破坏的痕迹的种类、数量、分布情况分析犯罪嫌疑人开启手段和过程。同时，亦应调查了解保险柜钥匙及柜内财物的保管职责、号码的知情范围等情况，进而分析判断犯罪嫌疑人的个人条件及犯罪条件。

（三）现场外围的勘验

现场外围是盗窃犯罪嫌疑人进出现场中心部位的必经之路。犯罪嫌疑人在入室作案之前，可能在现场周围行走徘徊，或者在不易被人发现的地点潜伏、窥测，也可能在作案后清理、隐藏、瓜分赃物。这些地点可能遗留犯罪嫌疑人的足迹、运输工具痕迹、攀爬、坐卧痕迹或烟头、火柴梗、食物、纸张、排泄物、丢弃或失落的工具或赃物。犯罪嫌疑人对现场外围的痕迹物证，处理一般都较轻率，很少伪装破坏，因而应当对现场外围进行有重点的勘验。

现场外围勘验应根据现场周围环境、地形地物、犯罪嫌疑人来去现场的踪迹有重点地进行。

1. 注意现场周围的环境状况，比如现场同邻近建筑物有无隐蔽通道，如围墙上的缺口，彼此相通的下水道、防空洞等，现场处于邻近单位和行人往来要道还是偏僻死角。

2. 犯罪嫌疑人来去现场的路线。犯罪嫌疑人来去现场的路线常常留下未加掩饰和破坏的痕迹物证，如正常的足迹、步法痕迹，抛弃、遗落的作案工具，赃物，包装物等。

3. 犯罪嫌疑人潜伏守候、窥测踩点的地点。这些地点的痕迹物证一般也少有伪装，价值较大。长时间的潜伏守候和徘徊往复地踩点窥测，常常留下较多的痕迹物品，如食物、烟头、唾液、大小便、纸张、足迹、坐卧痕迹等。这类地点有时还可发现未进入现场而在外望风的犯罪嫌疑人的痕迹。

二、现场访问

在现场实地勘验过程中或勘验结束后，应当抓紧时机向事主、财物保管人员、有关知情人及犯罪嫌疑人可能前往、逃离现场沿途的群众进行访问。通过访问，应查清以下问题：

（一）被盗财物的情况

被盗财物的种类、数量、价值、特征，特别是只有使用人才知道的特征和暗记；被盗财物的来历、存放时间和方式、知情的范围；门窗、箱柜是否上锁、钥匙放在什么地方，是否丢失或被人借用过；有无报警装置，有无专门的看守人员；被盗财物平常的保管规律、被盗时是否违反了这些存放规律，哪些人了解这些情况；被盗财物的所有人，财物被盗后，哪些人是直接责任人、经济损失的承担者；被盗财物是否有某种特殊用途，或需要特殊的销售渠道转卖，哪些人可能有此需要或有销售条件。

（二）发现被盗的时间、经过及现场嫌疑工具和遗留物的来源

哪些人在什么时间、因什么原因、根据何种迹象最先发现被盗；发现被盗后采取了什么措施；发现被盗前后，有哪些人进出过现场，在现场进行了哪些活动，移动和触摸过哪些物品；案发前谁最后离开现场，离开时财物及现场的其他情形如何。

现场发现的工具及其他遗留物，是否为现场及附近原有的，是否系有人因其他原因带到现场的，事主和有关知情人对这些物品有何看法。

（三）可疑人员及现象

发生案件时，值班人员、周围群众及事主是否听到某种声响，是否看到过什么人在现场附近活动，或携带物品从何方向离去；现场是否有某种特殊物品和同某种嗜好相关的零星物品被盗；存放违反常情的物品是否被盗；案发前有无陌生人窥视或探听被盗现场的情况，或有其他可疑活动，陌生人体貌特征、口音及问话内容；单位内部是否有人急需与被盗物品同类的财物，案发后的表现如何。

（五）事主、财物保管员有无谎报案件或监守自盗情形

事主或财物保管人员平时思想作风、为人如何，主要交往关系、是否可能诬陷他人；有无家庭、债务纠纷，有无赌博、嫖娼等恶习；自己或家人亲友是否急需类似被盗的财物；财物保管人员平素有无贪污、失职行为，事主有无侵吞被盗财物（如代人保管的财物）的动机；案发前是否散布同案件有关的某种言论，案发后思想情绪，经济情况是否有反常现象。

此外，勘查人员亦应询问事主、财物保管人员，他们怀疑谁会作案，根据是什么，谁对此亦有同样看法。

第三节　扒窃案件现场勘查的重点

扒窃案件在盗窃案件中所占比例很大，扒窃犯罪嫌疑人多是窃取事主随身携带的现金、票证、证件及其他小件物品，作案过程简单、短暂，事主和群众很难防范和察觉。

扒窃案件不同于其他盗窃案件，一般很难查找到明确具体的作案现场，即使发现了明确的作案现场，也很少有痕迹物证可查。扒窃犯罪多发生在环境复杂的公共场所、公共交通工具上。这些地方人多拥挤，事主的注意力极易分散，身上

的财物被扒、腰包被解、行李被拎走或调换，往往不能当即发现。犯罪嫌疑人作案得逞后即迅速转移赃物，逃离现场。当事主发觉时，常常不能确定在何时何处被扒窃。扒窃犯罪过程又多是在拥挤流动的人群中进行的，没有固定的现场。犯罪行为同周围空间和物品几乎不发生任何联系，有价值的痕迹物证很少。有些案件尽管发现及时，也因人员的流动，使现场遭到破坏，因之失去勘查价值。

但有些扒窃案件现场，因为现场环境局限，犯罪过程较长，犯罪活动范围较为固定，加之其他特殊情况，现场会保存得较好，仍然具有勘查价值。如犯罪嫌疑人同事主在火车上同坐一排座椅，候车室内双方贴近而坐，犯罪嫌疑人事先"借用"过事主的书报、随身日常用品，留下较多的烟头等。同时，扒窃犯罪嫌疑人不仅作案时要贴近事主，作案前还有寻找目标、尾随、试探等活动，其人身形象有一定程度的暴露。事后，事主和当时在现场的群众对犯罪嫌疑人的体貌特征会有所记忆，往往能提供一些情况。对于一些惯犯作案，现场的有关人员，如公共车船乘务人员、老乘客、现场周围的摊贩、执勤人员常常还能提供十分明确的线索。所以，对扒窃案件的现场，仍应组织力量积极进行勘查。

一、扒窃案件现场实地勘验

（一）明确现场范围

扒窃犯罪一般没有固定、明确的场所，也无预定的对象。犯罪嫌疑人多是活动于人员流动、拥挤之处，伺机作案。勘查人员应通过详细询问事主和知情群众，了解可疑人员活动情况，结合扒窃犯罪活动的规律特点，现场具体环境，确定具体的被盗地点，以便有重点、有针对性地进行勘验。

（二）对犯罪嫌疑人扒窃地点的勘验

扒窃过程虽然相对短暂，但大多数犯罪嫌疑人在下手扒窃之前，都有一个观察、试探、掩护的过程。在这个过程中，犯罪嫌疑人可能在现场留下相应的痕迹物证。在有勘验条件的扒窃现场，应通过细致的勘验，发现提取犯罪嫌疑人遗留于现场的手印、足迹，作案用的刀片、夹子、镊子、用作掩护遮挡的物品，及烟头、瓜壳、果核等物品。

（三）检查事主被扒的衣物、提包

检查事主被扒的衣物、提包，其意义在于查清财物存放的具体部位，判断事件性质及犯罪嫌疑人的手段、方法和经验；寻找犯罪嫌疑人的手印或附着物，在衣物的纽扣、塑料及金属饰物上，提包的光滑部位，可能留有犯罪嫌疑人的手印和手上的附着物，如油腻、烟丝、泥土等；分析作案的手段特点，如掏包时解纽扣、开拉链的方式，割包的工具，划割的方向、部位，划割的长短、次数、轻重。通过研究上述问题，可与该地区发生的同类未破案件，以及邻近地区通报的同类案件进行比较，有时可以确定这些案件是否同一个或同一伙犯罪嫌疑人所为，从而为缉捕犯罪嫌疑人提供重要线索。

（四）搜索现场周围地区

犯罪嫌疑人扒窃得逞后，一般会迅速逃离现场，在附近的隐蔽处所如厕所、僻静巷角，清点窃得的财物，将钱包、证件、月票、文件等识别特征明显的，自己认为没有价值的物品扔掉。在这些被扔掉的物品上，多会留下犯罪嫌疑人的手印，地面上也会留下其足迹。因此，对于发现及时的扒窃案件，应迅速组织力量，以现场为中心，对附近的公共厕所、下水道、防空洞、垃圾堆、邮筒、果皮箱、僻静街道进行搜索查找，以及时发现和提取犯罪嫌疑人遗留的痕迹物证。

二、扒窃案件现场访问

扒窃案件现场痕迹物证较少，又容易被破坏和散失。根据扒窃犯罪嫌疑人人身形象在现场有直接暴露这一特点，现场勘查应重点做好对事主和有关知情人员的访问。

（一）查明被扒窃的经过

应详细询问事主的姓名、单位、住址；被扒前行走的路线、乘坐过的车辆、在何处暴露过钱财；发现被扒的时间、地点和发现经过，被扒财物种类、数量及特征。根据这些具体情况，组织力量追踪查找犯罪嫌疑人和控制赃物。除询问事主外，还应尽可能地多找一些当时在场的群众进行访问。在询问事主时，应注意观察和分析报案人的陈述是否有矛盾，所述被扒经过是否符合情理。有的报案人是否是在贪污挪用公款后，或为了侵吞所经管的款项，伪装被扒的。当侦查人员产生这种怀疑时，可向报案人所在单位及其同事、家属进行调查，了解其外出是否携带了报称被扒的财物，经济收支是否正常等情况。

（二）了解掌握现场上可疑人员情况

扒窃犯罪嫌疑人同一般群众在衣着打扮、神情、言谈举止等方面都有一定的区别，通过了解可疑人员情况，往往可以查找到嫌疑线索。

扒窃犯罪嫌疑人为了掩盖其扒窃动作，隐藏赃物，其上衣多较宽大，手中、胳膊上常有书报、帽子、围巾、上衣等物品用于遮挡事主和群众视线。为了便于奔跑，多穿系带的轻便鞋，同衣饰和气候常常不相称。扒窃犯罪嫌疑人在寻找目标，试探和下手窃取财物的过程中，常常神情紧张、专注、颜面变色，且目光呆滞，身体姿势、手足动作极不协调。犯罪嫌疑人的行为也同周围群众不一样，例如，进了商场不看商品，却在收款处徘徊；到了售票窗口反往后挤，上车时卡住车门乱挤，顶着人流而进，或挤在车门处，等等。

扒窃案件多结伙作案，现场也常常会发现一些可疑迹象，如一伙人时而用污秽、难懂的黑话暗语交谈、嬉戏，时而如素不相识，各居一隅，即使同伴和人发生争执也不关心；几个人故意挤在一起，排成一列，忽而又一哄而散；或故意在现场大声喧闹、争吵，吸引在场人员的注意力等。

访问中，如发现有上述可疑迹象的人员，即应请事主和知情群众详细描述可疑人员的人数、人身形象和行为特征，必要的时候，可出示处理过的扒窃犯罪嫌疑人的照片，请他们辨认，以便及时查缉。

（三）查明扒窃犯罪嫌疑人现场犯罪活动情况

扒窃犯罪嫌疑人一般具有连续作案的特点，在作案地点、时间、选择目标等方面亦有较强的规律性。有的犯罪嫌疑人专在某路公共电汽车上扒窃；有的专在长途车船的某一区间扒窃；有的专在某一片区的某类公共场所扒窃，一般不会"越界"。车船上的乘务人员、站港工作人员、现场及附近的治保人员、商店、影院等公共场所的从业人员对此一般有所了解。在听取事主陈述的基础上，勘查人员应立即深入失窃地点和案发前事主途经的地点，向案发时当班或在场的上述人员了解有什么可疑人员在场，哪些扒窃犯罪嫌疑人常在此活动，案发时是否在场，以便发现嫌疑线索，确定侦察范围和重点对象。

第四节 盗窃交通工具现场的勘查

盗窃交通工具案件，是指在公共场所盗窃汽车、摩托车和自行车等公路交通运输工具的案件。

盗窃停放在公共场所的交通工具，事主同犯罪嫌疑人一般无正面接触，难以提供犯罪嫌疑人的有关情况；作案工具多是犯罪嫌疑人随身携带的螺丝刀、克丝钳等小型工具，撬压痕迹一般随车附着，不会留在现场，犯罪嫌疑人同现场其他物品一般没有接触，也无手印可查。所以，虽然盗车现场明确，但勘查的价值不大，采证率很低。但是，犯罪嫌疑人从接近现场选择目标，窥测等候车主离去，接触车辆撬锁到驾车逃离现场，仍是一个较复杂的过程。接到报案后，及时勘查现场,依然能收集到不少有价值的侦查线索和破案证据。

一、盗窃交通工具案件现场的实地勘验

（一）勘验停车地点痕迹物证

勘查人员应让事主到场指认具体、明确的停车地点。然后勘验有无相应的停车痕迹,如车轮印痕、油滴、水印迹等。在停车地点的相应部位,如机动车的车门前、自行车车锁前地面,应注意寻找犯罪嫌疑人留下的足迹,有无车窗玻璃碎片、车门、车锁上的金属残片、漆皮、零部件等脱落物;根据车轮的花纹、停车位置,现场地面的行车印痕分析犯罪嫌疑人驾车逃跑的方向、驾车技能等情况。

（二）观察现场环境

观察现场周围有哪些建筑物、道路,分别通向哪里以及现场人员流动情况;现场位于何种地区,是步行区外,还是交通要道,现场是专门划定的停车场所,还是事主不按规定乱停乱放的地点;现场有哪些较固定的人员,他们能否看见现场发生的情况。

（三）及时搜索现场附近地区

犯罪嫌疑人盗得车辆后,一般会迅速驾车离开现场,有时还故意绕圈,以扰乱事主和知情人的注意。当自认为摆脱追踪后,有些犯罪嫌疑人可能会停车消除车上的一些易于识别的特征,如更换、擦刮车牌照、车门上的车主单位名称,卸掉车上装载的醒目的货物、插挂的标志旗,自行车上的婴儿座椅、后架上搭载的蔬菜、衣物、车身上醒目的装饰物等,以避免引起沿途群众注意,摆脱事主的追踪。上述物品被卸掉后,一般会被犯罪嫌疑人就地抛弃,及时发现和提取这些物品,可能获取有价值的侦查线索。

二、盗窃交通工具案件的现场访问

（一）详细询问事主,了解车辆特征及被盗经过

勘查人员应详细询问事主的姓名、单位、住址等基本情况,查清何时因何故将车停放于现场,离开前是否将车锁好,何时发现被盗;车辆牌号、型号、颜色、新旧程度、牌照号、钢印号及车门上、车厢上是否印有单位名称和广告;车上装有何物、车辆有无附加设施和醒目的装饰物及其他特征,并作详细、准确的登记。

（二）围绕案发时间,访问现场周围知情群众

在确定了车辆被盗的大致时间后,应询问停车场管理人员、其他停放车辆的车主及乘客、现场的摊贩、附近商业网点的营业员等可能知情的群众,了解是否

看见有人窥测事主和被盗车辆，是否有人靠近被盗车辆，有什么活动；是否看见有人开走被盗车辆，该人的体貌特征，驾车技术及行车方向。

（三）沿着犯罪嫌疑人或可能逃跑的方向访问沿途群众

根据实地勘验、事主陈述和现场访问所获得的情况，应对犯罪嫌疑人逃跑的方向作出初步的分析，并组织力量沿途走访行人、交通民警、修车铺、执勤点、加油站、个体摊户的从业人员，查明是否见到被盗车辆经过、停留，驾车人的体貌特征如何。如果有条件，应及时在犯罪嫌疑人逃跑前方的路口设卡拦截。

第十六章　课后拓展

第十七章

强奸案件的现场勘查

强奸案件现场，是指犯罪嫌疑人违背妇女意志，采用暴力、胁迫等手段，与妇女发生性行为的处所。根据犯罪嫌疑人是在室外拦截，挟持被害人实施强奸，还是侵入被害人的住所实施强奸，可以把强奸犯罪分为拦路强奸和入室强奸两类，相应的，强奸案件现场也有拦路强奸现场和入室强奸现场两种。

第一节 强奸案件现场勘查的任务

一、查明事件性质

强奸犯罪中的被害人多数为年轻妇女，且这种犯罪涉及被害人的隐私，常常会给被害人的身心带来极大的伤害，会给其以后的生活蒙上巨大的阴影。因此，在侦查实践中，被害人报称被强奸的，绝大多数是真实的。但是，也有少数人出于各种其他目的谎报假案，例如为了诬陷他人，或是为了掩盖其与他人的不正当男女关系，或是恋人之间因某种矛盾而告对方强奸等。因此，通过现场勘查，分析、查明事件的性质，是勘查这类现场的一个首要任务。由于强奸案件本身的特点，在确定事件性质时，往往会有一定的困难，特别是遇到以下几种较为疑难的情况时，尤应特别注意。

1. 由于时间较久，或是受自然因素的影响，现场发生较大的变化，或是现场痕迹、物品遭受严重破坏甚至荡然无存。在这种情况下，被害人报称被强奸的，不应以无现场为由而否定其被强奸事实，应派出侦查人员赶赴现场进行勘验，全力寻找某些可能存在的残余的或细小的痕迹、物品，以帮助判明事件的性质。

2. 被害人控告恋人、朋友等熟人强奸的，不应贸然予以肯定或否定，而应根据现场勘验所得到的情况与被害人的陈述，结合对群众调查访问所得情况，进行比对和分析，看有无矛盾之处和漏洞，以此判定事件的性质。

3. 对于某些被害人陈述与现场情况不完全相符的情况，也不应断然否定强奸事实，而应考虑是否由于被害人精神上受到了强烈的刺激而使其记忆力、描述能力发生减退而出现错误，从而造成其陈述与现场情况不相符合。

4. 有的被害人本身有某些不良行为，在其报称被强奸时，不能以其自身的不良行为来否定其被强奸，因为在强奸案件中，道德品质是判断事件性质的依据之一，但不是唯一的依据。应以实事求是的工作态度，结合各种情况对事件性质作出判断。

5. 对于有明确的犯罪嫌疑人或有群众举报但被害人没有报案或不承认被强奸的，应对被害人做细致的思想工作，打消其顾虑，勇敢地站出来揭发犯罪。同时可根据嫌疑人的供述和群众的指证，认真勘验现场，以发现有关线索和证据，认定事件性质。

总之，对于事件性质的分析，侦查人员不能偏听偏信，更不能先入为主，主观臆断，而应把现场情况、被害人陈述及有关群众的反映综合起来，互相印证，以求客观、正确地查明事件性质。

二、查明强奸犯罪的过程

主要查明犯罪时间，即犯罪嫌疑人什么时间进入现场；什么时间开始实施犯罪；什么时间离开现场；犯罪地点，犯罪嫌疑人预伏守候的地点、尾随跟踪的地段、实施强奸的地点以及逃离现场的路线和方向；犯罪方式，犯罪嫌疑人采用何种方式实施犯罪、是否使用了某种工具和凶器；是否采用暴力或胁迫，以及是否兼有其他的犯罪活动，如伤害、抢劫。

三、查明犯罪嫌疑人的情况

查明犯罪嫌疑人的情况，包括犯罪嫌疑人的人数，犯罪嫌疑人是一人还是多人，是否全部实施了强奸行为；犯罪嫌疑人的人身特征，包括犯罪嫌疑人的外貌特征，特别是某些较为隐蔽的特征，如身高、体态、大致的年龄、衣着打扮、口音及语言特征、动作特征；查明犯罪条件，也即犯罪嫌疑人实施强奸犯罪应具备的条件，如犯罪动机条件、了解被害人行踪的知情条件，或是否具有某种流氓违法前科条件等。

第二节　强奸案件现场勘查的重点

一、强奸案件现场的勘验

勘验强奸案件的现场一般可以分为拦路强奸和入室强奸现场，在进行勘验时，应根据现场的不同特点确定不同的勘验重点。

（一）拦路强奸现场的勘验

1. 发现、确定强奸的具体地点。在拦路强奸案件中，有些被害人能比较准确地指明被强奸的地点。但也有一些被害人不能正确地指明被强奸地点，这往往是由以下因素所致：被强奸地点地形复杂，难以辨认；对被害人而言，被强奸地点是一个陌生地点，其对周围环境不熟悉、不了解；被强奸时光线较暗，难以看清当时周围的环境和地形；被强奸时由于被害人心理极度地紧张和恐惧，事后无法回忆起地点。由于上述种种因素，使被害人不能正确说出被强奸地点即犯罪现场，无疑给勘查工作带来了困难。因此，对于拦路强奸案件，应采取各种措施去发现和确定强奸现场，具体可采用以下方法：

（1）由被害人指认。如果被害人对于被强奸地点印象较深，能回忆起当地的地物形貌时，就可由侦查人员带领被害人一起前往案件发生地点，由被害人指认被强奸地点。

（2）根据被害人的回忆，进行寻找确定。对于被害人不能正确地指认被强奸地点，但能回忆起被强奸地点的某些地形地物特征的，可先让被害人尽量回忆，然后根据其回忆所提供的地形地物特征，去进行寻找、比对及确定。

（3）对某些地区进行搜索寻找，发现强奸现场。对于某些被害人仅能提供大致的地区范围，而无法确定准确地点的，可采用搜索的方法，对某一地区范围内，根据强奸案件的规律、特点以及所遗留痕迹、物品的特点进行搜索寻找，以发现犯罪嫌疑人实施强奸所留下的痕迹物品，从而确定强奸地点。

（4）对可疑场所进行搜查、检验、确定强奸现场。对于某些容易发生强奸犯罪的地点，如城乡结合部、城市街道的偏僻场所等，进行搜查，以发现有关的痕迹、物品，确定强奸现场。对于犯罪嫌疑人利用机动车辆劫持、诱骗妇女上车实施强奸的，则应根据被害人提供的车辆类型、牌号、外形、颜色、新旧程度等情况，在一定的范围内对相类似的车辆进行排查、检验，以确定实施强奸犯罪的车辆，从而确定犯罪地点。

2. 认真勘验，寻找、发现有关痕迹物品。发现强奸地点后，应认真进行勘验，以发现有关的痕迹、物品。其中，对于实施强奸的主体现场，应重点注意勘验地面上的印压痕迹。在强奸过程中的搏斗和被害人的反抗都会在地面留下相应的印压痕迹，如泥土被压实、草成片倒伏、水泥地面灰尘被沾走等；犯罪嫌疑人的足迹；犯罪嫌疑人留下的精液或精斑、毛发、唾液；犯罪嫌疑人实施犯罪所用的凶器，如刀、棍、棒等；犯罪嫌疑人留下的其他痕迹、物品，如捆绑被害人所用的绳索、布带、电线；用于堵嘴的布团、手帕、袜子、纸团、毛巾；用于擦拭的餐巾纸、报纸、衣物等。

对于犯罪嫌疑人跟踪、等候被害人所形成的外围现场，则应注意去寻找、发现犯罪嫌疑人预伏、守候所留下的坐卧痕迹、脚印及某些物体上的手印；犯罪嫌疑人遗留的烟头、烟盒、火柴、食物残渣、尿液、粪便、唾沫等；交通工具痕迹等。

寻找、发现上述痕迹、物品，是强奸案件现场勘查的一个重要任务，在侦查工作中能否发现、找到犯罪嫌疑人，以及最后能否认定犯罪嫌疑人和犯罪事实，都主要取决于这些痕迹、物品。

3. 观察现场地形、地物，分析犯罪嫌疑人来去现场的方向和路线。对拦路强奸现场的勘验中，应注意观察现场所处的位置，与周围环境的联系。特别应注意连接现场的道路，要观察道路的来去方向，分别通向什么地区，以分析犯罪嫌疑人实施犯罪前可能来自何处，作案后又可能逃向何处，为侦查方向和范围的确定提供依据。

（二）入室强奸现场的勘验

入室强奸案件与拦路强奸案件在犯罪活动的主要方面是相同的，这两类案件的现场也表现出一些相同或相似之处，如犯罪所留下的痕迹、物品及犯罪的对象等。但由于这两类案件现场所处的具体环境不同，某些特征和特点不同，勘查方法也有一些差异。勘验入室强奸现场，重点应抓住以下几个问题：

1. 对入室强奸现场环境的勘验。对入室强奸现场的勘验而言，对现场环境的注意和重视是非常必要的。对环境的勘验重点应注意现场所在房屋的结构，是平房还是楼房；是单门独户还是单元式或院落式住房；是民居还是集体宿舍、办公室、车间或库房；现场所在房屋四周与什么建筑相毗连；通向现场所在房屋有哪些道路或通道。还应注意现场所在房屋四周墙壁、窗台、雨棚、花台及各种暖气、天然气、自来水管道上有无攀爬翻越痕迹；有无手印、脚印；这些周围环境中有无犯罪嫌疑人丢弃或遗留的攀爬工具、烟头、火柴及作案工具等物品。

2. 对入室强奸现场中心的勘验。对于入室强奸现场的中心部分，勘验时重点应注意：

（1）现场进出口。既是入室，必有进口和出口，大多数入室强奸现场，犯罪嫌疑人都是通过一定的暴力方法进入室内，如撬门、撞门、用铁片、塑料片插锁开门或是打碎玻璃、墙壁上打洞等，这就难免会在这些部位留下相应的痕迹，勘验时应认真地观察、发现进出口，并寻找、发现可能留下的痕迹。

（2）具体实施强奸的地点和部位，即犯罪嫌疑人具体实施强奸行为的地点和部位。在入室强奸案件中，这些部位多表现为床、沙发、地板等。勘验中，应注意床及床上被子、毯子、枕头、枕巾等物的状态，注意这些物品上面有无阴毛、精液、精斑、血迹及其他痕迹；对沙发和地板应注意其褶皱和缝隙，以从中发现某些痕迹；对中心现场上的有关物体亦应注意，以发现犯罪嫌疑人因使用、触摸、移动等物品时所留下的手印。在中心现场、还应注意去发现、搜集犯罪嫌疑人实施犯罪所用的捆绑物、堵嘴物和有关工具，如绳索、手巾、布团等。

（3）勘验入室强奸的中心现场，应注意发现犯罪嫌疑人在实施强奸犯罪的同时，是否兼有其他的犯罪行为，如抢劫财物等。勘验中应注意发现现场是否有物品的损坏，有无柜门、箱盖被破坏的情况。对被破坏而留下的工具痕迹，应认真地进行勘验、提取，为日后认定犯罪工具作准备。

二、强奸案件现场的访问

强奸案件中有一个显著特点就是犯罪嫌疑人与被害人之间有过或长或短时间的正面接触，被害人对犯罪嫌疑人的外貌特征、某些个体特征以及强奸犯罪的整个过程，了解得比较清楚。因此，在强奸现场的勘查工作中，对被害人及其他有关人员进行访问，是一项十分重要的工作。一般而言，访问被害人的工作应在实地勘验之前进行，以便在实地勘验中，能较顺利地找到案发地点和有关的痕迹、物品。强奸现场的访问重点应访问以下人员和问题：

（一）对被害人的访问

被害人是强奸犯罪的直接受害者，访问时应注意方式方法，如被害人是未成年人时，访问时要邀请其父母、教师或监护人参加，访问应围绕以下重点问题进行：

1. 有关犯罪的过程问题。包括：被强奸时的时间、地点；被强奸时的天气情况，现场周围人员活动情况；犯罪嫌疑人是如何接近（或进入）现场的，采用何种方式和工具；进入现场后犯罪嫌疑人有哪些活动，实施犯罪的顺序如何；犯罪嫌疑人什么时间离开现场，离开现场的方向、道路。

2. 有关犯罪的方式问题。包括：犯罪嫌疑人是否持有某种凶器；犯罪嫌疑人是否采用暴力、引诱、胁迫等方式实施强奸；犯罪嫌疑人是否采取了防范措施或反侦查伎俩，如蒙面、改变声音、将被害人双眼蒙上、事后擦拭精液、血迹、手印、脚印，或带走遗留有某种痕迹的物品等，以及犯罪嫌疑人实施强奸的具体方式。

3. 有关犯罪嫌疑人个体特征问题。包括：犯罪嫌疑人是一人作案还是多人作案；犯罪嫌疑人的外貌特征如五官特征；身高体态特征；身上的斑、痣、疤痕等；犯罪嫌疑人的衣着打扮特征如衣服的式样、布料、质地、新旧程度等，是否有某种奇特的服饰；犯罪嫌疑人的语言特征，是说普通话还是某种方言、声音特征如何；犯罪嫌疑人的某些动作习惯特征，如是否左撇子、习惯性的表情、走路的姿势等。

4. 其他问题。包括：犯罪嫌疑人实施犯罪过程中，双方有无搏斗过程，犯罪嫌疑人是否受伤，受伤的部位、程度如何，被害人是否撕破了犯罪嫌疑人的衣物，扯落其纽扣，或是夺取了犯罪嫌疑人的某种物品，现在何处；犯罪嫌疑人在实施强奸的同时是否还伴有其他犯罪活动，是如何实施的，后果如何；犯罪嫌疑人是否掠走了某些物品，如钱财、被害人的手表、金银首饰等，这些物品的数量、名称、规格、价值及有无什么特别记号；被害人与犯罪嫌疑人是否相识，是熟人还是有过一面之交还是完全是陌生人。

（二）对其他有关人员的访问

1. 案件发生当时的情形，包括案件发生的时间、地点；当时的天气状况、光线条件；是否有人目击犯罪；案件发生是否听到搏斗声、呼救声或其他声音。

2. 案件发生前后有无可疑情形，包括案发前是否发现有人窥测现场，多次滞留、徘徊于现场及周围；案发前是否有人多次对被害人盯梢、尾随；或对其要流氓动作；案件发生后是否有人神色反常，行为可疑；案件发生后有无人销售与案件有关的物品。

3. 当地的社会情况，包括该地区的治安状况如何；流氓、强奸犯罪是否突出；近期是否出现多次强奸犯罪；该地区有哪些人平时有流氓行为，其现在表现如何；当地有关企事业单位的上下班时间以及其他活动和作息时间。

三、人身检查

强奸犯罪是一种侵害人身权利的犯罪，犯罪嫌疑人实施犯罪过程中，常常会对被害人施加各种暴力，如用钝器打击头部；用锐器刺伤被害人身体；或强力捂压被害人口鼻；扼颈勒颈等，这样势必会在被害人身上造成一定的伤害。同时，由于被害人的自卫、反抗，还常常会形成抵抗伤、防卫伤，也会给犯罪嫌疑人造成一定的伤害。因此，在现场勘查中，应重视人身检查这一项工作，以帮助判明案件真相、犯罪过程和伤害程度，帮助确定犯罪嫌疑人。

（一）被害人人身检查

被害人的人身检查，应根据案件的具体情况决定应检查的重点部位和重点问题。一般而言，常检查以下内容：

1. 性器官检查。某些强奸现场勘查中，需要确定被害人是否确实被强奸时，需对被害人作进行器官的检查，主要观察、检验处女膜有无新鲜破裂痕迹、阴道内有无精液或精子等。必要时，还应辅之以理化检验方法，使结论更可靠。

应当指出，对被害人一般不进行性器官检查，必须检查时，也应征得被害人本人或其家长、亲属、监护人的同意，并且检查应由女医师或女法医进行。

2. 身体其他部位伤痕检查。结合被害人的陈述和现场调查所得，对被害人进行伤痕检查，应注意把握重点，因案制宜。检查手指、手掌、手臂，以确定有无抵抗伤；检查头面部，观察有无损伤。特别要注意被头发覆盖的部分；检查肘部、背部和臀部，观察有无因与地面摩擦而形成的擦划伤、印压伤。检查胸部有无抓伤、咬伤；检查身体其他部位，观察有无其他伤痕。

检查中，还应注意发现被害人身上某些部位沾附着的异物，如纤维、草籽、泥土、木屑等以及不是被害人本人的阴毛。

对被害人人身进行检查的同时，还应注意检查其当时所穿的衣裤，应注意去发现与人体伤痕部位相对应的衣裤部位上有无损坏及痕迹；注意纽扣是否完整，有无被扯落的情况，裤子拉链是否完好，衣裤有无被撕裂等现象。

（二）犯罪嫌疑人人身检查

对于在现场勘查中发现的犯罪嫌疑人，也应依法对其实行人身检查。

1. 检查身体上的各种伤痕，主要包括身体上某些部位因被害人自卫、反抗而形成的伤痕，如被被害人用器物击打形成的伤痕、咬伤、抓伤等。应注意头面部、嘴唇、舌、手指等重点部位，以及某些部位因实施犯罪活动而形成的伤痕，如手掌、膝盖部位的擦划伤、印压伤等。

2. 身体上的某些物质，主要包括衣裤及身体的相应部位有无精液、精斑；身体及衣裤的某些部位有无沾附有现场的泥土、草籽、粉尘等物。

应该注意，对犯罪嫌疑人不能公开收取阴毛及精液，必要时，可采取犯罪嫌疑人的血样，与现场遗留精液、精斑的血型做比对检验或 DNA 检验。

第十七章　课后拓展

参考书目

1. 王大中主编：《犯罪现场勘查》，警官教育出版社 1999 年版。

2. 管光承主编：《现场勘查》，法律出版社 2000 年版。

3. 郭金霞：《现场勘查学》，群众出版社 2009 年版。

4. 任克勤、胡志宏主编：《犯罪现场勘查》，群众出版社 2009 年版。

5. 沙贵君、陈志军主编：《犯罪现场勘查学》，中国人民公安大学出版社 2015 年版。

6. 陈志军主编：《犯罪现场勘查学》，中国人民公安大学出版社 2016 年版。

7. 沙贵君主编：《犯罪现场勘查实务》，中国人民公安大学出版社 2015 年版。

8. 蒋健主编：《犯罪现场勘查》，中国人民公安大学出版社 2014 年版。

9. 王传道主编：《刑事侦查学》，中国政法大学出版社 2017 年版。

10. 张玉镶主编：《刑事侦查学》，北京大学出版社 2014 年版。